本书系国家社会科学基金项目结项成果
项目批准号：13BFX069

证明责任重述

The Burden of Proof Theory in China:
A Restatement

胡学军 著

法律出版社
LAW PRESS · CHINA
北京

图书在版编目(CIP)数据

证明责任重述 / 胡学军著. -- 北京 : 法律出版社, 2024
ISBN 978-7-5197-8517-8

Ⅰ. ①证… Ⅱ. ①胡… Ⅲ. ①举证责任-研究 Ⅳ. ①D915.130.4

中国国家版本馆 CIP 数据核字(2023)第 210497 号

证明责任重述
ZHENGMING ZEREN CHONGSHU

胡学军 著

策划编辑 似 玉
责任编辑 似 玉
装帧设计 汪奇峰

出版发行 法律出版社
编辑统筹 法律应用出版分社
责任校对 朱海波
责任印制 刘晓伟
经　　销 新华书店

开本 710 毫米×1000 毫米 1/16
印张 35.5　　字数 461 千
版本 2024 年 1 月第 1 版
印次 2024 年 1 月第 1 次印刷
印刷 天津嘉恒印务有限公司

地址:北京市丰台区莲花池西里 7 号(100073)
网址:www.lawpress.com.cn
投稿邮箱:info@lawpress.com.cn
举报盗版邮箱:jbwq@lawpress.com.cn
销售电话:010-83938349
客服电话:010-83938350
咨询电话:010-63939796

书号:ISBN 978-7-5197-8517-8　　定价:138.00 元

作者简介

胡学军

江西修水人，现为华东政法大学法律学院教授、博士生导师，“东方学者”特聘教授，兼任中国法学会民事诉讼法学研究会常务理事。主要研究领域为诉讼法学、证据法学、司法制度。曾在《法学研究》《中国法学》《法学家》等期刊发表学术论文六十余篇，出版专著《具体举证责任论》。

序

改革开放之初,我的导师王锡三老师即将日本的证明责任理论重新引入了我国。20世纪80年代,我考上西南政法诉讼法专业研究生,成为王老师的弟子。当时,在王老讲授的“外国民事诉讼法”这门课中,证明责任理论已是为研究生重点讲授的内容,证明责任理论这部分内容的分量大约占整个课程的1/5。因为王老是早年留学日本(日本明治大学)的,因此讲授的内容也以日本的证明责任理论为主。当时这一领域唯一的著作是早期日本学者中岛弘道的《举证责任论》。

改革开放打开了国门,使国人能够接触到国外理论研究的最新动态。那时质疑传统证明责任理论的学说已经在日本出现,具有代表性的学者是日本东京大学的民法学者石田穰教授,日本法学理论上由此开展了对于德国证明责任理论的本土化。由于我在读研究生当时缺乏扎实的传统证明责任理论基础,因此,很难理解石田教授的学说以及对传统证明责任论的解构意义。基于对我国当时司法制度以及民事诉讼制度环境的认识,我以及当时的民诉研究生同学大多不看好证明责任理论,认为在我国的民事制度和民事诉讼制度条件下,以当事人为主体的证明责任制度在我国不可能得以建构和实施。所以,大家都没有给予证明责任理论太多的关注。作为例外,在民诉的研究生中,李浩师兄敏锐地意识到了证明责任制度和理论的意义,认为证明责任制度将来在我国一定会有用武之地。但他对别人的意见也没有反驳,只是自己默默坚守,并将举证责任理论的研究作为自己硕士论文的主题。在毕业之后也一直持续研究证明责任理论,并为自己获得了很高的学术声誉。其后,因为民事审判方式改革的提出及持续推进,证明责任理论一度成为民事诉讼理论中的"显学",有相当一批学者投入到证明责任理论的研究,德国现代证明责任理论的经典著作也开始被翻译引进。由此也推动了我国证明责任理论研究的发展,甚至"出圈"影响了刑事诉讼的证明理论。在更为年轻的学者中,对证明责任理论有专门深入研究者就当属胡学军博士了。早已是教授的胡学军从读博开始到现在其研究的领域几乎没有离开过证明责任这一主题,作为深耕证明责任理论领域十几年的专家,其对证明责任的研究可以说达到了"痴迷"的程度。本书即学军博士深耕证明责任理论的研究大成。

胡学军对证明责任研究最初的切入点是具体举证责任。他试图通过研究揭示隐藏在一般证明责任理论背后、有别于客观证明责任的具体提供证据的行为责任的法理。这一研究的初步成果也就是学军的博士论文《具体举证责任论》。通常而言,基于研究"惯性"和研究资源的效用性,一般博士毕业后在较长时间里都不会离开博士期间选择的研究主题或方向,但也会因此遭遇科研上的"瓶颈",我称之为"后博士瓶颈"。即在博士研究主题范畴内,持续研究几年之后(持续时间长短与博士研究方向或主题的基础性有关,基础性越强,持续时间越长,"瓶颈"期来得越晚)科研产出急速衰减,甚至枯竭,且短期内难以走出这一窘境。博士毕业之后,学军博士也一直深耕于证明责任理论领域,但能持续研究十几年并且既有研究产出的量,又能保证研究产出的质,突破“后博士瓶颈”,实属不易。我认为这主要源于两个方面原因:其一,是坚持深化和细化研究,将关涉证明责任的所有问题进行深入细致的解剖分析,将该领域研究推向极致。证明责任制度由于其理论的基础性也使得该领域具有如此深化研究的条件。同时,学军博士的内向性格也特别适合进行如此细致的研究。在理论研究的深化和细化方面,我国的法学研究一直存在不足,空论泛论现象严重,至少在我比较熟悉的民事诉讼法学领域是如此。其二,是将证明责任抽象的理论与丰富的实践结合,使得抽象晦涩的理论因此变得具体而生动。随着我国社会经济的发展,社会关系变得愈加多样,民事诉讼实践也更加丰富。一旦将理论研究与丰富的实践充分有机地结合起来,需要回答和解决的问题自然倍增,人们对民事诉讼理论的认识也随之增进,理论也就变得更加丰满,我们所提倡的本土化理论也就自然而然得以形成了。由此,我们根本不愁理论不能本土化、自主化的问题。这也是许多法治相对后进的国家最终能够跻身法治发达国家的成功经验。

我们现在所看到的这本《证明责任重述》就是一本对现代证明责任理论予以深化细化研究、注重普遍性理论与我国实践充分结合的学术专著,并开启了将源自德、日的证明责任理论中国化的道路。不仅其研究论述、观点值得学界关注,其研究方法也值得青年学者学习和效仿。

最后,我希望学军博士能够将《证明责任重述》一书作为自己研究的新起点,在其学术研究的道路上走得更远,在学术研究的蓝天里飞得更高!

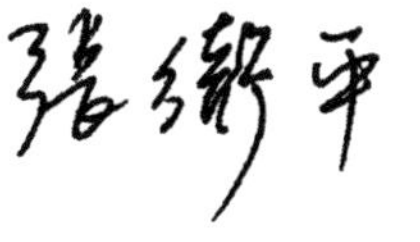

2023 年 4 月 3 日于清华园

主要法律与司法解释缩略简称

法律与司法解释全称	本书后文简称
《中华人民共和国民事诉讼法(试行)》1982 年 3 月 8 日第五届全国人民代表大会常务委员会第二十二次会议通过,1982 年 3 月 8 日全国人民代表大会常务委员会令第八号公布,自 1982 年 10 月 1 日起试行,已失效	《民诉法(试行)》
《中华人民共和国民事诉讼法》1991 年 4 月 9 日第七届全国人民代表大会第四次会议通过;根据 2007 年 10 月 28 日第十届全国人民代表大会常务委员会第三十次会议《关于修改〈中华人民共和国民事诉讼法〉的决定》第一次修正;根据 2012 年 8 月 31 日第十一届全国人民代表大会常务委员会第二十八次会议《关于修改〈中华人民共和国民事诉讼法〉的决定》第二次修正;根据 2017 年 6 月 27 日第十二届全国人民代表大会常务委员会第二十八次会议《关于修改〈中华人民共和国民事诉讼法〉和〈中华人民共和国行政诉讼法〉的决定》第三次修正;根据 2021 年 12 月 24 日第十三届全国人民代表大会常务委员会第三十二次会议《关于修改〈中华人民共和国民事诉讼法〉的决定》第四次修正;根据 2023 年 9 月 1 日第十四届全国人民代表大会常务委员会第五次会议《关于修改〈中华人民共和国民事诉讼法〉的决定》第五次修正	《民事诉讼法》

续表

法律与司法解释全称	本书后文简称
《最高人民法院关于适用〈中华人民共和国民事诉讼法〉若干问题的意见》 法发〔1992〕22 号,1992 年 7 月 14 日发布,已失效	《民诉法意见》
《最高人民法院关于民事经济审判方式改革问题的若干规定》 法释〔1998〕14 号,1998 年 6 月 19 日由最高人民法院审判委员会第 995 次会议通过,自 1998 年 7 月 11 日起施行,至 2019 年 7 月 20 日失效	《审改规定》
《最高人民法院关于适用〈中华人民共和国民事诉讼法〉的解释》 2014 年 12 月 18 日由最高人民法院审判委员会第 1636 次会议通过,法释〔2015〕5 号,自 2015 年 2 月 4 日起施行,2020 年 12 月 23 日第一次修正,2022 年 3 月 22 日第二次修正,该修正自 2022 年 4 月 10 日起施行	《民诉法解释》
《最高人民法院关于民事诉讼证据的若干规定》 2001 年 12 月 6 日最高人民法院审判委员会第 1201 次会议通过,法释〔2001〕33 号,自 2002 年 4 月 1 日起施行,已失效	原《民事证据规定》
《最高人民法院关于民事诉讼证据的若干规定》 2019 年 10 月 14 日最高人民法院审判委员会第 1777 次会议通过,法释〔2019〕19 号,自 2020 年 5 月 1 日起施行	《民事证据规定》

前 言

现代证明责任理论自20世纪80年代末伴随审判方式改革被引入我国以来，即成为民事诉讼法学界学术研究的重要议题，并随着司法改革的东风很快被我国法律实务界所接受，在实际裁判中得到了一定程度的应用，但关于这一理论与制度的误解也比较普遍与多样。在实证上，虽然可以说证明责任理论基本上被我国所接受，法官对“真伪不明”“证明责任”“败诉风险”“法律要件分类”等概念话语并不陌生，在案例数据库中也能够很方便地找到一定数量的正确运用证明责任裁判的案例，但证明责任制度的闲置、误用与滥用现象同样较普遍存在，实践中也不难发现相关的一些反面案例。

证明责任概念存在“所指”与“能指”的错位，实质上的证明责任即所谓客观证明责任或抽象证明责任，应是指特定当事人负担的、在案件事实真伪不明时指引法官作出败诉裁判的风险。但在传统审判方式下，我国司法实践中证明责任基本处于闲置状态，证明责任判决在实际裁判中缺席。此种证明责任虚无主义的表现包括拖延诉讼或拒绝作出实质性裁判、提供证据责任一元论、证明标准的降低、案件事实的强行认定、比例认定等形式,并对实际司法具有多方面的弊害。

证明责任作为败诉风险的性质决定了其不可转换性,但由于我国对证明责任概念的误识,使实践中"证明责任转换"问题也变得异常复杂,理论和实践中存在无数误解。这些误解集中体现在所谓"证明责任转换"一词上。提供证据责任的转换、表见证明、证明责任的分割、证明责任的分担、证明责任的司法裁量、事实推定、法律推定及举证妨碍等都与"证明责任转换"相关,其相互之间也存在一定的联系,但又都是在不同的角度或层面对"证明责任"的错误理解。

我国司法实践中仍根据"谁主张,谁举证"的一般情理或常识分配待证事实的举证责任,并可能在诉讼中出现证据短缺导致事实判断疑难的情况下"转换举证责任",继而根据此种举证责任负担对案件事实作出不利于某一方当事人的认定。这种实际做法与现代经典证明责任理论及我国现行法律规范之间存在矛盾冲突,但也有其自身内在逻辑与实践合理性。对现代证明责任制度适用的关注应从作为真伪不明时裁判选项的"证明责任裁判"转向作为民事审判方法论意义上的"证明责任分配"。

证明责任理论运用中存在的问题,比较典型地集中体现在所谓现代型案件类型中。本书选择了消费欺诈案件、产品制造方法发明专利侵权案件、医疗侵权案件、环境侵权纠纷案件 4 种典型案件类型进行分析解读。

消费欺诈诉讼案件中对"欺诈"事实的证明责任分配依"规范说"应由消费者承担,不应由法官自由裁量来改变法定的证明责任分配。法官自由裁量权应在证明评价与自由心证等环节加以运用。疑难案件的解决应坚持在严格遵循法定证明责任分配原则的基础上,通过司法实践生成诉讼证明的具体规则的路径加以解决。

从证明责任分配的角度看,对我国产品制造方法发明专利侵权诉讼案件举证责任的立法演进"从严到宽"的解读是一种误读。新产品制造方法发明专利侵权诉讼才实行举证责任倒置，而已知产品制造方法发明专利侵权诉讼中专利权人的举证困难应在法解释学上通过引入"不负证明责任当事人的事案阐明义务"理论来化解，而不应总是在实体立法上采取举证责任倒置。应借鉴 TRIPs 协定第 34 条第 1 款（b）项的合理精神通过立法明确不负证明责任当事人的事案阐明义务，同时应合理顾及其商业秘密的保护。

一般理论均主张环境侵权诉讼实行"证明责任倒置"，但这一规定在司法实践中却屡屡遭遇消极抵制，表明"证明责任倒置"并非解决环境侵权中因果关系证明难问题的正解。原因在于将环境侵权中的因果关系界定为传统民法理论中的必然因果关系使其无法在司法实践中予以证实。西方发达国家在现代化早期对于环境侵权中的因果关系在司法实践中探索总结了盖然因果关系、表面因果关系、疫学因果关系等多种理论以及与此相关的事实推定、间接反证、概率统计等多种证明方法，值得我国借鉴。这些学说的共同点是使受害人在环境侵权诉讼中的因果关系证明负担得以减轻，而并非直接实行证明责任倒置。环境侵权中的因果关系的界定，逻辑上为部分因果关系，法学上为相当因果关系。唯有如此界定才能使因果关系的证明成为可能，在这方面，比较法上的一系列配套证明制度也值得我们认真关注与借鉴。

我国通说对原《民事证据规定》中关于医疗侵权诉讼案件的"过错"与"因果关系"两要件"双重倒置"的理解属于证明责任分配上的重大误解。医疗侵权诉讼的证明责任只能由患方承担，对此类案件证明的困境应参照西方国家通过使证明责任负担与提供证据责任负担分离的机制及特定要件事实的证明责任与特定证明标准相挂钩的机制予以化解。

在对我国理论与实务中关于证明责任的认知与制度运行现状进行分析评估之后，本书致力于对现代民事证明责任理论与制度进行重述与重构的尝试。

从证明责任的理论地位来看,证明责任理论的提出使民事案件的裁判突破传统司法三段论,而形成一种作为裁判方法的新的三段论。证明责任不仅是针对事实模糊案件的裁判方法,也是所有民事案件的一般裁判方法。从本质上说,证明责任作为行为意义上的当事人责任并非指向提供证据的负担,而是一种说服论证的风险。证明责任表面上关涉事实认定,实质上关涉法律适用。

从证明责任适用的基础来看,证明责任是因"事实真伪不明"这一认知情形的处理而产生的理论建构。"真伪不明"是一种诉讼中客观存在的对案件事实的认知状态,真伪不明情形及证明责任裁判方法有其独立存在的意义。现代证明责任理论基于"事实真伪不明"命题,而绝非抛弃了该命题。证明标准与证明责任之间虽然存在制度互动关系,但依证明标准裁判方法不可能消灭真伪不明与证明责任。我国司法实践中实际存在"真伪不明"与"证明责任"。真伪不明命题的讨论有助于对现代证明责任理论的深化理解与制度落实。

从证明责任对象来看,我国证明责任研究长期以来聚焦于证明责任在主体间的分配,而忽略了证明责任分配客体的具体指涉,因此常在现实案件中陷入误区。其实,证明责任并非为解决证据短缺导致的生活事实"模糊不清"的理论方案,生活事实"模糊不清"时亦不宜直接作证明责任裁判。本质上,证明责任针对的是抽象规范对应具体案件事实的法律适用困境。应将证明责任的对象从生活事实重新回归定位为法律要件事实。相应地,证明责任的主观含义应从对生活事实的举证证明,转向作为法律适用核心环节的案件事实与规范要件相连接的归属论证。

证明责任对象的泛化表现一方面是误以为案件中的任何事实问题都存在证明责任分配问题。如疑难案件中物的同一性证明问题以往就被归为证明责任分配难题。虽然当前理论学说与法律规范上都已达成将"规范说"作为证明责任分配方法的共识,但这在实际案例的运用中并不总是能够解决所有问题。证明责任并非解决事实“证明难”的理论，并非一切事实证明问题都附带证明责任分配问题。证明责任分配的对象仅为法律要件事实，而非笼统的“案件事实”，证明责任分配也无法为所有事实疑难问题的解决提供令人满意的答案。“物”之争议其实不存在证明责任的分配问题，而只能通过具体的举证责任予以化解。

证明责任对象的泛化另一方面体现在误认为程序法事实上也存在证明责任。德国证明责任理论扩展到程序法适用有其特定的理论语境与文化背景，我国不必将证明责任泛化运用于程序法适用上。程序法上要件包括程序要件和实体要件，作为程序启动条件的实体要件，存在“二阶审查”结构。程序法上评价性要件要求法官必须进行一定的判断，而程序法事实性要件的证明与对实体事实的证明存在诸多不同，导致所谓的“真伪不明”空间被极大地压缩。程序法与实体法规范构造存在显著区别，如适用条件不明，程序上可直接不适用法律。程序法适用只关乎程序如何进行，而不存在如何分配不利风险的选择问题。将证明责任运用于程序法的适用属于理论的不当迁移，证明责任理论适用范围的扩展与泛化必然以模糊其概念内涵与制度本质为代价。

从证明责任的理论功能来看，证明责任之所以成为“民事诉讼的脊梁”，是因为其作为民事案件基本裁判方法的功能。在传统司法三段论之外，现代证明责任上升为民事案件基本裁判方法是因“规范说”而兴起，并由“修正规范说”加以完成的。我国司法实践中长期忽视证明责任的裁判方法论功能，仅在审判最后阶段案件事实落入真伪不明情形时才利用证明责任分配来决定败诉结果的承担，实际上使证明责任沦为民事诉讼的“尾骨”，是对其功能与意义的严重贬损。基于案件事实的二重性，事实问题的判断理论上存在“二阶结构”。证明责任是法律适用理论的一部分，而法律适用的核心是对案件事实进行必要的判断，证明责任实质上是裁判规范的援引问题，即实体法问题。

从证明责任分配理论来看,“规范说”作为通说仍然具有强大的解释力与可适用性。证明责任理论包含三个层次的方法论,即案件事实真伪不明时的裁判方法、证明责任分配方法以及对这种分配规则的具体化与正当化方法。证明责任的实质是法律适用问题,而法律解释是法律适用的基础性作业,对实定法规范解释方法的选择不成其为规范说的“本质缺陷”。我国民法上的动物致害案件可作为依“规范说”分配证明责任的一个适例而非反例。“规范说”与“修正规范说”在多方面问题上存在形式与实质的区别,但依两种理论分配证明责任的结果基本是一致的。尊重实体法的立法宗旨与目的以分配证明责任是两种学说一贯坚持的核心思想,也是该派学说与其他竞争性学说的本质区别。

作为现代证明责任本质所指的客观证明责任是指案件要件事实真伪不明时的裁判风险。真正理解现代证明责任的风险性质有助于我国民事司法的现代化转型。关于证明责任性质的认识以往存在多种误区。证明责任作为风险是从这一制度总体或是生活世界系统上来说的,是一种法律适用本身所附带的风险。证明责任作为风险具有客观性、不确定性、不可归责性及可预测性。证明责任风险说启示人们应在诉讼中提高主体风险意识、调整风险决策方案、选择风险管理策略及强化风险归属规则。

从证明责任制度的本质来看,证明责任概念本质所指为客观证明责任,主观抽象证明责任为客观证明责任之表象,而具体举证责任实为证明责任之假象。在“规范说”的方法论下,证明责任既非事实问题,也非纯粹法律问题,而是将事实与法律连接的“法律适用”问题。证明责任规范应直接来自实体法规范,其本质就是一个实体法规范要件的补充规范。现代证明责任是一种作为案件事实真伪不明情形下一般性克服方法的形式理性制度,证明责任制度最深层的实质就是通过法律价值权衡解决事实认知模糊状态,化消极无解之事实判断为积极的法律价值引导,其性质属于"实体裁判法"。

在我国有关证明责任的规范解读与制度设置上,本书认为我国证明责任规范,既不能仅从文本字面进行孤立分析,也不能仅以国外相关理论学说为圭臬进行简单比附解读。现行规范既是对此前相关法律与司法解释规范及实践做法的继承与纠错,也是对该领域学术研究观点吸纳与回应的产物。证明责任这一词语包含的举证行为责任与败诉风险负担两种含义,我国证明责任理论研讨与司法解释规范以此二者间的纠葛为线索,大致可分为传统举证责任概念主导时期、现代证明责任理论引介时期、本土化证明责任理论实践探索及证明责任中国化的发展 4 个时期。

"举证证明责任"是近年来证明责任理论在中国本土化的产物。举证责任概念产生于我国民事审判实践,而证明责任则是我国理论上引进的"舶来品"。但"举证证明责任"概念内部仍存在不同侧重与区分:举证责任针对的对象是具体生活事实的"模糊不清",而证明责任针对的是作为裁判前提条件的法律构成要件"真伪不明"。《民诉法解释》第 90 条的规定应理解为具体举证责任承担的一般性规定,而第 91 条才是关于证明责任分配的一般原则规定。举证证明责任内部两层含义各自功能在民事司法上协调统一,互相配合,在解决证据短缺导致事实疑难判断问题上共同发挥"治未病、治欲病、治已病"的功能。

在证明责任分配制度的建构上,我国证明责任分配理论的纷争不定根本上源于证明责任概念范畴界定的模糊不清。具体举证责任与抽象证明责任性质不同,并基于不同的分配与承担的规则。"谁主张,谁举证"、"举证责任转换"、"举证责任倒置"及"法官分配举证责任"均更为符合对具体举证责任承担规则的描述;而在抽象证明责任分配层面,则依据"规范说"理论,应从拟适用的实体法规范出发,依"要件事实的一般规定"、"法律要件的特别规定"及对规范漏洞的"法律续造"形成证明责任分配不同层面的规范根据。

目录

上篇　证明责任制度的实证考察

下篇　证明责任制度的本土重构

图表目录

上篇　证明责任制度的实证考察

第一章　证明责任的闲置：证明责任虚无主义的多种面孔

引　言

在大陆法系“规范出发型”诉讼模式下，法官裁判案件的过程一般被认为是一个逻辑三段论推理的过程，即以抽象的法律规范作为大前提，以具体的案件事实作为小前提，然后得出结论，这是作出裁判的操作过程。这一过程也是法院适用法律的具体过程。适用法律的前提首先是必须对符合法律构成要件的事实加以认定。现代诉讼中事实的认定只能依靠证据，在证据不足以支持案件事实认定时，势必存在谁承担诉讼的不利后果的问题，这也就是最简单意义上的证明责任问题。

证明责任概念对我国来说属于所谓“舶来品”。中国民事诉讼立法近代化开端的是1910年晚清变法修律时制定的《大清民事诉讼律草案》，该草案确立了全新的民事诉讼审判模式，并从日本民事诉讼法中引进了“举证责任”这一概念表达。应当注意，彼时日本法上的“举证责任”概念也并非源自德国的以客观证明责任为核心的“现代证明责任”。我国长期的职权主义诉讼模式对这一概念理解与运用的影响，也使这一概念与西方国家现代证明责任概念的真实含义相去甚远。20 世纪 80 年代中后期，西方现代证明责任理论才逐渐被介绍到我国。学界一般认为，1986 年李浩教授第一次在国内公开发表的论文中指出，应当从行为和结果两个方面解释举证责任（证明责任）。[1] 即举证责任具有双重含义：行为意义上的举证责任和结果意义上的举证责任。前者指当事人对自己主张的事实负有提供证据加以证明的责任，后者指在事实处于真伪不明状态时，主张该事实的当事人所应承担的不利后果。这一观点被命名为“双重含义说”，这一学说被提出后很快得到多数学者的支持，后来成为我国在这一领域的学术通说。

笔者认为，证明责任理论领域首要的、也是最大的问题就是这一概念存在“所指”与“能指”的错位。正如德国学者所言，选择“证明责任”一词是十分不幸的，因为客观证明责任的内涵既与“证明”无关，也与“责任”无关。[2] 作为在现代世界各国诉讼制度中普遍设置的、处置案件事实真伪不明现象的一种裁判方法的证明责任并不具有两种含义。从概念“能指”来看，“证明责任”概念在字面上，恰恰符合我们通常所说的“主观”证明责任。主观证明责任就是典型的“责任”概念，因为主观证明责任单独可能引起的后果就是败诉。而客观证明责任从技术角度说并不是当事人的“责任”，而是独立于当事人的行为而存在的，它只针对法院，为克服真伪不明提供途径。只有这种证明责任才代表了证明责任制度的本质属性，才是证明责任概念

---

〔1〕 参见李浩：《我国民事诉讼中举证责任含义新探》，载《西北政法学院学报》1986 年第 3 期。

〔2〕 参见［德］汉斯·普维庭：《现代证明责任问题》，吴越译，法律出版社 2000 年版，第 26 页。

“所指”。[1] 虽然这两个概念之间存在密切的联系,但无论如何,将二者混同对于理论和实践都是有害而无益的,二者之间具有质的不同。证明责任是一种法定的风险分配,即对事实状况的不可解释性的风险分配,其功能是引导法官在案件事实真伪不明时如何作出裁判。证明责任不仅在诉讼的最后阶段才有意义,作为一种不利结果的预设,其对诉讼也具有总体上的内在规制作用,因此具有多方面的功能。为避免概念使用时的混淆,有必要对证明责任这一概念作“提纯”处理。即抛弃极易导致混淆的提供证据责任这一层含义,而肯定“客观证明责任”才是这一概念的实质,应仅在这一含义上使用证明责任的概念。这一层面上的证明责任概念存在于任何模式的诉讼程序之中,而无论其证明法如何构造,甚至无论适用什么样的诉讼原则,在任何诉讼中都可能具有实际意义。[2]

时至今日,现代证明责任是指案件事实真伪不明时的风险分配,这种观点已逐渐被我国学术界接受,持证明责任“双重含义说”的学者,也肯定了证明责任的法律性质是一种败诉风险负担。[3] 但这一概念真正被司法实践所接受,尚需时日。在我国,证明责任就像是“皇帝的新衣”,虽然这一语词在法律人之间可谓耳熟能详,但其实证明责任制度经常是被闲置的,真正的证明责任裁判在司法实践中往往缺席。因此,我们首先有必要澄清有关“证明责任”的多种误解,认清证明责任虚无主义的种种表现及其弊害。

---

〔1〕 概念的实际所指并非该语词字面意义这一现象其实比较常见,一旦约定俗成,人们并不会纠结于这一概念的表述,甚至想改变这一表述。如外形更像柜子形状的“冰箱”与外形更像箱子形状的“冰柜”,一旦接受命名之后并不会发生使用混乱的现象。

〔2〕 参见[德]汉斯·普维庭:《现代证明责任问题》,吴越译,法律出版社 2000 年版,第 12 页。

〔3〕 最早提出“双重含义说”的李浩教授,也认为只有“败诉风险说”正确地揭示了证明责任的法律属性。参见李浩:《民事举证责任研究》,中国政法大学出版社 1993 年版,第 42 页。

一、拖延诉讼或拒绝作出实质性裁判

如果法官不能理性地克服事实问题的真伪不明，可能想到的最自然的办法就是暂时搁置案件，待有更充足的信息资源时再进行判决。在国外其实也是这样，如在德国17世纪的诉讼实践中，遇到不能克服的问题而推迟判决的现象是很普遍的。〔1〕 这种办法只是暂时回避了矛盾，并没有解决矛盾。法官对案件的搁置并不会使原先真伪不明的事实变得明确，除非是当事人一时难以收集证据而申请法官延期的。但这也是以当事人申请为前提，而不是法官主动的决定。2002年最高人民法院颁布的原《民事证据规定》虽然允许当事人向法院申请延期举证，但一般也不会同意当事人多次延期。此外，审理期限是法律对法官审判行为设置的明确时间限制。针对审判实务中出现的超审限现象，最高人民法院曾多次作出过严格执行审限的规定。但在当前的司法实践中，这一习惯做法变换了面孔而存在。如对事实真伪不明的案件，法官往往并不是及时按照证明责任下判决，而是千方百计地进行调解，即使当事人并不自愿，也往往通过拖延诉讼，使当事人双方产生焦虑，最终为法官调解结案或其他解决方式“创造”条件。当然，以拖延时间为最终解决纠纷的办法显然是行不通的，因为这违背了诉讼的根本目的。民事诉讼的目的在于解决纷争、限制自力救济以及通过国家公权力帮助实现个人权利。公民接受司法裁判权已成为国际人权的必要组成部分，毕竟，对当事人来说，迟来的正义就是非正义。

不允许对案件搁置不理，使法官转而考虑驳回原告起诉。由于

---

〔1〕 参见［德］汉斯·普维庭：《现代证明责任问题》，吴越译，法律出版社2000年版，第183页。

尚不能认定事实,这样就避免了法官法律推理的麻烦。这样的判决从形式上看是结束了纷争,而且也可视为实体判决,因为这里的驳回起诉并非缺少程序要件。尽管从外部看这种驳回起诉与基于其他原因的驳回起诉一样否认了原告的主张,但它缺少实质性内容,并未解决当事人之间的纠纷。因为驳回起诉的理由可能是法官对原告的权利之形成的事实主张不能形成心证,但并不意味着原告的事实依据的反面就是成立的。

驳回起诉与驳回诉讼请求在我国民事诉讼法中的区别是很明显的。驳回起诉的形式是裁定,驳回诉讼请求的形式是判决。我国民事诉讼法规定若起诉不符合条件的,在审查起诉时就应作出不予受理的裁定,在受理后发现起诉不符合条件的,应驳回起诉。一般不可能在案件开庭审理之后作出这一裁定,但传统办案方式是在庭前对案件进行实质性审查,若法官认为双方的证据均不充分,不足以认定事实的,还是有可能作出驳回起诉的裁定。若以裁定驳回起诉,那么原告可以以同样的理由再次起诉,这并没有解决纠纷,反而会加重当事人的诉累与法院的负担。

二、提供证据责任一元论

如前所述,经过学界的多年努力,证明责任"双重含义说"已经成为我国学术界的主流学说,也为司法实践界普遍认同。但在涉及证明责任"双重含义说"的解释方面,司法实践中却有一种很普遍的错误观点,可称为"提供证据责任一元论的双重含义说",这种观点肯定"证明责任"具有双重含义,但实质上是从证明责任等同于提供证据责任一元论的立场出发,将提供证据责任分为行为责任和结果责任。按照该说的解释,行为责任是指当事人对自己的主张负提供证据证明其真实性的责任;结果责任是指当事人对其所提出的主张不实施举证行为或在其主张无法证实时承担的不利诉讼后果的责任。两种责任的关系是结果责任依附于行为责任。该说的出现以现行《民事诉讼法》第64条规定为法律依据,认为当事人若举不出证据证明自己的主张,而且人民法院也调查收集不到证据时,当事人就要承担对自己不利的诉讼后果。应当说,从传统的只言行为责任而不言结果责任的立场上分析,这种观点具有一定的进步性,但也必须看到,这种观点还是未能把握证明责任的本质,在司法实践中也未能实现证明责任判决的作用,实际还是一种证明责任虚无主义。

首先,这种观点对证明责任的双重含义中的行为责任和结果责任,实际上是对提供证据责任的同义反复。按大陆法系的学理解释,提供证据责任是指当事人在具体的诉讼过程中,为了避免承担败诉的危险而向法院提供证据的必要性。提供证据责任在概念上既包括了行为责任的存在依据,即当事人有对自己的主张的真实性承担"提供证据的必要性",也包括了结果责任的存在依据,即当事人未履行行为责任将"承担败诉的风险"。正是按照这一逻辑,该学说才得出了结果责任依附于行为责任的结论,即只要当事人履行了提供证据的行为责任,结果责任就不可能发生,所以结果责任依附于行为责任。

其次,该学说所指的结果责任实际上是对当事人未尽行为责任所引起的诉讼后果的因果关系的说明,所以,这个意义上的结果责任属于提供证据责任的范畴。从现代证明责任概念的角度分析,就事实的证明而言,当事人不实施举证行为或当事人虽实施了举证行为但未尽提供证据责任(无法证实其主张)与当事人尽了提供证据责任具有相同的意义。因为在这种情况下,法官可以对当事人主张的要件事实形成心证,自然也就不会发生证明责任由谁承担的问题。当事人在法官对要件事实形成心证的情形下所承担的有利或不利的诉讼后果,属于法官裁判适用或不适用某项法律所直接引起的诉讼后果,而不是因法官在不能形成心证的情况下,适用证明责任法所承担的不利益诉讼后果。[1]

对证明责任的这种理解与将"谁主张,谁举证"奉为证明责任分配的标准的观点是一致的。我们对证明责任概念认识的模糊性,导致了民事审判方式改革在这一方面的无序和混乱。这种无序和混乱主要体现在证明责任分配的任意性以及由此导致的程序中的不平等。因为实际上,对同一事实,双方当事人可能各自从不同角度加以主张,"证明责任"的分配就只能听由法官的主观判断,法官一般是凭个人感觉将真伪不明的后果让其中一方当事人承担,判决书中也常常回避如何分配客观证明责任的问题。[2] 法官并不是根据固定的规范来分配这种提供证据责任,而往往是根据对某一事实的心证程度要求一方补充证据或要求对方提供反证。如果允许法官依据这种临时性心证程度来分配提供证据责任,法官就会拥有不适当的自由裁量权,这就可能造成审判权的误用甚至滥用,从而减损法律的确定性与裁判的统一性。

三、事实判断证明标准的降低

证明责任判决适用的前提是案件事实的真伪不明,只有在法官用尽所有法律许可的手段仍然不能形成对主张事实成立与否的心证条件下,才能考虑按照证明责任规则进行判决,因此,证明责任判决出现的概率大小就直接取决于法官形成心证的难易程度。简言之,证明责任与证明标准的关系是:对证明标准的要求越低,法官按照证明责任规则判案的数量就越少;反之,证明标准越高,证明责任裁判就会越多。实践中有的法官就认为,如果正确把握证明标准,就可以

---

〔1〕 参见陈刚:《证明责任法研究》,中国人民大学出版社 2000 年版,第 41 页。

〔2〕 参见张卫平:《诉讼构架与程式——民事诉讼的法理分析》,清华大学出版社 2000 年版,第 308 页。

完全排除证明责任。这里的证明标准是所谓的相对优势的盖然性证明标准,这种观点认为民事诉讼中的证明标准是一方提供的证据相对另一方提供的证据具有优势,则对优势证据一方所主张的事实予以认定,并以此为事实基础作出裁判。甚至有些法官根本不认为诉讼中会存在真伪不明的情况,法官总可以认为某一方的主张至少相对概率要大一些。这种做法并不是全无道理,学术上也有学者认为证明责任判决是纯粹偶然性的,只会人为提高判决的错误率,而按照优势盖然性进行判决更加正确。[1]

对这种观点在理论上不难反驳。虽然证明标准与证明责任二者在实践应用环节紧密相关,但在本质上是有区别的。因此,以证明标准取代证明责任的作用是不可能的,司法实践中经常会出现概率完全相等的真伪不明现象,这是不可否认的。证明标准与证明责任是不可互换的概念。无论哪个法律系统的诉讼法都有三个判决区:已证明、真伪不明、被反驳,其中第一区和第三区由证明评价和证明标准解决,第二区只能由证明责任主宰。

我国前一阶段在理论上视"自由心证"为禁区,实践中讳莫如深,审判方式改革中,我们肯定了法官的自由心证,但也应警惕以尊重法官的"自由心证"为幌子的随意认定事实的"自由裁量权"的抬头。法官通过自由心证评价要件事实的真实性,并不意味着法官可以随心所欲地认定要件事实的真相,法官的心证需要一个内部标准,即一个克服疑点的过程的标准。这应当是法官心证的一部分。如果没有这样的标准,法官的心证将是随意的。证明标准就是对法官认定事实设定的内心判断标准,是对一个理性和正直的法官认定事实的内心要求,并通过裁判理由公开和审级监督等加以规范。贯彻自由心证宗旨并不是要求法官必须对要件事实的真实性作出真假分明的确

---

〔1〕 参见[美]理查德·A. 波斯纳:《证据法的经济分析》,徐昕、徐昀译,中国法制出版社 2001 年版,第 97 页。

证,或者要求法官对任何一个案件都必须按自由心证原则进行事实裁判,在“自由心证用尽”时,必须运用证明责任作出裁判。肯定“自由心证”并非就排斥证明标准,片面理解自由心证,抛弃证明标准,实体法的目标就无法实现。这是任何一个国家的诉讼法都不允许存在的现象。

我国《民事诉讼法》规定的原则性证明标准是案件事实清楚,证据确实充分。2015 年《民诉法解释》确定了“高度盖然性”的证明标准。这就为“真伪不明”留下了广阔的空间,只要不是在例外情况下法律允许用证明标准降低占领该领域,[1]就应由证明责任填补这块空间。但证明责任不是优势盖然性判决的补充,而是完全自成一体的并不形成证明的实体上的判决,它依据特殊的法定风险分配和独立的实体理由。

四、案件事实的强行认定

司法实践中有一种观点认为,法官必须依据当事人所提供的材料并且在没有证明规则时作出支持一方的判决,法官不应当在事实问题的判断上犹豫不决。这种要求法官作出判决,也即对事实作出评价的强制应当与优势盖然性证明标准区别开来,因为优势盖然性标准旨在降低对判决的事实基础的要求。这里却相反,不是考虑证明标准的减弱,而是法官“工作效率的提高”,它强制性要求法官依据证明评价认定事实。只要法官的自由证明评价起作用,证明责任的作用就告结束,因此不再有所谓的证明责任。只有在当事人根本没有提供证明,以至于法官无论如何都不能形成肯定或者否定的心证

---

〔1〕 降低证明标准也不是由法官在诉讼中根据个案情况任意决定的,而是针对某种类型化的事实,通过立法或判例统一地降低,如在现代环境侵权诉讼案件中对因果关系的证明。

的情况下,证明责任才有作用。这种情况在一个具备生活常识的法官那里是很少出现的,因为诉讼中呈现的全部信息总是会支持法官认为某一种情况的盖然性比另一种情况的盖然性大。

这里所谓的强制虽然不是外加的要求,而多是传统观念对法官的心理作用,但其作用不容忽视。很多法官认为虽然证明责任判决在理论上能够理解和接受,但过多作出这种判决就只能说明司法保护公民权利和维护法律秩序的目标没有达到。只有在诉讼中认定案件客观事实并作出裁判才能彻底解决纠纷,也才能反映法官办案能力的高下。这种观点甚至在现行《民事诉讼法》中也有所隐现,《民事诉讼法》设置的审级制度规定第二审人民法院对上诉案件认为"原判决认定事实不清、证据不足"的可发回原审人民法院重审,就是寄希望于通过发回重审由一审人民法院重新认定事实。[1] 实际上,案件事实不清、证据不足正是应当按照证明责任予以裁判的情形,一审人民法院本不应在证据不足时认定事实,二审人民法院也不应发回重审。

在理论上这种关于事实认定的观点肯定会遭到异口同声地反对。因为这样的强制对法官的感知提出了过高的要求。人类的认识能力是有限的,而司法中的事实认定更是在特定的时空限制下的程序活动,这样的强制无疑会极大地损害法官判决的说服力和可信度。这种观点也是建立在对自由心证原则的错误理解基础上的,它要求法官在没有获得对事实的心证的情况下必须作出判决。在对一个要件事实存在争议,而这个要件事实又是双方当事人的本诉和反诉的基础时,这种经验上的强制的危害就暴露无遗了。如果硬要法官形成心证,那么法官在支持一方当事人的时候肯定就会自动驳回另一方当事人的请求。实际上这种场合,有且只有通过证明责任判决才

---

[1] 参见段钧:《发回重审的司法考察与立法检讨》,载《法学杂志》2004 年第 2 期。

能驳回双方当事人的诉讼请求。[1]

在我国,这种强制认定事实的观念表现在司法技术上,往往就是以事实推定来替代证明责任。在理论上,事实推定是一个仍存在重大争议的问题。事实推定是以人类的经验为基础的,然而,人类的经验法则范围极为广泛,而且会随时代的变迁而发生增减更替,难以规范。但是在司法实践中,事实推定总是特别受到青睐,但由于缺乏具体的指导原则,往往导致流弊丛生。我国台湾地区有学者指出:“借口自由心证、多凭情况证据或所谓间接证据,为偏而不全之推论,甚至仅凭主观之推测。由此建立一种结论,无异创造一种结论,危险殊甚,无可讳言。”[2]这也印证了孟德斯鸠早就说过的“当法官推定的时候,判决就武断”。[3] 因此,运用事实推定时应建立相应的监督制约机制,应与程序上的合议制、审级制紧密联系起来,以保证推定程序的正当性,防止和避免对事实推定的滥用。[4] 以“无固定证明强度”的事实推定来替代严格证明责任的方法是现代司法应当扬弃的。我国古代法官断案时不以法律为唯一根据,往往注重推理求情,判例上也多推崇法官大胆预断推理的案件。这种法律文化传统对现在法官的影响是难以在短期内消除的,而“证明责任判决”对我国来说却是舶来品,也许在制度移植的同时,更要紧的是相应观念的更新。

五、比例认定与比例裁判

在民事诉讼中要求法官必须达到确信程度才能作出判决,法官对事实的确信程度在理论上经常用百分比进行描述,比如 80% 或

---

〔1〕 参见[德]汉斯·普维庭:《现代证明责任问题》,吴越译,法律出版社 2000 年版,第 180 页。

〔2〕 李学灯:《证据法比较研究》,台北,五南图书出版有限公司 1992 年版,第 298 页。

〔3〕 [法]孟德斯鸠:《论法的精神》,张雁深译,商务印书馆 1976 年版,第 392 页。

〔4〕 参见毕玉谦:《民事证据法及其程序功能》,法律出版社 1997 年版,第 172 页。

60% 的确信程度，但据此判决认定的事实则应当是 100% 的非真即假。例如，当事人请求 100 万元的损害赔偿，虽然法官对原告主张的事实的确信程度只达到 80%，但对 100 万元的损害数额应全部认定。国外有一种比例认定的学说，认为应根据确信程度判定赔偿金额，如果是 80% 的确信则判赔 80 万元。以此类推，如果因为真伪不明而无法适用法律时，就必作出赔偿额为零的判决，而不是驳回请求。这一理论在我国学界鲜有认同者，但在司法实践中却不并乏其表现。有经验的律师都知道，原告提起的赔偿请求额很少在判决中被得到全部支持，因此在起诉时将故意抬高请求数额作为一种经常采用的诉讼策略。甚至在刑事诉讼中也有这种做法，如对于证据存在瑕疵的案件，可能会在量刑幅度内从轻判决，而不是宣告无罪。

这种做法是似是而非的，是一种形而上学的判断方式。因为民事诉讼中所谓的百分之百之证明并不等于在自然科学上也是百分之百地准确。姑且不论法官将其证明评价转换为一定的盖然性值的困难，更重要的是这种分割请求式的判决与真实的法律状况是不相符合的，这种做法背离了实体法与诉讼法所追求的目标。诉讼作为维护实体法正确实施的一种制度手段，其目的并不仅仅为纠纷解决，而还必然在某种程度上兼及私权保护或私法秩序维护。诉讼的特征就表现为事实认定上的“非黑即白”，以及判决结果上的“要么一切要么没有”，比例认定的处理方式是更符合以协商妥协为基调的 ADR 中这种性格的方式。司法实践中的民事案件往往是当事人双方各有一定理由和证据的，一方占有绝对优势的案件更容易在诉前通过其他方式予以解决。在民事诉讼中法官对待证事实获得百分之百的确信，完全排除另一种可能性的情形是罕见的。若按照比例认定，即便法官获得的心证程度极高，也可能按照盖然性的高低作出像 95 : 5 的判决，这样，原告要想全面胜诉几乎是不可能的。这也与当事人进行诉讼的目的不一致。虽然真伪不明时证明责任判决的主要目标并非求得与真实生活世界的一致性，但至少立法者仍希望通过证明责任判决,在诉讼中能够反映法律对特定纠纷的价值取向选择。证明责任分配是建立在实质公正基础上的,在证明落空时放弃对具体盖然性衡量的评价而采用证明责任判决,才能实现实体法的目标。

六、依"正义感"作出裁判

现代证明责任制度与理论是在法律实证主义思潮下兴起的现代司法裁判方法,其实质是要求司法裁判严格依据实定法作出,在裁判三段论的方法下,案件裁判结论似乎只是来自形式逻辑的推理,因此天然具有正当性。在这一方法论下,司法裁判首先要根据案件事实寻找可能适用的法律,然后针对法条进行规范分析,分解某一法律效果的构成要件,继而针对构成要件进行法律解释,甚至在法律出现漏洞时通过类推进行漏洞修补。这一套司法技艺就是引导法官走向正确裁判的"弯路",因为所谓的"直路"其实并不存在或者只是在表面上存在。如果案件事实这一小前提似乎难以符合之前锚定的大前提,那么也可能通过置换大前提实现法律推理。这就是在法律适用上"向一般条款逃逸",泛化适用所谓"公平责任",甚至根据法律谚语或俗语进行裁判,因此法律的"一般条款""原则""法律谚语"显然在适用条件的规定上更加模糊,而不是像具体规范一样有清晰的"要件"。这样也就回避了对法律规范规定的要件在本案中存在与否的逻辑判断,而且可能符合裁判者的良心或公平的感觉。但这种方法既没有遵循准确认定事实,也没有贯彻严格依法裁判。从方法论上说是错误的,从实际裁判质量说也是没有保障的。

在对应的法律规范规定的要件事实真伪不明时并非就可以"不适用法律",而是仍然要适用该法律作出裁判,这是现代证明责任理论已阐明的方法论原理。在我国民事诉讼制度下,适用法律错误也构成审级监督的法定理由(二审改判或再审启动)。因此,意图在事实真伪不明时逃避法律适用的判断是不可能的,证明责任分配制度正是提供了在面对此种困境下的正确答案。

司法实践中面对案件事实不清难以准确判断时也可能存在上述多种方法的杂糅,甚至不区分事实认定与法律适用,未严格依照法律条文,因此未能严格对应法律条文规定的要件,凭感觉作出裁判。虽然有时法官的这种经过长期实践经验积累形成的朴素正义感也可能导向合理的裁判结果,甚至有可能契合经过严格方法所形成的最终裁判结果,但这种做法是不符合现代司法所要求的审判公开特别是心证公开与裁判说理的基本要求的。况且这种依感觉裁判更有可能导向错误的裁判,是不值得提倡的。

第二章　证明责任的实践误识：以“证明责任转换”为中心的解读

引　言

在证明责任领域存在的一个特有现象，就是曾经一度被广为认可的所谓“证明责任的转换”，[1]在我国理论和司法实践中，这一概念也几乎被漫无边际地广泛使用。证明责任含义的复杂性，使证明责任转换问题也变得异常复杂。划清主观与客观证明责任的界限是厘清证明责任理论中很多复杂问题的前提。客观证明责任的实质是指，如果诉讼中的一项事实主张最终不能被证明，也即法官对该项事实主张存在与否始终不清楚的条件下，由何方当事人负担不利后果。客观证明责任是现代证明责任的核心，是证据法领域占据主导地位的课题。无论什么样的诉讼程序，也无论证明法

---

〔1〕 参见［德］汉斯·普维庭：《现代证明责任问题》，吴越译，法律出版社2000年版，第31页。

如何构造,甚至不管适用什么样的诉讼原则,都可能面临客观证明责任问题。[1] 但选择“证明责任”一词却是如此的不幸,因为客观证明责任既与证明无关,也与责任无关。正如张卫平教授所说的:“证明责任”不是关于证明的规定,而是关于没有证明的规定。[2]

客观证明责任是与真伪不明联系在一起的,引导法官在案件事实不能认定时作出裁判的规范,从当事人的角度来说,就是案件事实不能认定时的风险负担。主观证明责任,是指当事人通过自己的证据活动对争议事实进行证明的一种责任,其目的是避免败诉,因此它才符合通常意义上的责任概念。[3] 我国学者在 20 世纪 80 年代中期即提出了证明责任的双重含义说,指出应从行为意义与结果意义两个层面上理解证明责任概念,[4] 这对纠正当时理论界和司法实践界仅仅关注行为责任的片面观点是有进步意义的,它将客观证明责任概念引入我国诉讼法学,并使证明责任的分配研究步入正途。但另一方面,也使得我国对行为意义上的证明责任的研究长期被轻视甚至被忽略,并由此导致理论与实践的脱节,典型的现象就是,理论界的证明责任研究者难以与实践界对话。抽象证明责任与具体证明责任这一组概念长期被我国学界忽视。客观证明责任由于与具体的诉讼活动无关,总是抽象证明责任,但抽象证明责任并不就是客观证明。在主观证明责任概念下,存在主观抽象证明责任与主观具体证明责任之分。这两个概念并不难区分。如果人们抛开具体的诉讼程序,就一个要件事实发问,由谁负担在诉讼中对要件事实举证,那么谈论的就是主观抽象证明责任。主观抽象证明责任的本质就是从当

---

〔1〕 参见[德]汉斯·普维庭:《现代证明责任问题》,吴越译,法律出版社 2000 年版,第 12 页。

〔2〕 参见张卫平:《诉讼构架与程式——民事诉讼的法理分析》,清华大学出版社 2000 年版,第 211 页。

〔3〕 参见陈刚:《证明责任概念辨析》,载《现代法学》1997 年第 2 期。

〔4〕 学界公认最早提出证明责任“双重含义说”的是李浩教授。证明责任“双重含义说”参见李浩:《民事举证责任研究》,中国政法大学出版社 1993 年版,第 42 页。

事人角度看待客观证明责任，因此它独立于具体的诉讼活动而存在。主观抽象证明责任的分配，要完全按照客观证明责任进行。因此，一个证明责任分配规范既分配了主观证明责任又分配了客观证明责任。具体证明责任则是指在具体诉讼中，法官对于案情已经获得一定的事实信息并且形成了暂时的心证，此时应当由谁提供证明。具体证明责任与证明评价是分不开的，它与客观证明责任分配规范没有关系。由于很多人分不清证明责任的三重含义的区别，特别是主观抽象的证明责任与主观具体的证明责任概念，造成在“证明责任转换”问题上的无数误解。早在20世纪末现代证明责任理论被引入我国之初，即有学者指出了证明责任的不可转换性，[1]但在司法实践中“举证责任转换”一词仍被在多种意义上使用着。从证明责任的经典理论来看，这些说法均是对证明责任的误用。以下笔者试对通常认为与“证明责任转换”相关的情形逐一分析。

一、行为意义上的转换：具体举证责任

我国在证明责任转换问题上最通常的一种误解是将其理解为当事人之间具体的提供证明责任的交替，亦即具体举证责任的转移。在案情比较复杂的诉讼中，往往不是一个直接证据就可最终确认事实的，而是需要双方提供大量的证据，在这种情况下，当事人双方交替提供证据的行为就会随之增加。行为责任在程序中的具体流转，是以待证事实在一方当事人与另一方当事人的对抗模式为存在前提的。相反主张的行为责任履行终了，提供的证据不足以形成优势证据，主张的反证事实仍真伪不明，此时按证明责任理论，应由提出该

〔1〕 参见单云涛：《举证责任的免除、举证命题的变更与举证责任的不可转移性》，载《法学研究》1991年第5期。

主张的一方承担结果责任,即判定该主张不成立。从逻辑上看,一个主张的相反主张不成立,则可推出本主张成立判定。如另一方提出足以推翻举证事实的证据,此时提出相反主张的一方当事人为避免结果责任发生而承担的行为责任已完成,如果此时本证一方未承担行为责任,则相反主张的事实成立。但在当事人对抗的诉讼模式中,从程序的功能出发,有必要将行为责任再移转至提出本证主张一方,直到在法官心中形成对待证事实举证方已履行完毕说服责任或应负担结果责任的确信。应当注意的是,在此过程中,作为结果意义上的证明责任呈现的是一种恒定的静态,并不发生移转。由法律条款所规定的结果意义上的证明责任,一旦依据实体法确定由哪一方当事人负担,除了法律上的推定运用之外,自始至终属于该当事人,在该事实被证明之前,作为一种潜在的风险始终由该当事人负担,并不随着举证活动的进行而转移给对方当事人。很简单,如果认为证明责任会随诉讼的进程而在双方当事人之间不断转换,那么证明责任将不具有确定性。假如原告负有证明责任,被告也负有证明责任,那么原告的证明责任与被告的证明责任之间的界限将会变得模糊,不容易把握。也就是说,法官将无法从总体上确定该案件的证明责任到底在何方。如果证明责任游移不定,则在诉讼中发生某一事实处于真伪不明的状态时,法官将不能依照证明责任法则进行判决。可见,证明责任转换理论具有使案件无法了结的潜在危险。这与证明责任的基本功能是相悖的。因为,民事诉讼法设定证明责任制度的目的,就是在诉讼中发生某一事实处于真伪不明的状态时,法官依照证明责任法则,判负担证明责任的一方当事人败诉,从而结束纷争,了断案件。如果将证明责任的转换理解为对当事人的具体提供证明责任的转换,那么所有的反证都属于证明责任转换的情况。本证与反证的区别必须以客观的证明责任分配的恒定性为前提,并且承认客观证明责任对当事人证明要求的不同。因为通过对客观证明责任“转换”的负有具体提供证明责任的一方只须提供反证,其只须动摇法官的临时心证，而不是达到法定证明标准。

在我国，“证明责任转换”概念之所以被广为接受，与有些学者对《民事诉讼法》有关规定的误读存在一定关系。《民事诉讼法》第 67 条第 1 款规定：“当事人对自己提出的主张，有责任提供证据。”依有关学者的解释，该条文设定了证明责任分担的一般原则，即“谁主张，谁举证”。也就是说谁主张一定的事实，谁就有责任提供证据证明该事实。但其实这只不过是一句标明证明责任的口号，并没有就何人应就何种事实负证明责任作出规定，因此不具有分配证明责任的功能。1998 年最高人民法院颁布的《审改规定》第 11 条规定显然也属行为意义上的证明责任转换规则。〔1〕 将具体提供证据责任理解成证明责任的转换，实际上就转换了论题。如果人们说的是客观证明责任，而实际上指的却是具体的证明提供责任的话，就不能用“转换”一词来表达，因为使用这样的概念毫无意义，只能引起误解。如果将大而无当的“证明责任”概念加以分解，肯定“提供证据责任”概念的独立意义，问题将变得清楚而简单。

二、证明评价上的转换：表见证明

表见证明至今依然被认为是整个证明法学领域最含混也是最难回答的问题之一，其与证明责任之间存在千丝万缕的联系。〔2〕 我国学者总是尽量回避使用这一概念。一般认为，表见证明不是独立的证明手段，而仅仅是在证明评价过程中对经验规则的应用。通过表

---

〔1〕《审改规定》第 11 条规定：案件的同一事实，除将举证责任倒置外，由提出主张的一方当事人首先举证，然后由另一方当事人举证。另一方当事人不能提出足以推翻前一事实的证据的，对这一事实可以认定，提出足以推翻前一事实的证据的，再转由提出主张的当事人继续举证。

〔2〕 参见［德］汉斯·普维庭：《现代证明责任问题》，吴越译，法律出版社 2000 年版，第 139 页。

见证明能解决证明的"瓶颈",使证明责任得到缓和,这在大陆法系的德、日等国的司法实践中通过判例得到了发展。表见证明是否可以以及在多大程度上干预着客观证明责任分配的基本原则是证明责任研究当中一个最重要但也是最简单的问题。在德国即有学者认为表见证明与客观证明责任的转换没有区别,应用经验规则不但可以克服真伪不明,而且借助表见证明可以纠正不公正的证明责任分配。不过该观点始终无法解释为何依据通说只需举出反证就可以推翻一个表见证明,而不是充分的反面证明。表见证明只在典型事件经过上才予以考虑,也即在确认一定的事实情况而需判断其原因的场合,基于该事实情况本身依照生活经验即能指示特定原因。对"因果关系"和"过失"的证明经常要用到表见证明。证明责任人只须阐明依照普遍的生活经验,即依照普遍的经验法则,指示特定原因的事实情况。如果法院已确认这样的经验法则并确信存在该事实情况,则特定原因就已得到证明。对方当事人所要作的是以反证途径动摇这样的确信,通过他使法院确信非典型事实过程的重大可能性或确信另外的典型事实过程的重大可能性。这样就抽走了表见证明的基础,负证明责任的当事人自己现在则必须为首先由表见证明证实的原因直接提出证据。由此看来,表见证明并不能导致证明责任的转换,〔1〕涉及的只是主观具体证明责任的转换。

依据表见证明所推导的结果是法官对某个生活事实的认定。因此表见证明的作用在于帮助法官在认定某个生活事实时排除疑点并形成心证。由于客观证明责任的一个重要前提是在诉讼结束时真伪不明的存在而且无法消除,因此依据客观证明责任的判决和以表见证明作为基础的判决二者在逻辑上是泾渭分明的,就好比法官不依据表见证明获得了心证时同样不会动用客观证明责任来裁判的道理

〔1〕 参见[德]奥特马·尧厄尼希:《民事诉讼法》(第27版),周翠译,法律出版社2003年版,第272页。

是一样的。应当承认,表见证明直接起到了克服证明困难的作用是不容置疑的。其错误之处在于它的前提假设,即它把表见证明克服证明困难的功能等同于证明责任的功能。克服证明危机或者证明困难根本不是证明责任的功能,证明责任的功能仅仅在于,在出现最终无法消除的证明危机时,使法官的裁判成为可能。

三、规范依据上的转换:证明责任分割

证明责任转换有时也指证明责任在法律规范上分配的改变。按照证明责任分配的一般规范,请求权人对请求之依据和被请求权人对其抗辩依据要加以证明。对于证明责任的转换,有时指的就是这种基本规则的例外情形,因此,这种意义上的证明责任转换与法律对证明责任转换之规定无关,仅仅是对一般法律规则的例外规定的描写。西方民事诉讼法理论中所指的证明责任转换是指对某个要件事实,虽然在法律上对证明责任的负担作了一般性的规定,但是基于改革以及程序的需要,特别规定由原不承担证明责任的对方承担证明责任。这种意义上的"转换"并不是诉讼系属中发生的现象,而是在具体诉讼之外,预先特别规定,修正了法律关于证明责任分担的一般原则,相当于我国民事诉讼中所谓的证明责任的倒置。

根据我国学者的考察,证明责任转换理论产生于德国 19 世纪末 20 世纪初的工业革命时期。在这一时期,出现了大规模的环境污染、医疗事故引起的伤害赔偿等案件,对此,如果沿用旧的证明责任分配原则,则对受害者显失公平,但又缺乏新的原则,这就促使一些法官进行大胆的创造活动。他们在法律没有规定的情况下,根据司法实践中的新情况,借助自己的自由裁量权,将证明责任由受害人转移给加害人承担,使加害人在特定的案件中得对其行为无过错的事实及其行为与损害结果之间无因果关系的事实负证明责任。可见"证明

责任转换”是在法律出现空缺的情况下法官基于法律赋予的自由裁量权而进行的“发明”。由于开始时人们对这种现象没有使用恰当的称谓,暂且称为“证明责任转换”。后来,由于环境污染案件、医疗事故案件等大量发生,引起了立法机关的重视,于是,立法者将这类案件的证明责任明确规定由加害人承担,成为明文规定的“证明责任倒置”。但是,“证明责任转换”的称谓已经成为习惯,也就没有再特意强调它们之间区别的必要。或许正是这种想法,反而使得一些人将两者混同,造成了后来的一些误解。〔1〕 在日本,很多民事诉讼法学者也是将证明责任倒置与证明责任转换混用的。〔2〕 事实上,正如我们已经看到的那样,弄清两者的差别是很有必要的。

在普通民事案件中,证明责任是不可分割的。一个法律主张可以被分解为几个构成要件,将多个构成要件事实的证明责任始终归于一方当事人,但在特殊案件中证明责任则可能发生分割。与普通民事案件中原告必须承担所有要件事实的证明责任不同,被告只是承担其中的部分要件事实的证明责任。例如,在最高人民法院原《民事证据规定》第 4 条规定的 8 类特殊侵权民事案件中,都存在数个需要证明的要件事实,对此,受害人和加害人各要承担其中部分要件事实的证明责任。在上述特殊案件中证明责任分割的情况下,是否会出现证明责任转移问题呢?也不会的。证明责任的分割是依据一定的法律原理对证明责任进行的预先分配,分割后双方的证明责任都具有确定性,而且是各自独立的。具体来说,加害方的部分证明责任是法律所规定的,不能转移给受害人承担。受害人的部分证明责任是依据诉讼原理得出的合理结论,不能转移给加害人承担。分割之

---

〔1〕 参见叶自强:《民事诉讼制度的变革》,法律出版社 2001 年版,第 188 页。

〔2〕 如兼子一、竹下守夫在对“证明责任转换”一词下定义时写道:“把这一词作为抽象的法规之间的关系来使用时,一般是指规定过失的举证责任在于原告一方,在特别规定的情况下无过错的举证责任在于被告一方。”这里的举证责任转换就是举证责任倒置的全部含义。参见[日]兼子一、竹下守夫:《民事诉讼法》,白绿铉译,法律出版社 1995 年版,第 112 页。

后,诉讼流程的递进性决定了两种证明责任绝不会发生碰撞的问题。虽然整个案件的证明责任可以一分为二,分割后的两种证明责任在实现的难易程度上不是一样的,通常原告方的证明责任比较容易完成,而被告方的证明责任则不是轻易就能完成的。从表面上看,证明责任的分割,确实导致了案件败诉风险转换。在同一案件中当事人双方分担证明责任时,双方各自对相应事实负证明责任,但双方在证明责任履行方面存在“时间差”。原告通常总是先负担起证明责任,如果原告不能先履行其证明责任,则其将遭到请求被驳回的风险。被告只有在原告诉讼请求所依据的事实被初步证明后(卸下证明责任后),才有必要提出其他事实并加以证明,从而完成法律规定由其完成的部分证明责任,否则就会承担败诉的风险。因而被告的证明责任总是后于原告发生。但这种败诉风险承担的先后顺序也并不是证明责任的转移,证明责任的转移应当是对同一证明对象而言的,在证明责任分割的情形下,双方实际上是先后承担各自本身的证明责任。如果说这也是一种转移,那么,正如英国学者诺克斯所指出的,在这种情况下“所转移的义务实际上是指证明不同事实的义务”。[1]

四、诉讼系属中的转换:证明责任分担

我国以往的司法解释中虽然也作出过有关证明责任承担的规定,但从未规定过证明责任分配的原则。2001 年通过的原《民事证据规定》第 2 条第 1 款规定:当事人对自己提出的诉讼请求所依据的事实或者反驳对方诉讼请求所依据的事实有责任提供证据加以证明。这一规定是在对“主张”分类的基础上分配证明责任的,在区分请求原因事实和反驳理由事实的基础上合理分配当事人之间的证明责

〔1〕 沈达明:《比较民事诉讼法初论》(上册),中信出版社 1991 年版,第 274 页。

任,使双方当事人在诉讼中实现证明责任的合理分担。反驳也许是我国诉讼法学者提出和使用的特有法律概念。何谓“反驳”?因论者的理解角度不同而有不同解释,归纳起来大致有三种,即反驳相当于抗辩说或反驳相当于否认说,或反驳相当于对抗辩和否认的概括说。笔者认为,按照“否认者不承担证明责任,抗辩者承担证明责任”的原则,应将这里的反驳等同于抗辩,在此情况下,当事人应当对反驳事实承担证明责任。按照法律要件分类说的解释,应当按照请求权和对请求权抗辩以及再抗辩的关系确定证明责任,即主张请求权和抗辩者承担证明责任;主张否认者不承担证明责任。因此,要弄清主张(否认、抗辩)与证明责任分配之间的关系,其前提是对否认和抗辩的基本含义进行界定。虽然在一定的场合下,两者的区别并非泾渭分明,由于对某一事实主张究竟属于否认还是抗辩,学者们可以立足于不同的立场作出不同的解释,而基于不同的解释又会导致不同的证明责任分配的结论。但是我们可对否认和抗辩的基本含义和识别标准作出界定。按照诉讼攻击防御的原理,民事诉讼中的否认,是指当事人主张相对方主张的事实为不真实,或对相对方的申请或主张予以否定。根据当事人否认的内容和形式的不同,在学理上可将否认分为单纯否认、间接否认和推定否认。但是无论是哪种否认,当事人都不负证明责任。而抗辩,在民事诉讼中是针对请求权提出的一种防御方法,即指当事人通过主张与相对方的主张事实不同的事实或法律关系以排斥相对方的主张。抗辩分为实体法的抗辩和诉讼法的抗辩。实体法的抗辩,是指当事人主张实体法上的要件以排斥相对方的请求。在诉讼理论上,当事人可以针对相对方提出的实体法的抗辩提出再抗辩以及再再抗辩。诉讼法的抗辩,是指当事人主张与实体法上的事项没有关系的事实或事项以排斥相对方的请求。因抗辩引进证明责任主体的转换是法律要件分类说的一般原则,因为抗辩不过是诉讼中相对方的事实或法律关系主张,根据当事人平等原则,不同主张的证明责任自然应在双方之间分担。从诉讼经济的角度看，要求原告预期并提出证据反驳被告在某一特定案件中可能提出的数目不确定的抗辩，将是无效率的。[1]

与上述证明责任分割不同的是，虽然双方当事人均负担一定事实的证明责任，但因抗辩引起的证明责任转换的情形是不同的。证明责任的分割是针对特殊案件的证明责任分配的例外情形，以法律或统一的司法解释的明确规定为依据；证明责任分割理论只有与证明责任分层学说配合起来才能有效，如果与法律要件分类说相结合，则很容易走入误区。[2] 因抗辩而引起的证明责任的分担则是根据法律要件分类说进行证明责任分配的一般原则。但从败诉风险负担来看，证明责任的分割与分担都表现为双方当事人各对一定事实的证明负担特定风险，无论这种风险是由法律预先设置的，还是因当事人对抗而引起的，均具有分配上的确定性，不会在诉讼过程中在双方当事人之间发生转换。

五、具体个案中的转换：司法裁量

有的学者主张，证明责任的分配不是一开始就已经确定的，它是在具体情势情况下产生的，因此它取决于法官的具体判断。在司法实践中有些场合，法官没有尝试依据方法论的一般规则进行合法性论证就擅自改变了法定的证明责任分配，这才是实践中证明责任转换的实质性问题。此种做法有时经常被草率地认为是“超越法律的证明责任分配”，但它向我们提出了这种明显背离法律的合法性何在的问题。

如今再也没有一个学者主张在德国法上按照法官裁量一般地分

---

〔1〕 参见［美］理查德·A. 波斯纳：《证据法的经济分析》，徐昕、徐昀译，中国法制出版社 2001 年版，第 83 页。

〔2〕 参见叶自强：《举证责任的倒置与分割》，载《中国法学》2004 年第 5 期。

配证明责任。这样的证明责任分配理论与现行法上的证明责任分配规范是不相协调的。无论是通过明文规定还是隐含在法律条文规范的结构之中,立法者已经从法律上规定了证明责任的分配。这样规范的存在长期被人们忽视。按照司法裁量原则分配证明责任的观点不仅与法律相矛盾,而且使法律主体的权利处于极不稳定的状态,这与法的可预测性和可预见性相冲突。倘若这样,人们只有在所有的重要事实都有必要证明时才能打官司。在许多场合下这与藐视法律有何区别呢?而且,客观证明责任具有前置影响。因此,作为证明前提的主张责任取决于证明责任的分配。当事人如果是第一次打官司,如何知道自己必须主张什么,主张责任和证明责任如何分配呢?或者说,负有证明责任的一方当事人可以依法在诉讼开始前申请证据保全,怎么可能在这时认为尚无人知道证明责任呢?从本质上和立场上,把法官视为法律的实施者来看,法官只有在例外的情况下才能按照法定的方法论对法律漏洞进行填补或者跨越法律漏洞从而改变某个规则;换句话说,只有当法官在证明责任分配范围内穷尽了现行法的规定时,才可以改变规则。我国原《民事证据规定》第 7 条法官分配证明责任的前提明确规定是“在法律没有规定,依本规定及其他司法解释无法确定证明责任承担”的疑难案件。司法实践中有相当多的法官即认为法官分配证明责任是证明责任分配的通常情形,因为法律及司法解释对证明责任明确规定在总量庞大的法律规范中无疑都属极少数情形。其实这绝对是一种误解,证明责任分配的规范是一种隐性法,主要不是在字面上明确规范的,法律(实体法)预先分配证明责任是证明责任分配的主导情形。由于证明责任规范是对请求权规范的补充,倘若要在脱离法律状态下进行证明责任的分配,这就意味着,所有的请求权规范都是不完整的,需要不断地由法官来补充。这样,司法权就会腐蚀、蚕食立法权,这在成文法国家是绝对不被允许的。

六、司法认知上的转换:事实推定

事实推定又称为事实推定法则,是指以某一事实的存在或不存在推论另一事实的存在或不存在。事实推定属于逻辑上的推论,在诉讼中表现为法院依已明了的事实推定待证事实的真伪。人们在对社会的某种现象反复认识之后,逐渐掌握了社会现象的内在规律,即形成对该现象运动规律的经验。由于经验法则是对社会现象内在规律的认识,因而具有高度的盖然性,因此,经验规则就常常被用于代替对某种事实的直接证明,按照经验规则推论某事实的存在与否。运用经验规则进行推论要求有推定的基础事实存在,作为推定的基础事实是否是真实的、典型的,对于推定至关重要。如果作为推定基础的事实处于不确定状态,推定便不能成立,即表明当事人一方通过推定取代对主张事实的证明也就失败了。另外,事实上的推定属于法官在自由心证范围内对证据进行自由评价的事项,如果法官以此推定不能形成确信时,当事人的推定证明同样是失败的。在诉讼中,动摇推定的最初办法是提出反证,只要反证成立,推定便不能成立,两者不能两立。当然,即使作为推定基础的事实确定存在,也不一定就能适用经验规则。在有些情况下,法律规定了阻止适用经验规则的特别事由,即有这种特别事由,便不能适用经验规则来免除或减轻证明责任。当事人不能证明存在特别事由的,对方仍然可以以经验规则的适用替代证明责任。

事实推定是判决经常采用的辅助手段,在各国法院的司法实践中总是特别受青睐。司法实践中,一般认为,事实上的推定一旦成立,证明责任便转移到对方,对方当事人对该推定持反对意见时,就必须对该推定不能成立的事实举证。现在国外判例已经抛弃了这种观点,在涉及事实推定的场合,不再使用证明责任转移的说法。关于推定的效力,《美国联邦证据法》最终采"气泡破裂"理论。[1] 为推翻事实推定而提出证据,不过是对对方的证据提出责任,只具有转移提供证据责任的效力,而不导致证明责任的转移。事实推定可以作为表见证明形成法官的临时心证,仅此而已。在表见证明被采纳的场合,如前所述,对方当事人只需提供反证就够了,而不是提供充分的反面证明,因此事实推定并不导致客观证明责任的转换。事实推定的这种弱效力性的主要原因在于这种推定并非法律规定的推定,而是法官自由裁量的产物。事实推定是以人类的经验为基础的,然而,人类的经验法则范围极为广泛,而且会随时代的变迁而发生增减更替,难以规范。在司法实践中,由于缺乏具体的指导原则,往往导致流弊丛生。我国台湾地区有学者指出:"借口自由心证、多凭情况证据或所谓间接证据,为偏而不全之推论,甚至仅凭主观之推测。由此建立一种结论,无异创造一种结论,危险殊甚,无可讳言。"[2] 这也印证了孟德斯鸠早就说过的"当法官推定的时候,判决就武断"。[3] 通过利用事实推定而认定的事实真实与否,与基础事实与推定事实之间是否存在合理的联系有密切联系。但法官的学识、生活阅历、道德水准等各不相同,他们所选择的基础事实与推定事实之间并不一定总是存在充分的合理联系。在这种情况下,如果赋予事实推定具有转移(客观)证明责任的效力,实际上就是变相地赋予了法官重新分配证明责任的权力。由于事实推定不像法律推定那样有范围限制,赋予事实推定具有转移证明责任的效力,就会使法官自由裁量的权力过大。当事人的权益被侵犯的可能性也就随之增大。[4]

---

〔1〕 "气泡破裂"理论最早为 J. B. 赛叶在《英美普通法上的证据法初论》(*A Preliminary Treatise On Evidence At The Common Law*)中提出,后为他的弟子威格莫(Wigmore)继承。该学说认为,推定对说服责任不产生任何影响,它只是将提供否定推定事实的证据的责任转移给了反对推定的当事人。一旦该当事人提供了该证据,气泡就破裂,推定将不复存在。推定事实就只能根据有关该事实的证据加以认定。

〔2〕 李学灯:《证据法比较研究》,台北,五南图书出版有限公司 1992 年版,第 298 页。

〔3〕 [法]孟德斯鸠:《论法的精神》,张雁深译,商务印书馆 1976 年版,第 392 页。

〔4〕 参见王学棉:《推定能否转移证明责任之辨析》,载《求实》2004 年第 S4 期。

七、立法目的上的转换:法律推定

如上所述,事实推定可减轻证明责任但并不转换证明责任,法律推定则与此不同,传统的观点认为,在一方提出法律推定时,就把举证负担转移到对方身上。如同证明责任的最初发生是由法律规范的那样,它的变更也只能是另一些法律规范起作用的结果,最主要的就是关于推定的法律规范。法律上的推定与事实推定最关键的区别在于,它不是依据经验规则进行推定,而是通过适用法律的规定,推定未知的事实。应当注意的是,法律推定都应当是允许证明的,即允许以相反证据证明推定事实的不存在,从而推翻法律推定。不允许推翻的“推定”不是真正的推定,而是以推定的语句表达的一项实体法律规范,即法律拟制。在适用法律上的事实推定时,当事人应证明作为推定的基础事实(前提事实),只要前提事实能够成立,被推定的事实的真伪就直接明确了。法律上的事实推定所产生的法律效果与当事人直接证明被推定的事实的法律效果完全相同,从这个意义上讲,法律上的事实推定减轻了当事人证明责任的负担。

在适用推定时,存在两个事实:前提事实和推定事实。一般的情况下,都是由主张某一事实的当事人负首先提供证据的责任。在其履行完提供证据的责任后,该责任才转移到对方当事人身上。具体到推定事实上,如果不适用推定,则主张推定事实的当事人应当首先负提供证据的责任。若适用推定,该当事人只需就前提事实首先提供证据即可,不用就推定事实首先提供证据。若对方当事人想反驳该推定,他既可以反驳前提事实,也可以反驳推定事实。如果对方当事人对前提事实提出质疑,欲动摇其推定基础时,对方当事人必然要承担提出反证的行为责任,如前所述这只是具体提供证据责任的转换。而当他反驳的是推定事实时,情况就有所不同。因为就该推定事实而言,由原先的主张方首先举证变为由反对方首先举证。法律推定是经过立法者深思熟虑、充分考察基础事实与推定事实之间存在充分合理联系之后才规定的。在基础事实与推定事实之间的充分合理联系方面,法律推定较事实推定更为稳定和成熟。但法律推定是否具有转移证明责任的效力还应进行具体分析。由于证明标准是证明责任承担的边界,法律推定能否转移证明责任关键就看推定所基于的盖然性是否达到特定诉讼的证明标准。现代各国法律一般都确认了刑事诉讼和民事诉讼相区别的二元证明标准体系。由于推定所基于的盖然性难以达到刑事诉讼所要求的内心确信或排除合理怀疑的证明标准,这也就是为什么法律推定“这种推定仅存在于非刑事诉讼之中”的原因。民事诉讼证明标准是高度盖然性或盖然性占优势标准,法律对一项推定加以规定就是因为基础事实与推定事实之间的联系紧密程度很高,能够达到特定诉讼对证明标准的要求。因此,在诉讼中如果否定推定事实的一方不能提出证据并使法官相信推定事实的不存在,而仅仅是提出使法官不能否定反证,则法官将依照法律认定推定事实的存在,否定推定事实的当事人将承担败诉的后果。由于法律上的事实推定的法律效果与当事人直接对推定事实的证明具有相同效果,因此,法律上的事实推定在前提被证明时,当事人亦不能对被推定的事实存在与否提出反证,即使提起反证也不可能推翻推定,要推翻推定就意味着否定法律所折射出的立法者对于社会政策、价值取向上的考虑。因此,法律推定具有转移提供证据责任和证明责任的双重功能。说法律推定具有转移证明责任的功能与一般所说的证明责任的确定性或预置性是否存在矛盾呢?其实也是看问题的角度的差别。法律推定转移证明责任意思是说如果不存在该法律推定,则证明责任应由主张推定事实的一方当事人承担,而实际上,由于该法律推定的存在,意图推翻推定事实的当事人应负证明责任。因此这种转移是基于一种法律不存在的假设,而这种法律正是分配证明责任的直接依据,因此法律推定分配证明责任与其他实体规范分配证明责任具有同样的性质。实际上,在证明对象为实体法构成要件时,如过错推定或因果关系推定,则这种推定正是证明责任倒置的情形。

八、证明过程中的转换:举证妨碍

举证妨碍是指负证明责任当事人之对方当事人因故意或过失行为妨碍了可能证明的提出,因而提供证明落空了。该种阻碍证明的行为既可能在诉讼开始前出现也可能在诉讼中出现并且涉及所有的证明手段。《审改规定》第30条可归纳为不利证据持有人拒不举证的责任规则,其要承担的应是行为意义上的证明责任,作为结果意义上的证明责任仍由提出主张的一方承担,这与证明责任倒置时行为责任与结果责任同时转移的效果是显然不同的。2019年《民事证据规定》第95条规定:一方当事人控制证据无正当理由拒不提交,对待证事实负有举证责任的当事人主张该证据的内容不利于控制人的,人民法院可以推定该主张成立。这一条文是以法律规范的形式肯定了举证妨碍推定的效力。

理论上直到今天法官在举证妨碍场合如何反应仍然存在较大的争论。有一种观点认为,这时的证明责任分配要适用典型的证明责任转换。司法实践中也多有这种做法。关于不负证明责任的当事人故意或过失的举证妨碍,德国联邦最高法院大多通过证明责任转换予以惩罚。[1] 但主张用证明责任转换解决举证妨碍并不是一个好办法,对此稍加分析就可以得出结论:为什么法定的证明责任分配被一个纯粹的事实过程改变了,至今看不到其合法性何在。这样处理也

---

〔1〕 参见[德]奥特马·尧厄尼希:《民事诉讼法》(第27版),周翠译,法律出版社2003年版,第273页。

会导致法的不安定性。证明的前置影响与法律的可预见性也可能因此被破坏。证明责任的转换不可能总是作为制裁方式出现,在负有证明责任的当事人自己阻碍对方当事人提出证明时,就是如此。而且,用证明责任制度来对付仅仅由于过失行为导致的举证妨碍无疑过于严厉。如果妨碍行为人能够对自己的过失进行合理的证明,课以其证明责任就是不公平的。如果采用这种方法,在适用上会很不方便,而且法官掌握着很大的自由裁量权,其结果难以保证公平。为解决举证妨碍问题,法律一般规定提出证据的当事人的主张可视为被证明。这意味着,如果当事人拒绝提供证据,法官可以不通过心证而通过判决对拒绝提供证据的当事人实施法律制裁。但这里的制裁根本不是证明责任,因为视为被证明即已经排除了真伪不明,这种制裁虽然也达到了与证明责任转换一样的目的,但并不就是证明责任的转换。

第三章　证明责任的实践误区：举证责任制度的中国逻辑

引　言

现代证明责任理论与制度被引入我国迄今已有30多年，[1]此前其一直被认为是理论继受和贯彻施行得较好的一项制度。[2] 然而，近期学界关于"真伪不明"及证明责任制度的功能反而逐渐发生激烈争议。[3] 不断有学

---

〔1〕 我国引入大陆法系国家民事诉讼基本理论之一的现代证明责任理论与制度是从20世纪80年代末期开始的，李浩教授1986年发表的文章是一个标志。李浩教授于1986年首次指出证明责任的双重含义。参见李浩：《我国民事诉讼中举证责任含义新探》，载《西北政法学院学报》1986年第3期；李浩：《民事证明责任研究》，法律出版社2003年版，第15页。

〔2〕 参见李浩：《民事判决中的举证责任分配——以〈公报〉案例为样本的分析》，载《清华法学》2008年第6期。

〔3〕 关于案件事实"真伪不明"情形是否在我国司法实践中现实存在的争议，参见曹志勋：《真伪不明在我国民事证明制度中确实存在么？》，载《法学家》2013年第2期；许尚豪：《证明责任理论的证据语境批判》，载《政治与法律》2016年第11期；欧元捷：《论"事实真伪不明"命题的抛弃》，载《政治与法律》2016年第11期。关于证明责任裁判方法论功能的争议，参见季桥龙：《民事举证责任概念研究》，中国政法大学出版社2011年版，第99～126页；许尚豪：《作为裁判规范的证明责任》，载《当代法学》2017年第5期。

者质疑我国司法实践中案件事实"真伪不明"这一命题,指出证明责任裁判实际上极少出现,并因此质疑证明责任制度的现实意义。笔者认为,对国外经典理论命题的质疑可能正是中国法学开始理论自觉与制度自信的表现,在这一背景下展开认真讨论可能为真正认清我国证明责任理论的实际面貌提供很好的契机。

证明责任在我国司法实践中长期以来被习惯地称为"举证责任",在现行司法解释中被表述为"举证证明责任"。我国司法实践中的"举证责任"制度是否真的就等同于大陆法系国家的现代证明责任?这是笔者的问题意识。制度适用的实际状况如何,不能仅仅关注成文的规范条文。很多时候,真相藏身于浩如烟海的司法判决之中,只有在这里,我们才能够发现法律究竟如何被解释、被歪曲甚至被置之不顾的。当前司法公开制度建设下便捷的裁判文书数据库为这一研究提供了可能。最高人民法院发布的第 17 批指导性案例提供了极佳的样本,[1]其中 91 号、92 号案例都是以"举证责任"为关键词的典型案例。这些都是最高人民法院在 2015 年《民诉法解释》出台之后首次发布有关举证责任的案例,显然对今后法院审判实践中适用举证证明责任具有指导意义。在这种具体案件情境中,能够更好地窥探到我国司法实践对于证明责任/举证责任理解与适用的一贯逻辑。

一、举证责任适用的实践样本

(一)指导案例 91 号的基本案情与裁判理由

2011 年 12 月 5 日,安徽省人民政府批准征收马鞍山市花山区霍

---

〔1〕《最高人民法院关于发布第 17 批指导性案例的通知》(法〔2017〕332 号),载《人民法院报》2017 年 11 月 27 日,第 3、4 版。

里街道范围内农民集体建设用地用于城市建设。2011 年 12 月 23 日,马鞍山市花山区人民政府作出 2011 年 37 号《马鞍山市人民政府征收土地方案公告》,将安徽省人民政府的批复内容予以公告,并载明征地方案由花山区人民政府实施。苏月华名下的花山区霍里镇丰收村丰收村民组 B11 –3 房屋在本次征收范围内。在实施征迁过程中,征地单位分别制作了《马鞍山市国家建设用地征迁费用补偿表》《马鞍山市征迁住房货币化安置(产权调换)备案表》,对苏月华户房屋及地上附着物予以登记补偿。苏月华于 2011 年 9 月 13 日去世,其生前将该房屋处置给 4 原告所有。原告古宏英的丈夫领取了安置补偿款。2012 年年初,被告组织相关部门将苏月华户房屋及地上附着物拆除。原告沙明保等 4 人认为马鞍山市花山区人民政府非法将上述房屋拆除,侵犯了其合法财产权,故提起诉讼,请求人民法院判令马鞍山市花山区人民政府赔偿房屋损失、装潢损失、房租损失共计 282.7680 万元;房屋内物品损失共计 10 万元,主要包括衣物、家具、家电、手机等 5 万元;实木雕花床 5 万元。

马鞍山市中级人民法院一审判决驳回原告沙明保等 4 人的赔偿请求。沙明保等 4 人不服,上诉称:(1)2012 年年初,马鞍山市花山区人民政府对案涉农民集体土地进行征收,未征求公众意见,上诉人亦不知以何种标准予以补偿;(2)2012 年 8 月 1 日,马鞍山市花山区人民政府对上诉人的房屋进行拆除的行为违法,事前未达成协议,未告知何时拆迁,屋内财产未搬离、未清点,所造成的财产损失应由马鞍山市花山区人民政府承担举证责任;(3)2012 年 8 月 27 日,上诉人沙明保、沙明虎、沙明莉的父亲沙开金受胁迫在补偿表上签字,但其父沙开金对房屋并不享有权益且该补偿表系房屋被拆后所签。安徽省高级人民法院于 2015 年 11 月 24 日作出(2015)皖行赔终字第 00011 号行政赔偿判决:撤销马鞍山市中级人民法院的一审判决,改判马鞍山市花山区人民政府赔偿上诉人沙明保等 4 人房屋内物品损失 8 万元。

在裁判理由方面,法院生效裁判认为,根据《土地管理法实施条例》第45条的规定,土地行政主管部门责令限期交出土地,被征收人拒不交出的,申请人民法院强制执行。马鞍山市花山区人民政府提供的证据不能证明原告自愿交出了被征土地上的房屋,其在土地行政主管部门未作出责令交出土地决定亦未申请人民法院强制执行的情况下,对沙明保等4人的房屋组织实施拆除,行为违法。关于被拆房屋内物品损失问题,根据《行政诉讼法》第38条第2款之规定,[1]在行政赔偿、补偿的案件中,原告应当对行政行为造成的损失提供证据。由于被告的原因导致原告无法举证的,由被告承担举证责任。马鞍山市花山区人民政府组织拆除上诉人的房屋时,未依法对屋内物品登记保全,未制作物品清单并交上诉人签字确认,致使上诉人无法对物品受损情况举证,故该损失是否存在、具体损失情况等,依法应由马鞍山市花山区人民政府承担举证责任。上诉人主张的屋内物品5万元包括衣物、家具、家电、手机等,均系日常生活必需品,符合一般家庭实际情况,且被上诉人亦未提供证据证明这些物品不存在,故对上诉人主张的屋内物品种类、数量及价值应予认定。上诉人主张实木雕花床价值为5万元,已超出市场的正常价格范围,其又不能确定该床的材质、形成时间、与普通实木雕花床有何不同等,法院不予支持。但出于最大限度保护被侵权人的合法权益考虑,结合目前普通实木雕花床的市场价格,按"就高不就低"的原则,综合酌定该实木雕花床价值为3万元。综上,法院作出如上判决。

(二)指导案例92号的基本案情与裁判理由

2003年1月1日,经农业部核准,"金海5号"被授予中华人民共

---

〔1〕《行政诉讼法》第38条规定:"在起诉被告不履行法定职责的案件中,原告应当提供其向被告提出申请的证据。但有下列情形之一的除外:(一)被告应当依职权主动履行法定职责的;(二)原告因正当理由不能提供证据的。在行政赔偿、补偿的案件中,原告应当对行政行为造成的损失提供证据。由于被告的原因导致原告无法举证的,由被告承担举证责任。"

和国植物新品种权,品种号为:CNA20010074.2,品种权人为莱州市金海农作物研究有限公司。2010年1月8日,品种权人授权莱州市金海种业有限公司(以下简称金海种业公司)独家生产经营玉米杂交种"金海5号",并授权金海种业公司对擅自生产销售该品种的侵权行为,可以以自己的名义独立提起诉讼。2011年,张掖市富凯农业科技有限责任公司(以下简称富凯公司)在张掖市甘州区沙井镇古城村八社、十一社进行玉米制种。金海种业公司以富凯公司的制种行为侵害其"金海5号"玉米植物新品种权为由向张掖市中级人民法院(以下简称张掖中院)提起诉讼。张掖中院受理后,根据金海种业公司的申请,于2011年9月13日对沙井镇古城村八社、十一社种植的被控侵权玉米以活体玉米植株上随机提取玉米果穗,现场封存的方式进行证据保全,并委托北京市农科院玉米种子检测中心对被提取的样品与农业部植物新品种保护办公室植物新品种保藏中心保存的"金海5号"标准样品进行对比鉴定。该鉴定中心出具的检测报告结论为"无明显差异"。张掖中院以构成侵权为由,判令富凯公司承担侵权责任。富凯公司不服,向甘肃省高级人民法院(以下简称甘肃高院)提出上诉,甘肃高院审理后以原审判决认定事实不清,裁定发回张掖中院重审。案件发回重审后,张掖中院复函北京市农科院玉米种子检测中心,要求对"JA2011-098-006"号结论为"无明显差异"的检测报告给予补充鉴定或说明。该检测中心答复:"待测样品与农业部品种保护的对照样品金海5号比较,在40个点位上,仅有1个差异位点,依据行业标准判定为近似,结论为待测样品与对照样品无明显差异。这一结论应解读为:依据DNA指纹检测标准,将差异至少两个位点作为判定两个样品不同的充分条件,而对差异位点在两个以下的,表明依据该标准判定两个样品不同的条件不充分,因此不能得出待测样品与对照样品不同的结论。"经质证,金海种业公司对该检测报告不持异议。富凯公司认为检验报告载明差异位点数为"1",说明被告并未侵权,故该检测报告不能作为本案证据予以采信。张掖中院以(2012)张中民初字第28号民事判决,判令:驳回金海种业公司的诉讼请求。金海种业公司不服,提出上诉。甘肃高院于2014年9月17日作出(2013)甘民三终字第63号民事判决:(1)撤销张掖中院(2012)张中民初字第28号民事判决。(2)富凯公司立即停止侵犯金海种业公司植物新品种权的行为,并赔偿金海种业公司经济损失50万元。

在裁判理由方面,法院生效裁判认为,未经品种权人许可,为商业目的生产或销售授权品种的繁殖材料的,是侵犯植物新品种权的行为。确定行为人生产、销售的植物新品种的繁殖材料是否是授权品种的繁殖材料,核心在于应用该繁殖材料培育的植物新品种的特征、特性,是否与授权品种的特征、特性相同。本案中,经人民法院委托鉴定,北京市农科院玉米种子检测中心出具的鉴定意见表明待测样品与授权样品"无明显差异",但在DNA指纹图谱检测对比的40个位点上,有1个位点的差异。依据中华人民共和国农业行业标准《玉米品种鉴定DNA指纹方法NY/T1432－2007检测及判定标准》的规定,品种间差异位点数等于1,判定为近似品种;品种间差异位点数大于等于2,判定为不同品种。依据DNA指纹检测标准,将差异至少两个位点作为标准,判定两个品种是否不同。品种间差异位点数等于1,不足以认定不是同一品种。DNA检测与DUS(田间观察检测)没有位点的直接对应性。差异位点数在两个以下的,应当综合其他因素进行判定,如可采取扩大检测位点进行加测以及提交审定样品的方法进行测定等。此时的举证责任应由被诉侵权的一方承担。由于植物新品种授权所依据的方式是DUS检测,而不是实验室的DNA指纹鉴定,因此,富凯公司如果提交相反的证据证明通过DUS检测,被诉侵权繁殖材料的特征、特性与授权品种的特征、特性不相同,则可以推翻前述结论。根据已查明的事实,被上诉人富凯公司经释明后仍未能提供相反的证据,亦不具备DUS检测的条件。因此,依据《最高人民法院关于审理侵犯植物新品种权纠纷案件具体应用法律问题的若干规定》第2条第1款“未经品种权人许可,为商业目的生产或销售授权品种的繁殖材料,或者为商业目的将授权品种的繁殖材料重复使用于生产另一品种的繁殖材料的,人民法院应当认定为侵犯植物新品种权”的规定,应认定富凯公司的行为构成侵犯植物新品种权。

关于侵权责任问题。依据《最高人民法院关于审理侵犯植物新品种权纠纷案件具体应用法律问题的若干规定》第6条之规定,富凯公司应承担停止侵害、赔偿损失的民事责任。由于本案的侵权行为发生在三年前,双方当事人均未能就被侵权人因侵权所受损失或侵权人因侵权所获利润予以充分举证,法院查明的侵权品种种植亩数是1000亩,综合考虑侵权行为的时间、性质、情节等因素,酌定赔偿50万元,并判令停止侵权行为。

上述沙某保等诉马鞍山市花山区人民政府房屋强制拆除行政赔偿案[1]与莱州市金海种业有限公司诉张掖市富凯农业科技有限责任公司侵犯植物新品种权纠纷案[2]系列裁判文书中可以发现:[3]以上两案例均是一审判决驳回原告诉讼请求,而二审改判支持原告诉讼请求。改判的原因均为一审法官对案件举证责任负担的误认及相应的对案件事实的认定结果存在分歧。在“裁判理由”部分中都出现过一方提供初步证据之后,另一方提出反驳或异议,法院转而认为应由反驳方负担“举证责任”,这种所谓的“举证责任转换”现象。我们

---

[1] 相关裁判文书参见:沙明保、沙明虎、沙明莉、古宏英诉马鞍山市花山区人民政府行政赔偿案,安徽省高级人民法院(2015)皖行赔终字第00011号二审行政判决书;沙明保、沙明虎、沙明莉、古宏英诉马鞍山市花山区人民政府行政赔偿案,安徽省高级人民法院(2016)皖行终456号行政判决书;沙明保、沙明虎等诉安徽省马鞍山市花山区人民政府案,最高人民法院(2016)最高法行申791号再审行政裁定书。

[2] 相关裁判文书参见:莱州市金海种业有限公司诉张掖市富凯农业科技有限责任公司案,甘肃省张掖市中级人民法院(2012)张中民初字第28号民事判决书;莱州市金海种业有限公司诉张掖市富凯农业科技有限责任公司案,甘肃省高级人民法院(2013)甘民三终字第63号民事判决书。

[3] 两案相关系列裁判文书均检索自中国裁判文书网,http://wenshu.court.gov.cn/Index,登录日期:2017年11月20日。

不禁要问:《民诉法解释》出台后第 91 条体现的"规范说"主旨的证明责任"依法分配"规则是否在实践中被遵照适用？为何在理论上早已达成"证明责任不可转换"的共识下司法实践中仍频频出现"举证责任转换"?[1]最高人民法院将上述两个案例作为指导性案例予以发布,作为各级法院审判类似案件的参考均是经过精心挑选和论证的,这些案例中出现的"实践反对理论"现象,说明我国司法实践中对举证责任的认识与实践运用仍存在较多的问题。

二、证明责任适用的基本顺位

依据证明责任主流理论建构的制度框架,证明责任作为民事诉讼的脊梁贯彻于民事审判的始终:诉讼开始时证明责任的核心问题即证明责任分配,在诉讼最终案件事实陷入真伪不明时适用证明责任裁判。证明责任在司法实践中的关注焦点是那些因当事人结构性失衡导致证据偏在的现代型案件,近年来学界也非常关注作为解决此类案件"证明难"方案的"证明责任减轻"或"证明责任缓和"。这种主流理论研究成果基本上在我国当今法律修订和司法解释中得到了较好的体现。[2] 在这一理论建构下,首先,根据"请求权基础"的民事裁判方法,当事人应提出案件的实体法规范基础,以便法院根据实体法规范的分类或要件分级明确双方当事人分担的证明责任。由此产生的内在压力转化为促进当事人在诉讼过程中举证证明的基本

[1] 关于"客观证明责任不可转换"或"结果意义上证明责任不可转换"的理论共识,代表性著述参见江伟主编:《民事诉讼法学》,复旦大学出版社 2002 年版,第 288 页;李浩:《民事诉讼法学》(第 2 版),法律出版社 2014 年版,第 218 页;张卫平:《民事诉讼法》(第 4 版),法律出版社 2016 年版,第 236 页;宋朝武主编:《民事诉讼法学》(第 4 版),中国政法大学出版社 2015 年版,第 203 页。

[2] 关于证明责任分配及证明责任减轻的最新规范及其解读,参见张卫平主编:《最新民事诉讼法司法解释要点解读》,法律出版社 2016 年版,第 61 页以下。

动力。负证明责任的一方首先应对要件事实提供证据,包括在举证确有困难时提供表面证据或初步证据。接下来,法官应对一方举证结果进行评价,在证据短缺时考虑具体情境,决定是否转换行为意义上的具体举证责任,并根据具体举证情境作出证据评价。在所有具体举证责任机制用尽与法官证据评价用尽后仍不能对事实进行判断时最终作出"证明责任裁判"。简言之,证明责任制度适用的基本顺位是依法分配证明责任、据情减轻证明责任、审慎作出证明责任裁判。上述证明责任制度适用的三环节中,证明责任减轻是为矫正证明责任"一边倒"分配所产生的副作用而设立的配套制度。证明责任裁判不是证明责任分配的必然结果,而恰恰相反,是作为证明责任分配未能发挥调整证明行为效果的最终手段。证明责任分配作为一般民事案件的基本裁判方法,其处于证明责任制度的核心地位。

具体过程可分解为以下几个步骤。

(一)证明责任分配

欧陆法典编撰运动之后,大陆法系国家基于成文法律体系逐渐形成所谓"法律出发型"诉讼模式。当事人需要依据法律规范规定的权利体系提出诉讼请求。在现代证明责任理论下,在每一个案件开始时,当事人被假定清楚自己应当对什么事实承担证明责任。因此一般来说,并不需要法官在诉讼程序中"分配"证明责任。因为按照证明责任分配通说,证明责任负担的依据是实体法律规范,因此证明责任是在案件开始之前就已分配好的。一旦案件性质确定了,案件的请求权规范基础明确了,证明责任也就分配好了。证明责任的此种"依法分配"有利于当事人围绕法律规范规定的要件事实展开攻击与防御,集中于案件中有法律意义的事实争议,而不是纠缠于案情涉及的生活事实细节,从而将抽象的法律适用于具体的案件之中。当然,在诉讼进程中,法官可行使释明权,提示当事人双方应承担的相应证明责任,帮助当事人明确案件的要件事实,一般不存在由法官决定某个要件事实由谁承担证明责任的情形。证明责任的“分配”其实是指由实体法目的宗旨决定的特定要件事实真伪不明时败诉后果由哪一方当事人负担的风险归属状态，而不是指在出现疑难问题时由法官释明甚至裁量决定的行为。

当事人要想胜诉，就需要法院在案件事实认定与法律适用上支持自己的主张。证明责任正是将案件事实与法律适用联系起来的一根红线。基于当事人双方基于胜诉的动机，证明责任分配使案件事实的证明具有了内在动力机制，此即由客观证明责任衍生出“主观证明责任”。负担证明责任的当事人自始至终都背负阐明案件事实的压力，并且需要使其举证证明达到法定的证明标准，而对方当事人则始终处于防御状态，总是在证明责任方的证明即将成功时设置障碍，从而使法官心证回归真伪不明状态。

有的学者认为查明案件事实根本不需要借助于证明责任机制，而是当事人本身基于事实阐明即可。[1] 笔者认为这种观点过分高估了当事人阐明事实的动力，或者太低估了事实阐明的困难。当然，无论是否承担证明责任，当事人一般都会提供有利于自己的案件事实方面的证据，但证据的收集与提供是需要成本的。尤其在疑难问题上，提供进一步证据的困难使案件事实的阐明还得借助于败诉风险负担所产生的自始至终的内在压力。正是由于忽视诉讼开始时证明责任分配机制的这种动力功能，很多案件双方当事人均怠于举证，才使案件事实最后出现证据短缺难以判断的状态。在诉讼开始时即根据案件性质“分配”证明责任，是我国实践中证明责任适用相对薄弱的一环。因为这种分配严格来说在大陆法系国家也都并不是制度性的，既不是法律的硬性规定，也没有具体的程序操作要求，更多是一种基于理论共识而自然的习惯性做法。某种意义上，需要一种法官与当事人的理念共识。我国民事案件裁判在这一环节上的缺失也可

〔1〕 参见许尚豪：《证明责任理论的证据语境批判》，载《政治与法律》2016年第11期。

以说是证明责任作为裁判方法论观念的欠缺。

(二)证明责任减轻

在现代诉讼中,负担证明责任的当事人应当将案件事实证明到达到证明标准的程度,此即主观证明责任。此种不针对具体情境而言的抽象主观证明责任的分配与客观证明责任是完全一致的,因为所谓主观证明责任其实不过是客观证明责任通过辩论主义之投影而已,本身缺乏独立性。[1] 无论诉讼进行到任何阶段,如果案件事实不清楚,即所谓真伪不明风险出现时,主观证明责任都由特定一方当事人承担,而不可能发生倒置或转换。但此种主观证明责任概念不包括具体的提供证据责任,正如在实际案件中可观察到的,具体提供证据责任是在诉讼过程中可反复转换的。诉讼证明就是由对立当事人双方互动的举证推动前进的,即所谓"事实越辩越明"。一般情况下,证明责任承担人在案件事实的证明上总是首先处于攻击地位,而对方则处于防御地位。所谓"本证—反证—再本证—再反证……"就是具体提供证据责任转换的过程。在这一过程中,本证方即承担证明责任方,其对案件事实的证明程度是达到法律设定的证明标准,而反证方只需将案件事实回复到真伪不明即可。在主观抽象的证明责任意义上,也不存在责任的转换问题。

但这一程序进行与转换的预设机制有时可能在实践中遇到困难,即由于当事人双方的信息不对称,负担证明责任一方当事人可能难以将案件事实证明到法官心证确认的程度。大陆法系国家因此发展出一系列可统称为"证明责任减轻"的制度或实践做法。证明责任减轻机制是在证明责任分配固定不变的框架内,通过程序内的机制一定程度上缓解或减轻负担证明责任方的败诉风险。这些机制主要

---

〔1〕 参见陈荣宗:《举证责任之分配》,载《举证责任分配与民事程序法》,台北,三民书局 1979 年版,第 1 页;许士宦:《新民事诉讼法》,北京大学出版社 2013 年版,第 258 页。

表现为通过赋予对方当事人一定的配合义务,或至少是不得阻挠举证义务来促使案件事实真相的披露。此种定型化的或非正式制度包括典型的如文书提出义务、摸索证明、表见证明、间接反证、事案阐明义务、举证妨碍的排除等。[1]

从比较法上看,在日本,证明责任减轻包括在高桥宏志教授所称的"避免通过证明责任来裁判的制度与技术"之中。[2] 在德国,在具体诉讼中如果经过一切可能的证据调查活动仍然存在对案件事实认知上的漏洞,判例创造了一种通过简化证明帮助遭受不利影响的当事人的实践做法。主流学者称之为弥补规范说在实质公正实现方面不足的"通过简化证明克服知识漏洞"的理论。这种简化证明既可以采用相对简易的提出证明的方式,也可以采取有利于受害被告的推定不明事实为存在。具体来说,罗森贝克及其继承者将其分为两大类:一是表见证明和损失估算的方法;[3]二是证明责任倒置。这又包括对举证妨碍、重大违反职业义务的行为及产品责任案件中的证明困难,判例最后的反应是采取简化证明直到证明责任倒置。[4] 如果我们对照指导性案例进行解读,就会发现中外司法的制度技术竟是如此相通,我们不禁感叹:德国20世纪司法实践中为避免证明责任形式化固定分配可能产生的弊端而开出的"药方",运用于我国当前91号指导性案例仍非常对症!这里明确提及的"表见证明"、"损失估算"与"对重大违反职业义务行为的证明责任倒置"可以作为本案裁

---

〔1〕 参见胡学军:《具体举证责任论》,法律出版社2015年版,第109页。

〔2〕 参见[日]高桥宏志:《民事诉讼法:制度与理论的深层分析》,林剑锋译,法律出版社2003年版,第456页。

〔3〕 如果当事人对是否产生了损失以及损失有多大发生争议,则法院在考虑所有情形的情况下根据自由确信对此进行裁判(《德国民事诉讼法》第287条第1款第1句)。该条允许对不能进行严格证明的问题根据生活的盖然性以及根据法官的裁量进行估计并且确定损失。参见[德]罗森贝克、施瓦布、戈特瓦尔德:《德国民事诉讼法》,李大雪译,中国法制出版社2007年版,第843页。

〔4〕 参见[德]罗森贝克、施瓦布、戈特瓦尔德:《德国民事诉讼法》,李大雪译,中国法制出版社2007年版,第813页。

判理由的最佳解释。

表见证明就是在证明困境情形下出现的一种所谓的简化证明的方式,即在根据常识或事物表面现象即能推出事情真相的情形下对该事实予以认定,对方如否认则需提出反证;否则,可直接认定该事实成立。在91号案例中,原告主张屋内有价值约合5万元的日常生活必需品,符合一般的经验常识,且对方未能提供这些物品不存在的反证,故法院对屋内物品种类、数量及价值应予认定。(依日常生活经验初步证明,对方可提供反证,在未有反证的情况下对该事实予以认定,既符合我国法律上关于免证事实效力的规定,也与德国"表见证明"的原理完全相通。即表见证明作为转换具体举证责任的机制发挥调整当事人本证与反证转换的具体举证责任作用,并在未有反证的情况下最终决定法官的证明评价)

"损失估算"作为损害额认定的一种方式,也早被我国学界认同与实践采纳。在91号案例中,针对原告提出的价值为5万元实木雕花床问题,法院认为证明责任人不能举证证明该床的材质、形成时间,以及与普通实木雕花床的区别等,且超出市场的正常价格范围,故不予认定。但出于最大限度保护被侵权人的合法权益考虑,结合目前普通实木雕花床的市场价格,按"就高不就低"的原则,综合酌定该实木雕花床价值为3万元。[在双方均未有证据证明的情况下,法官并不贸然作出事实"真伪不明"的判断,而是根据裁判者依职权能够了解的社会基本信息("结合目前普通实木雕花床的市场价格"),并结合案件裁判的价值权衡("最大限度保护被侵权人的合法权益考虑")对案件事实进行判断("综合酌定该实木雕花床价值")]

特别是在知识产权案件中,损失往往难以证明,由法官进行估算已成为我国司法实践中的通常做法。如在92号案例中,由于侵权行为发生已久,双方当事人均未能就被侵权人因侵权所受损失或侵权人因侵权所获利润予以充分举证,法院综合考虑侵权行为的时间、性质、情节等因素,酌定赔偿50万元。(侵权损害额的判断由裁判者综合各种因素酌定,不严格适用证明责任分配规则。但证明责任分配机制仍是应当予以优先适用的,即应由当事人在考虑败诉风险负担的内在压力机制作用下提供充分证据予以证明及提供相应的反证,但在具体举证责任机制用尽的情况下,并不适用证明责任裁判,而是由法官予以酌定赔偿额。此为证明责任作为裁判方法论与证明责任裁判具体方法相分离的一例)

对"重大违反职业义务行为"采用的则是最严厉的所谓"证明责任倒置"。91 号指导性案例中的被告人民政府组织拆除原告房屋时,未制作物品清单并交当事人签字确认,亦未依法对屋内物品登记保全,致使原告无法对物品的受损情况举证,故该损失是否存在、具体损失情况等,依法转应由被告行政机关承担举证责任的处理就是这一原理的写照。证明责任的后果即事实不明时的败诉风险负担,倒置即将此种不利风险负担从本应承担的一方完全转向另一方。这种所谓"证明责任倒置"的后果也就等同于对案件事实证明标准的降低,实际上是在仅有当事人一方陈述的情形下,认定损失的存在。这种证明标准的降低,其实应当解释为在已有证据证明力不足以认定案件事实的情形下,法官考虑一方举证的可能性,以及对方在证据保存问题上的错误,给据此已形成的较低程度的心证"加分",从而认定达到证明标准。此种证明标准降低是个案具体情境性的,不同于某类案件中要件事实证明结构性的紧张而普遍降低设定标准的做法(如环境侵权中的因果关系)。

(三)证明责任裁判

一般而言,司法裁判适用的基本前提是对案件事实作出真伪分明的认定。维护案件事实认定统一性的一般途径是由法律规定证明标准。依证明标准对案件事实予以认定再直接适用实体法是司法诉讼的常态。但证明标准的客观化、固定化一直是一个典型的理论难题,因为现代司法均认为案件事实认定的证明标准是裁判者的"自由心证”,但现代自由心证又越来越注重经验法则或社会公共认知对裁判者的约束。如果裁判者难以对案件事实作出真伪分明认定的,应当如何裁判?为回答这一问题产生了现代证明责任理论,现代证明责任理论提出案件事实真伪不明时的裁判方法是对传统的依证明标准裁判的补充。

在案件事实真伪不明时的裁判方法及其解释上,德国证明责任理论经历了一个重要的学说交替更新过程。罗森贝克的理论最初认为,在事实真伪不明时可以仅根据形式逻辑进行处理,即案件因不符合实体法规定的适用条件而不予适用。后来德国众多学者对此种“法律不适用”的解释方法予以了彻底的批判。普维庭主张在案件事实真伪不明时,法官实际上是依据某种辅助性的“操作规则”对案件事实进行了拟制,最终依据“证明责任规范”适用实体法作出裁判。[1] “操作规则说”取代了“法律不适用性”,使案件事实真伪不明时裁判结果在形式逻辑理由之外获得了实质解释。

依证明标准裁判与依证明责任裁判是逻辑上互斥、实务上互补的关系。因此,如在疑难案件中能够采用一定的方法压缩真伪不明的空间,则相当于压缩了证明责任适用的范围,此即前述所谓“证明责任减轻”或“证明责任缓和”的实质。但对此类趋向于对疑难事实进行认定的制度手段也不应过于乐观。知识产权案件中常常会依靠高科技的检测方法对案件事实进行证明,但准确认定事实在特定案件中实际上往往是“不可欲”的。如在 92 号案例中,即使根据 DNA 指纹图谱检测对比这种“科学证据”也难以对涉案玉米品种同一性问题作出准确判断,正所谓“道高一尺,魔高一丈”。在所有证明手段用尽之后,案件事实认定领域仍有一定的难以判断的剩余空间,在这一空间内,仍然必须承认证明责任作为一种裁判方法的地位。证明责

---

〔1〕 参见[德]汉斯·普维庭:《现代证明责任问题》,吴越译,法律出版社 2000 年版,第 219 页。

任理论因此在两大法系理论与实践中仍具有重要的不可替代的地位。

如前所述,作出“证明责任裁判”的前提必须是案件事实“真伪不明”,而证明责任制度的适用则不以真伪不明为前提条件。证明责任裁判只能是“最后的手段”,而证明责任分配则是民事诉讼普遍适用的一般裁判方法。任何时期司法实践中“证明责任裁判”的出现肯定都是低概率的,但绝不能因为证明责任裁判的极少出现而忽视其在证明责任制度中的重要意义。案件一旦出现这种裁判,则都有资格成为典型案件,并值得引起人们的关注。证明责任裁判个案之于法律适用的特别意义在于:每次法律规定的必要条件(要件)真伪不明时对利益对立双方的偏向性选择都是对实体法既定价值取向选择在特定类型案件中的再次确认,也是对实体法目的与宗旨的具体落实。实体法的目的与宗旨是实体法立法的指导思想,在民主国家,立法过程中不同利益代表会对此展开充分争论,在法律制定后也要通过法律的公布对相关主体起到宣传教育的作用。但对于法律价值的有效传播来说,这还不够。只有在司法实践中被实际案例反复确认,才算被真正贯彻。正是在这一意义上,我们说如果没有一定的实际案例,我们根本不知道法律到底是什么,而适用证明责任裁判的案例正是在两种价值冲突的边缘地带能够鲜明显示法律的倾向性价值取向的适例。这种案例对市场交易主体行为方式的提倡或警示意义是生动具体的,能够最大限度发挥法律对社会生活的导向作用。

三、举证责任制度的中国逻辑

上述关于证明责任理论适用的逻辑顺位在我国理论学说中可以说是越来越被广泛地接受,2015 年出台的《民诉法解释》也明确将该理论上升为有效法律规范。[1] 但在我国司法实践中是否也被真正严格遵循,则难以绝对肯定。由于法学理论与司法实践脱节在我国还相对比较严重,甚至虽然使用同一概念话语,但其实质所指却可能大相径庭。笔者认为,91 号、92 号指导性案例典型反映出举证责任制度适用的"中国逻辑",其与大陆法系国家经典证明责任理论解释尚存差异,主要体现在以下三个方面:首先,经典证明责任理论依"规范说"是根据案件类型预先"依法分配"证明责任,而我国流行根据当事人主张事实情况作"谁主张,谁举证"的朴素理解。其次,证明责任的"依法分配"决定了证明责任始终固定在当事人一方,不因案件具体情形的差异及当事人对待举证活动的态度不同而变化。我国司法实践中则常常出现在事实证明困难时的"举证责任转换"。最后,经典证明责任理论始终都将证明责任问题定位为法律适用问题,即裁判方法问题。我国基本上是将举证责任定位为"事实判断的辅助方法",诉讼过程中事实真伪不明时仍将哪一方当事人对事实阐明的义务等可"归责"性事由作为事实判断的决疑手段。

(一)"谁主张,谁举证"

"谁主张,谁举证"作为我国证明责任分配的流行说法虽然在理论界被长期批判与不断矫正,[2] 但在实务上,由于其既体现了中国文化中对于"举证责任"的直观理解,反映了中国的"主观证明责任逻辑";又符合"说话要有凭据"这一天经地义的朴素道理,契合中国文化观念,因此长期成为中国证明责任分配的实践标准。这一分配标准对督促当事人双方尽可能提供证据、从而促进案件事实查明的制

---

〔1〕 参见《民诉法解释》第 90、91、108 条,对条文的相关解释参见最高人民法院修改后民事诉讼法贯彻实施工作领导小组编著:《最高人民法院民事诉讼法司法解释理解与适用》,人民法院出版社 2015 年版,第 309、313、357 页。

〔2〕 对"谁主张,谁举证"作为证明责任分配标准的批判,参见张卫平:《证明责任分配的基本法理》,载何家弘主编:《证据学论坛》2000 年第 1 卷,中国检察出版社 2000 年版,第 279 页。

度设置而言,并没有太大的问题。近期有学者考证了这一分配规则在西方具有悠久的历史,并可继续运用于现代诉讼之中,[1]但我国学界基本公认,该说法来源于我国第一部《民事诉讼法》第64条第1款。在该法制定之时,根本没有人讨论源于德国的现代证明责任理论,更遑论古罗马法上的证明责任分配规则。我国的这一规则本来是关于当事人配合法院提供证据的行为责任的描述,实践中也一直是将其作为当事人的诉讼行为规范看待的。"谁主张,谁举证"之"主张",是指当事人提出的具体案件事实主张;而"举证",是指提供具体证据以支持其案件事实主张。

在诉讼中一般均由原告首先提出案件事实陈述,也一般由原告首先提供证据支持其提出的案件事实,这无论按何种证明责任分配理论解释可能都没有太大的问题。如在91号、92号案例审理的开始阶段,首先都是由原告对请求原因事实负举证责任,都是清楚无疑的。问题在于诉讼中证据短缺之时及诉讼最后阶段,是否能够坚持证明责任负担的一贯性。

一旦案件事实处于"真伪不明"的状态,如仍依据"谁主张,谁举证"的常识化理解来分配不利裁判风险,则其缺陷就会暴露无遗。因为一是某些事实既可能由原告方(从正面)予以主张,又可能由被告方(从反面)予以主张,因此最终案件证据短缺时反而无法据此分配不利风险;二是既然双方都负担举证责任,则法官的"证明责任判决"就可能充满了主观性与随意性。法官如凭公正感觉责令某一方负担举证责任,而其不能继续举证证明时,就会作出对其不利的事实认定。这实际上已违反实体法预设的价值取向选择,其实是法官自主裁量决定了案件的败诉风险归属。

现代证明责任分配规则是一种"说给法官听的"裁判规范,大陆

---

[1] 参见胡东海:《"谁主张谁举证"规则的历史变迁与现代运用》,载《法学研究》2017年第3期。

法系证明责任分配理论建立在实体法“规范分类”或“更高一级”的实体法规范的“要件分级”的基础上。可以初步肯定的是，我国理论界对证明责任分配规则的共识是否在司法实践中被真正遵循与适用，很值得怀疑。证明责任分配如不从案件拟适用的实体法规范出发，那么《民诉法解释》第91条确立的分配规则实际上就可能被架空，实体法的价值取向选择也可能在具体案件中因此被弃置。

（二）“举证责任转换”

与诉讼开始时“跟着感觉走”的“谁主张，谁举证”这一中国式证明责任分配有关的是，在诉讼过程中可能由于多方面的原因而转换举证责任。如91号指导性案例的裁判要点被表述为：“原告提起行政赔偿、补偿诉讼，原告显然应当对被告行政行为所造成的损害负证明责任。但因被告的错误行为导致原告事后无法举证的，依法应转由被告行政机关承担举证责任。”

这种转换可能大多数时候并非依据有效的法律依据，而是由法官在具体情境下进行裁量。因此，“举证责任转换”现象与作为导致转换原因的“法官分配证明责任”以及作为其结果状态的“证明责任倒置”有密切的关系。“法官分配证明责任”与“证明责任倒置”实际上在主流证明责任分配理论视野下都属于对证明责任分配的误解。我国既已确立依“规范说”分配证明责任的主导地位，就不应排除依据诉讼过程中的具体情形转换证明责任的可能。大陆法系证明责任分配的主流理论认为证明责任不因当事人的行为或具体诉讼情形而发生变化，因此也是不承认证明责任倒置及法官裁量权的存在的。2015年《民诉法解释》与原《民事证据规定》在证明责任分配方面的重要区别就是删除了证明责任倒置与证明责任司法裁量的条文，实现了对“规范说”的正本清源，体现了理论与制度的进步。

如果说91号指导性案例中的举证责任转换尚存在法律依据的

话,则92号指导性案例的举证责任转换就显得不那么名正言顺了。92号指导性案例归纳的“裁判要点”是:“依据玉米品种鉴定行业标准检测及判定标准的规定,品种间差异位点数等于1,判定为近似品种;品种间差异位点数大于等于2,判定为不同品种。品种间差异位点数等于1,不足以认定不是同一品种。对差异位点数在两个以下的,应当综合其他因素判定是否为不同品种,如可采取扩大检测位点进行加测,以及提交审定样品进行测定等,举证责任由被诉侵权一方承担。”应当说,该案原告提供的证据并没有使法官形成相对优势的心证,只是形成了被控侵权品种与授权品种“近似”的认定。[1] 其实这一证据更倾向于在品种同一事实上“真伪不明”的认识。如依《民诉法解释》第108条第2款似应认定为“品种同一”事实的不存在。但该案并未如此处理,而是转换举证责任由被告一方承担。关于这种转换的理由,似乎是因为被告本可以提出进一步的证据(“如可采取扩大检测位点进行加测,以及提交审定样品进行测定等”)。

(三)“真伪不明”及其处置

对案件事实“真伪不明”状态的界定及其处置最能体现中国特色的证明责任方法论。我国2015年颁布的《民诉法解释》在规范性文件上第一次直接使用了“真伪不明”这一概念,[2] 因此有学者认为我国与德国一样明确了证明责任处理机制,即将真伪不明按照事实不存在加以处理,因此在裁判结果上不能导出相关法律规范被肯定时

---

〔1〕 实际司法中判定两品种为“相同或极近似”的案例中,一般均检测品种间差异位点数等于0。参见(2014)最高法民提字第31号;(2014)最高法民提字第26号;(2013)甘民三终字第101号;(2015)云高民三终字第44号。

〔2〕 《民诉法解释》第108条规定:对负有举证证明责任的当事人提供的证据,人民法院经审查并结合相关事实,确信待证事实的存在具有高度可能性的,应当认定该事实存在。对一方当事人为反驳负有举证证明责任的当事人所主张事实而提供的证据,人民法院经审查并结合相关事实,认为待证事实真伪不明的,应当认定该事实不存在。

的效果。如此一来,就可与德国现代证明责任理论完全对接。[1] 但笔者认为这种仅根据表面用语相同而对号入座的解读存在一定的理想主义倾向。按权威解读,该条文主旨为“证明标准”,[2] 或说属于广义上的“事实判断”范畴,因此属于事实判断方法,而现代证明责任按经典理论通说属于法律适用方法。因此尚难断言该条文反映了现代证明责任的方法论。加之由我国并未有深厚的自由心证的观念基础与明确的规范条文,此条款字面上也更适合解释为是对法官事实认定活动的指导性规范。此前也有学者认为我国实践上采纳的是“未证明即不存在”的事实判断逻辑,即事实判断上的“二分法”是有一定道理的。[3]

当然,可能最高人民法院的司法解释也不能完全真实反映实践的裁判逻辑,那本次指导性案例更生动具体地表达了我国司法实践中证明责任的运用与理解。首先,笔者认为,断言我国法官司法实践中不承认“真伪不明”并没有依据。如今在裁判文书中出现“真伪不明”事实认定的表述其实并不鲜见。[4] 但应当注意的是,我国司法实践中的“真伪不明”与作为德国证明责任基础的“真伪不明”是有微妙差异的。在德国,“真伪不明”必须是“用尽所有程序上许可的和可能的证明手段,法官仍不能获得心证”的结果,即诉讼过程中当事人双

---

〔1〕 对该条文的分析,参见任重:《罗森贝克证明责任论的再认识——兼论〈民诉法解释〉第 90 条、第 91 条和第 108 条》,载《法律适用》2017 年第 15 期;欧元捷:《论“事实真伪不明”命题的抛弃》,载《政治与法律》2016 年第 11 期。

〔2〕 参见最高人民法院修改后民事诉讼法贯彻实施工作领导小组编著:《最高人民法院民事诉讼法司法解释理解与适用》,人民法院出版社 2015 年版,第 357 页。

〔3〕 参见曹志勋:《“真伪不明”在我国民事证明制度中确实存在么?》,载《法学家》2013 年第 2 期。

〔4〕 从案例数据库的检索结果来看,在中国裁判文书网(http://wenshu.court.gov.cn/Index)2017 年 11 月 29 日案例数据库中的民事案例数为 23627790 个。以“举证责任”为关键词检索,共找到 1109898 个结果,占比约为 0.047,以“真伪不明”为关键词进行检索,共检索到案例 10707 个,占比为 0.00045,不到万分之五。在出现“举证责任”的裁判文书中出现“真伪不明”的比例为 0.0096,约占 1%。

方穷尽举证、法官自由心证用尽的诉讼最终阶段的状态。[1] 在中国，裁判文书中出现的“真伪不明”主要不是指作为诉讼最终的案件事实认定结果，而是将其当成诉讼过程中的一种“证据短缺、事实模糊”状态，出现这一证明困境时，法官仍寄希望于证明责任的分配来化解疑难案件的事实认定。即将该真伪不明状态认定为事实不存在，并从而适用法律作出裁判。这就形成了一个中国式悖论：经典证明责任理论本来即是为了解决事实真伪不明时如何适用实体法的裁判困难，而在我国恰恰相反：案件事实陷入真伪不明时却寄希望于通过证明责任分配予以化解。

此种裁判方法并非德国经典理论的认定真伪不明，而后通过证明责任来拟制案件事实，然后适用实体法，而是省略了拟制这一中间环节，从而直接认定事实并适用实体法作出裁判。我国证明责任的权威学者李浩教授曾指出，我国在证明责任作为方法论实际上遵循罗氏的“法律不适用”说，因为它比“拟制说”更逻辑清晰，并且在实际分配结果上没有差异。[2] 在笔者看来，我国在案件事实真伪不明时甚至并未依据“法律不适用”说不进行法律推理作出裁判，[3] 而是认定事实不存在从而直接进行法律的负面适用。在中国，“真伪不明”时的裁判其实是不借助于什么“操作规范”或“证明责任规范”的。(司法实践中，并非一律当成事实不存在，如在 91 号案例中，在行政机关负担举证责任而未能提供进一步证据时，法官将原告方主张的损害事实当成存在。92 号案例中，原告应当对侵权事实，即涉案植物品种的同一性负举证责任，在原告提供了基本证据使法官形成临时心证的状态下，被告反驳的，由被告负举证责任，而在被告未能进一

---

〔1〕 [德]汉斯·普维庭：《现代证明责任问题》，吴越译，法律出版社 2006 年版，第 21～22 页。

〔2〕 参见李浩：《证明责任与不适用规范说——罗森贝克的学说及其意义》，载《现代法学》2003 年第 4 期。

〔3〕 实践裁判文书中驳回当事人诉讼请求的也均引证相关法律条文来裁判，并不是仅遵照形式逻辑不进行任何法律推理。

步举出反证推翻的情况下，法官也是将该侵权事实，即涉案植物品种的同一性予以认定存在）

因此可以说，证明责任裁判在中国并未取得与证明标准裁判并列的裁判方法地位，证明责任不是作为一种与事实真实认定相对独立的审判方法。中国证明责任裁判方法是将证明责任问题当成事实判断问题，而非法律适用问题，因此无怪乎证明责任常常被我国学者归为“事实判断的辅助方法”。[1] 正由于证明责任不被归为法律适用问题，证明责任分配也就不与实体法存在必然关联。在大陆法系国家以证明责任作为裁判方法，实体法律规范是裁判论证的出发点与归宿。我国实践中在考虑证明责任问题时并不严格区分其对象是否法律规定的抽象要件事实，而是直接对争议具体案件事实进行分配。而在负举证责任者不能履行举证责任时，直接认定案件事实不存在。在我国，即便在作为裁判范本的指导性案例中，也极少引用、并针对法律规定的要件事实进行所谓“归属论证”。[2]

四、理解举证责任的中国逻辑

前述两个指导性案例虽然关键词都是“举证责任”，也都出现了诉讼证明过程中的“真伪不明”，但难以说符合典型的“证明责任裁判”。这两个案例也确实体现了我国司法实践中证明责任适用的典型情形，即证明责任机制发挥了其内在调节与规范当事人证明行为的功能，但并没有导致案件事实最终不能认定的结果。

不能简单地将国外经典理论与制度在我国遇到问题就归为学者

---

〔1〕 参见肖建国、包建华：《证明责任：事实判断的辅助方法》，北京大学出版社 2012 年版，自序；周成泓：《证明责任的本质：事实真伪不明时的裁判方法论——以民事诉讼为分析对象》，载《学术论坛》2008 年第 8 期。

〔2〕 所谓“归属论证”，参见黄泽敏：《案件事实的归属论证》，载《法学研究》2017 年第 5 期。

的误识与曲解。在信息如此便捷的时代，制度移植中的变形更多时候可能是为适应本土环境而有意作出的调适。现代证明责任制度移植中的“南橘北枳”现象可能与中西文化观念基础的差异有隐秘的关联。

（一）“真伪不明”“举证责任”等概念在中外语境的含义偏差

制度移植或许可以直接实行“拿来主义”，但忽视文化观念背景的差异却可能导致“南橘北枳”。传统中国文化中对裁判者的事实认定能力要求非常高，古代官司中对裁判者“明镜高悬”“明察秋毫”的要求在现代仍体现为一种法官“事实探知绝对化”倾向。〔1〕在德国，作为现代司法制度基础的“自由心证”赋予法官完全的对事实判断的权利与自由，“不得拒绝裁判”的职责针对的是案件的最终处理，而不是事实认定环节，〔2〕法官被赋予对案件事实可以不作出真伪分明裁判的权力。而我国，法官面对因证据短缺的模糊事实时，却在事实认定方面实际上“不得拒绝判断”。法官不能认定疑难事实可能被认为是其推脱司法职责。在这种观念影响下，法官虽然在诉讼过程中也会指出因证据短缺产生了客观上的事实难以判断的困窘，但往往并不会将这一“真伪不明”的事实判断作为最终的事实认定结论，而是仍希望结合多方面因素最终对争议事实作出判断。此种超出实在一般“证据”之外的事实判断因素，包括诸如当事人举证能力、证据所持、举证妨碍、证据制作、保存方面的失误，以及本书初步归纳的所谓证明“期待可能性”，甚至是当事人双方的社会地位对比、社会经验与情理等。加之国家主义或诉讼职权主义的传统，司法机关在查明事实过程中特别强调当事人的配合提供证据的义务。事实判断困难情

---

〔1〕关于“事实探知绝对化”倾向，参见张卫平：《事实探知：绝对化倾向及其消解——对一种民事审判理念的自省》，载《法学研究》2001年第4期。

〔2〕参见［德］莱奥·罗森贝克：《证明责任论》（第5版），庄敬华译，中国法制出版社2018年版，第18页。

形下往往将某一方当事人应负举证证明而不能举证作为事实对其不利认定的“归责”处理。这些因素其实已经偏离了现代证明责任分配的实体法目的与宗旨,这里的“举证责任”其实完全脱离了现代证明责任的风险负担含义,但却恰恰符合“责任”一词的通常含义。因此,“举证责任”在我国的话语中其实在某种意义上已经固化,而不能与经典证明责任理论上的概念完全相通。

(二)证明责任在中外理论中所属不同问题域

大陆法系逻辑严密的证明责任理论与制度在欧陆理性主义传统文化背景下是易于理解的。西方哲学上事实与规范或事实与价值的二分是根深蒂固的观念,因此在法学上对案件事实认定与法律适用的界限基本是有清晰划分的,现代证明责任理论是建立在事实判断之后的法律适用理论之上。普氏严格界定的“真伪不明”就是事实判断过程结束时的状态,罗森贝克也严格区分事实判断与证明责任裁判:“自由的证明评价王国停止之时,正是证明责任的统治开始之时。”[1]

我国与德国经典理论立基于不同的文化观念基础。中国文化中不严格区分事实与价值层面,而是常常把价值判断融入事实问题之中。苏力也指出过中国法官的“疏于事实”倾向。[2] 其实中国司法从来也不严格按形式逻辑来适用法律,而是将事实认定与法律适用混同于最后的裁判之中,典型就是“海瑞定理”。[3] 如此一来,简化了裁判说理,更符合中国人注重直观体验,追求案件事实判断确定性

〔1〕［德］莱奥·罗森贝克:《证明责任论》(第5版),庄敬华译,中国法制出版社2018年版,第78页。

〔2〕参见苏力:《纠缠于事实与法律之中》,载《法律科学(西北政法学院学报)》2000年第3期。

〔3〕所谓“海瑞定理”及对该定理的分析,参见苏力:《“海瑞定理”的经济学解读》,载《中国社会科学》2006年第6期;桑本谦:《疑案判决的经济学原则分析》,载《中国社会科学》2008年第4期;胡学军:《为“事实真伪不明”命题辩护》,载《法商研究》2018年第1期。

的文化心理。因此实际上将价值判断融入事实认定的观念文化,这虽然与德国经典理论的论证有较大的差异,但基本无损于司法实践对证明责任的运用。可算是一种具有中国特色的“证明责任裁判”。

中国人的混沌哲学,形式逻辑不发达,在法律实践中解决纠纷的“和稀泥”方式就是在过程上不重视查明事实,结论上不注重裁判说理与论证。中国人的公正观念是实体公正、结果公正。轻裁判的内在过程,尤其是裁判者内心的判断过程,注重受众对判决结果的总体感受。如上所述,证明责任分配、减轻与案件事实的最终认定或证明责任裁判等几个步骤在经典证明责任理论体系中是相对能够区分的,但在我国的诉讼具体进程中却不一定是能够实际分割开来的独立环节;相反,几个环节在我国司法实践中往往是难以截然区分与清晰厘定的,往往是混合在一起支撑最终的败诉判决。在这种观念背景下,严格区分事实认定与法律适用环节的经典证明责任理论解释是与之有隔阂的。如 91 号指导性案例归纳的“裁判要点”是:“在房屋强制拆除引发的行政赔偿案件中,原告提供了初步证据,但因行政机关的原因导致原告无法对房屋内物品损失举证,行政机关亦因未依法进行财产登记、公证等措施无法对房屋内物品损失举证的,人民法院对原告未超出市场价值的符合生活常理的房屋内物品的赔偿请求,应当予以支持。”从中很难判断到底是在事实认定还是法律适用上作出的有利或不利判断。

从证明责任分配理论的比较来看,德国证明责任分配是作为法律适用而不是法律续造,而中国将在立法层面考虑的价值取向因素放在事实疑难案件中作为“决疑”因素考量,其好处是能够更加灵活、与时俱进修正法律的价值取向,符合个案处理的妥适性,但缺点在于法官的裁量权过大,可能导致法律适用的不统一与可预测性差。

(三) 证明责任在中外司法制度中的不同方法论意义

中国传统证明责任理论视野中仅将证明责任分配当成解决事实

疑难判断案件的一种化解困境选择,因此,只有在出现证明窘境时才考虑证明责任分配问题。而现代证明责任分配不以案件事实“真伪不明”的出现为前提,而是在所有案件审理开始时必须首先明确的问题,是一个裁判方法论问题。即解决案件法律如何适用的问题,即法律问题,因此是可以脱离案件具体情境而抽象议论的。

在现代证明责任理论下,证明责任的适用与证明责任裁判是可以而且应当分开的。只有“证明责任裁判”才以实际案件事实“真伪不明”的出现为前提,并且是只能将这一方式作为最后的手段加以解决。在此时证明责任不是作为裁判“方法论”问题,而是一种具体的裁判选项,即和案件事实得到真伪分明认定时的“依证明标准裁判”并列的方法。此种方法的适用注定只能是极少数情形,否则就是证明责任的滥用。但在我国,法官多不能正确区分这两种方法的差异,因此出现了证明责任必然与“真伪不明”联系的误解,从而认为依证明标准认定纠纷事实的案件中不存在证明责任问题,因此大大减损了证明责任理论的意义与功能。

由于在我国,证明责任裁判并不严格地作为法律适用问题来对待,因此,要进一步落实现代证明责任制度,我们需要将关注点从原来的“真伪不明”及“证明责任裁判”转向更多关注证明责任分配。尤其应当坚持证明责任分配先于每个案件审理的方法论,才能真正落实证明责任作为“民事诉讼的脊梁”作用。我国20世纪肇端的“民事审判方式改革”曾是以“举证责任”为突破口,当前新一轮深化司法改革仍可以证明责任制度带动裁判方法的升级转型。证明责任分配的裁判方法论革新作为审判方式改革的发动机将带动与此相向而行的辩论主义与当事人进行主义的转向。当事人的诉讼参与将从专注于具体案件纠纷事实的证明转向更多注重要件事实的界定及将案件事实与法律规范联系起来的“归属论证”。并同步建构与证明责任相配套但有矫正其副作用的释明权、不负证明责任当事人的事案阐明义务、摸索证明与表见证明等“证明责任减轻”制度做法。证明责任作为民事案件基本裁判方法的定位将使我国传统的“事实出发型”诉讼转向“法律出发型”诉讼,与此相配套的法官“员额制”改革将使审判主体从以前的“经验型”法官转向“专业性”裁判者。这也契合我国社会主义法律体系基本形成的当今,民事诉讼目的从原来的侧重于纠纷解决逐步转向实定法律秩序维护。

指导性案件要真正发挥对司法实践的指导性功能,显然要超越个案具体情境而提出一个制度性或非正式制度层面的规律性结论。最高人民法院本次同时选取91号、92号案例并非为了提出证明责任分配的特殊规则,当然也非对该案特定情境中的案件事实认定结果的解释,而应当理解为从裁判方法上确认了“举证责任转换”及对于“真伪不明”时如何处理的中国式证明责任裁判。

总之,实际案例展示的图景显示我国对现代证明责任制度的移植尚未成功。我们不应仅满足于纸面上法律规范的制定,而是要真正理解证明裁判的中国逻辑,并在此基础上进一步推进现代证明责任制度的建构与完善。两个案例中都是在一方承担证明责任但案件事实证明出现困境时认为应由对方承担举证责任,这与《民诉法解释》第91条确定的证明责任分配规则显然是矛盾的。对此,解释的逻辑应当是:案件开始时的证明责任分配是根据实体法规范性质,针对要件事实进行的,理论上完全应按规范说分配。而诉讼过程中针对特定案件事实证明困境时的“举证责任”承担不同于证明责任负担,此时的所谓“举证责任”是为进一步阐明案件事实而承担的具体的举证负担,此种负担的不利后果是对特定案件事实的不利认定。也就是说,此种后果仍是在事实认定范围内,而不是证明责任的最终裁判结果。这一视角下的概念话语如果仍沿用“举证责任”一词,则极可能造成模糊或淡化《民诉法解释》第91条规范分配证明责任的效果。为规范概念含义的固定性与统一性,今后应当避免在这种意义上使用“举证责任”一词,可用笔者一直以来倡导的“具体举证责任”一词代替。

第四章　证明责任与证明评价的互动：以一起消费欺诈诉讼案件证明难题的化解为例

引　言

证明责任的分配在一般民事案件中不会存在太大的问题，因为无论是严格依据“规范说”，还是按照通俗的“谁主张，谁举证”来理解，往往都会得出相同的结论。真正能够体现不同理论差异的往往是所谓的现代型案件，在此类案件中，原、被告双方实际地位有较大差别，各自在社会生活中所处的角色基本固定，早已失去传统民事交往关系中的可互换性。此种角色的固定也使各自在相关信息掌握上存在较大的落差，体现在诉讼中就是证据所持与举证能力的差异。现代民法对此也作出过相应的调整，如通过归责原则的变化或者立法上的法律推定来予以回应。归责原则与法律推定正是证据责任分配的依据。如在产品责任、专利侵权、医疗侵权、环境侵权等现代型诉讼中,证明责任分配与案件特定事实的证明均具有一定的特殊性,需要予以细致辨析。

一、一个消费欺诈案件引发的证明责任的困惑

《最高人民法院公报》2006 年第 10 期刊登了张志强诉徐州苏宁电器有限公司侵犯消费者权益纠纷案。[1]

原告张志强从被告苏宁公司购买了一台冰箱,后因该冰箱存在质量问题需要进行调换。原告称被告苏宁公司将旧冰箱冒充新机器予以调换,存在欺诈行为,故要求被告双倍返还购货款并赔偿误工费、交通费、电话费等损失共计 3320 元。被告苏宁公司辩称,被告给原告张志强调换的冰箱是新机,亦无质量问题,不存在欺诈行为,请求法院驳回张志强的诉讼请求。

一审法院经审理查明,原告在被告苏宁公司以 1600 元的价格购买了一台冰箱(以下简称第一台冰箱)。后因该机出现质量问题,被告两次上门进行维修仍未修复,遂为原告更换了一台同品牌同型号的冰箱(以下简称第二台冰箱)。当日,被告的工作人员将第二台冰箱送至原告住宅楼下,在原告及其家人不在场的情况下自行拆除外包装后,将第二台冰箱抬上楼交给原告的家人。被告的工作人员未经原告及其家人验货,未收回第一台冰箱的三包凭证、说明书等资料,也未将第二台冰箱的三包凭证等资料留下,未办理必要的交接手续,即带第一台冰箱离开。后原告发现第二台冰箱上有污渍、霉斑等,认为该冰箱系使用过的旧冰箱,遂与苏宁公司进行交涉,双方协商未果。

本案争议的焦点是被告苏宁公司提供的第二台冰箱是否为新

[1] 参见《最高人民法院公报》2006 年第 10 期。

机，被告是否存在欺诈行为。一审法院认为，本案被告苏宁公司作为经营者比作为消费者的原告应当具备足够的能力来证实交付原告的第二台冰箱为新机。因此，证明第二台冰箱为新机的举证责任应由被告承担。因被告未能证明其提供的第二台冰箱是新机，一审法院根据举证责任的分配的后果，判决支持了原告的诉讼请求。

被告败诉后，向徐州市中级人民法院提起上诉。二审法院认为，从举证责任的分配来说，本案不属于应当适用举证责任倒置的情形，而应该按照举证责任分配的一般原则确定举证责任。被上诉人主张第二台冰箱是使用过的旧机器，即应由其举证加以证明，一审法院将该项举证责任分配给上诉人不当。一审期间，被上诉人虽然提交了关于第二台冰箱情况的录像带，但没有其他证据相互印证，不能仅根据该录像带认定第二台冰箱是使用过的旧机器，被上诉人主张第二台冰箱是使用过的旧机器证据不足，上诉人的上诉理由成立，予以支持。

二审判决生效后原告申请再审。徐州市中级人民法院再审后认为，消费者主张苏宁公司承担惩罚性赔偿责任，即应对苏宁公司存在欺诈行为承担举证责任。本案中，张志强已经提供了其制作的录像带，用以证明苏宁公司为其调换的第二台冰箱不是新机器，且存在诸多表面缺陷。同时，第二台冰箱如果是新机器，应当附有随机单证，苏宁公司亦承认未向张志强提供第二台冰箱的随机凭证（合格证、维修单、使用说明书等）。苏宁公司如有异议，应就其行为不构成欺诈承担举证责任。苏宁公司提供的第二台冰箱的储存单、提货单及送货人的证言，仅表明其送货的过程，并不能证明第二台冰箱为新机，其提交的证据缺乏证明力，应承担举证不能的不利后果。据此，徐州市中级人民法院作出了撤销二审判决，维持一审判决的再审判决。

该案中双方当事人争议的事实并不算复杂，当事人在一审、二审、再审中提交的证据也相同，但一审法院判决支持了原告的诉讼请求，二审法院否定了一审判决结果，改判被告胜诉，再审法院又撤销了二审判决关于这一争点的判定,使判决结果回到一审。之所以会出现这么大的波折,是由于法官们对证明责任分配及证据评价的认识不同。一审法院与二审法院在本案证明责任分配问题上的观点相反,因此作出了相反的判决;二审法院与再审法院在证明责任分配问题上的观点相同但却作出相反的判决。一审法院与再审法院判决结果相同但判决理由却相反。面对同样的证据,三级法院作出的判决却各不相同,或者判决结果相同而判决理由却大相径庭。人们不禁要问:此案证明责任究竟应如何分配,"欺诈"事实应如何证明与如何认定?

二、消费欺诈诉讼案件证明责任分配的理论解说

国外民事诉讼理论中对证明责任分配问题的学说观点异常复杂,大陆法系国家证明责任分配的通说是"法律要件分类说"。法律要件分类说中影响最大的是罗森贝克的学说,其主张各当事人对有利于自己的规范要件事实承担证明责任,但具体分配时要根据实体法规范结构之间的相互关系把握证明责任分配的规则。因此,这一学说被称为"规范说"。尽管晚近有人主张用"危险领域说""盖然性说""损害归属说""利益考量说"等新标准取代"法律要件分类说",但新学说对"法律要件分类说"仅起到了部分修正的效果,未能动摇其通说的地位。〔1〕

我国绝大多数学者主张将规范说作为民事诉讼中分配证明责任

〔1〕 关于大陆法系证明责任分配学说地位的论述,参见[德]汉斯·普维庭:《现代证明责任问题》,吴越译,法律出版社2000年版,第261~351页;[日]高桥宏志:《民事诉讼法:制度与理论的深层分析》,林剑峰译,法律出版社2003年版,第444~447页;王亚新:《对抗与判定:日本民事诉讼的基本结构》,清华大学出版社2002年版,第226~228页。

的原则。[1] 但由于规范说在分配证明责任时必须以实体法的规定为依据,对实体法的规定可能有不同理解,因此在具体案件如何分配证明责任时运用法解释论是必要的。在消费欺诈纠纷案件的证明责任分配问题上存在两种相互对立的观点。陈刚教授认为《消费者权益保护法》"惩罚性赔偿"条款存在证明责任法上的法律漏洞[2],将"欺诈"要件事实的证明责任分配给消费者是错误的。应从《消费者权益保护法》的立法目的、诚实信用和注意义务、当事人的证明能力三方面考虑将证明责任分配给经营者。首先,《消费者权益保护法》的立法宗旨是"为保护消费者的合法权益,维护社会经济秩序,促进社会主义市场经济健康发展"(该法第1条),并且《消费者权益保护法》关于惩罚性赔偿的规定,具有明显的加强消费者权益保护之倾向。从错判的概然性与惩罚性赔偿之间的利益衡量关系上看,出于社会正义的整体利益考虑,在"欺诈"的要件事实处于真伪不明时,应当由经营者对"欺诈"的要件事实承担证明责任。其次,从诚实信用原则和注意义务方面考虑,经营者有义务对自己用于销售的商品把好"进货关"。即使其主观上并没有"欺诈"的意思,但在顾客面前受一点确属自己没有履行注意义务而造成的"委屈",进而为贯彻诚实信用原则支付出一笔惩罚性赔偿,这种做法并无过分之处。最后,"欺诈"属于主观构成要件,对主观要件事实进行证明远比客观要件事实的证明困难得多。因此,立法者应当考虑在"欺诈"的要件事实处于真伪不明时,由经营者承担证明责任。[3] 而李浩教授则认为:从《消费者权益保护法》"惩罚性赔偿"条款的规定看,经营者存在欺诈行为的举证

〔1〕 参见张卫平:《诉讼构架与程式——民事诉讼的法理分析》,清华大学出版社2000年版,第313~314页;陈刚:《证明责任法研究》,中国人民大学出版社2000年版,第261~272页;李浩:《民事证明责任研究》,法律出版社2003年版,第149~158页。

〔2〕 我国1993年颁布的《消费者权益保护法》第49条规定:经营者提供商品或者服务有欺诈行为的,应当按照消费者的要求增加赔偿其受到的损失,增加的金额为消费者购买商品或者接受服务的费用的一倍。2013年10月25日修正后的《消费者权益保护法》第55条将惩罚性赔偿责任修改为三倍。

〔3〕 参见陈刚:《证明责任法研究》,中国人民大学出版社2000年版,第282~283页。

责任应当由主张双倍赔偿的消费者承担是非常清楚的。[1] 举证责任分配的一般规则是，主张权利存在的人，应就权利发生的法律要件事实负举证责任，否认权利存在的人，应对存在权利障碍要件、权利消灭要件或权利排除要件事实负举证责任。[2] 按照此分配规则，“欺诈”属于消费者主张侵权双倍赔偿请求权的权利构成要件，应当由原告对被告存在欺诈行为这一请求权成立要件负举证责任。

笔者认为，李浩教授的观点是正确的，是严格遵循规范说分配的结果。从《消费者权益保护法》“惩罚性赔偿”条款的规定看，经营者存在欺诈行为的举证责任应当由主张双倍赔偿的消费者承担是非常清楚的，在法律已经作出清晰规定的情况下，一审法院不按照法律的规定分配举证责任，而是以被告的举证能力强、更有条件证明自己未实施欺诈行为为理由，让被告对交付的冰箱是新冰箱承担举证责任，显然是以法官的自由裁量权改变法定的证明责任分配的行为。陈刚教授虽然在一般意义上也推崇规范说，并认为“它将确定为我国民事诉讼证明责任分配的基本原则具有极大的理论价值和实践价值[3]”，但在对此类案件的分析时却并未从实体法的结构语义上加以分析考虑，而是与大多数“反规范”说一样从实质性标准考虑特定案件的证明责任分配，因此得出与李浩教授完全相反的观点就不足为奇了。这与其在一般意义上认为我国应采用“规范说”的观点自相矛盾，其所主张的倒置此类案件证明责任的观点似乎也难以成立：《消费者权益保护法》的立法目的确实是“为了保护消费者的合法权益，维护社会经济秩序”，因此规定对经营者欺诈消费者的应当双倍赔偿消费者的损失，但这并不等于在是否构成欺诈事实真伪不明时规定应当按照构成欺诈来处理。实体法的目的在法律责任承担中已得到明确体

〔1〕 参见李浩：《民事判决中的举证责任分配——以〈公报〉案例为样本的分析》，载《清华法学》2008 年第 6 期。

〔2〕 参见［德］莱奥·罗森贝克：《证明责任论》（第 5 版），庄敬华译，中国法制出版社 2018 年版，第 120 ~ 146 页。

〔3〕 陈刚：《证明责任法研究》，中国人民大学出版社 2000 年版，第 261 页。

现("双倍"的规定超出损失填平的一般侵权损害赔偿原则,属于惩罚性赔偿),有无损害事实的发生肯定要由受害者举证加以证明。损害事实的证明不可能由加害人承担,即便是在所谓的"举证责任倒置"的案件中,这一要件事实也不是倒置的。经营者应当诚实信用并提供进货发票和开示进货途径等义务无非是一般的证据提供责任与义务,也不必一定要以倒置客观证明责任加以规范。实际上,罗森贝克在其传世名著中已特别明确提到"欺诈"的要件事实的证明并没有什么特殊规则,而是同样适用这种分配原则的。[1]

笔者也已注意到,陈刚教授的这种分配的想法也是针对具体案件产生的。[2] 而且他如此分配证明责任依据的也是一些实质性标准,而不是规范说所主张的形式标准。但并非这一类案件就不能或难以依照形式标准分配证明责任,而是其认为依形式标准分配证明责任不符合公正的感觉。因此实际上他已经在这类案件中改变了规范说的法定的证明责任分配。这种修正动机是好的,实践中大多数法官分配证明责任也都是出于这一动机。但这种做法隐含的一个假设前提就是如果在这类案件中严格按照规范说分配证明责任就会导致不公正的结果。然而果真如此吗?笔者以下的分析将证明这种担心其实是不必要的。

三、消费欺诈诉讼案件的证明过程解析

在诉讼过程中证明责任的负担必然通过具体的证明行为表现出来,为了将上述案例中的证明过程更直观地分解出来,有必要引入

〔1〕 参见[德]莱奥·罗森贝克:《证明责任论》(第5版),庄敬华译,中国法制出版社2018年版,第193页。

〔2〕 陈刚教授关于《消费者权益保护法》第49条证明责任分配问题的思考是基于中央电视台某节目中提到的某市中级人民法院的一个裁判,但在其著作中并未具体表明这一裁判。参见陈刚:《证明责任法研究》,中国人民大学出版社2000年版,第280~282页。

“主观证明责任”这一概念,并对主观证明责任在诉讼中的运用进行细致分析。客观证明责任由于与具体的诉讼证明活动无关,总是抽象证明责任,是按照预先确定的规则分配好的。在具体的诉讼证明活动中主要涉及的是主观证明责任,德国学者汉斯·普维庭将主观证明责任区分为主观抽象证明责任和主观具体证明责任。这两个概念并不难加以区分:如果人们抛开具体的诉讼程序,就一个要件事实发问,由谁在诉讼中对要件事实举证,那么谈论的就是主观抽象证明责任。主观抽象证明责任的本质就是从当事人的角度看待客观证明责任,因此它独立于具体的诉讼活动而存在。主观抽象证明责任的分配,要完全按照客观证明责任来进行。具体证明责任则是指在具体的诉讼中,在法官对案情已经获得一定的事实信息并且形成了暂时心证的情况下,此时应当由谁提供证明。[1] 具体证明责任与证明评价是分不开的,它与客观证明责任分配规范没有关系。由于很多人分不清主观抽象的证明责任与主观具体的证明责任概念,造成了在“证明责任转换”问题上的无数误解。[2]

1. 主观抽象证明责任及本证

主观抽象证明责任决定了应由谁首先提供证据,即本证的提出。如上所述,本案中证明责任应由原告,即消费者承担,因此原告应当首先提供证据证明被告对其进行了“欺诈”。但这一要件事实其实并不是以直接证据加以证明的,当事人能满足于提出和证明直接再现法定要件特征的主张的情况是很少的。因为把具体的案件事实概括成法定的抽象要件是法官的任务。[3] 所以在大多数诉讼中当事人必须向法官提出事实主张,使法官能够认定,拟适用的法律规范的抽象

[1] 参见[德]汉斯·普维庭:《现代证明责任问题》,吴越译,法律出版社 2000 年版,第 14 页。

[2] 参见胡学军:《证明责任转换探析》,载《法治论丛(上海政法学院学报)》2006 年第 3 期。

[3] 参见[德]莱奥·罗森贝克:《证明责任论》(第 5 版),庄敬华译,中国法制出版社 2018 年版,第 202 页。

要件在具体的事件中已被实现。如果在阐明事实主张外还阐明了法律评价，这一事实主张才是合适的证明对象。在消费欺诈诉讼案件中，“以无充有”“以假充真”“以次充好”“以旧充新”均是当事人应提出的事实主张，是作为法律要件的“欺诈”的具体生活事实主张。原告需要提出的就是这类可被评价为“欺诈”的事实。此生活事实与“欺诈”这一内心状态事实的联系源于日常生活经验。可能“经营者如果以旧充新那么他是想故意欺诈消费者”这个经验法甚至并不会在判决理由中明确写明，只有在对方提出反证的情况下，对反证主张的事实才需要加以证明。这种推理往往是一种缺省推理的形式，但这并不会减损判决的说服力。经验法则的运用是普遍的，罗森贝克认为，“对每一个有理智的、清楚了解生活情况之人所确信的事情，他（法官）不应当产生怀疑；如果每一个当事人证明一些情况：根据生活规则，说明作出他要主张的和已经主张的事实的真实性的推定是正确的，那么，当事人就算履行了他的举证责任，而举出一些使这种经验规则的适用例外地显得不合适的特殊情况，则属于另一方当事人反证的问题”。[1] 本案中正是原告提出被告给其更换的冰箱并非新冰箱这一事实，并且由原告首先提供证据加以证明。本案原告提交了第二台冰箱上有污渍、霉斑等情况的录像带，并实际证明了（因被告不争执）冰箱并非当场拆除外包装、未经原告验货、未留下随机单证等资料的事实。在这种情况下，原告提供的证据能否证明其主张就要求法官对原告的证据进行评价。

2. 初步证明评价及经验法则的运用

如果说在本案中仅依原告的举证就直接认定冰箱是使用过的旧机器，那么法官的这种判断肯定是武断的。因为不能仅凭被告未当场拆除外包装、未经原告验货、未留下“三包”凭证等就得出冰箱不是

---

〔1〕 参见［德］莱奥·罗森贝克：《证明责任论》（第5版），庄敬华译，中国法制出版社2018年版，第218～219页。

新机的结论,但原告提出的证据无疑具有一定的证明力。但这些证据是否能够使法官形成心证或形成何种程度的心证,就不可避免地需要日常生活经验的参与。其实任何案件的判断都必须基于经验,否则就意味着法官在空白中思考。根据日常生活经验,电器商送货一般是连外包装的,当然也包括随机单证等,而且一般会在送至消费者的住所后开箱验货,新机器上一般不会出现污渍、霉斑。这种日常生活经验概率的高低决定了基于这种经验进行的推理的效力。按照汉斯·普维庭的观点,经验规则分为四类:生活规律、经验基本原则、简单的检验规则、纯粹的偏见。无论其盖然性程度如何,都会对案件的裁判产生一定的影响。[1] 本案原告所举证据(冰箱上有污渍、霉斑)可能会使激进的法官认为这可归于经验基本原则。因为它具备高度的盖然性("如果……则大多数情况下是")。这些具备高度证明力的经验基本原则,可以形成表见证明,如果没有反证,应当可以使法官形成全面的心证。但是笔者倾向于认为其应属简单的经验规则,它是以较低的盖然性为标志,它不能独立地帮助法官形成完全的心证("如果……则有时")。当然,简单的经验规则并非没有意义,其也是法官证明评价的一部分(情势证明)。在这种场合,我们不能把简单的经验规则说成是表见证明。因为一个经验规则不足以使法官形成心证,对方当事人完全有可能提出反证,原来的证明就有可能被动摇,简单的经验规则就可能不被采纳。[2] 可见在此时,法官应形成临时的较弱的心证。临时心证较多会依据表见证明、事实推定、经验法则,其与最终的心证不同就在于,它是临时的,因而是可以被更改或刷新的。刷新临时心证的条件就是当事人的进一步举证或者对方的反证。法官有权根据案件的具体情势(可能包括待证事件发生的

---

〔1〕 参见[德]汉斯·普维庭:《现代证明责任问题》,吴越译,法律出版社2000年版,第155页。

〔2〕 参见[德]汉斯·普维庭:《现代证明责任问题》,吴越译,法律出版社2000年版,第158页。

盖然性、证据距离、举证能力、举证可能性等因素)判断或者由本证方继续提供证据,或者认为应转换本案提供证据责任,由对方提供证据。从本案的具体情况来看,除盖然性有利于被告外,其他因素显然都要求经营者举证,特别是从举证的可能性来看,原告几乎不可能举出进一步的证据。正如法律格言:“法律不强人所难”,意思是法律不强求任何人履行不可能履行的事项。在本案中消费者提交了有关交付第二台冰箱情况的录像带,应当说是具备很好的证据法律意识,如果在这种情况下要求其继续提供其他他不可能掌握的证据,就有点强人所难了。在这种情况下转由被告,即经营者提供反证,无论是从举证能力、证据距离还是举证可能性等来说都是非常合理的,此时应发生提供证据责任的转换。

3. 提供证据责任转换及其依据

诉讼证明的理想情形是当事人双方都能举出各自所掌握的所有证据,从而使法院在信息最大化的基础上作出裁判。由于当事人是案件事实的亲历者,他们往往对案件真相最了解,但由于当事人又是案件的最直接利害关系人,其提供的证据不免具有倾向性,他们往往尽力提供甚至伪造对其有利的证据,隐藏甚至篡改、毁损对其不利的证据。如果从制度上能够使当事人配合尽力全面举证,则可能会极大地压缩证明责任裁判在诉讼中的应用空间。当然,这并不排除在提供证据责任的转换后仍没有解决证明的困难时,证明责任机制作为“最后的选择”就接管事实真伪不明的局面,在因果关系问题的证明中就是这样。提供证据责任转换正是对抗制下法官查明案件事实的重要机制。

如果说证明责任本质上并非一种法律“责任”的话,那么提供证据责任确实就是一种真实的责任,这一责任的后果就是对不利事实的认定。责任是对违反义务所产生的制裁,那么提供证据责任所依据的义务是什么呢?笔者认为是诉讼当事人的真实义务、诚信义务,以及普通公民对司法的协助义务。与证明责任分配不同的是,提供证据责任并不是预先固定于一方当事人的,而是随着诉讼的进程可以在当事人之间不断转换的,提供证据责任的这种转换使有关事实信息不断增长,从而越来越接近案件真相。当事人之间为获得胜诉一般总是积极提供对己有利的证据,转换在相当意义上可以说是“自动”进行的。但这只是就一般情形而言,特殊情形下,转换可能就会遇阻停顿。比如,在一方提供的证据的证明力并不能对待证事实起到有说服力的作用时,对方是否应当提供相应证据来反驳?特别是在提供反证需要一定的成本时,对方往往会优先攻击本方的证据的证明力或事实推理所依据的经验法则,这一对抗也有利于法官更全面且公允地评价当事人的举证活动及经验规则的作用。提供证据责任转换的界点的准确把握是使这一转换得以顺利进行的关键。一般可以认为法官根据经验法则或者事实推定或者表见证明形成的临时心证会导致提供证据责任转换,但是影响法官的判断因素还可能包括对事件发生的盖然性、证据距离、举证能力、举证可能性等因素的综合考虑(注意这些因素在理论上也往往是“反规范”说认为应作为分配证明责任的实质标准)。提供证据责任一旦转换,对方当事人就有必要提供反证,或者攻击法官已经形成的心证。本案中法官在对原告提出的证据形成第二台冰箱可能是旧机的临时心证的情况下,显然应当转由被告继续举证。原告提出的被告未提交随机单证等主张已暗含了要求被告提供特定证据的要求。被告提供的证据当然不一定限于原告要求其提供的证据,但起码对原告的这种举证要求,被告应当作出回答。如果当事人不提供其所掌握的并且对方要求其提供的证据,还有可能构成举证妨碍。

4. 举证妨碍及其效果

在现代社会消费者与经营者之间在掌握商品信息方面的实质不平等地位(信息不对称)已经广被认识到,这就必然使诉讼中的双方当事人在举证能力上出现差距。但解决这一问题并非只有倒置证明责任这一条路径,诉讼上不负证明责任的当事人的“事案解明义务”

也是一种可能的选择。如消费者对商品质量及价格有质疑的,可要求经营者开示进货渠道及价格等方式证明。在美国,民事诉讼中的审前程序特别是证据发现程序(Discovery)可以最大限度地解决当事人之间的取证问题。如本案中,法院完全可以要求被告提供第二台冰箱的随机凭证(合格证、维修单、使用说明书等),如被告拒不提供或不能提供且无正当理由的,其行为(不作为)就构成了诉讼上的举证妨碍,并会在法律上产生一定的后果。举证妨碍一般是指当事人因妨碍对方使用,故意或过失将证据损毁、隐匿或阻碍其使用的行为。我国司法解释也确立了举证妨碍的一般规定。〔1〕举证妨碍在德国、日本及我国台湾地区的法律规定中都有比较明确的规定,司法实践及理论上更有将举证妨碍一般原理扩大化的趋势,因此实务中的适用往往并不限于法律中明确规定的(范围相对较小)的情形。〔2〕对于举证妨碍的法律效果,德国法上未有明确规定,学理上存在各种不同的见解:有的认为应由法院在自由心证的范围内评价;有的认为应具有降低证明度的效果;有的认为应拟制举证人所主张的事实为真实;还有的认为应视举证妨碍之可归责性为故意或过失而分别判定其效果并为证明度的降低。〔3〕本案被告在未提供其他证据的情况下,也未对原告要求其出示随机凭证的要求作出反映,可视为举证妨碍,应在证据法上产生某种对其不利的后果。

5. 法官的最终心证及证明标准

在这种情形下的举证妨碍不会导致法官直接认定对方主张事实的情况下,则需要进行本案最后的证据评价。在证据评价模式上我

---

〔1〕原《民事证据规定》第75条规定:有证据证明一方当事人持有证据无正当理由拒不提供,如果对方当事人主张该证据的内容不利于证据持有人,可以推定该主张成立。

〔2〕有关证明妨碍的一般理论及各国立法例,参见许士宦:《证明妨碍》,载《月旦法学杂志》2001年第9期;骆永家:《证明妨碍》,载《月旦法学杂志》2001年第2期;沈冠伶:《证明妨碍法理在医疗民事责任诉讼之适用》,载《台大法学论丛》2009年第3期;黄国昌:《民事诉讼理论之新开展》,台北,元照出版社2005年版,第265页以下。

〔3〕德国法上各种见解,参见姜世明:《新民事证据法》,学林出版社2003年版,第294页以下。

国实际上实行的也是自由心证,但自由心证并非完全的自由,还要受到证明标准的约束。对抗制下的事实呈现是以当事人双方的竞争性举证来实现的,这与职权调查主义下的法院调查事实有显著区别,也因此决定了各自所取的证明标准各有差别。美国民事诉讼的证明标准是“优势证据”,大陆法系国家传统证明标准的表述是“内心确信”,概念用语的差异即鲜明地反映了各自所立基的诉讼模式。我国司法解释确定的民事诉讼证明标准取代了法定的“客观真实”的证明标准,这一方面是因为法官退出案件证据搜集而当事人搜集证据权利未及时填补所造成的,同时也意味着法官从原来的事实调查者的立场转为中立的裁判者的立场以及认定事实的方式的转变。只要一方证据相比另一方证据占明显优势,即使不能完全确认案件事实,也应作出优势证据一方当事人胜诉的判决。上例中消费者的举证虽并非确实无疑(不能排除第二台冰箱虽然未能提供随机单证、出现污渍、霉斑但是新机的可能,如是并未使用过的样机),但显然比经营者(完全未举出有效证据)占有优势,因此本案尚处在自由的证据评价阶段,而不应进入证明责任的统治领域。事实上诉讼证明与法官心证没有固定统一的模式,很多情况下,法官在没有形成完全的心证时,往往就要从各种证明手段、证明标志和情势证明的综合联系中求得心证。本案原告的举证(借助于简单的经验规则)使法官形成临时心证,而被告的举证妨碍及对举证的态度又可加强法官的心证,从而使法官能综合得出最后的事实认定的心证。

综上所述,本案的争议焦点即第二台冰箱是否新机的证明责任应由原告承担,根据当事人双方的举证情况,法院应认定原告主张的事实即第二台冰箱不是新机的事实成立,应判决被告败诉。也即最终的再审判决是完全正确的。需要指出的是,笔者无意在此建构具体的证明规则(包括经验法则的运用、举证妨碍、事实推定、提供证据责任的转换等),即使以上提出的规则具有一定的合理性,也仅是笔者试图从比较法的角度提出解决问题的另一种思路,真正适用的证明规则必定是在一国长期司法实践中生成与积累的。

四、延伸思考:证明责任分配与证明评价的关系及疑难案件裁判的路径选择

如果单从本案处理的最终结果来看,再审判决与一审判决结果相同,但再审判决的理由与一审判决的理由却大不相同。在证明责任分配和证明评价两个领域,两个法院的观点是相反的。本案一审与再审裁判其实代表了两种不同的路径选择,要回答哪种路径是正当的,先要回答这些问题:证明责任分配与具体的诉讼证明是什么关系?在诉讼事实认定过程中究竟是否存在确定的知识与规则?案件如何裁判是否均取决于法官的自由裁量权,而判决的理由只是一种法律修辞?

如果同一案件由不同的法官审理会出现不同的证明责任分配,那么证明责任的分配就具有极大的偶然性,证明责任的分配完全取决于法官,使得诉讼从一开始就不具有确定性与可预测性,这对提升司法形象是极为不利的。正如罗森贝克所言:"分配原则(证明责任)不能从公正性中推导出来……如果法官想将具体的诉讼之船根据公正性来操纵,那么,他将会在波涛汹涌的大海里翻船。诉讼的本质将会从根本上受到破坏。根据公正性自由裁量的法官,是根据其感情而不是依据什么原则来裁量的。每一种法安全性将会消失得无影无踪。因为每个人对公正均有不同的认识。在当事人看来,如此赢得的判决如同专制一样。"〔1〕从我国目前法官的整体素质看,还很难要求每个法官对司法裁量权加以良性的行使。加之在具体情形下对何

〔1〕[德]莱奥·罗森贝克:《证明责任论》(第5版),庄敬华译,中国法制出版社2018年版,第113页。

为“公正”理解的极度不确定性往往给法官带来较大的权力，在案件事实处于存疑的状态时，法官便可以通过分配证明责任的方式左右案件的结局。特别是根据现行司法解释，[1]任何级别法院的法官都可以行使民事证明责任分配中的司法裁量权，司法裁量权被恣意行使的可能就进一步扩大了。肯定法官有权在个案中分配证明责任，实际上就否定了制定一条一般而抽象的证明责任分配原则的必要。因为“一旦骆驼的鼻子伸进了帐篷，它的身子迟早会全部进来”。基于法定的分配证明责任规范的隐含性和法官自由裁量权的扩张性，一旦允许法官自由地对一般分配原则予以修正，这一规则最终必然“上位”并导致一般分配原则的名存实亡。

上述案例中一审法院裁判通过法官对证明责任分配的自由裁量走的是一条破坏性的道路，是以经常打破证明责任分配的一般规则为代价的，在个案中不可避免会使诉讼败诉方有遭受“诉讼突袭”的感觉，而且这种判例的示范作用容易使法官产生“路径依赖”，从而进一步扩大法官分配证明责任裁判的适用，进而危及证明责任分配一般规则的地位与作用。而且，自由裁量分配证明责任必须以法官品德的纯洁及对相对价值选择的恰当把握这种自我内在约束为保障。因此这种做法在我国现行司法资源条件下是不值得提倡的。再审裁判坚持证明责任分配规范的法定性，在个案中积极探寻最大限度发现真相的事实认定技术走的是一条建设性或创造性的道路。随着司法公开理念的深化，判决理由公开和外在化的要求必然导致事实认定规则的明确化。通过这种判例可逐步形成诉讼证明活动中事实认定的细致规则，并使诉讼裁判具有更多的可预测性与稳定性。毕竟，证明责任的有规律的和始终如一的分配，是法安全性的先决条件。[2]

---

〔1〕《民事证据规定》第 7 条规定：在法律没有具体规定，依本规定及其他司法解释无法确定举证责任承担时，人民法院可以根据公平原则和诚实信用原则，综合当事人举证能力等因素确定举证责任的承担。

〔2〕 参见[德]莱奥·罗森贝克：《证明责任论》(第 5 版)，庄敬华译，中国法制出版社 2018 年版，第 80 页。

坚持规则的刚性也可在一定程度上吸收不满，使法官避免直接面对当事人不公正的质疑，这就要求法官必须对自己的判断提供具体的规则依据。事实认定能力本就应是法官具备的一项基本的素质，既不能在缺乏必要证据时作出过于主观的猜测，也不能在面对所有可能证据时仍保守地躲在证明责任的背后逃避作出实质裁判。

我国以往存在的"事实探知的绝对化"倾向使法官总是希望案件的事实认定能够建立在"铁证"的基础上，但在很多情况下，这是无法实现的，由此，我们必须认识到相对性是诉讼证明的基本特征。以往习惯了按照职权调查所得的"客观事实"来办案的法官如今必须面对相互竞争的双方针锋相对、纠缠不清的举证局面，往往不得不依靠经验法则、事实推定或者当事人在庭审中的语言、情绪、表情等所谓"辩论的全趣旨"对事实进行仔细甄别。由于我国相关证明规则的阙如使这样的事实认定难以获得充分的合法性，这就使法官转而寻求将证明责任分配这一相对模糊的概念话语作为正当性的支撑。因为证明责任机制的功能之一即基于体现当事人自我负责的原则使其承担诉讼的风险，法院是不可能承担证明责任的。从这个意义上说，法官的证明责任裁判总是充满自然的正当性。在证据不能达到"客观真实"时避免直接认定事实而是将实际已形成的心证掩盖为证明责任倒置的结果，这其实是将一个司法判断的技术问题置换为一个话语权力问题，确实是一种判决的修辞手法。原因部分在于这样就避免了直接事实认定可能造成的错误风险，从而使法官起码避免了对自己"职业技艺"的质疑。这种转换在当前主流话语中是能得到宽容甚至是提倡的，因为消费纠纷诉讼中证明责任倒置起码是更符合诸如所谓"保护弱势群体""维护和谐社会"等意识形态上"政治正确"的要求的。

发端于20世纪80年代的民事审判方式改革的目标就是要将诉讼模式由职权主义向当事人主义转向，并以强化当事人证明责任为突破口。证明责任概念理论亦正在此时得以引进与发展，证明责任作为败诉风险负担的意识的确立调动了当事人举证的积极性。但毕竟案件事实的认定要依靠实实在在的证据，法官职权调查取证权的适时隐退与当事人调查取证权的未及时跟进，造成证据调查的权力真空就可能使作为民事诉讼重要目的之一的“发现真实”的实现较改革前反而出现倒退，并进而影响司法的实质公正。虽然司法解释通过确立“优势证据”证明标准置换立法上“客观真实”的一元化证明标准可在一定程度上缓解这种紧张关系，但证据调查或证明权问题仍有待解决。我国在21世纪初提出的“能动司法”、回归“马锡五”等司法动向都有以法官的积极介入事实调查弥补真空的意图，毫无疑问这是在走回头路。只有继续明确证明责任机制，并加强与此相应的配套制度建设才能使改革回归正途；应当在理论上明确当事人的证明权，在制度上加强当事人的证据搜集权，可考虑在庭前引入实质上的证据发现程序，[1]通过当事人向对方及第三人的证据调查解决现代诉讼中普遍存在的“信息不对称”现象，并在审理过程中树立相关事实认定的证明规则。这类规则在德国、日本有表见证明、摸索证明、大致推定、不负证明责任的当事人的事案解明义务、举证妨碍，在英美法系有事物自己证明、证据发现程序，各国的审判实践中也大多存在对经验法则、证明标准的某些共识。这些有关诉讼证明的规则（区别于一般主要关于证据能力的“证据规则”）都有利于法官形成事实认定的共识性（但不一定是事实认定的准确性）。这类规则不同于证明责任分配规则之处在于，它是可以由法官自由裁量适用的，是长期审判经验的总结。具体案件中事实的认定问题必须依赖于审判经验，而不太可能基于抽象的形式规则。这些证明规则在证明责任分配机制的内在规制下往往同时涉及证据的调查与搜集、提供证据责任的转换、法官心证的证明标准等证据法上的不同领域或层次。相

[1] 原《民事证据规定》确立的证据开示程序与美国的“Discovery”是有本质区别的，美国的“Discovery”程序的功能重在当事人向对方或第三人收集证据，我国证据开示程序的功能重在已经收集了的证据在当事人之间进行开示与交换。

较于当前司法实践中动辄诉诸法官自由裁量权来分配个案证明责任的做法,这一替代性思路则是基于当事人模式下的双方对抗辩论及自我负责的分配角度来建构理论与制度,应当说是一种更符合当今世界司法潮流的趋向。

第五章　证明责任分配根据辨析：以方法发明专利侵权举证责任规则变迁为例

引　言

证明责任分配的根据是什么？在我国的司法实践中，法官认为根据司法解释的规范即可明确分配证明责任。一般案件中的证明责任分配可以根据“谁主张，谁举证”的一般原则来操作，而特殊侵权案件中的证明责任分配则在司法解释中逐一列举了各类案件及其特殊的要件。原《民事证据规定》第 4 条集中列举的 8 类案件可以认为是对我国实体法上特殊侵权的一个集中全面总结。证明责任在这 8 类案件中属于一般所谓的“倒置”。之所以要在这 8 类案件中采取“倒置”证明责任的特殊分配方法，据说是因为这 8 类案件中的某些要件如果按“谁主张，谁举证”的一般原则分配会出现举证困难，案件事实可能难以准确查明的问题。这种“举证难”作为证明责任分配特殊情形的解释在我国非常流行,似乎也确实符合人们对这些案件实际证明情形的印象。但是实际上证明责任分配的根据不可能是举证的难易,在理论上,证明责任分配的"规范说"主张证明责任分配的直接依据是实体法,而其深层根据则只能是实体法立法时的目的宗旨或价值选择。方法发明专利侵权的立法演进及其深层脉络即可证明这一点。

一、方法发明专利侵权诉讼举证责任的立法演进及问题的提出

专利诉讼是当今企业之间的一个打大仗、打恶仗、打乱仗的领域。[1] 专利诉讼之乱的一个重要原因在于证明困难导致事实裁判困难,在产品制造方法发明专利侵权举证责任分配的法律规范及实际诉讼证明实践中都存在若干误解与分歧做法。产品制造方法发明专利侵权诉讼案件(以下简称方法侵权案件)举证责任的立法规定和司法解释在我国有一个逐步发展和被深化认识的过程。1984 年《专利法》第 60 条第 2 款规定:"在发生侵权纠纷的时候,如果发明专利是一项产品的制造方法,制造同样产品的单位或者个人应当提供其制造方法的证明。"1991 年公布施行的《民事诉讼法》规定了所谓的"谁主张,谁举证"的举证责任分配一般原则,次年公布的《民诉法意见》将方法发明专利侵权诉讼作为这一分配原则的例外,实行所谓"举证责任倒置"。《民诉法意见》第 74 条规定:"……在下列侵权诉讼中,对原告提出的侵权事实,被告否认的,由被告负责举证:(1)因产品制造方法发明专利引起的专利侵权诉讼……"显然,这一时期的法律规

〔1〕 参见朱伟一:《专利诉讼之大仗、恶仗与乱仗》,载《检察日报》2011 年 9 月 8 日,第 8 版。

定并不区分"新产品"和"已有产品",[1]对方法侵权案件一律实行"举证责任倒置",且被告需要对其产品制造方法承担完全的举证责任。

1992 年,我国完成了《专利法》的第一次修改。当时我国企业仍然很少关注专利法,专利法主要是在技术或设备引进中应用较多。修改后的《专利法》第 60 条第 2 款规定:"在发生侵权纠纷的时候,如果发明专利是一项新产品的制造方法,制造同样产品的单位或者个人应当提供其制造方法的证明。"与 1984 年《专利法》相比,增加了一个"新"字,表明只有新产品的制造方法才实行举证责任倒置,而已知产品制造方法的举证责任分配仍按照"谁主张,谁举证"的一般规则加以分配。这一修改被认为是"将方法专利举证责任转移的范围缩小了,但加强了对方法专利的保护"。[2]

再后来,中国加入 WTO,我国《专利法》就要与 TRIPs 协定完全接轨。2000 年 8 月 25 日我国完成了《专利法》的第二次修改,这次修改主要是围绕与世界贸易组织 TRIPs 协定的原则甚至文本保持一致的要求进行的。TRIPs 协定第 34 条对方法专利的举证责任提供了两套方案供成员国选择。即"至少在下列情况之一中,如无相反证据,则未经专利所有人许可而制造的任何相同产品,均应视为使用该专利方法而获得:(a)如果使用该专利方法而获得的产品系新产品;(b)如果该相同产品极似使用该专利方法所制造,而专利所有人经合理努力仍未能确定其确实使用了该专利方法。"我国采纳了 TRIPs 协定给出的(a)方案。修订后的《专利法》第 57 条第 2 款规定:"专利侵权纠纷涉及新产品制造方法的发明专利的,制造同样产品的单位或者个人应当提供其制造方法不同于专利方法的证明……"次年通过

---

〔1〕 我国关于"新产品"的认定,主导意见是以"出现"为标准,即所涉及的产品在专利申请日之前是本国市场上未曾见过的,就可以认为是"新产品",非新产品以下称"已知产品"。参见尹新天:《专利权的保护》,专利文献出版社 1998 年版,第 73 页;国家知识产权局条法司:《新专利法详解》,知识产权出版社 2001 年版,第 324 页。

〔2〕 张玉敏、张今、张平:《知识产权法》,中国人民大学出版社 2009 年版,第 208 页。

的原《民事证据规定》第 4 条第 1 款第 1 项重申了这一规定:“因新产品制造方法发明专利引起的专利侵权诉讼,由制造同样产品的单位或者个人对其产品制造方法不同于专利方法承担举证责任。”2008 年《专利法》第三次修改后,该条文顺序调整为《专利法》第 61 条第 1 款,内容未变。

对上述各规范的解读存在多种不同的观点,在实践中显得比较混乱。我国立法对方法发明专利侵权举证责任的问题一向十分重视。从目前方法发明专利授权量的情况看,方法发明专利的授权量在专利总授权量中只占很少一部分,法院受理的此类侵权案件的数量亦相对较少。但此类案件的举证责任问题却非常突出,“荣登”《最高人民法院公报》的也不在少数(后文将引证其中的两个典型案例),表明对此类案件的举证责任问题的判断存在较严重的分歧与问题。笔者从相关学者或法官的论述及司法实践考察中归纳为以下几个问题。

首先,有一种颇具代表性的观点认为我国产品制造方法发明专利侵权举证责任分配的规范可分三个时期:从“严格的举证责任倒置”到“区别的举证责任倒置”再到“限度的举证责任倒置”,立法演进显示此类案件的举证责任分配是“从严到宽”的过程。〔1〕但如果说历次均以“提高知识产权保护水平”“与国际趋势相接轨”为主要任务的我国《专利法》修改的结果反而是降低了专利保护水平,这岂非吊诡?

其次,与此联系的是,被举证责任倒置这一特别规范所抛弃的“已知”产品方法专利侵权案件不再倒置举证责任,而应回到“谁主张,谁举证”的原则上来。但由于实践中此类案件的举证同样存在实际困难,实践中是否可通过“法官分配举证责任”的方式“暗度陈仓”,

---

〔1〕 刘红兵、卢山:《方法专利侵权诉讼的举证责任分配》,载《知识产权》2007 年第 5 期。

重又回到“举证责任倒置”呢?

最后,进一步的问题是,如果已知产品方法专利侵权中也应一定程度(举证责任减轻)或某种意义上倒置举证责任的话,那么新产品与已知产品方法专利侵权举证责任的分配规范是否可能重归统一?或如某些学者所主张的我国《专利法》再次修改时应考虑在这一问题上改回从前?[1]在与TRIPs协定接轨时是否应改弦更张,采用TRIPs协定第34条第1款(b)项的规定?[2]

对这些似是而非的问题,笔者以下分别进行分析。

二、产品制造方法专利侵权诉讼举证责任分配规范的解读

首先,那种对我国方法专利侵权举证责任分配规范是“从严到宽”的理解笔者认为是一种误读。原因在于这一解读仅是从字面进行的,而未考虑不同立法时期的语境及理论背景。我国举证责任概念上的混乱及实践中对不同概念不加区分地混用是造成众多误解的原因,我们必须回到立法相关规范的语境之中,运用历史解释及体系解释才能作出正确解读。

1984年《专利法》第60条第2款的规定如果说是关于举证责任的规定,那也只是提供证据责任的规定,而不是败诉风险负担意义上的“证明责任”的规定。在当时,我国对举证责任概念的认识基本上限于“提供证据加以证明”的认识,“双重含义说”或“败诉风险说”均

---

〔1〕 参见杨建成、黎炽森、穆健、冯岚:《知识产权民事诉讼中举证责任的分配》,载《人民司法》2007年第9期。

〔2〕 参见马东晓、张耀:《专利法修改若干问题之管见——关于专利法第三次修改(送审稿)的理论思考》,载《知识产权》2007年第4期;符启林、宋敏:《方法专利侵权举证责任倒置适用条件之研究——谏言〈专利法〉第57条第2款的修改》,载《电子知识产权》2008年第4期。

尚未为人所熟知。[1] 此时专利法的规定，应当属于实体法上的"情报请求权"或"阐释义务""答复义务"的规定，而不仅是关于诉讼程序中的证明问题。1991 年《民事诉讼法》对举证责任所作的"谁主张，谁举证"的原则规定，也是从提供证据加以证明的角度对行为意义上的举证责任作出的规定，基本未对案件事实真伪不明时的败诉风险如何承担作出分配。《民诉法意见》第 74 条规定笼统要求被告应对所有"侵权事实"负举证责任，未能根据不同要件事实对举证责任进行分割处理，其错误现在看来是非常明显的。根据当事人地位分配举证责任也显示了对举证责任分配理论的朴素认识。总之，这一时期的规定虽然注意到了方法专利侵权案件的特殊性导致的侵权事实举证的困难，但并非真正的举证责任倒置的规定，只是提供证据责任的特殊规定。这种规定是与当时审判理念及司法实践相适应的。我国长期以来追求"客观真实"的审判理念及强职权主义的审判方式使法院很难承认案件事实"真伪不明"状态的存在，因此也就没有以案件事实的真伪不明为适用前提的客观证明责任概念存在的市场。但是 20 世纪 80 年代中后期开启的审判方式改革已拉开序幕，从而催生了引入客观证明责任含义的举证责任"双重含义说"。

1992 年修订的《专利法》的相关规定仍为实体法上的事实阐明义务或诉讼法上提供证据责任的规定，这一规定并不能直接等同于举证责任倒置。如制造同样产品的单位或个人提供了其制造方法的证明，而这一方法与专利方法是否相同还存在一个判断问题。这种判断并不像一般想象中那么简单，而是存在一定风险，这种风险就是真正意义上的"证明责任"，这种风险的分配就是举证责任分配中的核心问题。如果单纯从法律条文表述的变化来看，似乎我国《专利法》此次修改降低了对专利保护的标准，这与我国《专利法》修改的目的

---

〔1〕 学界公认最早提出这一学说的是李浩：《我国民事诉讼中举证责任含义新探》，载《西北政法学院学报》1986 年第 3 期；张卫平：《证明责任概念解析》，载《郑州大学学报（社会科学版）》2000 年第 6 期。

是为与国际接轨，而提高了保护标准的一般认识具有很大的反差。

将新产品制造方法发明与已知产品制造方法发明的举证责任分配予以区别对待是有道理的。对于一项全新产品的制造方法专利，可以合理推断他人不使用专利方法是难以制造出专利产品的，否则他人就应该甚至已经在申请专利权了。也即在此类侵权案件中，一旦专利权人证明自己的方法发明专利是关于一项新产品的专利，而被告又制造出相同产品，即可初步推断被告可能侵犯其专利，否则被告应证明其制造方法不同于专利方法。如果他人制造了同样的专利产品而否认采用了专利方法，由其举证证明自己所使用的方法不同也具有一定的合理性。当然，对新产品制造方法的这种严格的保护更主要是为了增加社会主体发明创新的诱因及鼓励发明人及时积极申报专利。如果一项产品是国内已知产品，自然本就存在相应的制造方法。如仅仅因为某人发明了一种新的制造方法，就要求已知产品的生产者在发生纠纷时必须自证清白，这种类似“有罪推定”的做法显然是不合情理的。

1992 年对专利法修改时，立法论证与立法技术尚显粗糙，对方法专利举证责任的修改在实践中确有不完善之处，仍未廓清提供证据行为责任和证明风险负担的区别。一是仅要求被告提供“其制造方法的证明”，有时并不能清楚表明被告实施的方法与专利方法之间的异同，不利于法院和专利管理部门认定是否构成侵权。二是举证责任倒置也不一定要求被告完全披露其全部制造方法。被告所承担的举证责任应该以其足以证明被告所采用的制造方法本质上不同于原告的专利方法为限。否则，就不利于保护被告的商业秘密，对被告来说有失公平。例如，原告一项专利方法中含有多个必要技术特征，那么，根据侵权判定中的全面覆盖原则，被告只需举证证明自己的制造方法中至少有一个必要技术特征本质上不同于原告专利方法中的相应技术特征，这时被告就已经完成了其相应的不侵权的举证责任。当然，被告不能仅从口头上或者提供单方的书面材料主张其制造方法与原告专利方法不同,他还必须同时证明按照自己所提供的不同于原告专利的制造方法同样可以生产出该种涉案产品。如果要求被告完全披露其生产工艺方法,在这一过程中就会不可避免地泄露其商业秘密。换句话说,被告只要证明其产品制造方法的个别工艺步骤、化合物的个别组分等,与方法专利的某一必要技术特征既不相同也不等同,即为完成了举证责任。因为根据 TRIPs 协定第 34 条第 3 款的规定,在引用相反证据时,应顾及被告保护其制造秘密和商业秘密的合法利益。要防止权利人利用举证责任倒置来迫使被告公开其正当的商业秘密和技术秘密。因此,应当将被告提供的证明其产品制造方法的证据限定在必要的范围内,即以足以证明其产品制造方法与原告的专利方法不同为必要,而不必要求被告提供其产品的全部制造方法的证据。

由此可见,提供证据责任与举证责任存在本质区别。提供证据责任要求当事人尽力提供己方所掌握的证据,如当事人已提供证据,则为完成举证,此时,不得因案件事实仍真伪不明而判决其承担不利后果。举证责任则与提供证据责任的负担既不必然一致,负担的后果也有根本区别。一方面,当事人即使竭尽全力提供其所掌握的全部证据,如法官仍认为案件事实真伪不明,则负举证责任的当事人仍不免要承担不利判断后果;另一方面,当事人即使不举证或未能提供其所掌握的所有证据,只要法官能够判断案件事实,就不会发生证明责任裁判。在这一正确认识基础上,《专利法》进行了第二次修改,在《专利法》的现行规定下,制造同样产品的单位或者个人不必提供其制造方法的全部信息,而是应当提供其制造方法不同于专利方法的证明,也即可通过提供最小限度的信息完成举证责任,以此保护自己的信息利益。2001 年《专利法》及原《民事证据规定》的相关条文,是解决专利侵权案件中证据偏在与证据开示滥用的平衡方案,相较于此前朴素的立法技术,显然属于专利侵权案件证明问题的高级解决方案。

从对上述专利侵权纠纷举证责任相关规范发展过程的理解来看,本章开篇提到的那种通常的解读是似是而非的,主要问题在于混淆了提供证据责任与举证责任的意义,也未能从立法当时的多方背景来理解,而仅从字面含义加以简单解读,从而得出我国专利侵权举证责任分配的混乱和反复的错误结论。

三、已知产品方法发明专利侵权中的举证责任分配与事案阐明义务

按照现行《专利法》及原《民事证据规定》中有关新产品制造方法举证责任倒置的规定,只有在方法发明专利涉及新产品,并且专利权人能够证明其为新产品时,被控侵权人才有责任证明其方法与专利方法不同。反之,如果属国内已知产品而不是新产品,或者专利权人不能证明是新产品,则不适用举证倒置规则,专利权人就必须举证证明被控侵权者盗用了自己的专利方法或属与专利方法实质相同的方法。换句话说,我国已抛弃了已知产品制造方法发明专利侵权诉讼中举证责任分配的特殊规定,因此此类案件的举证责任分配理应回归举证责任分配的一般原则上来,即专利权人应对被控侵权方的侵权行为负举证责任。然而,已知产品制造方法发明专利侵权诉讼中的专利权人要举证证明对方的侵权行为也是困难的,在这方面与新产品方法专利侵权案件并没有任何区别。要求专利权人对对方使用的方法予以举证显然存在现实困难。首先,方法发明专利中的"方法"实际上是一个动态的过程,使用方法专利则表现为一个行为的实施过程,是一系列程序、步骤的组合,这就决定了这种侵权行为具有隐蔽性的特点,从而使侵权行为的证据往往不易取得,侵权者容易转移、隐匿证据;其次,在方法专利侵权诉讼中,专利权人能够证明对方制造了同样的侵权产品,能在流通领域购买到被告的侵权产品,但却

无法从市场上直接获取其生产这种产品的“方法”的证据。只有亲临现场才能了解被控侵权者的生产过程及方法，而在一般情况下专利权人是难以甚至无法接近被控侵权者的生产现场的。因此，要求权利人举证证明被控侵权者侵犯了其专利权将变得非常困难，这样做的结果往往就是导致专利侵权诉讼案件多以败诉收场。这对于专利权人来说是十分不公平的，也不利于对专利权的保护，不利于国家知识产权战略的推进。这一难题如何解决呢？

实践中很多法官主张依照原《民事证据规定》第 7 条由法官运用证明责任分配的自由裁量权调整此类案件的证明责任分配。〔1〕姑且不论“法官分配证明责任”本身就是一个伪命题，〔2〕即使承认法官在特殊类型案件中有分权分配证明责任，已知产品方法侵权这类法律有明文规定的常见案件也是根本算不上所谓新型疑难案件而需适用“法官分配证明责任”来处理的。否则《专利法》就不会单就“新产品”方法专利侵权案件作出特别规定。

从司法实践的情况来看，当事人通过申请证据保全而借助法院的固定证据行为似乎很好地解决了这一问题。在知识产权诉讼实践中尤其是在方法发明专利侵权诉讼中，证据保全制度得到了最充分的运用。〔3〕这实际上是当事人因欠缺取证能力而借助法院的国家强制力进行调查取证。2012 年前的《民事诉讼法》只规定了诉讼中的证据保全制度的基本框架，相关的知识产权司法解释对证据保全作了

〔1〕 持此观点的法官如南京市中级人民法院卢山：《论方法专利侵权诉讼中举证责任分配》，载《电子知识产权》2005 年第 2 期；杨建成、黎炽森、穆健、冯岚：《知识产权民事诉讼中举证责任的分配》，载《人民司法》2007 年第 9 期。

〔2〕 参见胡学军：《法官分配证明责任——一个法学“迷思”概念的分析》，载《清华法学》2010 年第 4 期。对该条持批评意见的还有霍海红：《证明责任配置裁量权之反思》，载《法学研究》2010 年第 1 期；王利明：《民事证据规则司法解释若干问题研究》，载《法学》2004 年第 1 期；周翠：《〈侵权责任法〉体系下的证明责任倒置与减轻规范——与德国法的比较》，载《中外法学》2010 年第 5 期。

〔3〕 参见蒋志培：《知识产权诉讼证据问题研究》，载《人民法院报》2006 年 7 月 14 日，第 4 版。

具体规定,允许申请人在申请诉前临时禁令的同时,申请证据保全。[1] 更有学者提出应建立诉前证据保全制度来解决方法专利侵权取证难的问题。[2] 现行《民事诉讼法》已有诉前证据保全的明确规定。[3] 实践中,法院对原告已经提供专利权证据、原被告产品证据的情况下一般都会裁定准许原告的证据保全申请。在保全了被告产品方法的相关证据后,法官即可将原告的专利方法与被告的"方法"进行技术特征的比较,从而得出被告是否侵权的结论。实践中,几乎在所有的专利侵权诉讼中,原告一般都会向法院申请证据保全,无论是否涉及"新产品"和举证责任倒置的问题。这实际上是原告利用合法手段将自己的举证责任进行了转嫁。

证据保全虽然确是解决取证难的一种方法,而由于证据保全的决定是由法院作出,证据保全的成功与否往往成为专利侵权诉讼成败的关键,这就使得法院的职权行为成了此类案件中的决定性因素。法院依申请进行的证据保全行为也很难避免形成法院被一方当事人所利用的不公正的印象。这类案件其实是不太符合证据保全制度功能——防止证据灭失或今后难以取得——的本意的。方法侵权案件中的主要问题不是证据可能灭失或以后难以取得,而主要是因当事人故意阻挠或拒不配合而难以取得。过多地运用法院职权调查取证将使民事审判方式改革重回法院包揽证据调查的职权主义审判方式老路。其弊端表现在以下方面。

---

〔1〕 2001 年 6 月公布的《最高人民法院关于对诉前停止侵犯专利权行为适用法律问题的若干规定》(法释〔2001〕20 号,已失效)第 16 条规定:"人民法院执行诉前停止侵犯专利权行为的措施时,可以根据当事人的申请,参照民事诉讼法第七十四条的规定,同时进行证据保全。"

〔2〕 参见宋敏:《方法专利侵权诉讼亟需诉前证据保全制度》,载《电子知识产权》2008 年第 5 期。

〔3〕 《民事诉讼法》第 84 条第 1、2 款规定:"在证据可能灭失或者以后难以取得的情况下,当事人可以在诉讼过程中向人民法院申请保全证据,人民法院也可以主动采取保全措施。因情况紧急,在证据可能灭失或者以后难以取得的情况下,利害关系人可以在提起诉讼或者申请仲裁前向证据所在地、被申请人住所地或者对案件有管辖权的人民法院申请保全证据。"

其一,在此类案件的审理中重新强化了法院的职权,加重了法院的工作负担,不符合法院居中裁判的原则。如果说在普通类型民事案件中还存在当事人法律意识淡薄、举证意识欠缺的现实情况从而需要法院发挥能动作用进行调查取证或证据保全的话,在专利侵权诉讼中,却基本不存在这一问题。专利侵权诉讼在实践中几乎全部实现了律师代理,当事人通过代理人对于应当如何证明侵权或不侵权有专业性的把握,法官反而由于专业知识的欠缺很难成功保全或调取所需要的证据方法,因此,在其保全证据或调查取证的过程中必然需要一方当事人的协助,而这就不免使另一方当事人形成法院为对方所用而失去公正中立的印象。

其二,即使是法院依职权进行证据保全或调查取证也很可能遇到被告不配合,转移、隐匿证据或者进行虚假陈述、造假等情况的发生。没有一方当事人的申请和另一方当事人的配合,法院依职权保全到的很可能只是现场或物品,而不是"方法"。在审判中利用这些材料可能仍难以证明侵权事实的存在。

其三,在证据保全过程中,对于生产方法的描述很可能超出了法官的技术能力及范围,寄希望于通过证据保全解决侵权证明问题是对法官事实认定能力的过于自信。两种专利方法是否相同是一个复杂的问题,最好让当事人双方亲自参与,进行举证与辩论,通过对抗论证的方式得出结论,法院单方的保全证据不一定能发挥事实判断的作用。而且,随着审执分立的改革,大量的证据保全工作是由执行局负责完成的,要求执行人员进行专业性极强的技术描述与鉴别并不现实。

其实以上问题不仅存在于专利侵权案件之中,也是"证据偏在"型的案件中的普遍性问题。当今大多数国家倾向于通过促进当事人披露自己所掌握的证据来解决这一问题。但由于受历史背景、法律传统、文化习惯及诉讼模式等差异的影响,两大法系在促进当事人证据披露方面在立法规定和学理思想上不尽相同。如在美国的审前发现程序(discovery)中,当事人享有要求对方披露其掌握的证据——包括对该方不利证据——的权利。由于庭审活动往往是一次集中审理进行,庭前证据披露成为庭审中言词辩论得以正常进行的前提和基础。大陆法系国家近年理论及实务中多通过课以不负证明责任方的“事案阐明义务”加以解决。两大法系的共同点均在于明确当事人在取证上的权利义务,并由当事人主导进行证据的收集,而不是通过法院职权调查来完成。TRIPs 协定是在美国和欧盟主要成员国的主导下制定的,相关规范反映了各成员国之间反复磋商、求同存异的最低要求。关于证据披露,该协定第 43 条第 1 款规定:“如果一方当事人已经提供足够支持其权利主张的、并能够合理取得的证据,同时指出了由另一方当事人控制的证明其权利主张的证据,则司法当局应有权在适当场合确保对秘密信息给予保护的条件下责令另一方当事人提供证据。”

我国原《民事证据规定》确立的证据交换制度只是表面上借鉴了美国证据开示程序,并不具有当事人向对方收集证据的功能。笔者认为我国可考虑借鉴德国近年理论及实践中兴起的关于“不负证明责任当事人的阐明义务”理论。根据传统辩论主义,当事人应对各自的主张提供证据支持,一方当事人的证明困难基本与另一方当事人无关,任何当事人均没有义务为对方胜诉提供对方未占有的材料。但从 20 世纪 60 年代开始,在德国随着对辩论主义的广泛批评,阐明义务理论开始兴起。[1] 阐明义务的理论渊源似乎非常广泛,但又没

---

〔1〕 1966 年吕德里茨发表《在伸张私人权利时禁止摸索和答复请求权》,同年彼得斯发表《民事诉讼中的摸索证明》对无证明责任当事人的阐明义务进行研究。1970 年魏尔斯在批判辩论主义时建议为不负证明责任的当事人创设阐明义务。1976 年施蒂尔纳发表阐明义务研究的集大成之作《民事诉讼当事人的阐明义务》,众多学者参与了阐明义务的长期论争。参见[德]米夏埃尔·施蒂尔纳主编:《德国民事诉讼法学文萃》,赵秀举译,中国政法大学出版社 2005 年版,第 297 ~ 312、340 ~ 358 页。

有哪一个理论能为之提供确切且令人信服的理由。[1] 德国立法上对此规定也很模糊,判例则利用这种模糊规定在各个方面大举推进,[2] 其他大陆法系国家的情况也很类似。欧洲和世界的趋势是朝着比德国的法典伸展得还要远的诉讼上的阐明义务的方向发展的。[3] 激进派主张阐明义务一般化,而保守派则主张依照案件类型逐步完善。阐明义务的实践则以法官法律续造的方式在稳步运行。对于不负举证责任一方当事人之事案阐明义务类型的不同思考直接导致的后果就是制度设计的不同。我国台湾地区学者姜世明在其著作中曾经全面考量了所有情形,提出了宽严不同的,跨越一般化事案阐明义务和例外化事案阐明义务等所有可能形式的6种制度设计的构想。[4] 笔者不赞同将事案阐明义务一般化,因为我国当前民事诉讼制度建设的大方向还是要重在逐步明确辩论主义,而不是走增强法院职权的回头路。目前不妨仿照德国实践采取那种稳妥和实用主义的进路,即根据司法经验依案件类型来规范事案阐明义务适用范围的方式来促进法律发展。在司法实践中基于案件类型明确当事人的事案阐明义务,增强当事人的证明权,可填充因法院职权退出证据搜查所形成的事实查明手段的空缺,培养当事人的诚信,一定程度上矫正片面强调证明责任机能所造成的事实真伪不明情形的扩大,恢复诉讼的事实发现功能。当事人事案阐明义务承担的基本前提条件可设定为:(1)负有举证责任一方当事人处于案件事项经过之外,且不具有诉讼所必要之资讯,不能自行解明事案;(2)不负举证责任一方当事人则

---

〔1〕 有关阐明义务理论的法理基础,包括真实义务及陈述义务、诚信原则、实体法上的资讯义务、文书提出义务、证明妨碍等。参见姜世明:《举证责任与真实义务》,台北,新学林出版股份有限公司2006年版,第115~133页。

〔2〕 参见[德]米夏埃尔·施蒂尔纳主编:《德国民事诉讼法学文萃》,赵秀举译,中国政法大学出版社2005年版,第349页。

〔3〕 参见[德]米夏埃尔·施蒂尔纳主编:《德国民事诉讼法学文萃》,赵秀举译,中国政法大学出版社2005年版,第351页。

〔4〕 参见姜世明:《举证责任与真实义务》,台北,新学林出版股份有限公司2006年版,第111~113页。

拥有此方面之资讯或能容易取得。[1] 只要不将辩论主义的教旨作刻板僵化的理解，那么不负证明责任方当事人承担阐明义务的观点是容易被接受的。专利侵权案件是最明显可确定阐明义务的案件类型，被控侵权方应负开示其制造方法的事案阐明义务，这也完全符合诉讼公正、效率的诉讼价值取向要求。

相较而言，举证责任倒置不应成为证据偏在问题的解决方案，专利侵权诉讼举证责任的一律倒置可能破坏民事诉讼的辩论原则，强化法官的职权与自由裁量权，使司法改革好不容易取得的成果归于无效，诉讼模式的转换将出现反复。那种认为与证据距离近、举证能力强的一方当事人就应负举证责任的观点其实已将举证责任分配的根据等同于提供证据的责任的根据。[2] 在实际案件中存在很多一方取证困难而对方相对容易的情形，通过课以不负证明责任一方当事人的事案阐明义务就能很好地解决这一问题。

可能有人认为，在阐明义务一般化的情况下，所谓“新产品制造方法”举证责任倒置，就可能变成没有多少实际意义的无用条款。这其实又是一个误解。阐明义务的提出并不会导致证明责任分配的变化。“新产品”的条文解决的是证明责任问题，即风险分配，而非提供证据责任的承担。当然，由于存在预先的风险分配，使负担证明责任的该方当事人自动提供证据，而使其阐明义务似乎未能发挥作用。按照举证责任分配通说即“规范说”的理解，举证责任分配体现的是实体法的目的与宗旨，阐明义务只是举证责任的减轻，而不会动摇客观举证责任。阐明义务也没有完全取代主观举证责任，我们必须注意当事人提供的客观证据材料与运用证明对法官进行说服之间的区别，阐明义务只是提供证据材料的义务的转换，并未转换说服责任。

---

〔1〕 参见许士宦：《证据搜集与纷争解决》，台北，新学林出版股份有限公司2005年版，第547页。

〔2〕 参见胡学军：《解读无人领会的语言——医疗侵权诉讼举证责任分配规则评析》，载《法律科学（西北政法大学学报）》2011年第3期。

在那些并非总是泾渭分明的事实面前（如当事人是否存在过错、事物之间是否存在因果关系），举证责任的归属对案件裁判结果具有决定性意义。对于侵权行为是否发生这类要件事实的判断在一般侵权案件中可能不存在真伪不明的问题，因为这类行为的发生具有更强的"客观性"。但专利侵权案件在这方面却具有特殊性（在我国"举证责任倒置"的案件类型中，一般为倒置"过错"或"因果关系"要件事实的举证责任，倒置"侵权行为"要件事实的，唯有新产品方法发明专利侵权诉讼）。专利权的权利范围及侵权确定的困难是专利侵权案件在实践中的焦点，由于专利权范围解释的差异，以及等同原则或禁反言原则的适用，很难单以专利权利要求轻易界定其范围，因此不仅权利人在行使权利时具有相当的不确定性，而且权利人之外的竞争者也很难通过自行判断来确定其行为是否会构成侵权。为摆脱这种不确定性风险，很多企业甚至会主动提起专利不侵权确认之诉。[1] 除提出证据外，当事人运用证据进行论证往往成为证明成功与否的关键。在这些模糊地带，当事人一方必须负担的风险就是举证责任，这种风险是事物因其自身性质而难以解释甚至不可解释的风险，这种风险才最能体现真正意义上的举证责任。而在那些"铁证"一出即"真相大白"的案件中通常是不会实际发生所谓的举证责任问题的。规避这种风险的办法不太可能是在诉讼发生之后的积极举证，而应是尽量约束自己不采取可能招致被诉的潜在侵权行为，除非自己有把握清楚证明自己的行为不可能对他人造成侵害（如高度危险作业时做好确信不会误伤他人的足够的防范、确保排放的废物不存在损害人身或财产的可能、确保饲养的动物不会主动攻击他人，不与他人共同实施可能致人损害的危害行为等）。这其实就体现了一种实体法规范隐含的意图，它通过实体法的立法目的、原则及语言结构中隐含的意义并通过具体案件中的证明责任裁判反映出来。从这一层含义上

---

〔1〕 参见林琳：《透视专利权不侵权确认之诉》，载《电子知识产权》2009 年第 6 期。

来说,新产品制造方法发明专利的举证责任倒置传达的就是尊重新产品方法发明的创新性,防止他人以与专利方法相模糊或近似的方法等类似“山寨”行为损害创新方法发明人的利益,以此促进社会发明创新的动因。而已知产品制造方法发明专利司法则不具有这一公共政策形成功能。

综上所述,在已知产品方法专利侵权诉讼中,并不实行举证责任的倒置,仍应由专利权人对被控侵权人实施了侵权行为的事实负举证责任。但应适用证明责任减轻的具体措施,[1]由制造同样产品的人对其制造方法与专利方法不同的事实负阐明义务。专利权人据此可要求被告提供反映其生产过程的记录资料,也可以要求现场勘验,或视情况要求被告现场演示,对勘验、演示情况进行记录、摄影、摄像。由此获取的证据在性质上仍属于原告本证,原告如何运用该证据由其自己决定,并应由原告对事实真伪不明的后果承担不利判断风险。被告以制造方法涉及商业秘密为由拒绝提供的,可以要求调取不涉及商业秘密且与专利方法对应的工艺步骤。被告无正当理由拒绝或阻扰法院调查的,则可认为构成对阐明义务的违反,其后果是法院可以对相关事实形成对其不利的判断。[2] 在涉及已知产品的方法专利侵权的诉讼中,明确不负证明责任当事人的事案阐明义务,可以依法强化权利人的举证能力,减轻法院的取证负担,避免使诉讼陷入僵局,在维护专利权人利益和社会公共利益之间实现平衡。

---

〔1〕 关于证明责任减轻的具体措施及其与证明责任分配的区别,参见胡学军:《从“证明责任分配”到“证明责任减轻”——论证明责任理论的现代发展趋势》,载《南昌大学学报(人文社会科学版)》2013 年第 2 期。

〔2〕 关于违反阐明义务的后果,存在对违反义务的行为采用自由的证据评价还是证明责任倒置的问题。施蒂尔纳主张拟制对方主张的事实为真实。有我国现有制度中是证明妨碍,但证明妨碍在理论上正是以违反阐明义务为前提。

四、方法发明专利侵权举证责任分配规范的完善

我国对知识产权的保护在国际上一直是备受诟病的,因此,很多学者呼吁在方法专利侵权诉讼举证责任分配上应当进一步修改现行规范,以提高对专利权的保护水平。应取消《专利法》第 61 条第 1 款和原《民事证据规定》第 4 条第 1 款第 1 项中对“新产品”的限制,对所有方法发明专利侵权诉讼都采取在被控侵权产品制造方法不同于专利方法问题上的举证责任倒置。[1] 他们认为这样的“回归”,更符合与国际接轨的要求。[2] 因为 TRIPs 协定第 34 条第 1 款(a)项是最低标准义务,我国应追求更高的对知识产权进行司法保护的标准。显然,回归至“产品制造方法”对专利权人利益的保护明显高于“新产品制造方法”。而且,对已知产品和新产品专利方法采取统一规定还具有更多的现实好处。首先,可解决在涉案产品是否属于“新产品”发生争议时,在法院对此作出裁判之前对于被诉方法与专利方法是否相同的举证责任分配处于不确定的状态,专利权人只需证明自己的专利权合法有效及被控侵权者的产品与用自己的专利方法直接获得的产品是相同的,那么,剩下的就是由被控侵权者承担证明其方法不同于专利方法的举证责任。这样一来,专利权人就不再需要向法院申请证据保全,而是由被控侵权者自己主动举证,从而大大节省了宝贵的司法资源,减轻了当事人的经济负担。因此,在与 TRIPs 协定规

---

〔1〕 参见刘红兵、卢山:《方法专利侵权诉讼的举证责任分配》,载《知识产权》2007 年第 5 期。

〔2〕 TRIPs 协定第 34 条规定对欧盟成员国的专利诉讼立法产生了重要影响,多数成员国国内法律采纳的 TRIPs 协议第 34 条第 1 款(b)项之规定。如法国原民事诉讼法典中没有类似 TRIPs 协定第 34 条的规定,遂于 1996 年 12 月 18 日通过 96 - 1106 号增补法律,作为法国知识产权法典第 615 - 5 - 1 条,该条规定完全照搬了 TRIPs 协定第 34 条内容。澳大利亚则完整采纳 TRIPs 协议第 34 条第 1 款(b)项之规定。

范的衔接上,我国立法修改时应放弃TRIPs协定第34条第1款(a)项对于"新产品"之规定,改采TRIPs协定第34条第1款(b)项之规定。[1]

确实,我国对知识产权的保护在国际上尚处于相对较低水平,其中最弱的环节是司法环节。因为没有公正的司法,知识产权所有人的现有合法权益就不能受到保障。其实,在发达国家侵犯和盗用他人知识产权的现象虽也比比皆是,但由于有公正的司法保障,侵权行为往往难以长存而且必须付出代价。公正的司法保护是专利制度健康发展的关键,而专利侵权诉讼的证明问题,又是制约和影响当前专利审判公正性的突出方面。但是,对这类案件证据制度的设计,不必也不应脱离整个民事诉讼证据制度的整体设计。最好将其看作整个民事诉讼制度的一环,将其作为带动整个民事证据制度完善的突破点。对此,我国学界多从立法论的角度论述如何完善法律制度,而对如何通过法律解释以增强现行法律的弹性这一路径并不重视。修改立法是容易做到的,但对方法发明专利侵权诉讼案件的举证责任一律倒置的做法也可能是一种矫枉过正。"证明责任之所在即败诉风险之所在",证明责任分配不应成为特定事实证明困难的解决办法,如前所述,事实证明的困难可以通过增强诉讼程序的事实发现功能,通过诸多举证责任减轻的制度方法,特别是通过法解释学上"不负证明责任当事人的阐明义务"理论加以化解。我国民事诉讼模式从职权主义向当事人主义转换的方向是正确的,但在法院职权退出的领域(如证据收集)应由当事人(特别是借助律师)的权利来填补,强化当事人的调查取证权与明确当事人的事案阐明义务其实是同一问题的两个方面,相较于职权主义模式下以法院调查取证来保证事实的查明来说,阐明义务理论则是依靠当事人自己的力量来消除风险以

---

〔1〕 参见马东晓、张耀:《专利法修改若干问题之管见——关于专利法第三次修改(送审稿)的理论思考》,载《知识产权》2007年第4期。

及由此尊重对方当事人的自由领域，显然是一种更加符合现代诉讼理念的理论。通过相互的诉讼权利义务的设置来促使当事人之间进行诉讼协力，使案件事实能得到更多的阐明。阐明义务理论使辩论主义及建立于其上的证明责任制度得到一定程度上的修正，是现代证明责任制度的必要配套机制，毕竟，证明责任裁判的正当性应以使事实调查达到合理的程度为前提。相较于过分依赖证明责任裁判这种通过结果控制的方式来说，通过提供证据责任这种更加注重程序或过程控制的事实认定机制也是一种更透明、更具正当性的制度设计。

笔者认为，我国《专利法》和有关司法解释关于方法专利侵权的现有规定在现阶段能够较好实现保护专利权的要求，也完全符合TRIPs协定的最低要求，反对在这一问题上的立法冒进。立法修改应考虑制度的稳定性与实用性，我们不应在举证责任分配问题上朝令夕改，可在相关配套制度及环境上进行微调，在完善专利法时更应注意平衡保护双方的利益。从笔者的实证考察来看，很多专利侵权案例的最终判决结果是并不存在侵权事实，但案件往往经过多个法院的多次审理。一律倒置举证责任的提法可能不适当刺激了有关当事人的缠诉或滥诉行为。应当继续维持新产品方法侵权举证责任倒置的规定，同时，对已知产品方法专利侵权诉讼案件，可通过立法明确不负证明责任当事人的阐明义务。基于阐明义务适用条件的模糊性，可借鉴TRIPs协定第34条第1款（b）项的合理精神，从以下两个方面加以完善。

其一，应当规定承担阐明义务的前提条件是专利权人有初步证据证明存在侵权的可能性。因此，专利权人不仅应首先证明专利权的存在、损害事实的发生等事实要件，而且应像TRIPs协定第34条第1款（b）项那样，规定原告必须在经合理努力仍未能确定被告确实使用了该专利方法后，才能由制造同样产品的单位或者个人承担其产品的制造方法的举证责任。从该角度上讲，在方法专利侵权民事诉讼的举证责任分配上,只是减轻了原告的举证责任、加重了被告的举证责任,而不能完全将举证责任倒置给被告承担。被告负担事案阐明义务存在一定的前提,也即原告摸索证明的前提条件,即有初步证明被告存在侵权的嫌疑。法院对专利权人提出的调查被告制造方法的申请应当首先进行审查,分析是否有涉嫌侵权的初步证据,如证人证言、被告利用原告专利方法的可能性等,并且这种证明应达到一定程度的标准。TRIPs 协定第 34 条在此规定的是"极似"(substantial likelihood),[1]而非仅仅"疑似"。在具体案件中这一判断基于的事实多样,如笔者调研到的有的案件中原告掌握核心技术的职工曾跳槽到被告处,或被告使用原告的设计图纸进行施工。总之,应杜绝原告仅凭没有根据的猜测而随意提出"摸索证明",或随意申请法院对被告采取调查措施的"策略诉讼"[2]的情况发生。

其二,应当规定在不负证明责任方承担事案阐明义务的同时应合理顾及其合法权益的保护。即应规定在要求对方提出事实与证据证明自己的产品制造方法不同于专利方法时,应顾及对方保护其技术秘密及商业秘密的合法利益。由于这种案件的当事人双方往往是同业竞争对手,应避免出现被告在举证过程中因原告的过分要求或法院的不当措施而使其商业秘密泄露,造成程序的非正义。由于在新产品方法侵权诉讼中,对于自己使用的方法与专利方法的不同是由被控侵权方负举证责任,被告在实施本证时具有披露己方方法内容范围的自主权,虽然也存在秘密保护问题,但这一问题并不明显。而涉及已知产品方法侵权证明时,是由专利权人负举证责任,被诉侵

[1] See TRIPs Article 34:"(b) if there is a substantial likelihood that the identical product was made by the process and the owner of the patent has been unable through reasonable efforts to determine the process actually used."

[2] 所谓策略诉讼(strategic litigation),是指现代社会有些大企业所采用的一种以专利侵权诉讼为手段的竞争策略。大企业通过对小企业提起费用高昂、旷日持久的专利战,不仅用以保护其知识产权,而且试图窒息所有竞争。没有财力应战的弱小对手往往因无力应付,或者被逐出特定的领域,即使其可能有理由抗辩其专利既不侵权又非无效。

权人应负事案阐明义务,被诉侵权人是应对方要求提出或阐释相关事实与证据,因此这一问题会更加突出。在对此类案件的审理中,应当采取一定措施保护被诉侵权方的营业秘密,防止造成其营业上的重大损失或企业间的不正当竞争。为防止第三人不当侵犯商业秘密,涉及商业秘密的证据不得在公开开庭时出示,这已有法律明文规定,但如何防止对方当事人利用该商业秘密,则确属诉讼法上的难题。从实证的情况来看,欲证明自己的方法不同于专利方法,当事人披露其技术秘密几乎不可避免。[1] 也有当事人企图通过申请鉴定来回避对方当事人接触该商业秘密,但亦被最高人民法院以应保证对方的质证权而被否定。[2] 缓解此问题的办法暂时只有由法院责令该当事人保证不得泄露或利用该商业秘密。此外,为避免滥诉及恶意窥探该种秘密情形的发生,也能支持上述法院应对专利权人起诉侵权的根据予以审查,以确认其基本可信性为前提的结论。

---

〔1〕 在张喜田诉石药集团中奇制药技术(石家庄)有限公司、石家庄制药集团华盛制药有限公司、石家庄制药集团欧意药业有限公司(以下简称欧意公司)专利侵权案中,一审时,被告欧意公司提交了其制造方法的专利申请文件、备案工艺流程、生产记录等证据,用于证明其产品制造方法不同于涉案专利方法。但原告认为这种"虚"的方法不足以证明其未侵权,被告欧意公司提出实施该方法专利尚需一定的经验、技巧和诀窍(技术秘密)。再审期间,原、被告均向法院提出现场勘验申请,请求对被诉侵权产品的制造方法进行现场勘验,验证被告的方法能否制得左旋氨氯地平。被告最终通过现场勘验证明清白,但也最终难以避免原告"观摩"其生产技术秘密。详见最高人民法院民事判决书(2009)民提字第84号,载《最高人民法院公报》2011年第1期。

〔2〕 在伊莱利利公司诉江苏豪森药业股份有限公司(以下简称豪森公司)侵犯其新药品盐酸吉西他滨的制造方法发明专利侵权诉讼案中,被告豪森公司向法院提出,如将其所涉及工艺方法的技术资料内容交由原告审查,则可能会使其商业利益遭受无法预见和无法弥补的损害。因此,一审法院决定对豪森公司工艺方法的技术资料采取变通的质证方式:不将该资料提交伊莱利利公司审查而交独立的鉴定专家组审查其真实性以及与原告专利方法是否相同。后被告上诉,最高人民法院认为一审法院采信未经双方当事人质证的证据,未能保障上诉人伊莱利利公司获得被上诉人豪森公司吉西他滨产品生产方法不同于专利方法的有关技术信息的正当诉讼权利,违反了《民事诉讼法》关于证据应当经过庭审质证才能够作为定案依据的规定,裁定撤销原判,发回重审。详见最高人民法院民事裁定书(2002)民三终字第8号,载《最高人民法院公报》2004年第6期。

第六章　证明责任分配的误识：以环境侵权中的因果关系为例

引　言

环境纠纷是一种反映宏观上“公民权利与经济增长的对抗”的典型现代社会冲突，[1]在这种冲突中如何协调平衡殊难取舍。在这一冲突以环境侵权诉讼的微观形式表现出来时，司法则必须通过较明确规则的法律技术性手段加以解决。环境侵权案件中污染行为与损害后果之间是否存在因果关系的判断是环境司法领域中的典型难题。因为在这类侵权诉讼中，因果关系的实际证明存在普遍性困难，导致证明责任无论分配给哪方当事人，都是一种根本性的败诉风险。本章选取近年两个典

〔1〕 当代西方著名社会学家拉尔夫·达仁道夫认为，“现代的社会冲突是一种应得权利和供给、政治和经济、公民权利和经济增长的对抗”。参见[英]拉尔夫·达仁道夫：《现代社会冲突》，林荣远译，中国社会科学出版社2000年版，第1页。

型案例对此详加分析。第一个案例为浙江省平湖师范农场特种养殖场诉五家企业污染侵权案(后文分析简称“蝌蚪死亡案”);[1]第二个案例为刘德胜诉吉首市农机局环境污染侵权损害赔偿案(后文分析简称“喷漆污染案”)。[2] 两案均影响重大,旷日持久,各历经4次审理,每次审理时法院依据的证据基本相同但判决结果及其理由则各有不同。深入分析两案,会提出以下几个问题:环境侵权诉讼中的因果关系证明责任应如何分配?在法律明确规定证明责任倒置的情况下司法实践中为何有的法院却拒绝遵照适用?环境侵权诉讼中的因果关系究竟应如何界定?环境侵权中的因果关系与违法性或损害要件如何界分?环境侵权诉讼中的因果关系的判断是纯粹的事实判断还是同时掺杂了价值考量?环境侵权中的因果关系如何证明?笔者试图结合两案实际对这些问题进行分析。笔者的分析将揭示:环境侵权诉讼中的因果关系证明问题不可能从证明责任非此即彼的二值分配角度加以抽象解决,而应在对传统因果关系概念作可操作性的重新界定基础上,总结证明经验从具体证明方法上寻找更精致的解决方案。为节省篇幅,笔者在此先根据各次判决书对两案中的因果关系裁判的内容整理并制作表格如下,见表6.1和表6.2。

---

〔1〕 本案各次判决,参见浙江省平湖市人民法院(1996)平民初字第23号民事判决书;嘉兴市中级人民法院(1998)嘉民再终字第2号民事判决书;浙江省高级人民法院(2000)浙法告申民再抗字第17号民事判决书;最高人民法院(2006)民二提字第5号民事判决书;后文分析引用时不再标注。

〔2〕 本案各次判决,参见吉首市人民法院(2002)吉民初字第298号民事判决书;湘西土家族苗族自治州中级人民法院(2002)州民终字第383号民事判决书;湘西土家族苗族自治州中级人民法院(2004)州民再终字第13号民事判决书;湖南省高级人民法院(2006)湘高法民再终字第102号民事判决书;后文分析引用时不再标注。

表 6.1 “蝌蚪死亡案”判决中的因果关系问题

判决审级	判决理由	因果关系类型	因果关系的证明责任分配
一审	“现有证据不能证实蝌蚪即死于水污染,故无法确定养殖场损害事实与五家企业污染环境行为之间存在必然的因果关系。”	必然因果关系	“受害人对因果关系的存在负证明责任。”
第一次再审	“水质指标监测分析,仅说明用被污染的河水饲养蝌蚪,可能导致死亡;”“无法判定五家企业的违法排污行为与养殖场主张的损害事实之间存在必然的因果关系。”	必然因果关系	“举证责任倒置只是在证明过错责任问题上的倒置,因果关系事实不倒置。”
第二次再审	“养殖场所养殖的青蛙蝌蚪的死因不明,故不能证明系被何特定物质所致,故养殖场所举证据未能达到适用因果关系推定的前提。”	必然因果关系	“因果关系推定原则与举证责任倒置原则是世界各国处理环境污染侵权案件中普遍适用的原则。”
第三次再审	“被告证明……表明了损害后果发生系因其他原因引发的可能性,而不能排除被告污染行为造成损害的原因。” “被告所举证据既不能证明其污染行为不会导致蝌蚪死亡,也不能证明导致蝌蚪非正常死亡的结果确系其他原因所致,因此对于本案中污染行为和蝌蚪死亡之间的因果关系,五家企业均不能提出足够证据予以否定。”	部分因果关系	“由加害人就法律规定的免责事由及其行为与损害结果之间不存在因果关系承担举证责任。”

表 6.2　“喷漆污染案”判决中的因果关系问题

判决审级	判决理由	因果关系类型	因果关系的证明责任分配
一审	“虽然喷漆气体中含有害物质‘苯’，但致癌的原因存在多种可能性。”	必然因果关系	受害人承担。
二审	“上诉人患恶性淋巴癌是否因喷漆造成的，缺乏扎实证据证实。”	必然因果关系	受害人承担。
第一次再审	“原审上诉人刘德胜没有提出环境污染的事实，即使有损害结果的出现，也不能适用举证倒置的举证责任分配原则。”	必然因果关系	“加害人就法律规定的免责事由及其行为与损害结果之间不存在因果关系承担举证责任。”
第二次再审	“但刘德胜主张患上癌病是市农机局喷漆行为所致，由于目前无法准确界定各种癌病的起因，在此情况下，如果适用举证责任倒置原则，以市农机局举证不能为由推定本案所涉市农机局环境污染行为与刘德胜患癌病损害结果之间存在必然的因果关系，缺乏事实依据。”	必然因果关系	“如果适用举证责任倒置原则，以市农机局举证不能为由推定本案所涉市农机局环境污染行为与刘德胜患癌病损害结果之间存在必然的因果关系，缺乏事实依据。”

一、环境侵权诉讼因果关系证明责任分配立法与司法的抵牾

我国环境侵权立法中的“证明责任倒置”立场似乎一贯坚定而明确，但对于“倒置”的对象却有一个认识深化的过程。1986 年原《民法通则》将环境污染作为“无过错责任”的特殊侵权对待，但并未涉及因果关系的规定。1992 年《民诉法意见》第 74 条规定，在“因环境污

染引起的损害赔偿诉讼”中,对“原告提出的侵权事实,被告否认的,由被告负举证责任”。但由于这一时期学理及实务上对“举证责任”含义的界定还基本停留在“谁主张,谁举证”这种行为意义上的责任层面,导致在具体案例中对倒置哪些要件问题仍存在困惑与不统一。因此,最高人民法院在2001年发布的原《民事证据规定》中,对环境侵权举证责任分配作了进一步明确,在第4条第3项规定:“因环境污染引起的损害赔偿诉讼,由加害人就法律规定的免责事由及其行为与损害结果之间不存在因果关系承担举证责任。”此后,2004年修订的《固体废物污染环境防治法》、2008年修订的《水污染防治法》均作了相同的规定。2010年颁布的原《侵权责任法》第66条进一步重申:因污染环境发生纠纷,污染者应当就其污染行为与损害事实之间不存在因果关系承担举证责任。基于此,学者一般认为我国通过环境立法和司法解释已经确立了因果关系推定法则亦即因果关系证明责任倒置。[1] 但即使明确了这种最严厉的方案,司法实践中环境侵权案件“胜诉难”似乎并未因此有大的改观,以致尚有人提议在证明责任分配上对排污方继续“加码”,将损害的存在这一要件事实也实行证明责任倒置。[2]

在前述两案的处理过程中存在一个共同的值得“玩味”的情形:两案的前两次审理均未实行法律明确规定的因果关系“证明责任倒置”,并因此均因检察院抗诉而引起第三次审理,在抗诉理由中明确提出应适用“证明责任倒置”规定的情况下,终审法院最后也都(不得不)承认了因果关系应适用证明责任倒置,但仍然没有判决受害者胜诉的理由也都是:案件尚未达到适用证明责任倒置的前提条件。按照环境侵权行为的构成要件,除因果关系这一核心构成要件之外,还

---

〔1〕 参见杨素娟:《论环境侵权诉讼中的因果关系推定》,载《法学评论》2003年第4期。

〔2〕 参见李彩虹:《环境污染诉讼:原告无法完成的举证——一起村民诉化工厂污染案的田野调查》,载《法学杂志》2010年第10期。

有侵权行为和损害事实这两个构成要件。这两个构成要件事实的证明责任并不倒置，而是要由受害人承担。并且加害人和受害人承担各自证明责任还存在一个“时间差”：首先应由受害人承担侵权行为和损害事实的证明责任，只有在这两个要件事实被证实之后，加害人才应对因果关系要件事实进行证明，否则，受害人未完成对前两个基础要件事实的证明，法院可直接判决受害人承担败诉后果。这一证明责任的分配是容易理解的，但接下来出人意料地冒出来的新问题是：如何界定侵权行为或损害事实？

一般生活意义上的侵权行为本是一个整体生活事实，将其分解为多个构成要件是为便于进行法律评价与法律适用。但观念上被分割开来的各个构成要件事实之间其实仍然存在密切的相互勾连，认为实践中能够像拼图一样将案件事实拆分成各个独立构成要件的看法是幼稚的，是欠缺对实际司法案件的了解的学者易犯的错误。但为实现法律适用与评价功能，在诉讼证明时又必须将各个构成要件适当独立加以区分。如损害事实，从日常生活经验理解即是一种实际利益的损失，但如将其解释为因侵权行为导致的损失，则在侵权行为未能证实时势必否认现实生活利益的损失是法律上的损害事实，这种理论与社会普遍认知的背离会令人难以理解甚至莫名其妙。这其实是以损害事实要件吸收侵权行为要件。以这种观点理解损害事实要件，正如有的学者在分析“蝌蚪死亡案”时指出的：“要求环境污染受害者举出确凿的证据证明损害事实的存在，在本质上与要求受害人证明因果关系的存在是同样的意思。”[1]又如侵权行为的过错，一般认为就是行为人应受谴责的一种内心状态（依“主观过错说”）或对一般注意义务的违反（依“客观过错说”），但如将其解释为对造成损害结果的内心状态或对特定结果发生的注意义务的违反，则可能

---

〔1〕 李彩虹：《环境污染诉讼：原告无法完成的举证——一起村民诉化工厂污染案的田野调查》，载《法学杂志》2010 年第 10 期。

将一般人认为显然的过错评价为不是作为构成要件的过错(如医疗机构抗辩称在医疗行为中医生虽然违反诊疗行为规范但这并非造成患者损害的原因,因此不是侵权损害中要求的过错),这其实是以过错要件吸收损害事实要件。对于“侵权行为”这一要件,同样存在各自孤立解释和相互牵连解释的两种可能。如向环境排放污染物质在一般人看来当然构成侵权行为,但如认为只有这一行为实际造成或可能造成受害人的具体损失才是侵权,则同样会存在评价的不确定性,这实际上是以侵权行为要件吸收因果关系要件。上述两案中第三次审理时就存在这种倾向,但在两案的最终审理(第四次)中均纠正了这种错误倾向,从而为适用证明责任倒置扫清了障碍。那么,接下来我们应当分析的是:在肯定了因果关系证明责任倒置的情况下,为什么因果关系情形类似的两案却出现截然相反的结果?

或许以上两个典型案例的分析并不足以说明我国环境侵权案件中证明责任倒置的规定未能在司法实践中落实,我国著名环境法学者吕忠梅等人对我国近10年来的千份环境裁判文书的调研分析也印证了笔者的上述结论。对于环境民事案件,裁判文书中事实认定的焦点之一即在于加害行为与损害后果之间的因果关系。对于这一事实的判断,大多依赖科学证据。虽然原《民事证据规定》已经明确了环境污染案件实行举证责任倒置,但从收集到的裁判文书看,运用举证责任倒置的尚不到一半。从实践中看,在环境污染案件事实认定中,鉴定结论起着决定性作用,因果关系的判断很少会运用到其他证据。[1] 从中反映出的法官审理环境民事案件的能力不足,与法官对环境侵权中因果关系及其证明问题的认识模糊有很大关系。即使在明确适用举证责任倒置规则的案件中,仍然坚持运用鉴定结论认定因果关系,这明显是自相矛盾的。从现实情况来看,鉴定结论不外乎

〔1〕 参见吕忠梅、张忠民、熊晓青:《中国环境司法现状调查——以千份环境裁判文书为样本》,载《法学》2011年第4期。

"存在因果关系"和"不能认定存在因果关系"两种情形,在后一种情形下,本来应判决被告败诉,但实践中几乎总是相反。如果真正实行证明责任倒置的话,鉴定目的就应当是寻求证明"不存在因果关系",但这是几乎不可能的(在"喷漆污染案"中,被告在诉讼过程中曾寻求"不存在因果关系"的鉴定,但甚至找不到愿意接受的鉴定机构),因为在科学上有一个定理:任何时候,说"没有"比"有"具有更大的风险。这种置证明责任倒置的明文规定于不顾的普遍做法也显示了司法实践中对这种制度安排的消极抵制。

二、环境侵权诉讼中因果关系的既有学说检视

证明责任倒置并不是解决环境侵权案件中因果关系问题的不二法门,从前述"喷漆污染案"可以看出,即使适用因果关系证明责任倒置,也不一定能够实现对受害方权利的保护。因果关系判断首先取决于采取何种因果关系理论,准确界定这一概念的内涵才能为诉讼证明提供一个明确的目标。环境侵权的诸多特点决定了因果关系证明的困难,与传统的侵权案件相比,这些特点归纳起来主要包括:一是环境侵害的长期性、广泛性、潜伏性、持续性及间接性导致的侵害形式本身具有复杂性;二是判断环境侵害所需要的技术性及其局限性,不但使受害人难以说明其原理,相对处于技术设备与知识优势一方的加害人也往往对此没有很好的认识与把握。[1] 污染损害的机理有很多时候是后来才能认识到的,这是经济发展可能的风险代价。基于以上特点,如采取传统的必然因果关系观点,则几乎成了原告"不可能完成的任务"。因此他国环境侵权理论与实践中均将因果关

〔1〕 参见叶明、吴太轩:《试论环境侵权因果关系的认定》,载《广西政法管理干部学院学报》2001年第4期。

系类型的界定作为解决因果关系判断的核心问题,从而形成不同的因果关系理论,举其要者有以下几种。

首先,传统民法理论认为侵权民事责任中的因果关系是一种必然因果关系。从逻辑学上说,传统因果关系理论承认的只有充分、必要及充要三种因果关系类型。在这种因果关系理论下,证明责任无论分配给哪一方均难以有效保护原告的利益。如分配给原告,要原告证明环境污染必然造成特定损害的发生,如前所述,证明难度极大,几乎不可能成功。因为环境污染的累积性、复杂性使因果关系往往不是直接的(污染毕竟不同于投毒)。如分配给被告(证明责任倒置),被告却可能较容易证明,因为在环境污染中,同一污染对于不同体质的人或有其他因素介入时产生的损害后果是不一样的。很难完全断定某结果与某原因之间存在必然因果关系。现实中的情况完全可能存在"有某原因时,不一定有某结果"及"不存在某原因时,也可能发生某结果"的情形。在这种因果关系理论下,被告比较容易举出原告饲养技术不过关或其他如饲料不合格、养殖环境不达标等原因亦可引起同样损害(如"蝌蚪死亡案"),或受害方可能由于自身体质原因或与原告在相同地点生活的他人并未发生显性损害后果(如"喷漆污染案")来证明侵权行为与损害结果之间不存在必然因果关系。也就是说,在环境侵权中,这三种因果关系非常难以证实却能较方便证伪,造成证明责任分配在环境侵权案件中并不具有决定性意义。

其次,英美法上基于"优势证据"证明标准理论衍生出盖然性因果关系学说。[1] 这种理论认为,法律上的证明标准并非一个固定不变的准则而是可以因证明对象及具体证明情境而异的。性质不同的证明对象如客观发生的事实(如有无排污行为)与因果关系或过错的证明标准是存在区别的。该说认为,在环境司法实践中不必要求以

---

〔1〕 See Peter Bell, *Toxic Torts and Materials installment*, Syracuse University College of Law, First Edition, 1991, p. 2548.

严格的科学方法来证明因果关系，只要考虑举证人所举的证据达到了比对方所举的证据更优程度即可认定因果关系存在。对环境侵权案件中污染行为与损害结果之间有无因果关系，就不能要求完全证实，而应当从数学概率上加以把握。盖然性因果关系理论将具体案件中的因果关系看作可重复发生的类似事件的一例，从整体上探求两现象之间的联系，避免了对该个案中因果关系的追问（因为这种追问可能是无结果的）。从已然的客观事实本身来说，个案中两个现象之间要么是充分必要因果关系，要么就不存在因果关系。但这种认定对诉讼来说并非最佳，其实诉讼并不以发现真实为根本价值目标，发现真实的目标要服务于纠纷的解决或法律秩序的维护，而盖然性因果关系认定更有助于这一目标的实现。

最后，表面因果关系说主张环境侵权中因果关系的判断不必以科学原理或实验验证的方式得到证明，而可以从一般人所能理解的角度根据环境污染情况和损害结果之间的表面联系加以经验判断。大陆法系典型代表国家如德国的“表见证明”（Prima-facie Beweis）、日本的“大致推定”，以及英美国家的“事实说明本身”（accident speak for itself）[1]理论都建立在根据表象判断因果关系的基础上，其实都可归为一种广义上的事实推定方法。这种理论认为因果关系存在与否的举证，不需要也不可能采取严密的科学方法，而只要达到依一般人直观上感觉存在可能性的程度即可。这种学说相较于上述盖然性因果关系说进一步减轻了被害人的举证困难。

此外，如果环境污染的损害结果是某种疾病的发生，则寻求病因的因果关系理论有法医学因果关系说、参与度说及疫学因果关系

〔1〕 有关“表见证明”理论，参见［德］汉斯·普维庭：《现代证明责任问题》，吴越译，法律出版社2000年版，第132页；有关“事实说明本身”理论，参见高敏：《美国环境侵权诉讼》，载《世界环境》2002年第6期。

说等。〔1〕三种理论基本上都是运用统计学的原理对因果关系进行事实推定,只要求在科学上此类损害与污染行为之间的致害机理是可能存在的即可,而不要求是必要条件。其目的都是减轻因果关系证明上的难度,便利受害人索赔。虽然这几种学说均难以保证事实认定的完全正确,但它毕竟提出了一种具体的标准,可以对复杂的因果关系作出有效的判断,从而分别为不同现代国家采用。

总之,西方发达国家在现代化过程中逐渐扬弃了传统的必然因果关系理论,在现代型侵权诉讼证明实践中探索总结了多种因果关系理论,除上所述外,其他类似概念还包括如"替代因果关系""偶然因果关系""个别因果关系"等。应当说,上述对因果关系的分类并非严格逻辑上的划分,并不符合外延互斥的要求,这种分类更多的是一种对实践中因果关系认定时所采取的多样理论的描述。这些理论的共同点在于突破了传统的因果关系理论与传统证明方法以"必然性"作为标准的窠臼。而强调"盖然性"、"可能性"或"似真性",往往以相同条件下有发生同样结果的可能性来判断因果关系的存在。这些来自诉讼证明实践的经验与其说是因果关系的界定,毋宁说是对因果关系证明方法的概括。法官在裁判案件时对于知识形态的选择总是实用主义的,这些经验知识确实曾经并仍在对环境司法起到重要的作用。对因果关系的逐步认识正是在因果关系证明实践中不断经验积累的基础上归纳而来的。不同的因果关系概念也就是对不同案件类型或不同证明情势中事实发现方法/证明方法的概括。

---

〔1〕法国法上的法医学因果关系理论(la causalitémédico-juridique),参见叶名怡:《医疗侵权责任中因果关系的认定》,载《中外法学》2012年第1期。参与度理论是指分析医疗过错行为在患者损害后果发生中之作用力的一种理论,参见朱广友:《医疗纠纷鉴定:因果关系判定的基本原则》,载《法医学杂志》2003年第4期。

三、环境侵权诉讼实践中因果关系实际证明方法的考察

我国环境侵权诉讼实践中法官对因果关系的认定还基本囿于必然因果关系范畴，因此总希望在科学原理定律下采取演绎证明的方式。对环境诉讼司法实践的考察也表明法官对于科学证据（特别是鉴定结论）的过度偏好。可能的原因在于，一方面，可能是对原《民事证据规定》关于证据证明力比较的有关规定的理解出现了偏差，简单认为鉴定结论是“证据之王”；另一方面，也由于环境纠纷当事人之间的矛盾尖锐，法官试图将“鉴定结论”这种第三方判断作为判决依据，从而减少当事人对其自身公正性的质疑。然而，在环境司法中过分迷信科学证据是有害的。首先，我国目前真正具备进行环境科学鉴定条件和能力的机构非常少，由此才会造成目前的多头鉴定、重复鉴定、鉴定结论相互矛盾等混乱局面。而且，环境污染的损害后果与真实原因在当时科技水平下并不一定能够被及时认识到，但诉讼案件必须在当时的认知水平下及时判决。因此，环境诉讼同环境法的发展一样应具有一定的探索性、前瞻性，环境司法应更多发挥公共政策形成功能。如果法官仅仅依靠鉴定结论等科学证据，而轻视甚至忽略其他证据，极有可能导致不能恰当认定事实，过于依赖法律规定推定因果关系或证明责任分配这种风险负担机制，对司法公正必然造成负面影响，带来负面社会效应。[1] 现实地看，法官对环境侵权因果关系的判断，必然是一个综合考量各种证据，结合特定背景知识以达到“内心确信”的过程。

西方各国在因果关系的具体司法证明实践中摸索出多种多样的

---

〔1〕 参见吕忠梅、张忠民、熊晓青：《中国环境司法现状调查——以千份环境裁判文书为样本》，载《法学》2011 年第 4 期。

方法,值得我国借鉴。在这些方法中,首推事实推定。在环境案件中,受害人起诉时必然主张正是被告排污导致自己遭受损害,这里隐含着一个普遍性的事实推定:被告排污之后自己即受到损害,潜在的逻辑就是:“在此之后,因此之故。”然而,这一事实推定是一种姑且推定,其推定效力是脆弱的——在因果联系中,绝不能仅凭现象之间的前后相继就断定现象之间具有因果关系。“在此之后”是对事物现象变化的外在描述,而“因此之故”是对事物内在关系的判断。依据事物的外在表象证明其内在的关系,这一推论所暗含的逻辑是认为事物的内在属性与其外在表象具有无须证明的高度的一致性。我们知道,事实上这种高度一致性不是必然存在的,在诉讼中还需要理性证明。要说明事物之间的内在关系,固然不能忽视、舍弃对事物表象关系的观察,但不能仅限于此,还要深入事物的内部,对事物的内在属性进行分析、考察、研究,而后才能得出初步的结论。“在此之后,因此之故”由于是对具体事物外在变化的概括和归纳,缺乏对事物内在变化的分析研究,因此所作的判断具有或然性。虽然人们知道“在此之后,因此之故”这句谚语具有或然性和不科学性,但在日常生活实践中却不可避免地会经常用到它,因为与理性主义的科学观察分析法相比,此法具有方便实用和成本低的优点。只是需要在充分注意其局限性后有限地使用,特别应注重对反证的发现。

还需特别注意的是,这种司法上的事实推定与证明责任倒置的性质是不同的。因果关系证明责任的倒置其实决定了因果关系的证明的前提预设是一种推定:在真伪不明时推定存在因果关系。要件事实的证明责任倒置与法律上的推定是对同一效果在不同角度的表述。而作为事实认定方法的因果关系推定与作为证明责任分配表述的因果关系推定原则不容混淆。以是否需要基础事实为标准,法律推定可分为直接推定和推论推定,需要基础事实进行的推定是“推论推定”,而环境侵权中的因果关系推定原则其实是一种不需要基础事实的“直接推定”,如刑事诉讼中的“无罪推定”和民事责任中的“过错推定”。这种因果关系推定的功能就是证明责任倒置。直接推定在本质上并非根据一事实与另一事实之间的逻辑关系作出的结论，这种推定解决的是在因果关系真伪不明时如何从实体法上解决纠纷，反映的是实体上的价值追求，确实属于以程序法语言表达的实体规范。而因果关系上的事实推定，是司法上根据事物之间的常态联系建立的逻辑推论，解决的是在直接证明有困难时的减轻困难方式。一般来说，如果在法律上确立了因果关系推定原则，即倒置因果关系的证明责任，受害人因此无须证实因果关系的存在，那么因果关系的事实推定运用的概率就很小。相反，如果法律上未明确因果关系推定原则，受害方则有必要以因果关系的事实推定为手段减轻因果关系证明责任这种风险的承担。在我国这两种推定在实践中似乎耦合在一起，为环境案件中因果关系的认定及不能认定时的处理提供指向。但其实践弊端在于：多种方法的混乱使用使法官主观随意性大，判决标准难以统一。

有学者们认为，我国通过环境立法和司法解释确立的因果关系推定法则实质上类似于西方国家的“间接反证法”。日本学者在著名的“新泻水俣病”判例的基础上归纳了间接反证的证明模式。[1] 间接反证理论运用的前提是原告主张并提出证据形成推论链，然后被告可运用反对间接事实证明推论不成立。环境侵权诉讼中因果关系上的间接反证即在未有相反证据推翻的情况下，根据部分事实证据先假定存在因果关系。但对方可通过间接证据推翻，如对方未能提出反对间接证据推翻这一假定，则实际上是根据“无知论证”合理推断存在因果关系。但这一判断是似真的，在具体举证责任上表现为受害方初步举证后环境污染方负间接反证责任，双方证明活动互动，因果关系的判断是情境依赖的。显然依间接反证理论进行的事实认定并不符合形式逻辑，但这种似真判断符合一般生活中的合理性。

---

〔1〕 参见张新宝：《中国侵权行为法》，中国社会科学出版社 1995 年版，第 350 页。

间接反证其实是在事实证明的拼图上欠缺个别构件时进行的假定，然后产生将具体举证责任转移给对方的效果，反对方可以以证据推翻这一假定。间接反证的逻辑基础正是所谓的“推导推理”。[1] 因此，又可以说间接反证是因果链断裂时的部分因果环节上的事实推定，相对于将因果关系作为一个整体的事实推定要更精致。

前文所述的疫学因果关系理论既是一种对因果关系的界定理论，也是一种认定疾病与致病因素之间因果关系的证明方法。根据疫学因果关系证明方法，欲证明某疾病与某污染行为之间存在因果关系，只需证明四构成要件：第一，发生问题的因子，需为污染前之一定期间内，具有作用的因子；第二，该因子的作用程度越显著，污染的发生率就越高；第三，该因子的分布消长关系，与在自然界实际观察、记录、考察所得该因子的流行特性，可以做成无矛盾的说明；第四，该因子成为污染原因的作用过程，在生物学上，可以做成无矛盾的说明。[2] 疫学因果关系的证明要求受害方调查取得关于该疾病与致病因子之间的病理学方面有关概率统计数据，这就需要借助相关医方的帮助。疫学因果关系说要求的证明方法相对于优势证据说和事实推定说进一步降低了因果关系证明上的盖然性，其实这种证明也就是特定经验法则在证明中的运用。根据疫学调查所形成的因果关系判断基本可归于经验法则，此种方法为社会统计调查数据进入个案诉讼证明开辟了一条途径，能够在很大程度上对复杂的因果关系作出合理的判断。

上述国外关于环境侵权中因果关系证明与认定的众多学说优劣互现，但其共同点都是使受害人在环境侵权诉讼中的因果关系证明责任得以减轻，并非直接实行证明责任倒置。其实，由司法判例提出并由学者予以引申总结的各种因果关系证明之学说，并非所谓因果

---

〔1〕 关于“推导推理”，参见胡学军：《推导作为诉讼证明的逻辑》，载《法学研究》2011年第6期。

〔2〕 参见于敏：《日本侵权行为法》，法律出版社1998年版，第191页。

关系学术流派的分歧与不同,而是针对具体案件所适用的不同的因果关系证明方法。也就是说,因果关系证明方法因具体案件的因果关系之复杂性与多样性之不同而有所差异,每一个证明方法所适宜的案件都是相对特定的。这种依判例类型化细分的思路以多样性的因果关系证明方法来化解证据偏在、减轻被害人的证明责任为共同目标。有利于在具体情境中实现公平、正义。例如,当受害人有初步表面证据证明损害是由污染方造成时,可运用表见证明的方法,由被告承担反证推翻表见证明的责任;当已然确定了污染源,却不能确定该污染源是来自被告还是被告以外的第三人时,就应当采用间接反正说,使被告处于致力于挣脱因果关系链条的地位;若尚未确定污染源,或者致害的因果关系尚待证实时,就可以采用疫果关系说,通过流行病学的调查分析,推定被告的行为是导致污染的原因等。

总之,从比较法的角度来看,西方国家在现代环境法制中基本并未将证明责任倒置作为解决环境侵权案件证明难题的“终极方案”,而大多从诉讼证明的实践经验出发,总结出因果关系证明与认定的规律,以解决因果关系证明难题。诉讼中的事实认定是一个复杂的过程,环境侵权因果关系事实本身的复杂性质则更加大了这一过程的复杂程度。应当最大限度地调动当事人提供证据和进行证明的积极性,使裁判者能在信息最大化和当事人充分参与并进行理性交锋的基础上认定事实,但事实的认定最终必须依靠司法经验的积累及法官的判断力,寄希望于证明责任分配一劳永逸地解决具体案件中复杂的事实认定问题无疑是天真的。

四、环境侵权因果关系的重新界定

(一)环境侵权诉讼中的因果关系在逻辑上属部分因果关系

传统因果分类理论中明确承认三种原因类型,即“充分原因”、

“必要原因”和“充分必要原因”，而在当代英文文献中，不同领域的学者都开始关注作为第四种因果关系类型的“非充分且非必要条件原因”或称“部分原因”。[1] 虽然目前“部分因果关系”的概念暂未引起中国学界的普遍关注，但前述环境案件中所谓的盖然因果关系、表面因果关系、疫学因果关系等概念却可能在不精确的意义上与“部分因果关系”存在交叉或暗合。部分因果关系理论契合环境污染案件因果关系的界定，可为环境侵权案件中的“因果关系”提供现实可操作性的评判标准。真伪判断有标准可依，真伪不明情形及相应的证明责任判决才能成为例外。

必须注意的是，如仅从字面含义上看，“部分原因”多被理解为全部原因中的一部分，即合因一果的情形。合因一果是相对于一因一果的一种因果关系形态，而非因果关系类型。合因一果中的原因仍属传统因果关系类型，要么是充分因要么是必要因。通常所谓“多因一果”其实还是指向单一原因，需要从多种可能的原因中鉴别结果的真正原因。合因一果是指某一结果的发生是多种原因共同起作用的结果。（社会事件的发生不是决定论的，因此几乎全部都是合因一果）在法学理论中，学者虽然也常常使用这一概念，但并未将其作为一种逻辑上严格定义的因果关系类型。我国民法学者几乎都是从这一层面来界定所谓部分因果关系的。[2] 由多国学者组成的欧洲侵权

---

〔1〕 旅居加拿大的澳大利亚哲学家麦基（John Mackie）首先命名了这一类型，定义为：“a condition C is a cause of E just in case it is an Insufficient, but Necessary, component of an Unnecessary, insufficient butnecessary part of a condition which is itself but Sufficient for the result. ”英文缩写为 INUS，张小天将之翻译为“非充分且非必要条件原因”。“部分原因”（partial causes）与麦基笔下的 INUS 及张小天笔下的“非充分非必要条件原因”基本上内容重合，可以看作同一个概念的不同命名。See John L. Mackie, *Causes and Conditions*, American Philosophical Quarterly, 1965 (2), p. 245 – 264. 张小天：《因果关系在相关关系上的表现：一个基于其含义的分析》，载《浙江大学学报（社会科学版）》1994 年第 2 期。

〔2〕 我国民法学者对“部分原因”概念的使用均是指向“合因一果”的情形，参见王泽鉴：《侵权行为法》（第 2 册），台北，三民书局 2006 年版，第 33 页；王利明：《论共同危险行为中的加害人不明》，载《政治与法律》2010 年第 4 期；周友军：《我国共同侵权制度的再探讨》，载《社会科学》2010 年第 1 期。

法小组在广泛比较研究的基础上起草的《欧洲侵权法原则》也是从这一意义上界定的。[1] 这种合因一果情况下的部分原因很好理解,择一原因(alternative causes)足够成立法律上的因果关系。但如果具体到单个因素上判断其是否某种结果的原因,就需要判断其是否为"非充分且非必要"意义上的部分因。在社会生活中,部分因无处不在、无时不在,长期受到形式逻辑教条约束的人们很少认识思考过这一种因果关系形式。近期有哲学研究者通过严格统计概率计算也证明了:在可重复出现的事件中,绝大多数甚至几乎全部的因果关系都是部分因果关系。[2] 在现实世界里,如果将特定事件均看作单性事件,就事论事,则在一次性的特殊事件中,因果关系要么是充分必要原因,要么不存在因果关系,而没有其他因果类型出现的可能。其实,在自然和社会生活中,纯粹的必要条件、充分条件、充要条件这三种条件状态是很少的,[3] 人们经常面对(重复出现)的绝大多数都是部分因果关系。

另外,一般地说,因果关系实际存在形态有两种:具有普遍适用范围的概括性的因果关系(或称潜在的因果关系)和在某个特定场合实际发生的因果关系(或称真实的因果关系)。潜在的因果关系是我们进行学理或理论研究的对象,所谓因果知识,是指向潜在的因果关系,在实际生活中人们总是据此进行因果推理。归因的逻辑过程是这样的:根据已知的潜在因果关系知识,如果一定的原因得到满足,有可能得到相应的结果,那么在这一特定情形下,即可根据特定原因的存在认定因果关系的实际存在。实际因果关系可以看作潜在因果

---

〔1〕《欧洲侵权法原则》第3:105条规定,不确定的部分因果关系在存在多个活动时,如果任何一个活动都没有造成全部损害或者损害的某个确定部分的,则(至少)那些可能引起损害的活动应被推定为造成了等量的损害。参见欧洲侵权法小组编著:《欧洲侵权法原则:文本与评注》,于敏、谢鸿飞译,法律出版社2009年版,第91页。

〔2〕参见赵心树:《因果关系的类型和概率分布》,载《中国海洋大学学报(社会科学版)》2007年第1期。

〔3〕参见徐盛桓:《充分条件的语用嬗变——语言运用视角下的逻辑关系》,载《外国语(上海外国语大学学报)》2004年第3期。

关系在某一特定情形下的一个实例。[1] 由于对作为单次事件的特定案件所涉的因果关系难以以传统的因果关系进行判断(要么是充分必要因,要么是非因),故只能将其看作可重复发生的事件中的一例,从而探寻部分因果关系的有无。这样处理所具有的一个额外的益处是可使裁判发挥更大的判例效应。不是无止境地探求已然案件中的真实因果关系,而是寻求对两事物间概括性因果关系的知识,如此形成的裁判对类似案件显然有更好的警示意义,对本案加害人的"特殊预防"及对潜在的环境污染者的"一般预防"作用更为显著。部分因果关系的性质决定了环境侵权诉讼的判决可能不一定是一个超验上的"正确"的判决,其实对这种科学上亦存在判断疑难的案件,我们追求的应当不是绝对正确,而是裁判的合情合理。司法的功能不一定是真相回复,在此情形下,诉讼的纠纷解决与政策形成功能更值得我们关注。

(二)环境侵权诉讼中的因果关系在法学上属相当因果关系

事实上的因果关系可以按照自然科学方法加以考察与认识,而法律上的因果关系不完全是作为考察与认识事物之间因果联系的概念,而是欲以此影响实体上责任之分配。法律上因果关系的实质,便是在事实上因果关系的基础上依一定价值取向对责任进行限制。前述部分因果关系是环境案件中因果关系理论的哲学/逻辑学基础,从法理上看,长期以来,大陆法系民法主流理论主张侵权构成要件中的因果关系应当是相当因果关系。因此,相当因果关系也是环境案件因果关系的法理学基础。关于因果关系相当性的判断,德国学者认为需满足两个条件:第一,须是损害的必要条件;第二,须显著增加损害发生的客观可能性。英美法上也采此种两阶段的思考方法,分别

---

〔1〕 参见干红华、潘云鹤:《一种基于事件的因果关系的结构分析方法》,载《模式识别与人工智能》2003 年第 1 期。

称为事实上的因果关系和法律上的原因。相当因果关系理论在实践中的最大问题在于相当性概念具有不确定性,因此也受到学者的长期批判。尽管如此,相当性理论仍然从20世纪初开始在大陆法系国家的审判实践中发挥重要作用。

德国法上的"必要条件",英美法上的"But-For Test",[1]以及我国台湾地区以"若无、则不"标准[2]均是针对具体案件事实上因果关系的判断方法,而不是在因果关系不明时的对因果关系知识("因果律")的判断。如前所述,具体个案中两事件之间的关系要么是必要因果关系,要么不存在因果关系,因此在环境案件中,被告以即使没有污染行为也可能发生同样损失为由进行辩护是没有说服力的。只有证明在本案中如抽去被告污染行为也会有损害的发生,才能证明事实因果关系的不存在。也即被告只有证明损害是由其他原因造成的(包括原告自身原因)方可免责,因此,在诉讼过程中,原告应配合被告对损害发生的原因事实进行调查取证,这一领域基本属原告控制的"危险领域",阐明义务与举证妨碍理论因此应运而生(详见后文)。

侵权行为法中,责任的发生需以存在事实上的因果关系为前提,但诉讼活动的时空局限性决定了对这种因果关系的判断不可能是在无限的认识过程中实现的,而往往表现为一种事后的依经验而进行的推断,特别是在环境案件中,在判断因果关系时知识与技术的局限性更加突出,很少能够依直接证据证明,而主要将于法律推定或事实

---

〔1〕 英国法区分事实上的因果关系和法律上的因果关系,前者运用"But-For Test",关注的是,作为事实,被告的过失是否是原告损失的原因;后者关注的是,作为法律,被告是否应对其事实上造成的损害承担责任。而因果关系相当性判断之中,显然包含着法律上的因果判断。

〔2〕 我国台湾地区通说也采相当因果关系理论,其相当性判断公式为:无此行为,虽不必生此损害,有此行为,通常即足生此损害者,是为有因果关系。无此行为,虽不必生此损害,有此行为,通常亦不生此损害者,即无因果关系。我国台湾地区"最高法院"认为,所谓相当因果关系,系以行为人之行为所造成之客观存在事实,为观察基础,依吾人智识经验判断,通常均有可能发生同样损害之结果之可能者,即有因果关系。

推定作为判断因果关系的方法。我们已认识到法律推定(原则)是价值判断,而对事实推定仍存在多种误解。其实推定规则系为法律利益而生,其逻辑实质是人为地降低获得确信的证明难度。推定的基础不是逻辑推理,而是价值权衡。[1] 因果关系判断最终指向的就是法律上的归责而非纯粹认识目的。明确这一点,就可以理解为何在这一"事实"判断过程中不可避免地要融入价值判断。在一般侵权案件中,过错是责任构成及责任大小的一个核心要素,而在环境案件中,由于过错从要件中排除,更使得因果关系成为承担实现价值判断的所有功能的唯一因素:包括责任成立与责任大小的判断。

因果关系作为侵权构成要件,实际上起到的是责任限制的功能。对于因果关系判断中需要实现哪些价值判断这一极其困难的问题,具体到环境案件中,笔者认为,原因力、可预见程度、被侵害利益的性质应成为责任大小的主要参考因素。首先,与"有因果关系才有责任"的价值判断相对应,原因对结果作用的大小也应是确定责任量的基础,具体案件中对因果关系的判断不仅是"有"与"无",还要考虑这种比例关系。环境案件中,污染是损害发生的唯一原因的情形较少发生,而是往往存在共同原因,其中,被害人自身因素当然也应成为加害人责任减轻的事由。其次,损害的可预见性程度越高,判定为有因果关系的可能性就越高,责任也就越大,这其实是将在一般侵权案件中评价为过错的因素通过因果关系评价的形式得以表现。最后,法律对不同位阶的利益的保护力度不同。[2] 如英美法中存在"蛋壳脑袋"规则,行为人不能以受害人的特殊体质否定因果关系的存在,而在物损和纯粹经济损失中则有"银狐案"否认不具有相当性的因果

---

〔1〕 参见张成敏:《推定与相反推理以及相互强度关系》,载《政法论丛》2008 年第 1 期。

〔2〕 例如,《欧洲侵权法原则》排列的利益位阶顺序为:生命,人身或精神上的完整性,人格尊严和人身自由;财产权,包括无形资产;纯粹经济上的利益和合同关系。因果关系判断中通过将因果关系的范围与受侵害利益的位阶联系起来,就可以实现利益位阶的价值判断。

关系。[1] 正如巴尔教授所言：身体和健康损害被归责于行为人的条件要轻于物损，而物损又轻于纯粹经济损失；在最严重的损害形态——死亡中，阻碍可归责性认定的一些传统因素就无法适用了。[2] 在前文分析的两个案件中，由于均不能以演绎的方式证明事实因果关系的存在或不存在，只能从因果关系知识层面上将其界定为部分因果关系，看行为是否导致结果发生的可能性增加。在这一活动中，也不可避免价值判断的涉入。在上述两个案件中，原因力和可预见程度如果难以区分大小，则利益性质应成为决定性的考量因素：长期的油漆污染可能产生致癌后果是现代人所周知的常识，水质污染可能导致对水质要求较高的养殖动物死亡也属一定领域的常识，但从利益位阶来看，案件1（健康—死亡）比案件2（物损）更有理由认定为存在因果关系，遗憾的是实际最终判断却正好相反。

（三）环境侵权诉讼中相当因果关系与部分因果关系的耦合

相当因果关系作为责任成立的要件判断，是以事实上因果关系存在为前提的。但环境侵权案件中因果关系的判断要比一般案件中的判断更加复杂和困难。在一般侵权案件中，违法行为是否权益遭受侵害的必要条件一般并不存在判断困难，对此往往要经实际公式检验，在此基础上再衡量行为是否属法律上可归责性的因果关系这一疑难问题。环境案件中的因果关系问题的核心在于事实上因果关系这种基础关系是否存在亦存在证明困难，因此，相当因果关系在此领域是否能直接适用情况比较复杂。笔者认为，相当因果关系作为

---

〔1〕 英美法中存在“蛋壳脑袋”规则，行为人不能以受害人的特殊体质否定因果关系的存在。但在物损和纯粹经济损失中则无类似“蛋壳脑袋”此种对受害人体质的特殊考量规则。如在“银狐案”中，原告饲养的银狐因飞机噪声受惊而咬死幼狐，德国法院认为损害源于动物本身的极度敏感性，与被告的行为无因果关系。参见王泽鉴：《侵权责任法》（第1册），中国政法大学出版社2001年版，第209、227页。

〔2〕 参见［德］克雷斯蒂安·冯·巴尔：《欧洲比较侵权行为法》（下卷），焦美华译，法律出版社2001年版，第579页。

民法一般性因果关系理论的最佳选择,在环境侵权案件中同样可以适用,也应当适用。不过,对于相当因果关系理论中的事实上因果关系的判断,应以部分因果关系理论进行界定或修正。

另外,相当因果关系需要判断的是行为与结果之间是否具备"相当性"的联系,从本质上看,相当性判断中的核心问题是损害发生的可能性问题。在一个原因根本性地提高了结果产生的可能性时,其就具备了相当性。在因果关系判断所基于的知识背景上,应将行为当时存在的全部客观事实根据一般经验法则作为因果关系判断的基础。[1] 而且应以一个虚拟"理性人"的标准进行因果关系判断,而不是站在全知全能的上帝的角度。这就要求在进行因果关系判断时尽可能做到信息最大化,适当分配当事人之间的具体举证责任,[2]在主体充分实质参与的基础上进行事实判断,使事实认定的结果因公正程序而提升其合理性。

部分因果关系与相当因果关系是因果关系的哲学基础与法学理论基础之间的关系。部分因果关系是对环境案件中事实因果关系性质的界定,这种界定只是表明,一般而言该种污染行为对特定损害结果来说是一种非充分、非必要的原因。但在具体个案中,污染行为只有是损害的必要原因时才能成立事实上的因果关系,这与相当因果关系说区分两阶段判断因果关系的思路与实际做法并不矛盾。部分因果关系是从理论上/逻辑上看因果关系的归类(从纯认知角度),而相当因果关系是从实证上看环境案件中因果关系认定的方式方法(从法律归责角度)。相当因果关系判断中的事实上因果关系判断应采部分因果关系理论。这两种理论的耦合使环境诉讼因果关系理论确实呈现特别复杂性。

将因果关系判断由法官自由裁量可能在我国会引起普遍的担

---

〔1〕 参见叶金强:《相当因果关系理论的展开》,载《中国法学》2008 年第 1 期。

〔2〕 关于"具体举证责任",参见胡学军:《从抽象证明责任到具体举证责任——德、日民事证据法研究的实践转向及其对我国的启示》,载《法学家》2012 年第 2 期。

忧。因为这必须要求中立的司法和理性的法官，能通过适当的价值权衡作出妥当的裁判。目前我国的问题是司法中立并未树立，在环境案件中，一方面是政府片面追求经济增速从而容易偏袒污染企业而对司法施加各种隐形压力，另一方面是舆论传媒裹挟环保的泛道德主义民粹对法官从相反角度施加影响。如何在这两极中间保持一种超然、冷静、客观的姿态是环境司法中的最大问题。但这其实并非对环境司法特殊的高要求，而应是对现代法官或司法本性的自然基本要求。法律制度必须面对政策取向上的复杂性，司法要实现的就是个案裁判的妥当性，环境侵权诉讼中因果关系判断上的相当因果关系理论为个案判断的妥当性及法官的自由裁量留下了必要的空间。

为了克服真伪不明，法律——有时包括法官法——试图通过对法律要件的弱化或者降低让法官对难以证实的事实获得心证。〔1〕具体方式是多样化的：既可能将一个主观要件通过客观要件来代替（过错判断的客观化：注意义务的违反），也可能将一个客观要件通过主观要件来代替（以主观上可能因果关系代替客观因果律判断）。既可能将一个真伪不明的事实作为要件本身（如共同危险行为中即将“加害人不明”作为一个要件规定），也可能将一个具备可能性的事实作为要件事实（如在特定情形下规定由“可能的加害人”承担责任）。环境侵权中因果关系的判断并非一个纯事实性的问题，因果关系事实判断的软化实际上是将价值判断融入事实判断的形式之中。其实在西方国家这并非一种特别奇怪的现象，达马斯卡认为，在大陆法系，作为基本规则，判决者要分别阐明事实认定和法律认定的理由，也极容易衍生怀疑情绪，怎么能将两个实际上互相缠绕交织的范畴以判若鸿沟的形式表现出来呢？〔2〕尤其表现在现代型案件的证明问题之

〔1〕参见［德］汉斯·普维庭：《现代证明责任问题》，吴越译，法律出版社 2000 年版，第 195 页。

〔2〕参见［美］米尔健·R. 达马斯卡：《比较法视野中的证据制度》，吴宏耀、魏晓娜等译，中国公安大学出版社 2006 年版，第 192 页。

中,公益和私益往往处于紧张、交错的状态,诉讼的意义随着这种双重性发生动摇,甚至可能出现过分强调公共性问题而模糊了问题的实质性状况。[1] 诉讼中所涉及的事实其实有不同层次:在特定纠纷审理中查明的事实是指个案事实,而在判决的目标上,更加追求裁判建立在通过当事人和社会的可接受性表达出来的社会事实基础之上。我国法律思维方式偏向于认为个案事实服务于社会事实,因此将价值判断融入这种通过当事人和社会的可接受性表达出来的情理当然就更是很少遇到阻碍。因果关系相当性的要求,为价值判断的融入提供了便利的渠道。这实际上是将原来在证明责任分配层面考虑的因素融入了事实认定过程中,通过具体举证责任的灵活转换及适当的事实推定实现隐含的价值判断。这是否就是具体举证责任的调整替代证明责任分配的密码?! 这种更具体的历史性判断能更好地融合价值与责任等综合因素的考虑,相较于在立法中大而无当的规范性规定,这种具体的情境化的判断更具有妥适性,但也对法官的司法能力提出了更高的要求,这就需要判例的指导与示范及学理上的深层分析及其之间的互动作为解决这一问题的较好进路。

五、环境侵权诉讼中因果关系证明方法的整合

(一)环境案件因果关系的界定对诉讼证明的指引

环境侵权案件的因果关系证明与认定存在困难,但司法实践不必对此种证明困难望而却步,不应使"真伪不明"成为因果关系证明的常态,因此,证明责任分配不可能成为解决环境案件因果关系问题的不二法门。受害者和排污者应如何进行证明,在何种情况下可认

---

〔1〕 陈刚主编:《自律型社会与正义的综合体系——小岛武司先生七十华诞纪念文集》,陈刚、林剑锋、段文波等译,中国法制出版社2006年版,第141页。

为因果关系事实是“真”，是“伪”？何种情况下认定因果关系是“真伪不明”？这一问题的回答必须以环境案件中的因果关系类型的界定为前提。在因果关系的证明问题上，如按照传统必然因果关系进行逻辑上的证明几乎是不可能的。因为逻辑上的因果关系是基于对两个事物之间的可重复发生的联系的观察来判断的，在诉讼案件中，由于很难甚至不可能进行假设的验证，因此不可能从逻辑层面上证明污染必是损害的原因或者绝不是损害的原因。因此唯有在总结经验的基础上采多样化的证明方法才能寻求事实信息的最大化，平衡对当事人双方的利益保护。部分因果关系和相当因果关系理论设定了环境案件中因果关系的证明目标，应当成为环境案件因果关系证明方法的指引。

对因果关系的证明有两种方式：一种方式是从因果关系内部证明，或称演绎证明，通常依赖于科学证据。如通过化验证明工厂排放的污染物中含有某物质，特定化学定理表明该物质会致命，通过检查证明下游死亡动物体的体内找到了该物质。另一种方式则是从外部证明，或称归纳证明，通常依赖于经验证据。环境诉讼中当然首先追求从因果关系的内部证明，但这方面的证据往往难以取得，这一证明途径不具有可欲性。因此往往不得不借助于外部证据。尽管这种方式难以形成理性证明的效果，但法官确实会从当事人双方的对抗中形成心证。不同因果关系类型所要求的证明方法存在很大区别（见表6.3）。另外，与对一般事实的证明不同的是，因果关系的证明往往是一种类似性证明，对证据的相关性限制比较宽松。当事人双方均可通过提出相似或相关事件来说服法官。

表 6.3　因果关系的逻辑分类及其判断标准

	因果关系类型	定义(外部判断标准)
充分因	X 是 Y 的充分但非必要原因	有 X 时,必有 Y;无 X 时,Y 有无相兼
必要因	X 是 Y 的必要但非充分原因	无 X 时,必无 Y,有 X 时,Y 有无相兼
充要因	X 是 Y 的充分必要原因	有 X 时,必有 Y,无 X 时,必无 Y
部分因	X 是 Y 的部分原因	有 X 时,Y 有无相兼;无 X 时,Y 有无相兼;但,有 X 时 Y 出现的概率大于无 X 时 Y 出现的概率

从部分因果关系的判断公式可以看出,以往对环境案件因果关系证明时被告通常作为抗辩理由而提出的“有 X 时,亦无 Y;无 X 时,亦有 Y”均不能否定部分因果关系的存在。被告应从有 X 时 Y 出现的概率等于无 X 时 Y 出现的概率来证明因果关系的不成立。关键在于对无 X 时 Y 出现的概率的证明,这就必然要求被告对原告的损害有其他可能原因进行阐述,而这一领域并不属被告掌控的“危险领域”,相反,却属原告掌控的“危险领域”。在证明责任分配机制发挥了其作用之后,具体证明方面的调整必须以具体举证责任加以规范。在上述案件中,由于单次事件在事实上因果关系证明的不可能,实际证明主题必须稍稍普遍化为:上游工厂排放污水与下游养殖厂青蛙蝌蚪的全部死亡之间有无因果关系?受害人提供证明的是:排污前蝌蚪未死亡,排污后蝌蚪全部死亡(隐含的推理是:在此之后,因此之故);而且受害人提出了具体的主张责任(虽未完成证明):废水中含有大量有毒物质,会使水中溶解氧被大量耗尽,蝌蚪会因缺氧窒息死亡,被告对此却未进行有效的反驳。按照证明责任倒置的规范,因此可推定因果关系的存在。被告提出的“同一位置的其他养殖厂青蛙蝌蚪并未死亡;养殖技术不过关(如水温不适合)也可能会致青蛙蝌

蚪死亡”都只是否定必然因果关系，而不能否定部分因果关系的存在。可以说在本案中被告的证明活动并未抓住重点。

在“喷漆污染案”中，原告同样提出了具体主张及推定的基础，其举证实际上是符合疫学因果关系的证明的。疫学因果关系理论及其证明方法其实暗合部分因果关系的逻辑，其是基于可重复发生情况的统计概率计算而作出的判断，是将两个现象之间的因果关系的经验知识直接作为具体个案中因果关系的判断，如此一来，确实避免了对具体个案中因果关系存在与否的疑难判断，虽然对个案来说可能是一种武断的方法，但在控制污染、减轻疾病传播概率方面具有重要意义，因而具有总体上的公正性。认为此说降低了因果关系证明标准或减轻证明困难的说法并不准确，其实是根本上更换了证明目标（将必然因果关系更换为部分因果关系）。本案被告提出的其未实施环境污染的反驳是苍白的，可能的反证应当是从概率上进行驳斥，但在原告提出疫学上因果关系证明的初步证据后，被告并未能从疫学因果关系上提出有力的反驳证据。其实，本案即便根据原告的举证对因果关系事实作出认定亦不为过。

环境侵权诉讼中采用多元证明方法的必然性在于，事实上，复杂环境侵权诉讼中的因果关系一般难以以演绎方式通过科学证据加以证明。但在环境侵权诉讼中必须对依现有科技水平尚不能准确认识的事物作出判断，正是不断的环境侵权诉讼司法实践推动了我们对环境危害的逐步认识。在现代化的过程中，“我们经历了一次这样的革命，那就是识别随科技而来的副作用并努力去控制它们”。[1] 在不能以演绎方式对内在因果关系进行证明的情况下，在环境诉讼案件中，往往需要依靠外在现象对因果关系进行判断。但这并非主张在环境案件中放弃演绎证明方式，演绎证明仍应是首选，只是因为这一

〔1〕［英］巴鲁克·费斯科霍夫等：《人类可接受风险》，王红漫译，北京大学出版社2009年版，第2页。

证明方式中可能存在环节的缺失,往往需要采取事实推定的方式加以填补。为了平衡双方的利益,也应允许被告进行以初步反证或间接反证推翻表见证明。我国环境司法中的问题在于间接反证与表见证明之类证明技术的运用在实践中都极为少见,环境司法因此未能更好地接近事实。事实判断过程中缺少当事人的充分参与,程序正义不能得以保障,使公正诉讼程序吸引不满的功能丧失,过分依赖证明责任的二值分配及相应事实的“真伪不明”认定易造成当事人对判决结果难以接受。部分因果关系的性质要求对因果关系的证明紧扣原因事实与结果事实之间的潜在的知识联系。相当因果关系要求证明的也不是实际的因果关系,而是原因与结果之间联系的相当性。从环境案件因果关系的逻辑属性和法律属性上均要求以最大化的信息证明这种因果关系。

(二)环境诉讼中促进因果关系信息最大化的配套证明制度

环境案件因果关系证明责任分配解决的是推动事实证明的内在动力机制,以及在最终无法认定事实时的替代裁判方法。证明责任分配不能代替具体证明机制的运行,最好还是通过当事人的证明活动查明事实,至少也是在穷尽所有可能获得的证据手段的情况下再对证明行为进行评价。环境案件因果关系证明确实存在困难,但并非不可能,正是因为困难才更应当通过理论探讨和司法实践经验积累形成配套制度以建构证明的模式。以下介绍比较法上常见的一系列配套制度,但在我国诉讼法与证据法上却一直是我们关注的盲点,因此值得我们认真关注与借鉴。

首先,原告应对被告污染行为与损害之间的因果关系进行主张,并承担主张的具体化义务,从而尽量明确证明对象或证明范围。无论证明责任是否倒置,原告均应对侵权构成要件事实加以主张,主张责任不存在倒置的问题。从具体证明行为的角度来看,主张还应具体化,才符合效益原则。在环境案件中,原告应主张污染造成损害的具体可能途径，以使当事人的证明不至于无从下手。

其次，原告对环境污染行为的证明是简化证明，经常表现为摸索证明与表见证明。所谓“摸索证明”，是指证据申请中无可信理由只是不确切地说明证明对象或只是碰运气地将证据申请作为所提出的主张的理由；或如果一方当事人只能提出或多或少整体上的主张，并因此迫使对方当事人因其更接近案情提出证实性的争辩。这种无充分根据的所谓摸索性证明是在德国诉讼实践中发展出来的缓解证明困难的办法。[1] 摸索证明是具体举证责任转换的重要技术装置，另一个重要装置就是表见证明。一般认为，表见证明不是独立的证明手段，仅是在证明评价过程中对经验规则的应用。这种应用的前提是存在所谓典型的发生过程，也就是由生活经验验证的类似的过程，由于这种过程具有典型性，它可以对某个过去事件的实际情况进行验证（“类似性证明”）。如果法官采纳了某种表见证明，当事人只需提出反证就可以推翻，而无须进行反面证明。但应当注意的是，只有经验基本原则可以形成表见证明，在具体事实的判断时，借助经验基本原则可以使法官形成完全的心证。

再次，在原告本证的基础上，被告应提出反证或间接反证。因一方（负证明责任方）提出本证将使法官对待证事实形成有利的心证的情况下，具体举证责任将转换到对方承担，对方必须提出反证并尽量使法官心证回归到真伪不明的状态，从而使负证明责任方需继续提供本证。如此来回往复就是所谓的“举证责任转换”。这种具体的举证责任转换虽然在普通案件中也常发生，但在环境污染案件中是最平常的，因为环境案件中毕竟污染一方占有明显的证据优势。这种具体证明行为意义上的举证责任转换与案件事实真伪不明时的证明责任承担显然不是一回事，但环境案件中的所谓举证责任分配思想

---

〔1〕 参见［德］奥特马·尧厄尼希：《民事诉讼法》（第27版），周翠译，法律出版社2003年版，第277页。

多少受到这一特点的影响。被告如提出反证,只需使事实真伪不明即可,而在间接反证的情况下,被告须对间接反证事实予以完全证明。有的学者认为是被告对间接反证事实负证明责任,但在引入具体举证责任的概念下,显然此时并非证明责任分配问题。

最后,在证据手段的利用上,当事人双方平等,各负事证开示义务或事案阐明义务。根据事案阐明义务的范围的不同,理论上存在为一般事案阐明义务论和限定事案阐明义务论的争议。一般事案阐明义务论主张:保障当事人"对事实证据的平等接近"可有效提升民事诉讼法的公平、公正、效率三大价值目标,原则上应肯定和保障当事人取得相关事证的"证明权",但在开示事证将侵害当事人的隐私权或秘密权时应加以权衡与协调。此说以诉讼法为基点,以美国法制为典型。限定事案阐明义务论主张:原则上仍按证明责任的分配而划定当事人各自举证之范围,除非依当事人之间的实体法律关系而赋予一方当事人对对方的情报请求权,否则不负证明责任的当事人原则上没有开示对对方有利事证的义务。但在"证据偏在"的情况下,证明责任方没有取得证据的"期待可能性"时,根据公平原则和诚信原则,不负证明责任的当事人例外地应负事案阐明义务。此说以实体法秩序为思考基点,以德国法制为例证。无论采取哪种观点,均支持在环境案件中各当事人均应负事案阐明义务,开示自己掌握的有关证据。特别是受害人也应向对方开示除涉及隐私及商业秘密之外的有关案件信息。

六、本章小结

综上所述,我国实定法上关于环境侵权中加害者"应当就其污染行为与损害事实之间不存在因果关系承担举证责任"的规范并非具有无可置疑的正确性,也并非西方国家环境法上普遍的准则,在环境侵权因果关系这一疑难事实的处理上，证明责任分配不是解决问题的唯一正解，而宜通过建立与完善具体证明行为与证明评价机制尽可能趋近案件事实。当然，因环境案件具有复杂性与多样性，笔者对环境侵权案件因果关系证明方式的考察不过是管中窥豹，并未提出一个体系化的、完整的普适性的证明模型。笔者主张对环境侵权中的因果关系在根据哲学与逻辑上的近期成果作出新的现实可操作性界定的基础上，总结司法实践中具体证明行为与证明评价机制以形成配套制度，在环境诉讼中加以利用，以实现事实信息的最大化，从证明与事实认定方法上寻求因果关系问题上更精致的解决方案，而并非动辄采取“证明责任裁判”。期待学界对此的深入探讨及实务中以指导性判例确立基本规则，以在环境侵权案件的处理中最大限度地实现公正。

附：本章所分析案例简况

浙江省平湖师范农场特种养殖场诉五家企业污染侵权案（简称“蝌蚪死亡案”）：[1]

嘉兴市郊区步云乡五村办企业（染化厂、染料厂、化工厂、向阳化工厂、印染厂，以下简称五家企业），分别创办于 1985 ~ 1993 年，在生产过程中所产生的废水严重超过国家标准，并直排或渗漏进入河道污染水域。为此，嘉兴市郊区城乡建设环境保护局曾于 1995 年 4 月 8 日对五家企业超标排污各进行了罚款的行政处罚。原告创办于 1991 年的美国青蛙育种及销售养殖场位于五家企业排污污染区域内。养殖场自 1994 年 4 月起发现饲养的蝌蚪开始死亡，至 9 月、10 月绝大部分死亡，经济损失巨大。为此养殖场对五家企业提起环境

[1] 参见浙江省平湖市人民法院（1996）平民初字第 23 号民事判决书；嘉兴市中级人民法院（1998）嘉民再终字第 2 号民事判决书；浙江省高级人民法院（2000）浙法告申民再抗字第 17 号民事判决书；最高人民法院（2006）民二提字第 5 号民事判决书；后文分析引用时不再标出。

侵权损害赔偿诉讼。平湖市人民法院一审认为：五家企业生产过程中所排放的污水严重超标，并直排或渗入河道致养殖场饲养的青蛙蝌蚪死亡，造成经济损失均是事实，但现有证据不能证实蝌蚪即死于水污染，故无法确定养殖场损害与五家企业污染环境行为之间存在必然因果关系，本案证据不足，养殖场之诉讼请求不予支持。平湖市人民法院于1997年7月27日作出(1996)平民初字第23号民事判决：驳回养殖场的诉讼请求。

养殖场不服，向平湖市人民检察院申诉，嘉兴市人民检察院向嘉兴市中级人民法院提出抗诉。嘉兴市中级人民法院经审理认为：五家企业在生产中产生的废水造成附近河网水域严重污染；养殖场1994年饲养的青蛙蝌蚪几乎全部死亡，遭受损失，均系事实。本案是养殖场主张水污染致害责任的赔偿权利，水污染致害责任属于特殊侵权责任，在举证责任上虽适用证明责任倒置原则，但证明责任倒置只是在证明过错责任问题上的倒置，有关有污染水域的违法行为及水污染造成青蛙蝌蚪死亡的损害事实的证据，须由养殖场举证。关于五家企业超标排污行为，养殖场已充分举证证实，而构成水污染致害责任前提条件的损害事实，即青蛙蝌蚪的死因及青蛙蝌蚪体内含致死物质化学成分与五家企业排放的污水所含成分相符的鉴定结论，养殖场不能举证。本案证据中的水质指标监测分析，仅说明用被污染的河水饲养蝌蚪，可能导致死亡；本案因青蛙蝌蚪死因不明，无法判定五家企业的违法排污行为与养殖场主张的损害事实之间存在必然因果关系，嘉兴市中级人民法院于1998年10月20日作出(1998)嘉民再终字第2号民事判决：驳回抗诉，维持原判。

浙江省人民检察院向浙江省高级人民法院提出抗诉，认为：污染环境是特殊侵权，因此对环境污染与损害事实之间因果关系的认定，应该适用因果关系推定原则，本案嘉兴市中级人民法院再审判决仍适用一般举证责任原则，存在错误。浙江省高级人民法院再审认为：因养殖场没有对死亡青蛙蝌蚪进行科学鉴定，故其死因不明。因果关系推定原则与举证责任倒置原则是世界各国处理环境污染侵权案件中普遍适用的原则，本着公平正义的法律精神，应予以认可。根据因果关系推定原则，受损人需举证证明五家企业的污染（特定物质）排放的事实及自身因该物质遭受损害的事实，且在一般情况下这类污染环境的行为能够造成这种损害。本案养殖场所举证据可以证实五家企业的污染环境行为及可能引起渔业损害两个事实，但由于养殖场所养殖的青蛙蝌蚪死因不明，故不能证明系被何特定物质所致，故养殖场所举证据未能达到适用因果关系推定的前提。这一损害并不具有普遍性。由于养殖场据以推定的损害原因不明、证据有限，其所主张的因果关系推定不能成立，嘉兴市中级人民法院再审判决并无不当，应予维持。浙江省高级人民法院于2001年5月31日作出判决：维持嘉兴市中级人民法院（1998）嘉民再终字第2号民事判决。

养殖场不服浙江省高级人民法院的再审判决，向最高人民法院申请再审。2009年4月2日最高人民法院判决指出："五家企业举证以证明养殖场蝌蚪死亡时，可能存在天气炎热、养殖场使用了杀虫剂、饲养人不懂技术和水文情况发生变化等致死原因，但均不能确定系由其中某一项原因或多项原因造成蝌蚪死亡，该项证据表明了损害后果发生系因其他原因引发的可能性，而不能排除五家企业污染行为造成损害的原因。五家企业所举证据既不能证明其污染行为不会导致蝌蚪死亡，也不能证明导致蝌蚪非正常死亡的结果确系其他原因所致。位于上游的五家企业污染了水源，同时段，下游约六公里的养殖场发生了饲养物非正常死亡的后果，五家企业又没有足够的证据否定其污染行为与损害后果之间的因果关系，作为加害人的五家企业，应当向养殖场承担侵权损害赔偿责任。原历次审理对举证责任的分配系适用法律错误，本院予以纠正。"最高人民法院最终判决撤销此前各次判决，改判五家企业赔偿浙江省平湖师范农场特种养殖场损失并承担连带清偿责任。

刘德胜诉吉首市农业械管理局（以下简称市农机局）环境污染侵

权损害赔偿案(简称“喷漆污染案”):[1]

市农机局和刘德胜宿舍相邻。自1982年以来,市农机局对吉首市农用机动车的培训、维修、年检及喷漆作业就一直在该院内坪场进行。由于居民意见大,吉首市环保局(以下简称市环保局)分别于1998年7月14日和2001年8月28日向市农机局发出的《城市环境管理限期治理通知书》和《环境违法行为改正通知书》(以下简称两个通知书),认定市农机局“在单位宿舍院内进行喷漆活动,产生含苯有毒气体,对周围居民造成影响”,责令市农机局重新选址,不再在院内进行喷漆。但市农机局在对农用机动车年检时,仍然在院内年检喷字。由于喷漆气体中含有苯,原告刘德胜认为其恶性淋巴癌系市农机局喷漆作业所致,要求法院判令被告停止侵害,排除障碍,并赔偿损失。2002年9月11日吉首市人民法院作出(2002)吉民初字第298号民事判决。认为,被告市农机局在生活区院内坪场进行农用机动车培训、维修、年检及喷漆作业,客观上对刘德胜及其附近居民的生活环境造成了一定的污染损害,被告市农机局应立即停止在市农机局院内的上述作业。虽然喷漆气体中含有害物质“苯”,但由于致癌的原因存在多种可能性,故判决驳回刘德胜要求被告赔偿其医疗费及精神损失的诉讼请求。

刘德胜不服吉首市人民法院一审判决,向湘西土家族苗族自治州中级人民法院提起上诉。州中级人民法院于2002年12月20日作出(2002)州民终字第383号民事判决,二审法院认为,被上诉人市农机局自1982年以来,一直在坪场内进行农用车的培训、维修、年检及喷漆作业,而喷漆过程中,使有害之“苯”混浊于空气中,对上诉人刘德胜等住户及周围环境客观上造成一定影响,故被上诉人市农机局

---

[1] 参见吉首市人民法院(2002)吉民初字第298号民事判决书;湘西土家族苗族自治州中级人民法院(2002)州民终字第383号民事判决书;湘西土家族苗族自治州中级人民法院(2004)州民再终字第13号民事判决书;湖南省高级人民法院(2006)湘高法民再终字第102号民事判决书;后文分析引用时不再标出。

应立即停止其年检及喷漆作业。上诉人患恶性淋巴癌是否因喷漆造成的,缺乏扎实证据证实。上诉人的上诉理由不能成立,判决驳回上诉,维持原判。

刘德胜仍不服二审判决,向湖南省人民检察院申请抗诉,湖南省高级人民法院指令州中级人民法院另行组成合议庭进行再审。州中级人民法院于2004年8月17日作出(2004)州民再终字第13号民事判决。原再审法院认为,最高人民法院原《民事证据规定》第4条第1款第3项规定,"因环境污染引起的损害赔偿诉讼,加害人就法律规定的免责事由及其行为与损害结果之间不存在因果关系承担举证责任"。按此规定,原审上诉人刘德胜应当举证证明污染事实和损害结果的存在。现刘德胜举出的污染事实存在的两个依据,即两个通知书,但不能作为认定污染事实的依据。首先两个通知书均没有认定污染程度和污染范围这一基本事实。本案中的污染程度应为空气中含有有毒物质的多寡,是否超过国家和有关部门确定的标准,超过多少。污染程度标准,决定了是否存在污染。污染范围是指污染覆盖的区域。本案中应界定以原审被上诉人市农机局为中心多少范围受喷漆空气污染。两个通知书只叙述喷漆气体中含有有毒物质苯,但并没有载明含苯的多少,附近哪些区域会受污染。也没有密度数据,无法确定是否构成污染。就是有污染也只对污染区域内生活的居民构成污染侵害。其次两个通知书只是对一般意义上的环境违法行为确认,主要是依照在生活区、办公区不得实行有毒有害作业(喷漆)规定作出的。以此作为认定污染事实的依据,缺乏扎实的证据。综上,原审上诉人刘德胜没有提出环境污染的事实,即使有损害结果的出现,也不能适用举证倒置的举证责任分配原则。故抗诉机关使用举证倒置原则的抗诉理由不能成立。原审上诉人刘德胜没有提供新的证据证实污染事实,对其诉讼请求不予支持。从而作出维持本院(2002)州民终字第383号民事判决。

刘德胜还不服上述判决,向检察机关申诉。最高人民检察院对本案提出抗诉，引发湖南省高级人民法院的再次再审。湖南省高级人民法院再审认为，原一审、二审、再审法院认定的事实，因双方当事人没有异议，本院均予以确认。本院认为，本案争议的焦点是：市农机局是否实施了环境污染行为以及市农机局是否应当承担损害赔偿责任。根据本案证据，足以认定市农机局实施了环境污染行为。原再审法院以刘德胜举证不能为由，否定污染事实，不符合客观事实。但本案市农机局是否应当承担侵权赔偿责任，取决于市农机局的喷漆行为与刘德胜患癌病的事实之间是否存在因果关系。在此问题上，本案双方当事人各执一词，抗诉机关支持再审申请人的主张，认为本案应适用举证责任倒置原则，由市农机局对刘德胜患癌病的损害后果承担赔偿责任。对此，本院认为，市农机局在生活区进行喷漆作业，对刘德胜等附近居民的生活环境造成了不良影响，但刘德胜主张患上癌病是市农机局喷漆行为所致，由于目前无法准确界定各种癌病的起因，在此情况下，如果适用举证责任倒置原则，以市农机局举证不能为由推定本案所涉市农机局环境污染行为与刘德胜患癌病损害结果之间存在必然的因果关系，缺乏事实依据。湖南省高级人民法院于 2007 年 10 月 12 日最终判决驳回申诉，维持原判。

第七章　证明责任与举证责任的纠缠：以医疗侵权诉讼举证责任分配规则为例

引　言

医疗纠纷的证明责任在我国长期以来是按照“谁主张，谁举证”的分配原则处理的，但在司法实践中，人们逐渐认识到将证明责任完全归于患方似乎不合情理，主要理由大致可归纳为以下几个方面：一是医方是“证据所持”方，依照目前的医疗规章制度，病历及医疗资料均由医方掌握，患者无法在接受治疗时记录医方的行为；二是医疗活动专业性强，患者难以知晓某一医疗行为是否符合医疗行为的相关规程，而医方的“举证能力”强；三是医疗过程这一“危险领域”处于医方控制之下，患者在接受医疗服务的过程中，一般难以知悉某些行为的意义或危害。综合以上几个方面，由于医疗机构具备专业知识和技术手段，掌握相关的证据材料，具备更强的举证能力，而患者处于相对的弱势地位,往往因为举证不能而无法获得相应的赔偿,所以不断有人呼吁在医疗纠纷证明责任分配问题上向弱势群体的患者倾斜,实行“举证责任倒置”。在这种观念的支配下,原《民事证据规定》第 4 条第 8 款规定:因医疗行为引起的侵权诉讼,由医疗机构就医疗行为与损害结果之间不存在因果关系及不存在医疗过错承担举证责任。从笔者所查阅到的文献来看,此处的“举证责任”无不被认为即败诉风险负担意义上的客观证明责任。[1] 医疗纠纷倒置证明责任的做法被认为是符合司法实践的发展,是与国际惯例接轨的。但从原《民事证据规定》实施以来的现实情况看,医疗纠纷案件“举证责任倒置”并未一劳永逸地解决问题,反而引发医疗机构的抱怨纷纷并积极寻求“应对”策略,由于当时的医方总体上仍掌握行业保护色彩浓厚的医疗事故技术鉴定这一“撒手锏”,实际上医疗纠纷诉讼的结果也并未发生想象中的逆转局面。医患纠纷的法律解决途径在我国似乎仍未畅通,医疗纠纷中的私力救济一时盛行,[2] 表明医疗纠纷法律解决机制的设计仍存在严重问题。

一、目前医疗纠纷诉讼举证责任分配存在的问题

1. 解释上的逻辑矛盾

针对原《民事证据规定》关于“医疗行为引起的侵权诉讼,由医疗机构就医疗行为与损害结果之间不存在因果关系及不存在医疗过错

---

[1] 持此观点的代表性著作参见最高人民法院民事审判第一庭编:《民事诉讼证据司法解释及相关法律规范》,人民法院出版社 2002 年版;毕玉谦主编:《〈最高人民法院关于民事诉讼证据的若干规定〉解释与运用》,中国民主法制出版社 2002 年版;李国光主编:《最高人民法院〈关于民事诉讼证据的若干规定〉的理解和适用》,中国法制出版社 2002 年版。通过中国期刊全文数据库(www.cnki.net)检索到的有关论文绝大多数也都是将此处“举证责任”等同于客观证明责任。

[2] 关于近年医疗纠纷中的私力救济状况,参见徐昕、卢荣荣:《暴力与不信任——转型中国的医疗暴力研究:2000~2006》,载《法制与社会发展》2008 年第 1 期。

承担举证责任”的规定，一般均认为医疗侵权行为是一种特殊类型的民事侵权行为，属实体法中严格责任或过错推定侵权行为范畴。医疗机构需承担侵权行为中两个构成要件事实的举证责任：第一，病员的损害结果与医疗机构的医疗行为之间不存在因果关系。第二，医疗机构不存在医疗过错。对医疗机构在具体个案中是负“择一证明责任”还是必须负“双重证明责任”，存在不同的观点。一种观点认为，对于“及”字的理解，在此处应作“或”而不作“和”解。因而，医疗机构只要证明医疗行为与损害结果之间不存在因果关系或只要证明主观上无过错即可，而不需要同时证明既不存在因果关系又不存在主观过错。在医疗纠纷中，如果医疗机构主观存在过错，只要证明医疗行为和损害结果之间不存在因果关系即可。如果医疗机构的医疗行为与损害结果之间存在因果关系，那么医疗机构只要证明主观上无过错即可。〔1〕因此，此处“及”改为“或”更准确。但这样的解释显然低估了“立法者”的语言能力，也违反了法律解释不得超出文义解释可能射程的原则。相反观点则认为，从文义解释的角度，显然“及”是“和”的意思，即医疗机构应当对过错及因果关系两要件事实负举证责任，即便已证明其行为并无过错也不能免除侵权责任，还需证明其行为与损害结果之间并无因果关系。反之亦然。〔2〕这种观点的问题在于主张医疗机构必须对其行为无过错及无因果关系的事实负举证责任，这在逻辑上是很难理解的。无论是侵权行为的“四要件说”还是“三要件说”均认为过错及因果关系是侵权行为的构成要件，欠缺其中的任何一项则侵权行为责任不成立，因此如果医疗机构能证明其行为无过错或者其行为与损害结果之间不存在因果关系，则医疗侵权责任就不成立，医疗机构不必再去证明另一要件事实。司法

---

〔1〕 参见朱炎苗：《正确理解和对待医疗行为举证责任倒置的证据规定，维护医患双方的正当权益》，载《上海医学》2005 年第 8 期。

〔2〕 参见宋文质、孙东东：《卫生法学》，北京医科大学出版社 2002 年版，第 156 页；赵阳等：《医疗诉讼“举证责任倒置”对医患关系的潜在影响分析》，载《中国卫生事业管理》2002 年第 12 期。

解释对其他类型举证责任倒置案件的规定也都没有倒置两个构成要件事实的情形。环境污染侵权案件举证责任倒置从表面上看是两个要件事实,但其实只是倒置一个构成要件事实,免责事由构成要件事实由加害人负举证责任是按法律要件分类说正常分配的结果。在司法实践中一般对这两方面要件事实的证明是先后进行的,在法律性质上是有不同意义的,一是关于侵权责任成立的举证,二是关于免责的举证。被控侵权方如已证明倒置的要件事实则不必再证明免责事由。同时倒置两个构成要件的证明责任是不合逻辑的。

还有一种观点认为,由于实体上过错吸收损害事实与因果关系要件,因此过错要件与因果关系要件的证明责任分配是统一的,医疗侵权诉讼案件中医疗行为存在过错与因果关系事实确实常常纠缠在一起难以明确区分,由于法官实际上往往并不会在诉讼中及时对要件事实的证明评价作出表态,因此医疗机构在证明其中一个要件事实之后会试图证明另一个要件事实。这种颇具想象力的解释除了所基于的实体法理论尚需进一步论证之外,也与笔者在实证上所观察到的现象不一致。在医疗纠纷案件中,医方必然是先证明自己无过错,然后可能证明无因果关系。如医方已成功证明医疗行为无过错,则因果关系不必证明,医方不可能承担责任。只有在证明医方有过错,或过错事实真伪不明的情况下,医方才需要继续对因果关系的不存在承担提供证据加以证明的责任。

2. 体系上的法律冲突

按照在大陆法系国家及我国占主流地位的法律要件分类说的观点,证明责任分配应由实体法规定。当时关于医疗侵权的直接实体法律依据是《侵权责任法》。《侵权责任法》第七章“医疗损害责任”第 54 条规定:“患者在诊疗活动中受到损害,医疗机构及医务人员有过错的,由医疗机构承担赔偿责任。”(现为《民法典》第 1218 条)该条确立了医疗损害归责原则为过错责任原则,但我国诉讼法学界通说一般坚持过错推定责任原则。事实上,过错是侵权责任发生的唯一依据,我国民法理论界的主流观点倾向于将医疗侵权行为的归责原则界定为过错责任原则。[1] 另外,既然《侵权责任法》中没有对因果关系作出明确规定,按照过错责任构成要件,也应由患者对因果关系进行证明。真正的证明责任倒置是与实体法上的过错推定或无过错责任原则对应的。要将某个侵权行为界定为特殊侵权行为,适用无过错归责原则或者过错推定归责原则,各国和各地区的立法机关都非常之慎重,必定在民事实体法中加以明确规定,以免法官在民事诉讼中滥用无过错归责原则和过错推定归责原则,造成当事人之间诉讼地位的不平等,违反实体公正与程序公正。因而,从体系解释来看,原《民事证据规定》的规定与《侵权责任法》是相矛盾的。司法解释在法律体系中的效力等级显然是低于法律的,但在我国,却往往因为司法解释的规定更细致具体而导致在实践中司法解释架空法律。尽管已有人指出我国原《民事证据规定》第 4 条第 8 项与我国《民法通则》相冲突,应当无效,[2]但似乎在理论界及实践中并未引起重视。我国在民事实体法中从未将医疗侵权纠纷规定为无过错归责原则或者过错推定归责原则,医疗侵权纠纷就应当适用民法关于归责原则的一般规定,医疗侵权行为适用过错归责原则才符合实体公正和程序公正原则。

《侵权责任法》第 58 条还具体规定了在三种具体情形下患者有损害的,推定医疗机构有过错。[3] 据此,有人理解为该条规定在三种情形下实行过错推定责任原则。应当注意的是,作为侵权行为构成

---

〔1〕 参见杨帆:《"侵权责任法 · 医疗损害责任"研讨会综述》,载《证据科学》2010 年第 4 期。

〔2〕 参见宋平:《我国医疗侵权举证责任分配之反思与重构》,载《河北法学》2010 年第 6 期。

〔3〕 《侵权责任法》第 58 条规定:"患者有损害,因下列情形之一的,推定医疗机构有过错:(一)违反法律、行政法规、规章以及其他有关诊疗规范的规定;(二)隐匿或者拒绝提供与纠纷有关的病历资料;(三)伪造、篡改或者销毁病历资料。"本条规定属法律上的过错推定,其实是一种拟制。但第二、第三种情形其实并非医疗行为时的"过错",而是医疗侵权诉讼过程中的程序违法行为,一般认为应属证明妨碍调整的情形。

要件的过错是导致损害后果发生的过失,而不能将医疗过程中任何有违医疗行为规范的行为都认为是此处所指的“过错”要件。因此,虽然在实践中医疗行为的“过错”与“因果关系”事实常常纠缠在一起难以清楚区分,但从逻辑上说,二者是可以区分且应当区分的。笔者认为,医疗损害责任只有一种归责原则即过错责任原则,此处的过错推定是一种“法律上的事实推定”,既不是独立的归责原则,也不是过错责任原则的一部分,而是一种证据认定规则,是因“过错”事实证明的困难而通过法律拟制更换证明对象而减轻当事人证明负担的办法,与所谓过错推定责任无关。

3. 实际上的负面效果

医疗纠纷诉讼证明责任完全倒置的做法对于保护患者的权益可能起到显著的作用,但另一方面也导致了与此相伴的较严重的消极后果,以至于原《民事证据规定》实施一段时间以来,医疗纠纷案件呈爆炸式的增长。[1] 倒置举证责任后医疗机构败诉案件比例的激增又造成医疗机构与医生将防范诉讼的自我保护作为医疗行为的准则。由于医生必须时刻不忘需要无过失的证据,因此必然会从“尽力救治病人”转为“努力保护自己”,尽量少冒风险,由此导致医生普遍采取“防御性医疗”(defensive medicine),[2]“拉大网”式地对每一个病人做尽可能的全面检查,用各种客观的检查证据以保证自己无过失,这必然将增加患方的经济负担,造成社会资源的浪费,医疗行为的这种变化最终将不利于患方。国内有关大学进行的“医疗纠纷对医务人员态度行为影响”的课题调查也显示,被调查的手术科室医生因担心发生医疗纠纷而导致不愿收治危重病人或进行高难度手术的达

〔1〕 参见朱丽亚:《医疗纠纷成十倍增长,人大代表呼吁暂停举证倒置》,载《中国青年报》2003 年 3 月 14 日,第 12 版。

〔2〕 “防御性医疗”又称自卫性医疗,是 1978 年由美国 Tancredi 等提出的。积极的防御是有益和必要的,消极和过度防御则危害严重,表现为避重就轻、避难就易、宁高勿低、小病大治以防止未来因疏忽而被指责。参见华长江:《防御性医疗行为的分类和管理》,载《中国医院》2005 年第 2 期。

62.99%，这不能不引起重视。[1] 不少医生私下都承认，医学上那些过度的检查，目的只有一个，就是预防将来潜在的法律纠纷。对很多疾病医生其实是可以凭经验及详细的问诊进行诊断的，但这样做可能会引发风险，哪怕发生的概率极低，也毕竟存在。在这种情况下，医生为了自我保护，逐渐减少了主观诊断，开出一大堆检查单让患者做各种仪器检查，再逐一排除病因，这样必然造成就医费用上升，损害了医患间的信任关系。这是（不恰当的）证明责任分配反作用于人们的法律行为方式的一个适例。

如此看来，前后的两种证明责任分配方案都产生了不好的法律效果与社会效果，难免受到不公正的指责。由于相关规定相互矛盾或表达不清而造成适用困难，目前的医疗纠纷案件的处理结果往往出现两个极端。到底什么才是医疗纠纷证明责任分配的"正解"呢？

二、医疗侵权诉讼证明责任的分配

医疗侵权诉讼案件证明责任分配似乎确是一个两难问题：如分配给患方，由于患方确难举证，造成接近司法的困难；分配给医方，也存在实质不公，影响医患关系及医学的发展。因医方承担证明责任也存在举证困难及真伪不明的情形，特别是目前采取的高度盖然性的证明标准。

有一种普遍的观点认为"与证据距离近"或"有专业知识"方容易提出证据将已方主张的事实证明到达到证明标准的程度，因此课以其证明责任是理所当然的。这种流行观点其实是似是而非的。就医疗纠纷案件而言，过错与因果关系的举证在医方看来也并不那么简

---

〔1〕 参见姚诠、章滨云、王丽红：《当前医疗纠纷对医务人员态度行为影响的调查分析》，载《中国医院管理》1999年第2期。

单。与证据距离近、举证能力强的一方当事人就应由负证明责任的这种观点其实已将证明责任分配的根据等同于提供证据的责任。按照这一理论,医方应提供其所掌握的全部证据,医方如不提供证据,则应承担败诉的后果(注意这其实是以行为责任取代客观证明责任,是证明责任问题上的“提供证据责任一元论的双重含义说”,[1]其实举证妨碍制度的基本理论即可为此提供依据)。但如果医方如实提供其所掌握的全部证据但案件事实仍然真伪不明则如何呢?真正的证明责任解决的应是这一层面的问题,即案件事实不可证明的风险的分配。这种风险是任何诉讼中均存在的,风险的可能来源包括三个方面:一是案件的当事人在本案诉讼过程中未尽力提供其本可以提出的全部证据(如有证不举或超过举证期限举证);二是案件当事人在纠纷发生前或发生时未注意制成、保存证据以致在诉讼时虽然竭尽全力收集、提供证据但由于事过境迁而无法取得必要的证据;三是当事人按通常的注意程度制作、保存或保全了案件证据,但由于事件本身的特殊性或当时科学技术的局限性造成的人类认识的局限性使得案件事实仍不免陷于真伪不明。前两种情况下由当事人承担不利的结果在一定意义上可以说是由当事人程序上的“过错”行为造成的,因此由其承担败诉结果具有一定的正当性,但是在第三种情况下由提供证据人承担败诉结果无论如何都难以令人接受,此时证明责任的分配考虑的已不可能是诉讼法上的因素,只能是实体法,体现的无疑是实体法的价值取向及政策考虑。其实,在第二种情况下也基本上是出于实体法因素的考虑,因为按实体法之规范旨趣所分配的客观证明责任,在相当程度上也已就哪方当事人在法律关系发生过程中有义务制成、保存证据预先进行了分配。[2]

---

〔1〕 关于“提供证据责任一元论的双重含义说”及其弊端,参见陈刚:《证明责任法研究》,中国人民大学出版社 2000 年版,第 41 页;胡学军:《证明责任虚无主义及其弊害分析——对我国司法实践中证明责任运用情况的实证考察》,载《前沿》2006 年第 5 期。

〔2〕 参见黄国昌:《民事诉讼理论之新开展》,北京大学出版社 2008 年版,第 192 页。

如果仅从行为结果看，可以说绝大多数医疗行为本身同时也是损害行为，既有可以治疗疾病的一面，又有可能伤害人体的一面，如服药有副作用，手术多少会留有切口，输血可能引起溶血过敏等反应，或感染传染病。医方证明之难就在于医学科学的特殊性，在诊疗过程中，常常会发生一些目前尚不可知的因素给病人造成某种伤害，如药品（特别是新药）的未知毒副作用等。基于医学的复杂性，临床上的因果关系绝不会是一目了然的。临床医学中的“真伪不明”不但必然反映在诉讼中的真伪不明之中，而且在经过证据证明后表现为法律上的真伪不明比其原来的范围更大。[1] 高风险性和探索性是临床医学的固有特征。临床医疗服务属民法上确认的强制缔约，医疗机构无由回避且必须在风险中开展具体工作。任何手术、检查本身都可能给病人造成一定的伤害，许多疾病和手术的治愈率和成功率都不是100%，有的甚至很低而风险却很高，如肝脏穿刺、心包穿刺等，如果要求医院的医疗行为只能成功，不能失败，这是违背科学规律的。医药科学对于疾病的认识需要一个循序渐进的过程，具有探索性和不确定性，至今仍有大量的医学难题尚未解开。不同的人患同样的疾病，用同样的办法治疗，并不一定能够取得同样的疗效，最终的结果可能千差万别，或痊愈、或恶化、或死亡。这是由人类的个体差异造成的，也是不以人的意志为转移的客观规律。

在这种情况下，要求医疗机构承担侵权赔偿的法律后果显然是不合理的。在我国医疗机构还具有很强的公益性，不完全是一种营利组织。如果把客观证明责任分配给医方承担，从理论上讲医疗过错的概念将被扩展，增加了探索性和不精确性风险之类似于无过错责任。要求医方将其无任何过错及医疗行为与损害结果的发生无任何因果关系证明清楚要比我们想象得困难。科学上有一个常识：任

---

〔1〕 参见杨晓林等：《医疗侵权证明责任分配与风险分担》，载《河北法学》2005年第8期。

何时候,说“没有”总比说“有”要冒更大的风险。如果医生无论怎样尽职尽责都不免被追究法律责任,这必将极大地挫伤医生的积极性,探索性的工作必会出现停滞,将不会再有大量的、真实可靠的可供科学研究的原始病历资料,临床医学将会丧失发展的基础和空间。[1] 保守的防御性医疗将造成现在及将来潜在患者利益的损害及巨大的医药资源浪费。如果在医疗纠纷诉讼中客观医疗风险一概由医方承担,实际上就是使客观存在的医疗风险成为医疗机构的“原罪”,是对医生与医疗机构的“有罪推定”。因此,相较而言,这种风险只能由患者承担,毕竟患者也是医疗行为的直接受益者。但显然,这也应当在充分保障患者的知情同意权的前提下,因此,未告知患者医疗行为可能存在的风险,即使出现特定损害的后果具有较大的可能性甚或一定的必然性,医方也应承担损害赔偿的责任(在这种情形中,“过错”就会单独成为诉讼的焦点)。为保障临床医学的可持续发展从而使更多的人获益,我们只能将客观证明责任分配给具体的患方承担,对个案患者生命健康权的损害可通过发展医疗保险给予适当补偿以体现对个体权利的尊重,并将这种补偿由全社会分担以实现对人类健康事业的共同负责。

从比较角度来看,就因果关系的证明责任分配而言,原《民事证据规定》规定了三类案件实行因果关系事实的举证责任倒置,即环境污染引起的侵权、共同危险行为致人损害的侵权及医疗行为引起的侵权。医疗侵权案件与另两类案件却是根本不相同的:污染环境及共同危险行为均是其本身即应受责难的行为,实体法规范为保证行为者不致造成相对人损害而作出严格规定,一旦发生纠纷,除非行为人能够证明并未造成他人损害才能免除可能的责任追究。医疗行为本身根本不是应受非难行为,救治行为与损害行为在很多情况下就

---

〔1〕 参见[英]丹宁勋爵:《法律的训诫》,杨百揆、刘庸安、丁健译,法律出版社 2001 年版,第 272 页。

是一体的,实体法规范不可能将损害责任后果预置于实施救治行为的医方。

其实,证明责任分配给医方在实践操作中也存在问题,并非都有利于查明事实真相。就对“过错”的证明来说,在实践中确实存在很多患者认为既然医疗行为发生了损害后果就说明医疗机构是有过错的,从而要求医疗机构赔偿,至于具体是什么过错,患方往往难以说清,认为应由医方证明,而医方肯定会主张医疗过程及医疗措施合理规范,不存在过错。这样一来,“过错”事实根本无法具体化为双方诉讼中的争点。由于“过错”并不是具体的生活事实,而是对具体生活事实的评价,只有具体化,才能成为诉讼中的争点。那么争点事实的具体化的责任应由谁承担?这也是一方当事人加以主张的“主张责任”,在辩论主义下,主张责任又是由证明责任分配决定的。如果由医方负担这种指向不明的事实的证明责任,也即要求医方必须提供证据对医疗行为的所有可能被提出质疑的方面加以证明,这是难以想象的,也是非常没有效率的。因此,主张责任或争点事实的具体化责任只能由提出诉讼请求的原告方承担。

可能有人会担心医方不负证明责任是否会导致有专业知识的医方因不承担说服责任而使相关问题难以得到澄清,这种担心其实是不必要的,医方虽不承担说服责任,但这丝毫不会降低医方举证及阐明事实的积极性。其实在举证成本为零的情况下,证明责任如何分配对查明案件事实是没有什么影响的。医疗机构凭借其具有的技术手段与专业知识确实在医疗诉讼中具有举证的优势,即使没有证明责任这种内在风险的压力,也不必担心其对于患方因知识欠缺产生的不满与怀疑会失去举证与证明的动力,毕竟医疗机构也会全力避免医患矛盾的激化,当然也更愿意引导患方寻求正当的法律途径解决问题而不是前往医院寻衅滋事,干扰医院正常的工作秩序。

综上所述,医疗侵权诉讼案件不应实行所谓举证责任倒置,根据证明责任分配的一般规则,医疗侵权诉讼的证明责任只能是由患方承担。从比较法的角度,关于医疗侵权诉讼,世界各国一般都是规定由患者一方承担医疗侵权证明责任,由其证明自身受到损害、医师存在诊疗过失,以及二者之间有因果关系。[1] 前述那种认为医疗纠纷诉讼由医方负证明责任为国际惯例的观点其实是一种误认。

三、医疗侵权诉讼证明困境的化解途径

医疗侵权诉讼案件由患方负证明责任,可能很多人会说这不是一种回到过去状态的倒退吗?这种观点的问题在于将证明责任的配置看作调整诉讼证明问题的唯一路径。其实,证明责任倒置是一剂“猛药”,原《民事证据规定》实施后的实践也表明医疗纠纷案件倒置证明责任可能是一种矫枉过正的做法。在现行诉讼制度框架下,证明责任配置给任何一方均可能导致实体不公正,在医疗纠纷诉讼中确实往往是“证明责任之所在,即败诉之所在”。证明责任完全归患者承担曾造成患者“接近司法”的困难,而证明责任倒置给医方又会恶化医患关系并影响医学的健康发展。因此我们必须在证明责任分配这一固有思路之外寻找其他的化解医疗侵权诉讼证明难的路径。从比较法的角度看,西方各国对于医疗侵权诉讼的证明困境均在肯定患方负证明责任的前提下采取了一些特定的原则与制度来缓和患方的举证困难,这对我国是一种有益启示。笔者以下试分两个方面进行介绍。

---

〔1〕 参见[德]克雷斯蒂安·冯·巴尔:《欧洲比较侵权行为法》(下),焦美华译,法律出版社2001年版,第375、384页。关于德、日等国医疗纠纷诉讼证明责任的分配,参见[日]中野贞一郎:《过失的推认》(增补版),弘文堂1987年版,第75页;[日]木川统一郎:《德国医疗诉讼中的证明责任》,判例时报420期15版。

(一)使证明责任负担与提供证据责任负担分离的机制

1. 一般的原则与制度

负证明责任一方当事人亦负有将案件事实证明到达到证明标准程度的责任，此种主观抽象证明责任即我国有些学者所谓之“总的举证责任”，[1]客观证明责任在原则上与主观抽象证明责任的分配总是一致的。[2] 但就具体提供证据责任（主观具体证明责任）而言，则完全不存在一致的分配原则。医疗纠纷案件如同环境污染案件、产品质量责任案件等现代型诉讼一样，存在当事人双方地位的不平衡，一方相对于另一方存在明显的“举证能力”强等特点，此类案件即所谓“证据偏在”的案件。在证据偏在这种类型的案件中，课以不负证明责任方负担事证开示义务，并配套建立摸索证明、举证妨碍等制度机制，可以较好地解决当事人之间证据信息不对称的难题。证据偏在涉及的显然是提供证据责任问题，因此应仅对提供证据责任构成影响，而不应影响作为败诉风险的证明责任的分配。不掌握证据信息的一方可能提出“摸索证明”，[3]通过法院的证据调查程序获悉有利于己的新事实和证据。如负证据开示义务方当事人拒不提供相关证据，则根据举证妨碍原理由其承担由此导致的不利诉讼后果就具有了正当性基础。就客观证明责任而言，如当事人已开示其所掌握的证据，则其所谓的优势地位就不存在了，此时在分配败诉之风险时就依照实体法律政策上证明责任分配予以考虑。事证开示义务其实是为弥补当事人主义下当事人证据搜查权的缺失而产生的。就证据收

〔1〕 参见叶自强：《举证责任的倒置与分割》，载《中国法学》2004 年第 5 期。

〔2〕 参见[德]汉斯·普维庭：《现代证明责任问题》，吴越译，法律出版社 2000 年版，第 15 页。

〔3〕 所谓摸索证明，是指民事诉讼中负有证明责任的当事人在无法获知待证事实与相关证据的详细关系时，就证明主题仅进行一般性、抽象性的主张，从而期待经由法院的证据调查从对方当事人处获得相关详细证据资料的活动。参见[德]汉斯－约阿希姆·穆泽拉克：《德国民事诉讼法基础教程》，周翠译，法律出版社 2005 年版，第 249 页。

集权而言,美国民事诉讼程序中,由于证据开示制度(discovery)的建立,当事人享有广泛的证据搜查权,可要求对方当事人或第三人开示其所掌握的与本案有关的证据,因此,“与证据的距离”这一因素在证明责任分配时不再成为需要考虑的重要因素。[1] 美国民事诉讼中之所以在决定证据提出责任之分配时仍然继续考虑此因素的主要原因在于美国民事诉讼对“效率”价值的追求,因为由掌握证据、举证能力强的一方当事人负提供证据责任比由未掌握证据的当事人搜查证据并举证会产生较小的直接成本,因此能更有效率地掌握待证事实的具体内容,减少不必要的劳力、时间、费用。对于尚未建立当事人证据搜查权保障制度的我国来说,将证据偏在作为决定提供证据责任意义上的举证责任分配考虑的主要因素具有格外重要的意义。如上所述,证据偏在虽然不影响最终的所谓客观证明责任的分配,但为解决负证明责任的当事人由于不掌握必要证据又欠缺证据搜查手段所产生的证明困难,通过此种行为上的“举证责任倒置”予以缓解无疑是对症下药。我国“举证责任倒置”的案件类型大多都是从这一角度考虑的。其实,医疗侵权案件的“举证责任倒置”本就是我国长期司法审判经验的积累,并不一定需要法律对此予以规定。严格医方的“事证开示义务”能够解决患方对医方“过错”事实提供证据的困难,对保护患者的权益将起到一定的作用,同时也有助于医疗机构加强管理,树立起正确的医风医德,提高医务人员的责任心及专业技术水平,把医疗纠纷减少到最低。

但应注意的是,我们并不能认为“事证开示义务”导致提供证据责任就固定在医疗机构一方。在医疗纠纷诉讼中,显然原告首先要主张医疗法律关系的存在并应在诉讼开始时向法院主张医疗机构在医疗行为过程中存在过错,并且其损害的发生与医疗行为之间存在

---

〔1〕 See Alex Stein, *Allocating the Burden of Proof in Sales Litigation: The Law, Its Rationale, a New Theory, and Its Failure*, 50 U. Miami L. Rev. ,1995,p.335.

因果关系。由于“过错”并非一要件事实,因此原告还必须提出被评价为过错的特定事实,此即诉讼争点的特定化、具体化义务,否则被告可简单提出无过错答辩即可。原告提出这一事实一般情况下也必然会提出相关的证据,但这种证据可能只是初步的证据,其意义在于促使被告对这一事实提出更具体的证据来推翻并进而证明己方无过错的事实。医疗机构对其行为是否有过错的事实显然掌握更多的证据,是“证据所持”方,或“与证据距离”更近。对因果关系,不具备专业知识的患者往往只是提出因果关系存在的可能性或者怀疑,最多是提供一种表见证明,医疗机构由于更具备专业知识因此更有“举证能力”,医疗机构应承担的是医疗行为与损害结果的发生之间不存在因果关系的举证责任。由于“不存在因果关系”的证明相对困难,医疗方又可能提出损害结果可能是与非本次医疗行为有关的其他原因造成的以便说服法官,即以间接反证的方式加以证明。对非本次医疗行为的其他原因(如院外治疗,生活中感染等其他原因),医方可能并不掌握证据或不掌握全部证据,此时,患方也可能基于“事证开示义务”需要就不存在其他可能造成损害的原因事实提供证据加以证明了。这就形成了又一次提供证据责任的转换。其实提供证据责任的分配并不需要而且也难以作出规范的规定,提供证据责任负担在不同的案件和不同的具体情境中是可变的。提供证据责任的转换不外乎两种情况:一种情况是因一方证明活动达到一定程度而产生另一方提供证据的必要,这是一种“正常”或自然的转换;另一种情况则是由于出现举证妨碍等导致证明活动的非正常转换。在医疗纠纷案件中,提供证据责任恒定由医方承担的观点是经不起推敲的,医方所不掌握的情况就不可能由医方提供证据,如患者是否遵从医嘱,是否配合检查与治疗,是否接受院外其他机构的治疗,是否有其他可能导致感染途径等。此外,医方的举证也需要患方的配合。如病人陈述不真实,或者故意隐瞒重大病情,或不及时提供正确信息,都将使医方在举证中无计可施。例如,尸检对于解决死因不明或对死因有异议而发生的医疗事故争议具有独特的无法替代的作用。但一般尸体的处置权属于死者近亲属,必须经死者近亲属同意并签字后方可进行尸检,因此给取证带来了一定的困难。在这些情况下,都可能要依照举证妨碍原理转换提供证据责任。

2. 特别的原则与制度

除上述可普遍适用于证据偏在类型案件的事证开示义务、摸索证明、举证妨碍等原则和制度之外,各国医疗纠纷诉讼中过错及因果关系的证明还存在一些特别的原则与制度。在英美对医疗过失的证明中,“事实说明过失”原则被广为采用。事实本身说明过失原则(Res Ipsa Loquitur)一词起源于罗马法,该原则的含义是:后果严重的事实本身就能够证明造成该后果的行为具有过失,不需要用其他的证据进行证明。但该原则正式以说明过失的面貌出现,则是英国法官 Baron Pollock 在 1863 年审理 Byrne v. Boadle 一案时所创。从 19 世纪以来,美国已有 34 个州在医疗损害赔偿诉讼判决中引用了该原则以减轻原告的举证责任负担。[1] 事实本身说明过失原则是一种影响“证据提出责任”的推定,但这种过失推定不产生“说服责任”转移。

在德国对医疗过失与因果关系的证明有表见证明制度,表见证明(anscheinsbeweis),系由德国通过判例所形成的概念,最初仅适用于侵权行为诉讼中被害人就过失举证发生困难情形,其后又扩张到因果关系的举证责任。“所谓表见证明,综合判例之意见认为,若在‘生活经验法则上表现一定之原因,而且通常皆朝向一定的方向演变’,即被认为‘经过定型的事象’时,即得直接的推定‘过失’、或‘因果关系’之要件事实存在。相对人若欲推翻此表见证明,必须就该事件通常经过之相反事由,即就事件之经过有其他之可能性,使法官就原来之定型事象发生疑念提出反证。”[2]

---

[1] 参见龚赛红:《医疗损害赔偿立法研究》,法律出版社 2001 年版,第 273 页。

[2] 雷万来:《民事证据法论》,台北,瑞兴图书股份有限公司 1997 年版,第 280 页。

日本法通过判例确立起来的所谓“大概推定”原则是指在侵权行为的损害赔偿案件中,如依一般情况判断可认为“非因过失损害不致发生”,此时若原告能证明损害已发生及所谓“非因过失损害不致发生”的情形存在,即可大概推定被告有过失,被告必须就其并无过失的事实或其行为无过失一点提出反证,否则难免将受到败诉的判决。大概推定原则的目的,在于减轻被害人的举证负担,其主要用于过失的证明,也有用于因果关系存在的证明。[1]

以上这些原则或制度虽然基于各国不同的法律文化背景,但在使用效果上却殊途同归,均起到了减轻原告的证明风险的效果,但对此一般均解释为转换提供证据责任,却不转换证明责任。这些原则和制度虽然难以直接在我国引进运用,但其产生和运用的制度机理却是我国可以借鉴的。

(二)特定要件事实的证明责任与特定证明标准相挂钩的机制

大陆法系的主流观点不但认为证明责任分配是法定的,形式化的,而且认为证明标准也是固定的。大陆法系民事诉讼的“高度盖然性”证明标准与英美法系证明标准相较而言是一个高标准。我国长期以来坚持“案件事实清楚,证据确实、充分”的证明标准无疑是一个更高标准,原《民事证据规定》确立的“明显优势证据”相对而言降低了证明标准,但仍属一个高标准。我国的传统观点认为坚持高证明标准可最大限度查明案件事实真相,这其实是一个重大误解。确实,在具体案件中达到高标准的事实认定显然更有可能是与真相相符的,但同时,达不到这一标准的案件就只能按证明责任处理,其实这就与认定不负证明责任方主张的事实为真产生相同的结果,高证明标准整体上是不利于权利请求方的。医疗侵权诉讼中坚持高证明标

---

〔1〕 参见[日]藤原弘道:《大致推定与表见证明. 民事诉讼法的争点》,有斐阁 1988 年版,第 245 页。

准就会使更多患者的赔偿请求权得不到实现。我国以往理论及实践中由于一直均坚持高证明标准,导致医疗纠纷案件的处理在很多情况下作出的都是"证明责任裁判",产生的错误判决成本巨大,也容易向潜在诉讼当事人传递错误信息,其实也有违证明责任制度的目的。证明责任其实不过是为诉讼证明提出的一个逻辑起点,证明责任制度并非为作出最终的证明责任裁判,相反,很大程度上是为了防止出现证明责任裁判。一个有趣的现象是,英美法系证据法学教科学大多均将证明责任与证明标准问题紧密联系在一起来加以讨论和介绍,并认为针对不同性质的要件事实会存在不同级别的证明标准。[1]

其实,我国早有学者指出过证明标准的主观性强的特点,事实认定本身是判断者的主观活动,是无法加以外在化和具体化的,寻求确信的客观化的努力是徒劳的。对于依靠主体认知形成的判断结果,我们无法寻求具体的、统一的外在标准。[2] 更重要的是,对不同案件中不同的要件事实的判断更不存在统一的模式,强行规定不同性质事实适用统一的证明标准无异于削足适履。从这一角度来说,将医疗侵权诉讼的证明标准设置为优势证据并不是"降低"标准,而是对标准的具体界定。基于医疗行为的特殊性,医疗过错及医疗行为与损害结果之间的因果关系的证明应适用证明标准的降低,可参照美国民事诉讼证明标准设置为优势证据证明标准,以平衡患者的损失弥补与不损害医学的健康发展为目的。

之所以在医疗纠纷诉讼中考虑降低证明标准,主要出于两方面原因。一是医疗纠纷中普遍存在的证明困境。如前所述,无论是从"证据所持"、"与证据距离"还是从对"危险领域"的支配与控制来

---

〔1〕 See William Bojczuk, *Evidence Textbook* (7edition), HLT Publications, 1995, Chapter 3, *Burden and Standard of Proof*; Adrian Keane, *The Modern Law of Evidence* (7edition), Oxford University Press 2008, Chapter 4, *Burden and Standard of Proof.*

〔2〕 参见张卫平:《证明标准建构的乌托邦》,载《法学研究》2003 年第 4 期。

说,医方相对都处于强势,即使设置了不负证明责任的医方对事证的开示义务,也难以将医疗过程中的过错及因果关系事实完全证明清楚。二是基于特定的社会政策的考虑。众所周知,保障公民生命健康安全,建立和谐的医患关系是我国解决医疗纠纷的一贯政策,从最初司法实践中自发的转换举证责任到原《民事证据规定》的明文宣示正是这一政策的表达。其实传统医疗纠纷诉讼最大的弊端就在于证明责任负担方缺乏取证手段,医患双方信息不对称、地位不平衡,通过提供证据责任的转换机制及证据开示制度的设立基本上就可缓和这一问题,但医患双方专业知识的差异使患者在与医方的对抗中仍难以完成说服责任。通过降低医疗纠纷诉讼证明标准则可能贯彻或执行特定的实体法政策。在实体法政策上,错误地判断医疗侵权的不存在比错误地判断其存在会造成更大的错误判决成本,为社会观念难以接受,因此将此类案件证明标准由明显优势证据降低至优势证据,可以有意识地控制错误地认定医疗侵权不存在发生的概率。

1. 降低过错事实的证明标准。采取过错推定的证据法则,《侵权责任法》规定了三种情形下的过错推定,但显然过错不仅限于这三类情形,过错的认定并不以医学标准为唯一标准,而是必须考虑当时的实际整体医疗水平。在认定过错时应放弃对医生内心状态的追问(除非医生自己作出陈述,这种主观事实是不太可能证明的),而以违反一般医疗行为规范作为判断是否过错的依据,以减轻患方证明的困难。医疗机构不能保证其医疗措施达到一般医疗行为水平其实就是过错的表现。这样一来,通过对特定具体化事实作为证明主题的界定,证明标准就隐性降低了。

在坚持患方负证明责任的基础上降低“过错”的证明标准,一方面坚持了过错责任原则,使患者更容易证明医方的过错,从而促使医方在医疗行为中更加严格地规范自身的医疗行为;另一方面相对于由医方承担“无过错”的证明责任(并且是高证明标准)来说,也降低了医方的反证负担,减轻了医方采取风险医疗行为时的压力,不至于造成过分的“防御性医疗”。当然,最重要的是使医疗纠纷诉讼整体上更有效益地接近事实真相。

2. 降低因果关系的证明标准。侵权责任中的因果关系是指过错行为与损害结果之间的因果关系,医疗责任因果关系错综复杂,有一因一果关系、多因一果关系、连锁因果关系、异步因果关系以及助成因果关系等类型。在实际提起的医疗侵权诉讼案件中,单一、明晰的原因与结果的对应关系,即一因一果关系为数并不多,大量的是复数形式的因果关系。在医疗侵权中,复数原因的竞合主要表现为医疗过失行为之间的竞合、他人行为与医疗过失行为的竞合以及患方因素与医疗过失行为的竞合等。多因的竞合导致了医疗责任因果关系的错综复杂。[1] 基于因果关系的复杂性,现代各国医疗诉讼中普遍放弃了传统的高度盖然性标准,而集中于认定加害因素与受害人的疾病发生之间是否存在事实因果关系,并在计算损害额时考虑因果关系的类型及概率。准确地说,这其实是精确区分损害结果中哪些或多大比例是由被评价为有过错的医疗行为造成的结果,但从表面上看则表现为一种证明标准的相对降低。

医疗侵权诉讼证明标准的降低对于法院的重要意义在于赋予法官对医疗鉴定更灵活的采信裁量权。由于医疗活动属于高度专业化的技术领域,医疗过失行为及其与损害之间的因果关系均无法依据一般知识进行判断,因而在相当一部分医疗侵权诉讼中,必须通过医疗事故技术鉴定对是否存在医疗过失、医疗过失与损害后果之间是否存在因果关系及责任比例、医疗事故等级等,提出一种综合性的鉴定意见。以往法官在医疗诉讼案件中往往完全根据医疗事故鉴定结论来裁判案件,医疗事故鉴定结论认为存在过失及因果关系的法院才能够认定医疗侵权,对于最终结论不能认定但亦不能排除过失及

〔1〕 参见周成泓:《论医疗责任事实因果关系的诉讼证明》,载《广东商学院学报》2009 年第 4 期。

因果关系的，法院也就不会认定医疗侵权。由于鉴定结论在认定医疗事故时采取的是一种客观的高标准，在诉讼的证明标准降低之后，法院对医疗侵权的判断就很可能和鉴定结论不一致。鉴定结论认为不属于医疗事故的在诉讼中也很可能被判断存在过错及因果关系。同时，对鉴定结论的审查形式也将从以往类似对书证的审查变为对鉴定人在质证时所阐发的具体理由的采信，是否构成医疗事故的结论将不再具有决定性意义。法院在认定医疗侵权时采取的是法律上的标准，这与医学上的标准或行政处理的标准是不同的。在鉴定人出庭接受质证的情况下，即使鉴定人的鉴定意见难以得出绝对确定的结论，法院也可在鉴定意见的基础上作出独立的判断。

四、结论：医疗侵权诉讼举证责任分配规范的解释

医疗纠纷证明责任的分配不应实行“倒置”，证明责任的分配应由实体法加以规定。根据《民法典》第 1218 条的规范形式，患者应对包括过错及因果关系在内的要件事实负证明责任。那么，本书提出的原《民事证据规定》与原《侵权责任法》的相关规范是否相抵触？原《民事证据规定》第 4 条第 8 款中的逻辑矛盾应如何解释呢？答案均在于对“举证责任”这一“迷思概念”的弹性解释中。[1] “举证责任”与“证明责任”的用语选择在我国长期聚讼纷纭，虽然有关学者一直呼吁用“证明责任”概念取代“举证责任”指称客观证明责任的概念，但这一提倡并未获得司法界的认同，其实我国司法实践界并未真正在观念上确立客观证明责任的概念，实践中具有支配地位的仍是“主

---

〔1〕 所谓“迷思概念”，是对英文“misconception”一词音义兼顾的译法，“迷思概念”是人们依据自身经验所形成的一种自认为合理的概念，具有经验性、普遍性、隐蔽性特点，它是基于日常经验对事物或现象做出的解释，但这种解释往往与科学概念相悖。参见李雁冰、刁彭成：《科学教育中“迷思概念”初探》，载《全球教育展望》2006 年第 5 期。

观证明责任逻辑”。[1] 此处“举证责任”所指实为行为责任或提供证据的责任,并非事实真伪不明时的败诉风险负担意义上的证明责任。将原《民事证据规定》中的“举证责任”都理解为客观证明责任大多是学者们的一厢情愿。虽然原《民事证据规定》第2条确实是从客观证明责任的角度界定“举证责任”的,宣告了我国证明责任制度在规范形式上的确立。但在医疗侵权等条文的具体规定中,“举证责任”指的就是行为意义上的提供证据加以证明的责任。患方负证明责任而医疗机构应对过错及因果关系事实负提供证据责任并不产生逻辑矛盾。虽然笔者认为其实提供证据责任的承担及转换是基于具体案件情境而定不必由法律规范加以规定,但在我国理论及制度上尚未明确提供证据责任及其转换机制的情况下,这一规定仍具有积极意义。比较而言,通过提供证据责任的分配与转换规则来规范诉讼中的证明活动相较于证明责任分配是一种更灵活、更精确、更有效的调整方式。

以上的分析展现的是在医疗侵权诉讼中证明责任分配与提供证据责任负担的分离:客观证明责任仍应固定由患方承担,但不负证明责任的医方应负事证开示义务,由此开始提供证据责任的转换,并借由摸索证明、表见证明、事实推定及由此导致的证明标准的降低,多方面合力化解医疗侵权诉讼证明难题,平衡医患双方程序与实体利益,公正解决医疗纠纷,维护医患关系的健康发展。在现行医疗侵权诉讼机制下,个案纠纷处理中事实认定的模糊与适用规则的不确定性导致了医患双方鸿沟的不断加深。弥补裂痕也不应仅靠良好意愿与高调宣传,只有通过每一次医疗纠纷诉讼的精确处理不断确认医患双方的法律权利与责任,从而修复医患关系,并建立过程导向的信任关系。毕竟,明确的规则(包括实体规则及程序处理规则)是减少纠纷重建和谐的先决条件。

---

[1] 霍海红:《主观证明责任逻辑的中国解释》,载《北大法律评论》2010年第2期。

中篇　证明责任制度的理论重述

第八章　证明责任理论地位重述：重申证明责任作为“民事诉讼的脊梁”

引　言

证明责任理论在大陆法系国家民事诉讼理论体系中具有至关重要的地位，广为流传的一般说法是证明责任为“民事诉讼的脊梁”。这一源自德、日等国民事诉讼学界的法谚，[1]

---

〔1〕 德国和日本都有将证明责任理论称为“民事诉讼的脊梁/脊椎”的说法。在德国，由于分配证明责任的规范具有非常重大的意义，人们有理由将它们称为“民事诉讼的脊梁”。参见［德］莱奥·罗森贝克：《证明责任论》（第5版），庄敬华译，中国法制出版社2018年版，第76页；［德］罗森贝克等：《德国民事诉讼法》，李大雪译，中国法制出版社2007年版，第858页。在日本，也有很多学者认为证明责任的作用不仅表现在诉讼最终事实真伪不明时指引法官作出裁判，而且在审理之初就以间接的形式产生影响。证明责任的这种事前作用使其被称为民事诉讼的脊梁（backbone）。参见［日］松冈义正：《民事证据论》（上册），张知本译，中国政法大学出版社2004年版，第30页；［日］高桥宏志：《民事诉讼法：制度与理论的深层分析》，林剑锋译，法律出版社2003年版，第421页。

在我国理论界亦广为流传。[1] 但对于这一说法的确切含义在我国却从未见有明确论述。一般多认为其不过是关于证明责任理论在民事诉讼领域的显赫地位及特别重要性的形象比喻。10 余年前,我国已有学者在将证明责任界定为“解决事实真伪不明的法律技术与方法”的基础上,论证了证明责任还具有在诉讼过程中的促进诉讼效益提升、对裁判正当性证成,以及对我国传统司法理念予以重新审视的批判功能,从而论证了证明责任独立化的必要性和可能性。[2] 但笔者认为,这仍未能充分揭示证明责任理论的最重要功能。本书将阐述:证明责任作为民事诉讼的脊梁这一命题,指涉的其实是现代证明责任之于民事案件的裁判方法论意义及对于民事诉讼构造的支撑功能。证明责任是现代当事人主义诉讼模式下的基本裁判思路与方法,不仅在案件审理的最终阶段才发挥调整作用,也绝不仅是关于事实模糊或证据短缺案件的裁判方法。证明责任作为一种诉讼框架与裁判方法对所有民事案件具有普遍的通用性,也在整个诉讼过程中发挥调整当事人诉讼行为与法官裁判行为的重要功能。对此,我国理论上显然缺乏论证,仍有必要予以认真探讨与重新认识。

一、证明责任形成新的裁判三段论

传统法学方法论的核心问题是所谓“司法三段论”,法官在司法裁判中运用这一基本思维工具将抽象的法律条文运用于具体的案件

---

〔1〕 代表性文献参见江伟主编:《民事诉讼法》(第 3 版),高等教育出版社 2007 年版,第 179 页;张卫平:《民事诉讼法》(第 3 版),法律出版社 2013 年版,第 218 页;刘家兴、潘剑锋主编:《民事诉讼法学教程》(第 4 版),北京大学出版社 2013 年版,第 150 页;谭兵、李浩:《民事诉讼法学》(第 2 版),法律出版社 2013 年版,第 201 页;肖建国、包建华:《证明责任:事实判断的辅助方法》,北京大学出版社 2012 年版,自序。

〔2〕 参见霍海红:《证明责任:一个“功能”的分析》,载《华东政法学院学报》2003 年第 5 期;霍海红:《证明责任:一个功能的视角》,载《北大法律评论》2005 年第 1 期。

事实,作出裁判。[1] 在大陆法系的传统理论中,司法三段论在诉讼案件中的适用存在两种情形:作为小项的案件事实被证明为存在或不存在。现代证明责任理论界定了一种所谓案件主要事实“真伪不明”的情形。在传统法律方法论下,从小前提不能确立中推不出任何结论。因此,法官在一个具体的小前提不能确立的情况下,就需要另外的大前提。[2] 德国诉讼法学大家罗森贝克认为,在此种情形下仍可进行逻辑推理:在案件事实真伪不明时,作为大项的实体法规定就不能适用,因此主张适用该实体法规范的当事人的诉讼主张不能得到法院的支持,并导致败诉结果。罗森贝克主张此种方法论建立在形式逻辑的基础上,并据此认为:“所谓证明责任规范因此无从谈起。”[3]此种证明责任理论被称为“法律不适用说”。但这一解释方法被后来众多学者批判为是错误的,因为在事实真伪不明时其实并不能仅凭逻辑推理作出裁判。[4] 因此,罗森贝克的再传弟子普维庭后来修正了规范说关于事实真伪不明时的裁判逻辑,其对“不适用法律”一词的含义进行了重新的解释:不适用法律永远不是指因为真伪不明就不进行法律推理,在真伪不明情况下通过作出不具备实体法内容的判决来消除请求权是不合适的。不适用法律的正确含义只能是:因为证明反面为真,所以不适用法律。[5] 普氏的“修正规范说”进而认为,在事实真伪不明时其实并非“不适用法律”,而是通过将真伪不明的事实拟制为或真或伪,进而适用法律作出裁判,这种“拟制”

---

〔1〕 参见王利明:《法学方法论》,中国人民大学出版社2012年版,第69页。

〔2〕 参见[德]卡尔·恩吉施:《法律思维导论》,郑永流译,法律出版社2004年版,第65页。

〔3〕 [德]汉斯·普维庭:《现代证明责任问题》,吴越译,法律出版社2000年版,第236页。

〔4〕 案件事实真伪不明不同于案件事实被证明为伪,也即小前提无法确定,认为事实真伪不明时仍可进行三段论推理则犯了“中项不同一”的“四概念”错误。形式逻辑三段论有四格,共256个可能式,这种情形甚至根本不包含在所有可能式中,因此是不能进行推理的。参见雍琦:《法律逻辑学》,法律出版社2004年版,第193页。

〔5〕 参见[德]汉斯·普维庭:《现代证明责任问题》,吴越译,法律出版社2000年版,第215页。

的途径就是证明责任规范。证明责任的本质就是通过拟制将实体规范扩大适用于真伪不明的领域,因此仍可适用三段论裁判(只不过增加了一个证明责任规范作为辅助环节)。证明责任理论的任务就是要通过实体法规范寻找隐含其中的“证明责任规范”。

因此,证明责任是一种不同于传统司法三段论的裁判方法。在现代证明责任理论下,事实真伪不明时的裁判方法并不是简单地从形式逻辑上进行推理,而是建构在法律上积极的风险分配上。承认案件事实存在真伪不明的状态是现代司法理性的体现。证明责任裁判虽然不同于传统的司法三段论,但其实证明责任适用时在逻辑上仍遵循三段论推理的形式。只不过传统司法三段论的大前提是实体法规范,小前提是被证实或证伪的案件事实,“证明责任三段论”的大前提是“证明责任分配规范”,或所谓的“证明责任法”,小前提是固定的:案件事实真伪不明。也可以说,证明责任理论补充充实了裁判三段论的形式,使传统司法三段论脱胎换骨,可以涵盖事实真伪不明情形的处理。至此,证明责任作为解决事实真伪不明时的裁判方法与传统的司法三段论形成并列关系,共同构成完整的裁判方法体系。

二、证明责任作为民事案件的裁判方法

可能会有人质疑证明责任裁判作为民事案件裁判方法并非什么新颖观点。[1] 我们都熟知这样一种老生常谈:证明责任只是案件事实真伪不明时的辅助裁判方法,证明责任解决的是事实疑难问题,并

〔1〕 代表性成果参见陈刚:《证明责任法研究》,中国人民大学出版社 2000 年版,第 3 页;霍海红:《证明责任:一个“功能”的分析》,载《华东政法学院学报》2003 年第 5 期;肖建华、王德新:《证明责任判决的裁判方法论意义——兼评传统证明责任观之谬误》,载《北京科技大学学报(社会科学版)》2005 年第 2 期;周成泓:《证明责任的本质:事实真伪不明时的裁判方法论——以民事诉讼为视角》,载《学术论坛》2008 年第 8 期;肖建国、包建华:《证明责任:事实判断的辅助方法》,北京大学出版社 2012 年版,自序。

且只是在证据短缺的疑难案件中出场。但应当注意,这种认识中存在普遍误解。由于通过当事人的举证(包括必要时的申请法院调查取证),绝大多数案件中的事实一般能够在诉讼最后达到证明标准而作出裁判,因此,证明责任实际适用概率是很低的。

与前述误解相较而言,现代证明责任理论认为证明责任最重要的是其前置作用:证明责任不仅是在案件审理的最后关头案件事实真伪不明时才最终出现的裁判指引,而且是在任何案件一开始就潜在地发挥调整当事人诉讼行为尤其是主张与证明行为的裁判方法。在诉讼最后阶段,如果所有证据均已提出,法官自由心证用尽,而案件事实仍不能得到解明,当然可能根据证明责任的分配结果作出裁判,即判决对该真伪不明事实负担证明责任的当事人败诉。此种判决,即所谓的“证明责任裁判”。但绝对不能认为只有“证明责任裁判”才是适用了证明责任机制,恰恰相反,从某种意义上来说,证明责任裁判的出现反倒是证明责任机制未能充分发挥功能的结果。证明责任作为一种风险负担机制所发挥的对当事人诉讼行为的规制作用即所谓“主观证明责任”的功能。证明责任的风险属性导致相关当事人在诉讼程序中时刻承担“若事实真伪不明即败诉”的内在压力,并促使当事人积极采取行动以化解此种不利风险。如此一来,证明责任分配作为一种积极导向事实查明机制,其功能得到了充分实现,提供了事实发现的根本动力,因此也可以说证明责任相当于案件事实发现的“发动机”。

法律所设定的问题需要我们遵循特定的方法、按照一定的问题解决框架加以解决,这就是法律方法问题。[1] 证明责任作为一种裁判方法不是去补充司法三段论存在的理论漏洞,而实为诉讼程序上民事案件处理的基本法律方法。双方当事人在证明责任所预设的败诉风险负担框架下得以提出主张与抗辩、具体化其主张、生活化要件

---

〔1〕 参见葛洪义:《法律方法讲义》,人民大学出版社2009年版,第3页。

事实、提供证据、引出规范、解释法律、进行说服与论证。证明责任的"脊梁"作用在于其作为一种一般裁判方法对所有民事案件具有通用性。在此语境下,证明责任作为内在压力机制并非直接针对生活事实,而是针对法律构成要件事实。因此,证明责任不再是在证据短缺、生活事实模糊情况下通过督促当事人进一步提供证据而化解真伪不明的利器,而是在要件事实疑难判断的情形下如何正确适用法律的方法。要件事实在证明责任理论中地位的确立正是将证明责任分配从传统的"待证事实分类说"引向"法律要件分类说"的转折点,并促进了大陆法系民事裁判从"事实出发型"最终走向"法律出发型"。"要件事实"概念的提出在方法论上具有重要意义,它使方法论和证据法中的事实概念得以区别开来,而且,为三段论中的连接过程提供了坚实的理论基础。〔1〕 在我国,也正是在要件事实理论引入的背景下,证明责任作为民事案件的裁判方法论逐渐获得越来越多的关注。〔2〕

三、证明责任体现为说服论证的风险

证明责任作为一种风险负担会内在地驱动当事人积极采取行动,包括在诉讼程序中通过提供证据进行具体生活事实的证明。但这种主观证明责任对当事人行为的调整功能与具体举证责任不能

---

〔1〕 参见王利明:《法学方法论》,中国人民大学出版社 2012 年版,第 200 页。

〔2〕 相关将要件事实论与证明责任方法论联系起来的代表性作品,参见段文波:《裁判逻辑与实定法秩序之维护——要件事实论纲》,载《西南政法大学学报》2005 年第 3 期;章恒筑、夏瑛:《日本要件事实论纲——一种民事诉讼思维的展开》,载《法学家》2005 年第 3 期;段文波:《民事要件事实与民事证明责任分配》,载《学海》2006 年第 5 期;程丽庄:《要件事实论与日本法律人培养》,载《学海》2007 年第 1 期;[日]小林正弘:《民事裁判理论的改进与要件事实论》,载张卫平、齐树洁主编:《司法改革论评》(第 15 辑),厦门大学出版社 2012 年版,第 173 页;其中集大成者当属许可:《民事审判方法:要件事实引论》,法律出版社 2009 年版。

混淆。[1] 当然,负担主观证明责任的当事人一般情况下负首位的具体举证责任,可以说证明责任驱动了具体举证责任,但具体举证责任在证明过程中是可以围绕法官心证的形成而持续转换的。具体举证责任与证明评价是分不开的,属于事实问题,这一概念的提法已经偏离了原本意义上的证明责任领域。[2] 证明责任是一种理论上存在的事实不能作真伪分明判断的诉讼风险。按照大陆法系国家证明责任分配的通说,这种风险基于立法者审慎的价值权衡,已预先由法律作出分配,也即立法者对于作为权利关系所基于的事实的设定基础其实不仅是二分(真—伪),而是三分(被证明—真伪不明—被驳回)。因此,在具体的诉讼中因证据短缺造成事实真伪不明时裁判者将事实拟制为或真或伪,就是直接按照立法者设定的、内涵于实体法规范之中的“证明责任规范”作出裁判。

证明责任作为民事案件的裁判方法之路径,是将法律抽象规范适用于具体纠纷、以法律条文观照现实生活。将生活事实与法律规范联系起来的这一过程中,既包括当事人的举证证明,亦内在地包含了法官对案件事实的评价。与具体生活事件与法律构成要件的区分相对应的是,法官事实判断上存在一种所谓的“二阶构造”:一是在证据基础上对争议的具体生活事实存在与否的判断;二是在此基础上将生活事实与法律规范要件连接起来的作业,也即评价。就当事人主观证明责任而言,一是要将法律规范规定的要件事实具体化为系争生活事实,再通过“具体举证责任”的履行对系争事实进行证明;二是要将系争事实与法律规范要件事实联系起来,向事实裁判者履行

---

〔1〕 关于具体举证责任与证明责任内涵的区分,参见胡学军:《从“抽象证明责任”到“具体举证责任”——德日民事证据法研究的实践转向及其对我国的启示》,载《法学家》2012 年第 2 期。

〔2〕 参见[德]汉斯·普维庭:《现代证明责任问题》,吴越译,法律出版社 2000 年版,第 14 页。

"说服责任",此即具体化的反向:"概括"。[1] 为将抽象法律与具体争议连接起来,在当事人与法官的角度,都存在"目光在事实与规范之间的往返流转"。[2] (见图8.1)其中,要件事实的证明责任分配是抽象的,而具体化为生活事实是否存在证明责任分配问题,不同学说之间则存在争议。

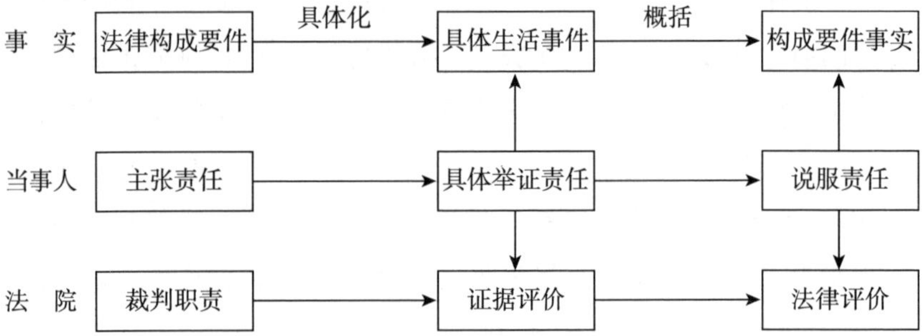

图8.1　诉讼中"事实"的二重性与事实问题的"二阶构造"

如此看来,主观证明责任所蕴含的行为意义上的"证明",不能仅理解为对具体生活事实的举证,而从根本上说是论证当事人特定权利主张的证立。只有"严格锁定"证明责任概念的内涵,[3] 才能使客观证明责任及其运用(证明责任分配)规则变得单纯而清晰。由于证明责任与证据调查和证据评价的应用领域是严格分开的,因此严格来说,所有"证明"活动均与客观证明责任无关。只不过,证明责任的内在压力迫使当事人在与法院裁判有关的各个方面积极行动,提供证据仅是这些行动中的一项,而且这种"责任"的后果机制不是外在

---

〔1〕 德文中的Subsumtion,通常义项即为"概括",而在我国法学理论上多翻译为"涵摄"。

〔2〕 参见[德]卡尔·恩吉施:《法律思维导论》,郑永流译,法律出版社2004年版,第78页。

〔3〕 普维庭主张严格锁定客观证明责任作为证明责任的概念内涵。参见[德]汉斯·普维庭:《现代证明责任问题》,吴越译,法律出版社2000年版,第10页。

的，而是内在的。[1] 提供证据行为在证明责任的履行中不具有决定性的意义，因为当事人在诉讼过程中所提供的证据仅是作为其履行证明责任的一种论据材料。对此我们可以设想两种极端情形：一方面，即使当事人竭尽全力不惜代价提供了自己所能收集的所有可能证据，仍不能保证其主张就一定会被支持；另一方面，即使当事人未提供任何实质意义上的证据材料，若其在诉讼中仍能说服法官适用其所主张的法律依据，则仍不致败诉。也就是说，当事人在举证行为方面的谨慎勤勉或疏忽懈怠都不对最终的败诉风险产生决定性作用。一句话，证明责任分配与承担能够促进当事人举证，相反，举证行为的质与量都不能影响或决定证明责任的承担。

进一步来说，在当事人具体举证责任完成后，具体生活事实即使被证明清楚，但仍存在当事人主张的法律规范要件事实成立与否的问题，亦即当事人主张的法律规范是否可以适用或当事人的权利主张是否成立的问题，此即实质上的证明责任问题。将生活事实与法律规范联系起来的纽带或法律技术是法律构成要件分析。具体生活事实是否符合法律构成要件的判断是由法官完成的，法官在进行这种判断时，需要一方面对照法律规定裁剪事实，另一方面对照生活事实解释法律，最后能完成所谓“涵摄”的作业，从而依照三段论适用法律作出裁判。法律解释的方法包括如文义解释、目的论解释、法意解释、体系解释、历史解释等很多具体方法，如果穷尽所有方法，最终的结果仍是案件客观生活事实不能被概括为法律构成要件，亦即所谓法律规范不能“涵摄”本案事实，则当事人主张的法律规范不能适用，法官只能作出对当事人主张不能予以支持的败诉裁判，此即所谓“证明责任裁判”。

---

〔1〕 一般意义上，“责任”是指义务违反的后果即某种制裁。而诉讼中的“责任”的意义在于推进和加快诉讼的进程，它独立于当事人的行为。不能因为当事人没有履行某个诉讼责任就视为违反法律，并施加某种制裁。不遵守责任的不利不能超出具体的诉讼程序之目的。此种责任的后果不过是当事人自己错过胜诉的机会或者导致败诉的结果。参见［德］汉斯·普维庭：《现代证明责任问题》，吴越译，法律出版社 2000 年版，第 48～49 页。

四、证明责任的实质关涉法律适用

案件中的具体生活事实可能由于证据短缺而无法作出明确肯定或否定的判断,但法官不能因此拒绝对当事人的请求作出裁判。消除事实问题方面的疑问是证明责任的使命,证明责任规范也能够胜任之。[1] 需要区分的是,对事实问题的真伪不明并不意味着对法律问题也真假不明。避免这一点恰恰是证明责任规范的任务。[2] 如果将事实真伪不明等同于案件事实的不存在,则相当于否定了证明责任机制的作用。将证据调查的三分结果(被证明—真伪不明—被驳回)简化为二分(被证明—未被证明)的这种错误所幸也已被我国学界明确意识到了。[3] 这种强制法官将真实性无法确认的主张作为不真实来对待,是对自由心证原则的违反。这种强制并不必要,因为证明责任规范正是为此种情形下的裁判提供指引。实体法是一种抽象且一般的独立存在,是以要件事实的客观存在为基础的规定,而不是以事实的可证明性为基础的规定。将事实的真伪不明当成事实不真实对待,在方法论上就犯了与德国曾经证明责任理论上莱昂哈特的"证明说"同样的错误,莱昂哈特此种把实体规范纯粹诉讼化,"给实体法强加一种程序法内涵"的错误做法,被德国后来众多的学者予以

---

〔1〕 参见[德]莱奥·罗森贝克:《证明责任论》(第5版),庄敬华译,中国法制出版社2018年版,第13页。

〔2〕 参见[德]莱奥·罗森贝克:《证明责任论》(第5版),庄敬华译,中国法制出版社2018年版,第18页。

〔3〕 参见曹志勋:《"真伪不明"在我国民事证明制度中确实存在么?》,载《法学家》2013年第2期。

广泛的批评。[1]

如此我们才能回归现代证明责任理论的基本定位：证明责任理论是法律适用理论的一部分，[2]法律适用的核心就是对案件事实进行必要的判断。[3] 法官不得拒绝对案件作出裁判，但在案件事实真伪不明时，由于案件事实这一小前提无法证立，因此传统的裁判三段论将无法适用。但法官仍不得不对此作出裁判，裁判的结果只能是一方当事人败诉。法官此时不外乎将在非此即彼的两种实体后果之中选择适用法律，而如何选择则取决于所谓证明责任规范。正如法谚所云：证明责任之所在，即败诉风险之所在。客观证明责任是一种法定风险分配形式，这种抽象的风险分配在每一个诉讼开始前就已存在，就像实体法的请求权规范一样。[4] 总之，在大陆法系国家的理论通说中，证明责任理论规范了当事人的诉讼与法官的裁判行为，完美勾连起民事诉讼的事实认定与法律适用，从而真正发挥了“民事诉讼脊梁”的功能。

---

〔1〕 Leonhard, Beweislast, S. 127. 转引自[德]汉斯·普维庭：《现代证明责任问题》，吴越译，法律出版社2000年版，第26页。德国学者莱波尔特、穆兹拉克、普维庭都曾对此予以了批评。参见[德]汉斯·普维庭：《现代证明责任问题》，吴越译，法律出版社2000年版，第212～214页。

〔2〕 [德]莱奥·罗森贝克：《证明责任论》(第5版)，庄敬华译，中国法制出版社2018年版，第14页。

〔3〕 参见[德]卡尔·拉伦茨：《法学方法论》，陈爱娥译，商务印书馆2005年版，第165页。

〔4〕 参见[德]汉斯·普维庭：《现代证明责任问题》，吴越译，法律出版社2000年版，第27页。

第九章　证明责任基础前提重述：为“事实真伪不明”命题辩护

引　言

证明责任在大陆法系的德、日等国被称为“民事诉讼的脊梁”，该理论被引入我国后也一直占据民事证据法研究领域的核心地位。但在近年我国证明责任研究的热潮之中，对于该理论的本土化适用也一直暗藏着一股怀疑主义的潜流。由于现代证明责任理论是以案件“事实真伪不明”状态的肯定作为理论前设的，因此对这一理论基石的怀疑与否定足以动摇甚至直接摧毁证明责任这一理论命题。近年来，一批青年学者持续展开的攻击使“真伪不明为伪命题”的少数观点似乎正要成为有力说。

先是季桥龙博士在理论上批判“真伪不明”作为法官最后心证状态的存在是基于哲学上“不可知论”的错误思想。他认为在“可知论”观念背景下，法官对案件争议事实的认定只能是“真”和“伪”两种状态，而“真伪不明”只能是一种临时心证，必然要通过方法予以克服，以致最终完成对案件事实的认识。[1] 随后，曹志勋博士基于我国民事司法实践中的“二分式”证明模式发出了“‘真伪不明’在我国民事证明制度中确实存在么”的质问，从实践层面对该命题继续发难。[2] （下文简称曹文）近期，基于对中国语境下证明责任理论的反思，许尚豪博士认为在我国实行单一化证明标准的事实认定方式下，“真伪不明”根本没有生存的空间及法律上的意义，从而提出了“‘真伪不明’实属一个伪命题”的大胆判断。[3] （下文简称许文）与之相呼应，欧元捷博士认为从比较法理论上看，“真伪不明”命题与证明责任并不存在直接的依存关系，并发出了“抛弃事实真伪不明命题”的最直白的呼吁。[4] （下文简称欧文）季桥龙博士更是从否定真伪不明命题进而全面否定现代证明责任理论出发，认为“客观证明责任仅是一种理论虚构，在实践中尤其是我国当今司法实践中并不存在”。[5] 对此，已故江伟教授曾表示：是否应当否认案件事实认定存在“真伪不明”，期待有更多的学者和实务界人士参与这一关键问题的讨论。[6] 由于事实真伪不明命题的否定将危及客观证明责任理论的成立，如果要在理论上坚持并在我国司法实践中继续移植这一基础性制度，就必须回击这种“事实真伪不明”为伪命题的观点，进一步

---

〔1〕 参见季桥龙：《民事举证责任概念研究》，中国政法大学出版社 2011 年版，第 60 页。

〔2〕 参见曹志勋：《“真伪不明”在我国民事证明制度中确实存在么？》，载《法学家》2013 年第 2 期。

〔3〕 参见许尚豪：《证明责任理论的证据语境批判》，载《政治与法律》2016 年第 11 期。

〔4〕 参见欧元捷：《论“事实真伪不明”命题的抛弃》，载《政治与法律》2016 年第 11 期。

〔5〕 参见季桥龙：《民事举证责任概念研究》，中国政法大学出版社 2011 年版，第 99 ~ 126 页。

〔6〕 参见季桥龙：《民事举证责任概念研究》，中国政法大学出版社 2011 年版，第 2 页。江伟教授为该书所作“序”。

论证“真伪不明”命题在理论上及我国实践中存在的合理性与现实性。

一、“真伪不明”是一种客观存在的事实认知状态

“真伪不明”并非客观事实本身的状态，而是指对诉讼事实主张的一种主观认知状态。支持“事实真伪不明”命题的主要理由是诉讼中证据的有限性与人类认知的局限性。由于这一命题具有基础性，在证明责任经典著作中对此确实未进行过多的论证。我国学界近期对此命题提出了诸多质疑的理由，但其实均经不起推敲。

许文认为，认知的局限性并不必然导致案件“事实真伪不明”的存在。其一，诉讼程序本身就是克服人类认知局限的产物，(程序)设计的目标正是通过一系列诉讼规则使法官的事实发现和事实认定成为可能；其二，虽然法官评价证据的能力有局限，然而，诉讼制度的本意就是使人们免于认知局限的羁绊，如借助于证明标准就是使证据证明达到一定程度即可予以事实认定的制度。[1]

这种观点显然属于一种无视现实的乐观主义。通过诉讼程序与诉讼制度的设计确实一定程度上可以缓解认知局限性的问题，但作者显然过分夸大了程序制度设计在事实认定方面的意义。严格依照预定规则就真的能准确认定客观事实？这正是曾经的“法定证据制度”的妄想，已被历史证明是不可能实现的。现代法律制度设定的事实认定的基本规则正是“自由心证”，这一制度的中心要义恰恰是打破事实判断规则的绝对化，而肯定法官认定事实的自由度。即使认为现代自由心证制度并非裁判者完全的自由，而是在一系列证据规则制约下的，也很显然，证据规则仅是对证据的法律资格(可采性)予

---

〔1〕 参见欧元捷：《论“事实真伪不明”命题的抛弃》，载《政治与法律》2016 年第 11 期。

以一定的限制,而证据证明力的判断从根本上来说是自由的。所谓诉讼制度“能使人们免于认知局限的羁绊”则更无异于痴人说梦。如证明标准的确立确实为事实认定提供了一个可操作性的尺度,但即使认为该标准是客观实在的,也不可能解决事实认知局限的存在,毕竟是否达到这一标准还存在一个法官判断的问题。达到该尺度的证明应认定事实真实存在,但标准的提出同时也意味着达不到该尺度即属证明失败。如将未达到标准的情形归为相反事实成立,显然是先主观地设定了事实认定“非真即假”的二元前提。但其实,认定事实为真和认定事实为假本来就是存在两个证明标准两次判断的问题。(详见本文第四部分论述)

许文首先提出案件事实认定存在两种模式:一种是在原、被告的不同主张之间择一认定的所谓“选边站”模式;另一种即所谓“法院认知”模式。继而提出在这两种模式下均不存在“真伪不明”。在“选边站”模式下,法官只是比较双方当事人提供的证据,看哪一方具有优势,从而对其主张予以认定。即使法官内心认定双方的主张均难以成立或均可成立,也不允许出现“平局”的结果,而只能进行非此即彼的选择。因此主张事实的“真”或“伪”并非法院裁判的事实前提,更遑论“真伪不明”。“法院认知”模式是指法院根据自己的主观认知状态,判断主张事实是否具有合理性。[1]

笔者对此分类实在难以理解:第一种“选边站”模式似乎是根本不考虑事实成立可能性的纯证据比较方法,但即便所谓证据优势不也正是根据不同证据对待证事实证明力的比较吗?如果不考虑案件事实主张,如何能够显示证据的优势?总不能以证据数量的多少来机械地判断吧!在所谓“法院认知”模式下,作者认为,主张事实只是法院查证的一个线索及起点,至于它究竟是“真”、“伪”还是“真伪不

---

〔1〕 参见许尚豪:《证明责任理论的证据语境批判》,载《政治与法律》2016 年第 11 期。

明”,在诉讼程序上并无独立的裁判价值。按照这一逻辑,在法官作为认识主体对案件事实进行认知时,当事人的事实主张就被抛到一边而与法官的认知完全无关了,这无论如何难以被具备常识的司法人员认同。

在上述显属过于随意的分类之后,作者转向我国司法中事实认定的分析。但奇怪的是,作者并不认为我国事实认定属于上述模式中的任何一种,只是因为我国的“强职权主义”诉讼模式要求法院主动依职权调查认定案件事实。由于法院享有“法律配置的强大的调查证据职权”,因此基本可以消灭“真伪不明”。作者认为,大陆法系的证明责任理论建构于当事人主义的诉讼模式下,而在中国特色的程序背景下,证明责任理论根本不适用。[1]

法院基于职权主义下的调查取证权就可以消灭真伪不明?难道作者根本就没有注意到我国近年平反了一系列典型冤案的现实吗?其实,德国经典证明责任理论根本未将这一理论局限于当事人主义模式,而是认为:“不管是什么样的诉讼程序,也无论证明法如何构造,甚至也不管适用什么样的诉讼原则,都可能面临客观证明责任问题。”[2]时间的一维性与证据的有限性是事实认定困难的根本原因,无论当事人或法院如何竭尽全力,也不可能完全消除。因为“自由的证明评价不能给予法官以无所不知”。[3] 我国的诉讼模式在向当事人主义转型,法院调查取证职权的弱化与限缩正是司法改革与诉讼模式转型的基本趋势。在这一现实下,仍然强调我国司法与西方当事人主义制度本质区别的“国情论”,是令人费解的。

---

〔1〕 参见许尚豪:《证明责任理论的证据语境批判》,载《政治与法律》2016 年第 11 期。

〔2〕 [德]莱奥·罗森贝克:《证明责任论》(第 5 版),庄敬华译,中国法制出版社 2018 年版,第 38 页以下;[德]罗森贝克等:《德国民事诉讼法》,李大雪译,中国法制出版社 2007 年版,第 848 页;[德]汉斯·普维庭:《现代证明责任问题》,吴越译,法律出版社 2000 年版,第 12 页。

〔3〕 [德]莱奥·罗森贝克:《证明责任论》(第 5 版),庄敬华译,中国法制出版社 2018 年版,第 79 页。

许文一方面(不得不)承认：“从理论上讲，真伪不明是一种客观存在的认知状态，任何否认这种认知状态存在的观点都是不科学的。”[1]但另一方面，又认为真伪不明作为一种事实认知状态不能也不应出现在具体诉讼程序之中，不会与“真”“伪”并列成为法院裁判的第三种事实前提。按照作者的逻辑，这就不免令人惊奇了：必须承认真伪不明认知状态的存在，但真伪不明认知状态却不是出现在具体诉讼程序之中。那这种认知状态还能出现在哪里呢？!

与许文强行否定真伪不明命题不同的是，某些学者主张实际司法中不存在真伪不明认知状态的观点与对克服事实疑难情形下的制度手段的过分信任有关。如我国理论界与实务界都有人主张事实推定可作为事实疑难判断困境时的优位制度选择。[2] 但这岂非不言而喻的吗？其实不仅是推定，而且其他各种有助于促进事实信息查明的制度手段相对于证明责任制度均应处于优位位置。因为证明责任本就是“最后的选择”(ultimum refugium)。[3] 罗森贝克和普维庭都提醒过要注意区分诉讼过程中的“模糊不清”与最终状态之“真伪不明”。“真伪不明”是所有证明行为与证明评价结束之后的状态。[4] 推定是解决事实模糊不清的手段，但绝不能全面根除“真伪不明”。况且，事实推定也不是万能的，推定的适用也要求满足一定的前提条件，实践中显然也存在无法推定的情形。在证明与事实认定方法穷尽时，只有“真伪不明”判断才是最后的理性选择。

将对真伪不明认知状态的肯定戴上“不可知论”的帽子，这确实

---

〔1〕 许尚豪：《证明责任理论的证据语境批判》，载《政治与法律》2016年第11期。

〔2〕 代表性观点，如张海燕：《推定：事实真伪不明困境克服之优位选择》，载《山东大学学报(哲学社会科学版)》2012年第2期；张海燕：《民事推定法律效果之思考——以当事人诉讼权利的变动为视角》，载《法学家》2014年第5期；陈科：《经验与逻辑共存：事实认定困境中法官的裁判思维》，载《法律适用》2012年第2期。

〔3〕 [德]莱奥·罗森贝克：《证明责任论》(第5版)，庄敬华译，中国法制出版社2018年版，第80页。

〔4〕 参见[德]汉斯·普维庭：《现代证明责任问题》，吴越译，法律出版社2000年版，第24页。

是我国理论与实践中移植“客观证明责任”制度仍较普遍存在的一种观念障碍。但实际上，将诉讼事实认定这一程序技术问题与哲学认识论形态直接对号入座的简单化做法是极端错误的。辩证唯物主义的灵魂就是“实事求是”，法官对案件事实的认定不能要求在有限证据信息的情况下必须作出绝对的判断，从这一角度来看，承认“真伪不明”状态恰恰是“实事求是”的态度。特定情境下对案件事实的认定只能把握“相对真理”，而不可能是“绝对真理”。在补充提出足以推翻生效裁判的证据信息的情况下，案件事实可以通过再审重新认定，甚至某些案件只能期待在遥远的将来，通过偶然性事件的出现而“真相大白”。有限的时空与信息下强行要求法官作出真伪分明的判断是违反认识过程的长期性和曲折性这一辩证法的。真伪不明命题就是承认诉讼中的事实认定毕竟是一种在特定时空限制下的认识，是容忍裁判者放弃绝对化判断的正确立场。

上述观点的提出，表明“事实探知绝对化”倾向即使在我国法律人观念意识中也较普遍存在，[1]非真即假的二元化判断确实排除了“真伪不明”及证明责任制度的生存空间。要真正接纳作为裁判方法的现代证明责任，就需要打破案件事实非真即假认定这种绝对化的观念。

二、现代证明责任理论从未抛弃“事实真伪不明”命题

既然“事实真伪不明”作为一种客观存在不可否定，欧文转而从“事实真伪不明”与现代证明责任理论并不存在必然联系这一角度对这一命题展开攻击。其从德国证明责任理论发展脉络的简要梳理中

〔1〕 关于“事实探知绝对化”倾向，参见张卫平：《事实探知：绝对化倾向及其消解——对一种民事审判理念的自省》，载《法学研究》2001 年第 4 期。

试图找出支持二者“脱钩”的学说，进而认为，在普维庭等德国学者的眼中，证明责任“的存在及运行都不依附于真伪不明问题”，“诉讼中的事实真伪不明应通过拟制（拟制为真或伪）的方法加以消除”。[1]

普维庭作为德国证明责任研究的集大成者，其《现代证明责任问题》一书将研究的重点放在20世纪中期德国证明责任研究鼎盛时期问世的浩繁研究成果间的分歧焦点上，对罗森贝克、莱昂哈特、施瓦布、穆兹拉克、莱波尔特等在这一论题上几乎所有重要研究者的观点进行了深入细致的剖析，该著作出版之后，被学界誉为证明责任研究的“休止符”。欧文主要引述了该书观点。然而笔者核对之后，觉得如果不存在完全的翻译错误，则欧文对普氏的观点存在断章取义甚至有意误读的嫌疑。

首先，普氏从未表明客观证明责任的存在及运行可以不依附于真伪不明命题。相反，在其为该书中文版所作的十分简短的序言中就指出证明责任的核心问题是“当诉讼基于的事实问题再也无法查清时，如何对法律进行评价”，在普氏看来，这一问题（真伪不明时的方法论问题）比证明责任分配问题更加重要。证明责任赖以建立的基础是“事实真伪不明”，这是普氏在全书中无数次提及的“常识”。[2] 欧文所谓普维庭认为“证明责任的意义集中在客观证明责任的分配，而非克服事实真伪不明”是明显的误读。并且，令人疑惑的是：客观证明责任分配又是为什么呢？不正是为确定事实真伪不明时的风险负担吗？！如果放弃真伪不明命题，试问如何定位证明责任的意义与功能，甚至如何定义客观证明责任概念？

其次，普氏理论并非认为“真伪不明”可以借助拟制来“消除”，而是在承认事实无法认定的情况下，通过拟制来适用法律作出裁判。也就是说，“拟制”发生在适用法律作出最终裁判的环节，而不是发生

---

〔1〕 欧元捷：《论“事实真伪不明”命题的抛弃》，载《政治与法律》2016年第11期。

〔2〕 参见［德］汉斯·普维庭：《现代证明责任问题》，吴越译，法律出版社2000年版，第1（序）、2、14、22、23、26、27、35、57页等。

在事实认定环节。普氏的著作严格界定的“真伪不明”情形,是以事实认定结束为前提条件的。[1] 拟制的目的只是为“真伪不明”情形下如何适用法律而设计的技术装置。也就是说,将有关事实的疑问向明确的结果的转化,是通过证明责任规范而发生的。[2]

最后,欧文引证了普维庭的断言“证明责任系‘在真伪不明时不适用法律规范’的这个命题已经走到了尽头”来支持自己证明责任理论与事实真伪不明命题脱钩的观点,这里的误读就更加严重了。普氏这一断言批判的是罗森贝克关于事实真伪不明时不适用法律即可作出裁判的方法论,其细致分析了事实真伪不明时不适用法律的观点是经不起推敲的,从而提出了自己关于事实真伪不明时的方法论,即在真伪不明时仍然必须适用法律,适用法律的方法是将真伪不明的事实拟制为或真或伪,而拟制的具体途径是通过“证明责任规范”。对于普氏的这一方法论批判,罗氏在后来承认了,并据此修正了自己之前的观点,在其著作第 2 版开始肯定“证明责任规范”的存在。[3] 显然,普氏在其著作中只是断言“法律不适用说”“走到了尽头”,而绝非“真伪不明”命题“走到了尽头”!

按照欧文所理解的普氏理论是:案件事实真伪不明情形下通过拟制“消除”了真伪不明,“如此开展证据评价”,从而得以直接适用法律作出裁判,“以事实真伪不明为适用要件的证明责任判决就无从获得生存空间”。[4] 如果前文所述只是作者对普氏著作的个别观点的误解的话,这里则似乎存在对经典著作的核心观点的全面误读。普氏著作以专章论述了“证明责任与证明评价”二者的清楚区别,明确

---

〔1〕 参见[德]汉斯·普维庭:《现代证明责任问题》,吴越译,法律出版社 2000 年版,第 22~26 页。

〔2〕 参见毕玉谦:《关于民事证明上事实真伪不明状态的基本界定与认知》,载《证据科学》2008 年第 6 期。

〔3〕 参见[德]汉斯·普维庭:《现代证明责任问题》,吴越译,法律出版社 2000 年版,第 236 页。

〔4〕 参见欧元捷:《论“事实真伪不明”命题的抛弃》,载《政治与法律》2016 年第 11 期。

得出以下结论：证明责任的功能永远不可能是帮助法官形成对某个生活事实的心证。[1] 普氏最为在意、也是作为其批判他人观点的基本理由是：证明责任的方法论与证明责任分配问题是明确区分的两个层次的问题，而不是一个笼统的问题，“证明责任规范”是存在的，并且正是通过证明责任规范来解决案件如何裁判的问题。

正是由于该文作者未能理解普氏关于证明责任方法论与证明责任分配两个层次区别的基本观点，[2] 才会对普氏所彻底批判的两种过时的“真伪不明条件下的法律适用模式”予以拥抱，即罗森贝克“法律不适用说”和莱昂哈特的“证明说”。

这两种学说的共同点是均认为真伪不明条件下无须辅助手段即可判决，也不是否定真伪不明命题。莱昂哈特确实对事实认定的结果持“二分式”(被证明—未被证明)的观点，并认为事实未被证明时实体法即不能适用。这种观点的错误在德国已被莱波尔特、莱纳克、穆兹拉克等学者彻底揭示：实体法规范的文义系与客观事实相联系，而不是与可证明性联系，强加给实体法规范一种纯粹程序法内涵的做法是站不住脚的，普维庭对此作了最全面的归纳。[3]

该作者虽然对罗氏学说肯定真伪不明命题这一点上持反对态度，但在事实判断疑难时的法律适用问题上该作者所认同的恰恰是罗森贝克曾主张的“法律不适用说”。但正如普维庭所充分论证的，“法律不适用”根本不可能是在事实不确定时不进行法律推理，从逻辑与实践层面来看实际上都是适用法律作出裁判。[4] “法律不适用说”早已“走到了尽头”。

---

〔1〕 参见[德]汉斯·普维庭：《现代证明责任问题》，吴越译，法律出版社2000年版，第3章第3节、第8章第1节、第8章第4节、第12章第1节。

〔2〕 关于证明责任理论的不同层次的方法论，参见胡学军：《证明责任“规范说”理论重述》，载《法学家》2017年第1期。

〔3〕 参见[德]汉斯·普维庭：《现代证明责任问题》，吴越译，法律出版社2000年版，第211~215页。

〔4〕 参见[德]汉斯·普维庭：《现代证明责任问题》，吴越译，法律出版社2000年版，第175~176、215~219页。

三、真伪不明情形及证明责任裁判方法具有独立存在的意义

许文认为:“真伪不明”或许是一种客观存在的事实认定状态,但其法律价值的有无,取决于它能否“在真、伪二元事实之外,给出更为合理的事实认定及程序裁判结果”。如果在真伪不明状态下,仍然根据真或伪的事实状态进行裁判,那么,真伪不明就没有独立的存在价值。〔1〕

在证据短缺、心证未能达到确信的情况下,“真伪不明”本身就是一种独立的事实认定结果。这种认知状态其实就是在证据短缺时承认裁判者不可克服的认知局限性,从而放弃对事实作真伪分明的判断。正如罗森贝克所言:“如果人们想强制法官,让他将真实性没有得到确认的主张作为不真实来对待,则这恰恰是对自由心证的扼杀。”〔2〕容忍真伪不明这种实际心证状态的存在,显然是一种更为合理的事实认定结果,这也是现代司法理性的体现。另外,在最终的裁判结果上,真伪不明时的案件裁判也与“真”或“伪”事实认定时的法律适用方法并不相同,有其独立的意义与价值。

在证明责任理论历史上,证明责任是因案件事实真伪不明情形的认识而产生的理论建构,案件事实真伪不明是作出证明责任判决的前提。上述作者在否定真伪不明时竟承认证明责任裁判,实在令人难以理解。德国证明责任理论研究初期,针对事实真伪不明时的裁判方法,莱昂哈特认为实体法只能在案件事实得到证明时适用,因

---

〔1〕 参见许尚豪:《证明责任理论的证据语境批判》,载《政治与法律》2016 年第 11 期。

〔2〕 [德]莱奥·罗森贝克:《证明责任论》(第 5 版),庄敬华译,中国法制出版社 2018 年版,第 18 页。

此真伪不明问题不能按照实体法规范来判决(所谓“证明说”)。[1]罗森贝克则认为在真伪不明情形下裁判的逻辑是不适用法律规范(“不适用规范说”)。但后来的众多证明责任大家均认为事实真伪不明时并非不适用法律,罗氏后来亦承认了“不适用规范说”的错误,肯定了证明责任规范的存在及其在裁判方法中的意义,证明责任理论因此臻于成熟。事实真伪不明情形下的判断构成自成一体的裁判,与真伪认定时的裁判均不相同。由于我国证明责任理论本属“舶来品”,对理论移植过程中出现的那些似是而非的错误需要予以批判并不足为奇。

在我国,司法实践中裁判文书经常出现“本案原告主张的事实不能成立,故对该诉讼请求不予支持”。这种所谓“主张的事实不能成立”包括两种情形:一种情形是由于证据不足或双方提供的证据旗鼓相当导致法官无法形成对任何一方主张事实版本的确信,亦即无法对事实得出一个肯定或否定的结论,在此情形下法官不得不放弃对案件事实真相的寻求。(此种状态的最准确表述术语不正是“案件事实真伪不明”吗!?)另一种情形其实是原告对自己主张的事实仅提供了较弱的证据,而对方提供了更优势的证据证明其主张事实的不存在,也即相反事实的存在。法官如对相反事实形成心证,也即本方主张被证明为“伪”的情形。但实践中法官容易混淆事实主张“不成立”与事实主张“不存在”之间的差异,导致法官在裁判中的表述可能比较随意,也往往不区分对“不能认定事实存在”与“可以认定事实不存在”的处理。“事实不存在”是根据证明标准(事实为伪的标准)作出的事实认定,这种情形本应直接认定被告主张(相反的)事实的真实性,从而适用实体法作出被告胜诉的判决,但实际上仍可能依证明责任作出原告败诉的判决(驳回原告的诉讼请求)。这种情形其实属证

---

〔1〕［德］汉斯·普维庭:《现代证明责任问题》,吴越译,法律出版社 2000 年版,第 168 页。

明责任裁判的扩大化运用,是法官混淆两种事实判断的结果,某种意义上可以认为是法官懈怠事实裁判的职责。

再来分析作为判决结果的"对原告的诉讼请求不予支持"。此种裁判理由似乎回避了相关法律适用的表述,但其实,我国对原告败诉的实际判决书中往往会援引该案件类型相关的法律条文。之所以对原告的请求不予支持,一是由于原告主张的法律规范要件事实未被证明,因此不进行法律推理,二是对被告主张适用的法律规范予以适用。虽然这两种情况对原告的意义是一样的(败诉),但在案件事实认定及对潜在后诉的意义却并不一样。事实认定为真或伪的判决具有既判力,其事实认定部分对潜在后诉具有免证事实的效力,而不认定事实因此不进行法律推理的判决则不具有实体法效力,根本不能在当事人之间产生实体既判力。[1] 我国的这种判决显然也是能够产生既判力的,谁也不会认为败诉的原告能够以同样理由另行起诉。综上分析,可以说我国的实际裁判中其实完全包含了真伪不明认定及证明责任裁判,需要特别予以明确的倒是将事实认定为"伪",从而适用实体法作出判决的这种类型。

有学者将这种实践裁判逻辑视为我国应抛弃"事实真伪不明"命题的特殊环境。但这其实并非我国实践中的特例。在德国,司法实践中也曾同样存在这种情形:"假定法官获得的心证是与之相反的,如果进行证明责任判决更容易找到依据的话,那么也可以依据证明责任判决"。但普维庭特别批判了这种实践做法,[2] 并指出,证明责任判决仅仅是一种最后的救济手段,在要件事实已经"被驳回"的情

---

〔1〕 在事实真伪不明时不进行法律推理,作出无实质既判力的判决,这不过是"搁置判决"的一种变种,都不是方法论上克服真伪不明的办法。参见[德]汉斯·普维庭:《现代证明责任问题》,吴越译,法律出版社2000年版,第177~193页。

〔2〕 参见[德]汉斯·普维庭:《现代证明责任问题》,吴越译,法律出版社2000年版,第23页。

况下则不能采用。[1]

在所谓“二分式”证明模式下，我国民事司法实践中将未能证明一方主张事实的情形（其实包括“真伪不明”和可认为事实为“伪”）一律以“未证明”来概括。为什么这就理所当然要解释为隐藏了“真伪不明”情形的处理呢？在笔者看来，即使从字面上来看，这也更符合隐藏了事实主张被证明为“伪”这一情形。如果从法院的裁判结果来看，在“未证明”的情形下，法官作出的判决是不支持事实主张方的请求，从而导致其败诉结果，这也是更符合证明责任裁判原理的。在这里，本应不同的两种裁判方法中，被隐藏或被“省略”的显然是根据证明标准、认定事实为“伪”，从而直接适用实体法作出被告胜诉判决的这一方法。省略这种裁判方法的原因，一方面，由于判决主要被理解为是对原告诉讼请求的答复，在事实被证明为“伪”的情形下，判决原告败诉的“证明责任裁判”逻辑上似乎更简单清晰；另一方面，由于无须进一步适用证明标准对主张事实为“伪”作出认定，也可防止“节外生枝”。正如该学者所谓：“在走50步就可以作出裁判的情况下，何必走100步呢？”[2]

其实，对事物的定义与划分总是根据实际需要进行的，二分式与三分式划分标准的区别在于：二分式着眼于对原告证明行为结果的评价（原告证明成功与否），而三分式着眼于法官事实认定结果的细分（事实如何认定）。二分式中的“未证明”即一方的主张事实未被成功证实，这其中显然包含一部分该事实主张“被证伪”的情形，而剩余既未“被证实”又未“被证伪”的部分情形，不定义为“真伪不明”又是什么呢？也就是说，三分式的“真伪不明”状态被包含在二分式的“未证明”形态之中。不能仅因为二分式中未使用“真伪不明”概念就理所当然地认为排斥了真伪不明的认知状态。三分式在案件事实认定

〔1〕 参见［德］汉斯·普维庭：《现代证明责任问题》，吴越译，法律出版社2000年版，第174页。

〔2〕 许尚豪：《证明责任理论的证据语境批判》，载《政治与法律》2016年第11期。

及裁判方法上显然是一种比二分式更为合理更为精致化的做法，如此而已。

总之，将本应三分（“真”、“伪”及“真伪不明”）的事实认定简单化为“已证明”与“未证明”的二分状态当成应消灭“真伪不明”这一命题的理由，这在逻辑上是因果倒置的，即将不尽合理的实践做法视为理所当然，然后认为建立在真伪不明事实判断基础上的证明责任理论是“多此一举”。这种“存在就是合理”的立场导致不是在遇到“问题”时反思自己理解理论的欠缺，而是盲目反对一切理论的“复杂化”，这种态度其实不利于推动学术研究的进步和司法实践的精致化。

现代证明责任理论建构了一种有别于传统的“依证明标准裁判”的“证明责任裁判”。将事实真伪不明情形独立出来，实际形成一种自成一体的“并不形成证明”的实体上的判决。[1] 当然，认定事实为“真”或“伪”，从而根据客观事实、适用实体法作出裁判，其意义在于正确适用法律，通过实际案例确认、宣示实定法规范的有效性。在案件事实真伪不明时的裁判方法并非“不适用法律”，[2] 而是通过证明责任规范来适用法律。此时的法律适用更能够探明法律规范的边界、彰显法律的立法宗旨，以及在相冲突价值之间权衡时的倾向性选择，显然有其独特的意义。

四、现行诉讼证明标准不可能消灭真伪不明

许文认为，如果案件事实认定“实行非此即彼的单一化证明标

---

〔1〕 参见[德]汉斯·普维庭：《现代证明责任问题》，吴越译，法律出版社2000年版，第138页。

〔2〕 德国学者令人信服地揭示了早期罗氏“不适用法律”方法的错误，在事实真伪不明时通过证明责任规范适用实体法已成为证明责任的理论通说。参见[德]汉斯·普维庭：《现代证明责任问题》，吴越译，法律出版社2000年版；[德]罗森贝克等：《德国民事诉讼法》，李大雪译，中国法制出版社2007年版，第863页。

准，那么，法院对于主张事实的认定，只能是‘真’与‘伪’两种状态之一，即达到一定的证明标准，则必须认定为真，达不到一定的证明标准，则必须认定为认伪”。只有采多元化的标准，“真伪不明”才有存在的空间。显然，首先，作者可能误解了所谓证明标准的单一化与多元化。多元化证明标准是指不同诉讼类型（三大诉讼）或不同案件事实类型（如过错或因果关系要件与“损害”之判断标准）所适用的证明标准有别。同一事实的判断当然只遵循一个证明标准，但需特别注意的是，判断事实为“真”的标准与认定事实为“伪”的标准仍是有区别的。在具体的诉讼过程中，基于当事人双方的对抗性，对同一事实可能从不同方向予以主张，例如，原告声称被告打伤了他，被告称自己从没有伤害过原告。原告提供的证据如果达到使法官确信的程度则对被告伤害原告的事实予以认定，如果证据不足（如只有原告自己声称，或目击证人称：“看到那个人的背影有点像是被告”），则原告主张的事实应评价为未被证明。但如果被告同时举出证据证明自己在该时间点确实与其他朋友在一起，或证明了原告的伤其实是他自己不小心造成的，则可认定原告主张的事实为“伪”。但对这种相反事实的认定，显然也需要达到证明标准，这一标准当然是法官对事实为“伪”的内心确信程度。事实认定为“真”与认定为“伪”本来就是两种不同的事实认定，当然存在两个标准和两次判断。认为采取一个标准，非真即伪，这是并不理解实际司法的“想当然”的结果，这其实也是作者否定真伪不明命题的错误根源。

至于证明标准与证明责任之间的制度互动关系，这早被国外学者充分认识到，国内也有学者注意到我国实践中的这种做法。依证明标准认定事实作出裁判与在证据不能达到证明标准时依证明责任负担作出裁判构成一种裁判方法上的互补关系，因此二者实际的适用频率存在此消彼长的关系：特定案件要么依证明标准裁判，要么依证明责任裁判。如果认为一种方法可以完全取代另一种方法，则是不可能的。如果认为证明标准的确定是可以相对量化，那可以说，证明标准确定的高低决定了证明责任适用频率的大小。如果证明标准确定得很高,则总体来说,司法实践中能够达到证明标准的案件事实判断就较少,需要依证明责任裁判的案件就较多;反之,如果证明标准确定得较低,则总体上能够达到证明标准的案件事实判断就多,需要依证明责任裁判的案件就较少。由于没有哪个国家哪个时期的司法会对案件事实普遍不能予以认定,因此依证明标准作出事实认定从而适用实体法作出裁判是司法的常态。但是否存在证明标准制定得非常低,以至于实际案件总是能够根据这种极低要求的证明标准认定事实作出裁判的呢?例如,将证明标准确定为微弱优势的话,则绝大多数实际案件中法官均可以判断一方的证据相对于另一方占有优势,从而对该方主张的事实予以认定。毕竟证据证明力的判断不可能是完全精确量化的,法官总有理由认为某一方证据稍稍优于对方。但这种裁判方法需要社会公众对司法及法官有充分的尊重与信任,否则,难免受到司法不公的指责。

许文的这种以证明标准取代证明责任的观点其实在德国也可以找到前辈知音,不过德国学者所基于的理由并非事实认定上的"非真即伪"的二元化判断,而是更加隐蔽。莫其声称,如果正确把握证明尺度的话,就可以完全排除证明责任。[1] 莫其提出了一个所谓"判决的边际"公式,试图证明按照相对占优的盖然性或者二者比例完全相同时(50:50),判决就应当支持原告的起诉,反之则否定起诉请求。由于他的证明标准评价模式为法官提供了非此即彼的选择,因此诉讼中不存在"事实真伪不明",也就可以否定证明责任判决的存在空间。莫其还认为,如果通过证明责任的分配来判决,判决的错误概率反而会提高。[2]

---

〔1〕 Matsch, in: Gedächtnisschrift für Rädig, 1978, S. 334ff., 338. 转引自[德]汉斯·普维庭:《现代证明责任问题》,吴越译,法律出版社 2000 年版,第 102 页。

〔2〕 参见[德]汉斯·普维庭:《现代证明责任问题》,吴越译,法律出版社 2000 年版,第 103 页。

不幸的是,这种观点也早已被普维庭批驳得体无完肤。除了对盖然性估值的不准确与对每个证明手段估值的不可能性之外,[1]较低的证明标准可能导致实体法请求权基础的泛滥,并导致无法律依据的责任转移。[2] 尤其在我国虚假诉讼高发的当今,普氏的提醒尤其重要:“由于轻易获胜的希望很大,大量增加以虚假的事实主张起诉案件,将导致讼灾。”[3]最后,也是最重要的一点就是,相对占优的盖然性标准是违法的。就我国而言,法律和司法解释对自由心证与民事诉讼证明标准均有明确规定,相对占优的盖然性证明标准并未在理论和司法实践中占据主流地位。总体来说,将高度盖然性(或“高度可能性”)作为民事诉讼一般证明标准已成为理论界的共识。[4] 在这种高标准下,“真伪不明”判断出现的概率显然也是较高的。

总之,基于我国理论与实务上对民事诉讼“高度盖然性”证明标准达成的基本共识,显然不存在以“相对占优盖然性”这种低证明尺度取代证明责任裁判方法的可能。即便存在证明标准与证明责任方法均可解释的情形,正如有学者所揭示的,基于证明责任裁判方法在引起当事人的反应与法院系统审级监督方面的更低风险,法官也多是选择证明责任这种为自己面临困境“解套”的方法,而多不愿选择证明标准方法加以处理。总之,无论是从形式上看还是从实质上理解,我国司法实践中以事实真伪不明为前提的证明责任裁判方法是真实存在的。

---

〔1〕 参见[德]汉斯·普维庭:《现代证明责任问题》,吴越译,法律出版社2000年版,第127页。

〔2〕 参见[德]汉斯·普维庭:《现代证明责任问题》,吴越译,法律出版社2000年版,第117页。

〔3〕 参见[德]汉斯·普维庭:《现代证明责任问题》,吴越译,法律出版社2000年版,第117页。

〔4〕 参见霍海红:《民事诉讼法理论的中国表达》,载《法制与社会发展》2013年第4期。

五、我国司法实践中存在“真伪不明”与“证明责任”

李浩教授曾通过对典型案例的考察令人信服地论证了证明责任制度在我国司法实践中已得到较好运用的事实。[1] 近期学者转而攻击作为证明责任基础的“真伪不明”命题，从规范依据及实证考察方面提出了诸多论据，但这些论据其实是似是而非的。

除了上文所述证明模式上的“二分式”方法之外，学者认定我国司法中不存在真伪不明认定状态的另一个重要依据是《民事诉讼法》中二审事实审查问题上的“基本事实不清”规则（现行《民事诉讼法》第177条第1款第3项）。曹文认为，“从文义上看，真伪不明只不过是上述标准（基本事实不清）的另一种表达形式”，初审法官如果认定案件事实不清（=“真伪不明”）则依法在上诉审审查时会给出负面评价（应当发回重审或改判），因此，这种规则“似乎并没有给真伪不明留有余地”。[2] 笔者认为，此种观点可能误解了二审事实审查标准的意义：此种审查标准针对的是一审法官对案件事实作出的判决而言的，并非直接针对一审当事人的事实主张。一审法官如果认为“当事人提供的证据不足以证明其事实主张”而作出证明责任裁判，二审法院将对一审法院此种判断的合理性进行审查，毕竟“事实真伪不明”判断也是一种案件事实判断结果，对这种判断也需要从审级上进行监督。但是这一审级监督的标准绝非要求一审法院（不管证据是否足够）必须进行事实分明的判断，这一规定显然不能当作我国排斥真伪不明认知的“书证”。

---

〔1〕 参见李浩：《民事判决中的举证责任分配——以〈公报〉案例为样本的分析》，载《清华法学》2008年第6期。

〔2〕 曹志勋：《“真伪不明”在我国民事证明制度中确实存在么？》，载《法学家》2013年第2期。

学者认为我国排斥真伪不明命题的另一个规范依据是《民诉法解释》第108条的规定。[1] 根据该司法解释，“认为待证事实真伪不明的，应当认定该事实不存在”。但显然，该条其实首先肯定了事实真伪不明这一认知状态的存在，其次再将真伪不明“视为”事实不存在。之所以需要将真伪不明视为“事实不存在”，不过是明确授权法官对该证明落空状态时作出最终的处理方案。这是完全符合罗森贝克－施瓦布界定的证明责任裁判方法的。[2] 将真伪不明事实认知状态进行拟制正是证明责任理论上的方法，只不过在大陆法系国家一般不需要法律规范对此作出明确规定，而我国司法解释欲以此引导实践中落实证明责任制度，是有积极意义的。

从实践考察上，有学者认为证明标准与客观证明责任的功能在实践中有日益接近的趋势，并指出：司法实践中法官通过对证明标准上下浮动的操纵人为地将当事人主张的案件事实归入或真或假的范围，并在此基础上进行裁判，较之承认案件事实真伪不明并根据客观证明责任分配规则进行裁判，更为法官所青睐。[3] 也有学者基于我国审级监督的模式，认为初审法官在事实存在与否中任选一种，相对于认定案件事实真伪不明并作出证明责任裁判，将使法官回避错误的巨大风险。[4] 但矛盾的是，该作者同时又指出：实践中有很多这种情况，法官面对困难事实判断情形时不是努力发现案件真实，而是为

---

〔1〕《民诉法解释》第108条第1、2款规定：“对负有举证证明责任的当事人提供的证据，人民法院经审查并结合相关事实，确信待证事实的存在具有高度可能性的，应当认定该事实存在。对一方当事人为反驳负有举证证明责任的当事人所主张事实而提供的证据，人民法院经审查并结合相关事实，认为待证事实真伪不明的，应当认定该事实不存在。”

〔2〕欧文认为司法解释这一条文是在事实认定问题上倾向于“拟制说”，而不是像“不适用规范说”指引的那样诉诸证明责任裁判，从而认为是我国司法上不承认事实真伪不明命题的理由。这是显然错误的。参见欧元捷：《论“事实真伪不明”命题的抛弃》，载《政治与法律》2016年第11期。对该条文的分析，参见任重：《罗森贝克证明责任论的再认识——兼论〈民诉法解释〉第90条、第91条和第108条》，载《法律适用》2017年第15期。

〔3〕参见段厚省：《证明评价影响因素分析》，法律出版社2009年版，第132页。

〔4〕参见曹志勋：《“真伪不明”在我国民事证明制度中确实存在么？》，载《法学家》2013年第2期。

寻求“解套”,在事实真伪不明的基础上援引客观的证明责任分配的规则作出了裁判。[1] 出现这种相互矛盾结论的原因可能在于作者并未实证考察我国司法实践中到底更加盛行的是哪一种情形。这种结论是基于“伪实证”。其实,可能不同结论之间的差别更多的只是体现一种裁判说理的方法,是一种司法修辞。况且,了解到实践中存在的实际裁判方式是一回事,但是否认同这种裁判方式的正当性是另一回事。如果因为本土既存的某种实践模式而觉得无须引入“复杂与高深”的证明责任理论,裁判只需“跟着感觉走”,则法律的确定性与裁判的可预测性都终将消失。证明标准虽然难以精确化,但显然并非可随意地上下浮动,欲以证明标准的弹性设置完全消灭真伪不明的空间,以取代证明责任的功能,这在理论与实践中均是不可能的。

在实证上,否定真伪不明命题的另一个似乎有说服力的重要证据是:“在司法实践中,我国判决书上的审理查明部分,还从未出现过法院认为真伪不明的情况。”[2] 对此,我们除了可以怀疑该学者检索案例样本过少之外,[3] 还应当分析其形成这一刻板印象的原因。根据笔者近年来进行的课题访谈调研,发现多数法官承认在案件事实判断过程中遇到过“真伪不明”的认知状态。可以说,我国实践中对“真伪不明”往往是隐含的承认,而不是明确的宣告。作者之所以形成这一印象,可能是早先的裁判文书中确实较少直接使用“案件事实真伪不明”这一“关键词”,实际裁判文书中较普遍采用的是“当事人提供的证据不足以证明(其所主张的事实)”这一表述或近似表述。对这一认知结果作出的裁判往往是对该方当事人的法律上的权利主张不予支持,也即按照罗氏的“法律不适用”说的逻辑作出了处理,这与普氏所主张的证明责任裁判在解释的路径上存在差别,但实际裁

〔1〕 参见段厚省:《证明评价影响因素分析》,法律出版社 2009 年版,第 94 页。

〔2〕 许尚豪:《证明责任理论的证据语境批判》,载《政治与法律》2016 年第 11 期。

〔3〕 笔者以“真伪不明”为“关键词”检索“北大法宝”、“天同”、“无讼”、“法律家”及“中国司法案例数据库”等多个案例数据库,均能检索到一定量的案例,而绝非“从未出现过”。

判结果应当说是一致的。这一裁判当然仍属于证明责任裁判。

还应当理解的是,我国实践中这种当事人事实主张“未证实”—“不适用法律”—“对原告请求不予支持”的裁判逻辑也正是在审判方式改革过程中形成的方法论成果。正是在客观证明责任理论的引入与潜移默化影响下,司法实践中对“事实真伪不明”的肯定逐渐打破了根深蒂固的“事实探知绝对化”的理念,从而开启了我国民事诉讼现代化的步伐。这种裁判在德国也曾是实践中证明责任裁判的一种“变种”,虽然这种简单直白的裁判方式与现代证明责任理论的精致解释路径尚存在一定的差距。正是由于证明责任理论的引入引起的对“真伪不明”的肯定及其处理方法的建构冲破了“事实探知绝对化”的观念障碍,摆脱了传统的在案件事实判断陷入困境时久拖不决、压制性调解、不作出实体内容裁判等不正当的处理办法,从而初步建构了将“三分式”事实认定作“二分式”裁判处理的证明责任裁判方法。但如果误以为这种裁判方法就是我国司法中自始存在的实践逻辑与裁判方法,恐怕难免受到数典忘祖的指责。

有学者认为,基于法院的调查取证权配置(但其实更主要的是当事人基于胜诉动机,以及随着科技发展导致的证明手段的丰富化而进行的举证行为),案件事实通常情况下能够被足够的证据所证明,因此,真伪不明结果的最终出现在实际司法中确实属于“少得可怜”(曹文用语)的“极端的小概率事件”(许文用语)。对此笔者可以认同,但要注意辨析的是:真伪不明结果出现的实际概率与这一命题成立与否不存在直接关联。德国经典理论早已表明:客观证明责任理论更重要的意义在于其“预置作用”,而非对真伪不明后果的“证明责任裁判”。其实,正是证明责任分配机制的作用使当事人在诉讼开始就明确了各自的风险负担,继而尽力举证证明的行为,最大限度避免了最终的真伪不明。因此,有学者正确地指出:没有必要纠结于为什么在司法实践中法院裁判很少直接援用证明责任来判决,因为这本来就是一个不应该成为问题的问题。[1]

六、本章小结与余论：正确理解与对待理论移植与本土环境的差异

否定真伪不明命题似乎基本上都是基于这样的一种思考理路：对法律理论上的"舶来品"，不能生搬硬套，必须充分考量中国的现实情况。[2] 笔者非常赞同这一法学理论在移植问题上的态度，但也不能因为理论移植上有"南橘北枳"的失败就反对一切对现代西方法治理论与制度的借鉴。中国近现代最基本的"国情"之一就是西化和本土化的长期并存以及两者的相互作用，一定要超越中、西非此即彼的二元对立的语境，从两者共存的现实出发寻找出路。[3] 普维庭早就论证了真伪不明命题及与之相关的客观证明责任在"任何时期、任何诉讼"中都具有实际意义。诉讼模式或本土环境的差异性并非我们"抛弃真伪不明命题"与排斥证明责任理论的好理由，因为某种意义上，这已是我国基于本土实践的"现代传统"。重要的是对于不同语境下的理论不能"生搬硬套"：既不能基于概念用语的近似性就误以为是同一制度，也不能因为没有相同或相对应的词语表述就主张"本土资源"根本不同。在不同制度的比较上也应抱持"同情的理解"。我国现代法治本来就是借鉴西方（主要是大陆法系）制度的产物，现代法治系统中那些基于人类思维共同结构与认知规律的理论制度完全可以也应当为我们认真学习。证明责任概念与理论在两大法系制

---

〔1〕 参见潘剑锋：《民事证明责任论纲——对民事证明责任基本问题的认识》，载《政治与法律》2016 年第 11 期。

〔2〕 参见许尚豪：《证明责任理论的证据语境批判》，载《政治与法律》2016 年第 11 期。

〔3〕 参见黄宗智：《走出二元对立的语境》，载《中国改革》2005 年第 1 期。

度与理论体系中的高度相通性一定意义上反映了其作为司法制度的基本规律。我们不应被词语的表述而遮断望眼。一方面，应当注意到我国传统上和实践中所谓的“举证责任”概念可能并非对应德文“Beweislast”（我国理论界现在多以“证明责任”表述）的概念；〔1〕另一方面，也不能因此就误以为我国不存在实质上的“证明责任”制度生存的土壤。

如果以“同情的理解”态度来看，其实，不仅我国当今实践中的“二分式”证明模式中可能内含“真伪不明”及证明责任裁判，即便是在中国古代那种当事人不具有诉讼主体地位的绝对“职权探知模式”下，尽管法官可以灵活运用各种查证手段、并享有事实判断上的完全自由裁量权的“法院认知”模式，也并非绝对不存在“真伪不明”甚至“证明责任”。所谓的“海瑞定理”就是很好的一例。作为中国古代司法官员的代表，明代地方行政官员海瑞对其司法裁判经验的概括有这样一段话：“窃谓凡讼之可疑者，与其屈兄，宁屈其弟；与其屈叔伯，宁屈其侄；与其屈贫民，宁屈富民；与其屈愚直，宁屈刁顽。事在争产业，与其屈小民，宁屈乡宦，以救弊也。事在争言貌，与其屈乡宦，宁屈小民，以存体也。”〔2〕这不正是在对案件事实真伪不明判断时（“讼之可疑者”），由某一方当事人负担不利判断后果（“宁屈……”）的方法吗?！这种案件处理方法暗合现代证明责任裁判方法。海瑞判案时对案件事实“真伪不明”时的这种裁判方法，同样是拟制为或真或伪后再适用法律。如何进行拟制也正是根据特定案件类型下（“争产业”或“争言貌”）法律的实质性价值取向选择（“救弊”或“存体”）。

---

〔1〕　我国传统用语及司法实践中惯用的“举证责任”一词更多的是指向当事人在诉讼中具体的提供证据进行证明的行为责任，而非德、日现代证明责任理论所指的事实真伪不明的败诉风险负担。故“Beweislast”现在一般多以“证明责任”来指称，以区别于行为意义上的“具体举证责任”。参见胡学军：《具体举证责任论》，法律出版社 2015 年版。

〔2〕　苏力教授将之概括为“海瑞定理”，对该定理的分析，参见苏力：《“海瑞定理”的经济学解读》，载《中国社会科学》2006 年第 6 期；桑本谦：《疑案判决的经济学原则分析》，载《中国社会科学》2008 年第 4 期。

甚至可以说这种裁判方法更符合普维庭“修正规范说”所主张的超越法条文义而进行目的性解释的“更高一级”证明责任分配方法。[1]虽然在中国古代裁判中从未出现现代“证明责任”一词或近似的概念,但裁判方法却是与现代证明责任理论何其相通！因为这反映了司法认识的深层基本规律。这也再次印证了德国学者“证明责任问题在任何诉讼制度中都具有实际意义”的判断。[2] 我国当今的诉讼制度与裁判方法显然是移植自西方(主要是大陆法系),但古代断案的方法与思维方式可能作为一种文化观念传统也会产生一定影响,因此无论是制度沿革还是文化观念上,都不能说我们就存在绝对排斥“真伪不明”认定与证明责任理论的土壤。

对“真伪不明”命题的“较真”是深化证明责任理论研究的必经之路,笔者其实非常赞赏本文与之商榷的多位学友对我国实践作法的敏锐感觉与批判精神。在理论上确实不存在不证自明、天经地义的论题,在理论继受过程中对国外经典理论中的基础命题展开讨论总是有积极意义的。但对国外经典理论缺乏确切理解,而以一己猜想来取代认真探究并进而大胆批判,也是值得警惕的。在我国法治的初创阶段,应该以一种更加开放的心态,更充分地学习、了解、研究和汲取先进法治国家的制度建构及实践的经验和理论,以民事程序法的原理指导我国民事程序法体系的建构。[3] 真伪不明命题在当前所遭到的质疑与“抛弃论”表明,其实我国之前可能只是在纸面上、形式上接纳了这套话语系统,当前仍需要一次对现代证明责任理论的深化理解与制度落实。

---

〔1〕 参见袁中华:《规范说之本质缺陷及其克服——以侵权责任法第79条为线索》,载《法学研究》2014年第6期。

〔2〕 参见[德]汉斯·普维庭:《现代证明责任问题》,吴越译,法律出版社2000年版,第12页。

〔3〕 《日本民事诉讼法典》,曹云吉译,厦门大学出版社2017年版,第1页。

第十章　证明责任对象重述:在生活事实与法律要件之间

引　言

1999年1月23日,顾某在上海某商厦以2944元的价格购买了一个“天然黄水晶球”。当时商品上只标注了价格与直径,售货员将球拿到外面的水果摊称重为290克,并将发票及写有“假一赔百”的信誉卡交给了顾某。顾某后即前往珠宝测试鉴定处鉴定,鉴定结果为:“球重289.8克、直径58.6mm,方解石。”顾某要求售货员按信誉卡上“假一赔百”的承诺赔偿29.44万元。交涉未果,顾某将某商厦告到法院,后追加商品制造商为第二被告。法庭上被告提出原告拿去鉴定的球并非就是其生产并在某商厦出售的水晶球(“此球非彼球”)。原告则坚持拿去鉴定的球就是该商厦出售给她的球(“此球即彼球”)。对此争议焦点,双方在庭审中进行了激烈的辩论,但均未能拿出有力的证据证明。原告认为其已提供购物小票、发票、信誉卡,即可证明“此球即彼球”,被告则质疑经过权威部门测试鉴定的球与实际标注的直径相差 0.4 毫米,重量相差 0.2 克,反过来主张该球已被原告“调包”。一审法院因原告未能举证证明“此球即彼球”而判决其败诉。后原告上诉,二审维持原判。再后来,被告发现原告是某水晶研究所员工,认为这是一起精心策划、以搞垮竞争对手的不正当竞争事件。[1]

这一后来所谓的“水晶球案”在当时曾引起舆论的轩然大波,主流观点倾向于批判这一裁判未能保护作为弱势群体的消费者权益。错误原因则在于原告提供了其所掌握的证据之后,不应由其继续举证,“倒置证明责任”应由被告负担。理论界也因此案引发了旷日持久的证明责任分配方法的论争,关于本案证明责任分配的两种对立观点大致旗鼓相当。[2] 学者间观点的分歧不禁让人质疑在这一问题上是否并不存在标准答案?或者即便存在,也因其复杂性而不具有实践可操作性。笔者在本书中将证明:此案中的具体生活事实其实根本不属于证明责任分配的对象,故不存在证明责任分配的标准答案。在任何案件的事实模糊不清时追问“谁负证明责任”以寻求解决方案,是提出了一个错误的问题。该案引发的聚讼纷纭表明我国学界长期以来对证明责任分配的对象存在重大误识,从而遮蔽了为现实问题寻求正确解决方案的道路。

---

〔1〕 该案案情简介,参见《水晶球案件孰是孰非》,载《北京青年报》2001 年 3 月 13 日,第 12 版。

〔2〕 该案证明责任分配的学界讨论,参见张榕:《事实认定中的法官自由裁量权》,载《法律科学(西北政法大学学报)》2009 年第 4 期;张卫平:《证明责任倒置辨析》,载《人民司法》2001 年第 8 期;丛玉红:《法官运用自由裁量权分配举证责任之我见——水晶球案例分析》,载《北京市政法管理干部学院学报》2002 年第 4 期;卢申玲:《对民事诉讼证明责任分配的实证分析》,载《政治与法律》2005 年第 1 期;滕聿江、俞华权:《举证责任的分配与适用》,载《山东审判》2002 年第 1 期;张卫平:《民事诉讼法理论前沿问题》,载《国家检察官学院学报》2006 年第 5 期;胡学军:《法官分配证明责任——一个法学迷思概念的分析》,载《清华法学》2010 年第 4 期;肖建国、包建华:《证明责任:事实判断的辅助方法》,北京大学出版社 2012 年版,第 179 页;任重:《罗森贝克证明责任论的再认识——兼论〈民诉法解释〉第 90 条、第 91 条和第 108 条》,载《法律适用》2017 年第 15 期。

一、证明责任并不解决证据短缺导致的生活事实“模糊不清”

（一）“证明责任”与“真伪不明”概念的曲折联姻

客观证明责任理论并非自古有之，而是现代法学方法论上的理论建构。德国现代证明责任理论建构中的核心概念是“non liquet”。这一来源于拉丁语的术语在我国一般被翻译为“真伪不明”。现代证明责任理论的提出被认为是基于对系争案件的要件事实在“真”与“伪”之外的第三种状态即“真伪不明”的肯定，其解决的是该状态下案件应该如何裁判的问题。

但其实，罗马法中“non liquet”一词的字面含义就是“不清楚”，[1]并且往往不是与事实问题，而是与法律规范问题联系在一起使用。这一概念也并非与现代证明责任理论同时产生，而是远在这一理论之前产生。在西方现代法律制度下，事实问题的解决与案件的最终裁判是可清晰区分的两个层次的问题。[2] “non liquet”最初是指案件拟适用的法律规范“空白、模糊或不足”的情形，面对此种法律规范意旨不明的“裁判困境”（judicial doubt），法官可以在案件如何

---

〔1〕 拉丁语 non liquet 字面直译即“不清楚”，英美法词典对应的英语单词是“not clear”，这一词语并不包含任何“事实”方面的含义。参见维基百科（http://www. wikipedia. org/）“non liquet”词条。在德语语境中，与法律联系在一起时常译作“不予裁决”，与事实联系在一起时多译作“真伪不明”。参见［德］莱奥·罗森贝克：《证明责任论》（第5版），庄敬华译，中国法制出版社2018年版，第2、16页；［德］汉斯·普维庭：《现代证明责任问题》，吴越译，法律出版社2000年版，第22页。

〔2〕 现代法律制度下，法官不能拒绝审判的基本职责。即使在案件事实对他并非足够清楚的“事实困境”（factual doubt）或者在如《法国民法典》（拿破仑法典）规定的：法官在法律空白、模糊或不足的“裁判困境”（judicial doubt）下均不得拒绝裁判。See Alfredo Mordechai Rabello, *Non Liquet: From Modern Law to Roman Law*, 10 Annual Survey of International & Comparative Law. 1 (2004).

处理问题上弃权,即"不予裁决"。[1]

作为法律现象的证明责任也早在罗马法中就已经有规定,却是以举证责任(今天我们所说的"主观证明责任")形式出现的。[2] 当时这一概念与"真伪不明"概念并不存在内在联系。"举证责任"概念的最初含义也即其字面含义,即当事人在诉讼过程中应当提供证据证明其所主张的案件事实,如其不能提供证据证明该事实,则产生对其不利的事实判断结果,而这一结果并不必然与法律适用产生联系。[3] 需要特别注意的是,罗马法上对案件事实的判断并不受制于现代"证据裁判原则"。当时对案件事实判断的主要依据并非实在"证据"或"证据方法",而一般是基于当事人陈述,再根据当事人的"品性证据"对其陈述的真实性加以判断。一旦遇到双方陈述相左、案情事实不清的情形,就会被界定为所谓"事实困境"(factual doubt),再以"举证责任"作为事实判断的辅助方法加以处理。在罗马法时期,法官对案件事实必须作出或真或伪的判断。当事人对自己的事实主张负担"举证责任",也就是对这一事实提供充足的证据以使法官能够认定事实;如果法官认为证据不足,则直接认定该事实不成立。可见,这一时期所谓的"举证责任"是指当事人提供证据对案件生活事实加以举证证明的行为负担,这与现代客观证明责任的含义是大相径庭的。

在现代司法制度下,由于不得拒绝裁判案件成为法官的基本职责,因此,无论是在证据短缺导致的"事实困境",还是在法律规范依

---

〔1〕 现代法律制度下,法官不能拒绝审判的基本职责。即使在案件事实对他并非足够清楚的"事实困境"(factual doubt)或者在如《法国民法典》(拿破仑法典)规定的:法官在法律空白、模糊或不足的"裁判困境"(judicial doubt)下均不得拒绝裁判。See Alfredo Mordechai Rabello, *Non Liquet: From Modern Law to Roman Law*, 10 Annual Survey of International & Comparative Law. 1 (2004).

〔2〕 Prütting, Beweislast und Beweismaß: Der Einfluss Leo Rosenbergs und Karl Heinz Schwabs auf die Entwicklung eines modernen Beweisrechts, ZZP 123, 135 (2010).

〔3〕 此种不利事实判断结果一般就是对争议事实作不利于该方当事人的认定,这与现代证明责任所体现的不利裁判风险性质完全不同。

据意旨不明导致的“裁判困境”场合，法官都必须裁判。大致说来，现代自由心证原则为裁判者的事实判断赋予了自由裁量权，而法律适用则形成了所谓“裁判三段论”。证明责任理论则为填补裁判三段论的漏洞提供了补充方法。现代证明责任理论的180度大拐弯，即“举证责任”从行为负担到败诉风险的概念含义变迁，也因此引发了德国学者对当初选择“证明责任”一词作为概念用语是如此“不幸”的反复感叹，[1]并实际上采取了以其他词语（如确定责任、真伪不明的风险等）指称这一概念的尝试。[2] 总之，从概念用语起源上来看，“真伪不明”所针对的是法律规范意旨不明问题而非事实不清问题。

进入近代，欧洲大陆经历法典编纂运动之后，实体规范明显缺位的情形大大减少，作为“法治”一词最低版本含义的社会生活各方面“依法而治”成为可能。但法律规范条文毕竟有限，要使有限的法律规范对应无限多样的现实生活，裁判日益成为一项基于“司法技艺”的专业性工作，法学方法论得以成为这项专业技术工作的必备理论工具。法学方法论的核心是司法三段论，三段论的核心是将大小前提相连接的作业，即一般理论上所谓“涵摄”。在这一过程中，由于不存在事实与规范的严格“对号入座”，法官的裁量便不可避免，古老的“non liquet”概念被重新用来解释此种事实与规范是否可以连接起来的模糊状态。

在现代诉讼制度下，“non liquet”的含义继续发生微妙变化。德国现代证明责任研究之集大成者普维庭教授重新定义的“non liquet”（真伪不明），是指在诉讼结束时，所有能够释明事实真相的措施都已经采用过了，但是争议事实仍然不清楚（有时亦称无法证明、法官心证模糊）的最终状态。一项争议事实“真伪不明”的前提条件是：

---

〔1〕 参见[德]汉斯·普维庭：《现代证明责任问题》，吴越译，法律出版社2000年版，第9、26、53页。

〔2〕 参见[德]汉斯·普维庭：《现代证明责任问题》，吴越译，法律出版社2000年版，第53页。

(1)原告方提出有说服力的主张;(2)被告方提出实质性的反主张;(3)对争议事实主张有证明必要;(4)用尽所有程序上的许可和可能的证明手段,法官仍不能获得心证;(5)口头辩论已经结束,上述第三项的证明需要和第四项的法官心证不足仍没有改变。[1]

至此可见,在现代证明责任理论下,“non liquet”在罗马法上的完全指涉规范层面的含义发展为进一步向案件事实靠拢,但这仍与具体生活事实是不同性质的内容。从普氏论述来看,真伪不明并非针对原生性的所谓“客观事实”或生活事实,首先是当事人提出的一种“事实主张”。当事人的事实主张又是与其法律主张连在一起的,所谓事实主张是经语言陈述的带有一定主观性的事实判断,可解释为是将原生事实与法律规范要件连接的“要件事实”主张。“真伪不明”其实就是指对此种事实主张成立与否“将信将疑”或“半信半疑”的疑难判断状态。对当事人事实主张的判断并不等同于对原生客观事实存在与否的判断。原生客观事实需要根据本质上具有客观性的证据材料加以认定,实践中一般也能够根据或多或少的证据加以认定。事实主张则是作用于裁判者的主观判断,往往是通过对立双方的论证予以“说服”,而在诉讼程序构造中则是将利益对立当事人双方的对抗性辩论作用于中立的裁判者。

(二)中国式“举证责任”与现代证明责任的貌合神离

对简短的学说史回顾有助于我们摆脱对现代证明责任理论“自古而然”或“天经地义”的迷信,从而可能从更合理的视角审视我国的举证责任制度。中国语境中的“举证责任”概念来源于审判方式改革过程中对法院与当事人作用分担的功能变迁。由于市场经济的改革曾经使诉讼案件激增,倒逼法院不得不改变传统的职权主义下法院

---

〔1〕 参见[德]汉斯·普维庭:《现代证明责任问题》,吴越译,法律出版社2000年版,第22页以下。

包揽证据调查的办案方式,回归曾一度被批判为脱离群众的官僚主义"坐堂问案"方式(其实是现代司法所要求的法院消极中立角色定位),从而要求当事人提供其所掌握的,或较方便收集的证据材料。此种"举证责任"概念自然是与争议的生活事实联系在一起,且完全属于事实层面的范畴。此时对民事诉讼的纠纷解决功能(而非法律适用)的基本定位,使争议事实的查明成为纠纷解决的焦点,而权利保护或法律秩序维护等法律适用层面的问题则在当时的观念中尚相对处于次要位置。[1]

这就不难理解,长期以来,中国语境中"举证责任"概念针对的是陷入疑难判断的具体生活事实。因此,"中国式举证责任"分配考虑的多为如"证据所持""举证能力"等方面的程序上、具体诉讼情境性因素。"中国式举证责任"的功能在于迫使当事人积极提供证据,解决证据信息的收集利用问题,尽可能化解事实认定困境。[2] 当今司法解释仍明确规定:负担举证责任的当事人未提供证据或证据不能证明其事实主张的,导致的"结果责任"实际上是将真伪不明当成其所主张的"事实不存在",从而按"事实不存在"作出适用法律的裁判。[3] 但从比较法理论,尤其是德国现代证明责任经典理论的通说来看,这一整套"中国式举证责任"或曰"主观证明责任逻辑"与西方现代证明责任理论与制度有不同的旨趣,不容混为一谈。

根据德国现代主流理论,证明责任的实质是"在任何时代、任何诉讼中都具有实际意义"的客观证明责任,[4]因为客观证明责任解决

---

〔1〕 参见李祖军:《民事诉讼目的论》,法律出版社 2000 年版,第 20 页。

〔2〕 参见胡学军:《中国式举证责任制度的内在逻辑——以最高人民法院案例为中心的分析》,载《法学家》2018 年第 5 期。

〔3〕 《民诉法解释》第 108 条第 2 款规定:对一方当事人为反驳负有举证证明责任的当事人所主张事实而提供的证据,人民法院经审查并结合相关事实,认为待证事实真伪不明的,应当认定该事实不存在。

〔4〕 参见[德]汉斯·普维庭:《现代证明责任问题》,吴越译,法律出版社 2000 年版,第 12 页。

的是将千姿百态的日常生活事实与抽象统一的法律规范连接起来的问题,客观证明责任因此具有普适性。而主观证明责任则属于一种“地方性知识”。主观证明责任只与辩论主义诉讼模式相容,因为职权探知主义模式下由裁判者负责查明案件事实,不存在当事人的行为“责任”,但却仍然存在作为客观风险性质的“证明责任”。[1] 作为裁判基本方法的“司法三段论”其实践难题根本不在于逻辑上的演绎推理,而在于生活事实与法律规范有时难以进行“涵摄”/“等置”/“概括”的作业,因为事实与规范二者并非总是像在“简明案件”中那样会呈现出单纯对号入座的关系,而是往往涉及该案具体情境是否可由法律规范统摄的问题。这一困难包括两种基本情形:一是由于证据短缺造成案件生活事实的“模糊不清”,此种事实的不确定性导致适用法律规范的前提即不成立;二是也可能在生活事实基本清楚时,由于该事实与法律规范要件连接比较模糊(“要件事实”的“真伪不明”情形),此时仍存在法律规范是否可以适用于当前案件的问题。以上两种情形各具不同意义,也宜通过不同途径解决。后一种情形由于与证据证明行为无关,就更能够体现证明责任作为法律适用问题的本质。而前一种情形只有通过促进证据信息的进一步供给加以化解,而不宜直接通过证明责任予以解决。

二、生活事实“模糊不清”不宜进行证明责任裁判

(一)生活事实证明与认定的通常制度做法

在大陆法系经典理论中,证明责任本质是法律适用问题,而非事实认定问题。从功能上看,证明责任不是事实认定的辅助方法,而是

---

〔1〕 参见李浩:《民事证明责任本质的再认识——以〈民事诉讼法〉第112条为分析对象》,载《法律科学(西北政法学院学报)》2018年第4期。

案件事实证明失败后的裁判方法。将证明责任定位为事实认定问题,作为解决疑难案件事实认定的密钥,这是我国理论上特别是实践中最流行的误解。

普维庭曾特别指出,诉讼开始时存在的"模糊不清"与作为证明责任判决基础的"真伪不明"要严格区别开来。[1] 在程序开始时案情事实模糊不清可以说是诉讼的常态,因为如果纠纷事实清楚分明,由于当事人对于判决结果的明确预期,往往能够通过各种"在法律的阴影下谈判"在私下解决,而不会使纠纷进入法庭。法官在诉讼程序开始时那种心证模糊的状态应当通过事实调查过程予以克服,可以说,正是因为心证模糊,才有了证据调查和证明评价的需要。

证据短缺导致事实模糊的状况应当优先考虑通过诉讼程序内机制,包括促进证据信息的补充,以及裁判者以替代性事实认定的方式加以化解。在这方面,比较法上的一系列所谓"避免通过证明责任作出判决"的制度或实践做法仍可为我们提供有益借鉴。[2] 此类机制旨在证明困难时仍致力于通过变通做法接近事实认定,极大地降低了案件生活事实真伪不明出现的概率,并因此压缩了证明责任裁判适用的制度空间。故也谓之为"证明责任减轻"或称"证明责任缓和"。这一机制是一系列非正式制度与实践做法的统称,包括典型的如表见证明、摸索证明、不负证明责任当事人的事案阐明义务及特定情形下对举证妨碍的多元化救济等。如表见证明就是在证明对象为某种高度概然性的生活事实时,无须负证明责任方先提供证据,而是由法官根据生活经验先予初步肯定,但赋予另一方当事人提供反证的机会。如该方未能提供反证,则可对待证事实予以最终认定。这种简易证明方法,显然是考虑了双方举证的难度与可能性,并结合经

---

〔1〕 参见[德]汉斯·普维庭:《现代证明责任问题》,吴越译,法律出版社2000年版,第24页。

〔2〕 参见[日]高桥宏志:《民事诉讼法:制度与理论的深层分析》,林剑锋译,法律出版社2003年版,第456页以下;[德]汉斯·普维庭:《现代证明责任问题》,吴越译,法律出版社2000年版,第199页以下。

验法则作出的合理安排。德国学者因此认为表见证明应归于证明评价,而不是证明责任范畴。[1] 再如,举证妨碍作为对妨碍举证行为人产生特定事实不利认定后果的制度措施,同样是考虑当事人的举证能力、举证态度及日常生活经验。这些制度做法从外在效果上减少了证明责任裁判的适用,但从其内在性质上看,均不属于证明责任问题。在疑难案件裁判方法上,证明责任裁判作为"最后的选择"(ultimum refugium)应具谦抑性,只有在证明程序机制与自由心证用尽的前提下,证明责任机制才应作为兜底手段而登场。[2]

总之,具体生活事实的查明应尽可能穷尽一切可利用的证据与证明手段,因此需要结合案件的具体情境,具体情况具体分析。概括而言,这一机制包括三个组成部分:首先是需考量个案中各种具体特定情境性因素;其次是尽可能运用各种对案情事实进行简易证明与认定的制度做法;最后是在无法获得充分证据的情况下,通过事实推定等方式达到替代通常严格证明的事实认定效果。见图 10.1。

证据所持	表见证明	事实推定
举证能力	摸索证明	拟制证据真实
举证难易	文书提出命令	拟制事实真实
举证态度	事案阐明义务	降低证明标准
经验法则	举证妨碍制度	自由心证
……	……	
情境性考量因素	**"证明责任减轻"制度做法**	**替代性事实认定效果**

图 10.1　具体生活事实查明机制的三重构成

上述疑难案件"证据短缺"时采取"替代性事实认定"的处理机制,以及认定事实"真伪不明"从而采用"证明责任裁判"的方式在功能上形成一定的竞争性关系。在德国也曾有学者主张,假定当事人

〔1〕 参见[德]汉斯·普维庭:《现代证明责任问题》,吴越译,法律出版社 2000 年版,第 145 页。

〔2〕 参见[德]莱奥·罗森贝克:《证明责任论》(第 5 版),庄敬华译,中国法制出版社 2018 年版,第 80 页。

提出主张也提供了证明,也假定法官获得的心证是与之相反的,如果进行证明责任判决更容易找到依据,那么也可以依据证明责任进行判决。[1] 这种观点在我国也曾非常有市场:一遇疑难案件,证明责任判决就成为优位的裁判方案选择。因为似乎证明责任判决天然具有逻辑正确性,且易于理解,可以使裁判者在证据短缺时回避困难的事实认定。这就导致证明责任在实践中被扩大适用。但这一思路是无助于问题解决的,因为其基于错误的出发点——证明责任仅针对要件事实,而非生活事实。在解决案件生活事实证明难题时,最好是将此类“证明责任减轻”的制度做法嵌入证明责任分配的原则框架下作为证明责任的配套性制度。

在本体论上,所有生活事实当然都存在或真或假的问题,但并非所有案件事实在裁判上都具有法律上的意义,都需要予以法律规范与评价。如有的学者详细论证了文书签名真实性问题的证明责任就是一个伪问题。[2] 证明责任所针对的“真伪不明”只与要件事实相关,要件事实之外的细节性生活事实本不存在证明责任分配问题。也就是说,并非案件中所有的事实问题都附带一个证明责任问题。生活事件模糊不清时首先产生进一步提供证据的需求,当事人此种“举证的必要”即具体举证责任负担。具体举证责任和客观证明责任的区别可从各自所附带的“不利后果”上清楚呈现:负担客观证明责任的不利后果是诉讼主张不被法院支持,当事人主张适用的法律规范不被适用,从而直接导致案件败诉。而未尽具体举证责任的后果则是多样化、多层次的,包括从不利的案件事实推定、到法官的不利心证甚至直接认定相反事实成立等程度不同的后果。在此意义上,具体举证责任机制实可“作为当事人动机体系”,即通过对当事人证

---

〔1〕 德国学者施耐德、谢尔哈玛持此观点,而普维庭对此观点进行了彻底的批判。[德]汉斯·普维庭:《现代证明责任问题》,吴越译,法律出版社2000年版,第23页。

〔2〕 参见袁中华:《民事诉讼中文书真伪的“举证责任”问题》,载《法学家》2012年第6期。

据行为的激励或抑制,发挥促进案件事实发现的重要功能。[1] 在理想意义上,具体举证责任机制基本能够消除生活事实认定的模糊状态,使生活事实趋向于尽可能依现有信息作出最终认定。

(二)"水晶球案"生活事实证明与认定的可能方法

事实问题上证据短缺往往是诉讼中的常态,实际诉讼中"证据确实、充分"的理想状态其实是难以达到的。因为如果证据确实、充分也就意味着当事人之间不存在事实问题的争议。如前所述,证明责任并非西方国家"自古而然"的解决案件"事实困境"的方法,在中国更是从未产生过类似概念。古代对官吏办案的基本要求便是"明镜高悬""明察秋毫"。在短缺证据状态下尽可能利用一切信息对模糊事实进行裁判被视为官吏的基本职责。这种传统法律文化观念对现代司法的影响力仍不容小觑。

就前述"水晶球案"而言,诚然,要求任一方举证证明确实均有一定难度,但绝非不可能。如能适当运用具体举证责任机制所涵摄的摸索证明、表见证明、不负证明责任当事人的事案阐明义务、举证妨碍的多种救济等制度手段,[2] 促使当事人围绕具体争议事实提供尽可能的证据,则仍可能对案件事实进行认定,而不至于最终出现案件事实无从判断的窘境。

从实际司法证明的过程来看,生活事实的查明是由当事人双方举证及法官倾向性的临时心证互动推动前进的。证明责任是负证明责任方举证证明的内在动力,但并非特定情形下由谁来举证的具体分配标准。"水晶球案"成为疑案的关键并非证明责任分配问题,而在于促使当事人尽可能提供证据信息的具体举证责任机制未能充分

---

〔1〕 关于"作为动机体系的证据法"思想,参见[美] John Leubsdorf:《作为动机体系的证据法》,刘强、王进喜译,载《证据科学》2013 年第 1 期。

〔2〕 关于具体举证责任机制所涵摄的多种制度手段,参见胡学军:《具体举证责任论》,法律出版社 2015 年版,第 176 页以下。

发挥作用,因此使法官不得不在欠缺适量证据信息的基础上裁判,应属一种所谓“审理未尽”的情形。[1] 从理论可能性来看,该案即便不依据证明责任分配理论,而仅依证据所持/证据距离/举证能力等因素,仍可逼近事实真相。

当然,这并不能说明证明责任分配机制在具体诉讼过程中就不重要,恰恰相反,证明责任分配决定了举证方证明的程度要求。证明责任负担决定本证和反证的证明要求不同,即各自遵循不同标准,这一标准也是举证行为转换的界点。但证明责任分配针对的不是具体生活事实,而是法律规范要件事实。并且证明责任分配的思路应遵循从实体法规范出发的“依法分配”。其实,我国学者论及该案时对“此球即彼球”或“此球非彼球”由哪方当事人负担证明责任时考虑的因素,从比较法上看,正是德国司法实践中“证明责任减轻”所考虑的那些情境性因素。但相对于根据具体情境产生多样化结果的“证明责任减轻”的做法,如果在具体疑难个案中笼统地以“法官分配证明责任”来决定某一方当事人负担直接败诉的结果,显得过于简单粗暴。

对于如何面对该类陷入“事实困境”的疑难案件,笔者认为,化解的方法不应当是继续纠缠在证明责任分配的泥潭中。因为证明责任分配的思路只可能提供非此即彼的两种方案,而实践证明两种方案都无法为特定案件事实认定提供帮助。突破困境的方法只能是通过在特定诉讼中增加知识与信息,即应通过进一步证据信息的更新使案件事实接近真相。抽象的证明责任确实具有促使当事人举证证明的行为指引功能,此即所谓“主观证明责任”功能。但不应对证明责任的行为指引功能过于高估。正如约翰·穆勒所言,告知旅行者他

〔1〕 所谓“审理未尽”,是指法院在诉讼上应尽其审理义务,不仅在诉讼程序上作为主持者,有指挥与管理之义务;而且作为程序之形成者,应尽其职权为必要证据之调查。如违背此项义务,即属审理未尽。参见陈朴生:《刑事证据法》,台北,三民书局 1979 年版,第 591 页。

的终极目的地所在,并不意味着就禁止他在途中利用地标和方向牌。[1] 相反,为促进顺利抵达最终目的地,应尽可能为其铺设道路、清除路障与设置路标。具体举证责任就是在具体案件事实认定陷入困境时的指路方向标。在裁判的过程中,通过或隐或显的方法使当事人及时知悉己方的具体举证责任,有助于促进证据信息的进一步提出。关键应当明确的是,这种诉讼过程中特定情境下具体举证责任的承担与抽象性质的客观证明责任针对的对象并不相同。

三、证明责任针对的是抽象规范对应具体生活事实的法律适用困境

(一)德国经典理论关于证明责任对象的学说演进

事实真伪不明时如何裁判是现代证明责任理论思考的原点,罗森贝克考虑这一问题时始终是以大陆法系“裁判三段论”为基本框架的。其学说的出发点就是:证明责任学说是法适用学说的一部分。证明责任理论并非解决了疑难案件的法律适用问题,而“正是法适用的方式产生了证明责任分配规则”。[2] 因此,罗氏证明责任论始终将证明责任分配的对象界定为规范要件,而从来不是特定的案件事实。[3]

罗氏的证明责任分配学说完全是静态的、纯逻辑的。其从形式

---

〔1〕 参见[英]约翰·斯图亚特·穆勒:《功利主义》,叶建新译,中国社会科学出版社2009年版,第39页。

〔2〕 参见[德]莱奥·罗森贝克:《证明责任论》(第5版),庄敬华译,中国法制出版社2018年版,第137页。

〔3〕 德国学者罗森贝克表述证明责任对象的用语包括如“法规范要素”(第121页)、“法规范的条件”(第121页)、“构成要件”(第129、133页)、“规范的前提条件”(第130页)、“规范要件特征”(第185页),或者就是“要件”。这些概念如果从事实与规范二分的角度来看,可以说全部属于“规范”,而非“事实”范畴。[德]莱奥·罗森贝克:《证明责任论》(第5版),庄敬华译,中国法制出版社2018年版。

逻辑的角度提出的简洁规则不仅包含分配的原则(为什么)同时也包含了分配方法(怎么办)。这就是:每一个在诉讼中主张法规范效力的当事人,应承担具备该法规范的前提条件的证明责任。罗氏在写作其成名作《证明责任论》时正处在精于思辨而疏于实践的时期,这种理论纯洁气质也将罗氏学说与此前及之后的其他学者学说明显区别开来。“我们的原则在一定程度上将对证明责任的争议,从具体诉讼的主观主义的考察方法上转移到实体法的客观领域,从法律争讼的充满争斗的竞争场所转移到法秩序的纯洁的天地。”因此,正确分配确认责任和证明责任的第一个和唯一的条件,是剖析和划分法规范及其特征。〔1〕

罗氏还刻意区分了对于法律诉讼案件的日常视角(“民间观点”)与专业视角(“法官观点”)。日常视角总是将某一权利产生或权利妨碍的原因归结为生活中的特定事实,再从法律上将此种事实与法律规范上权利发生变动的构成条件联系起来,即形成构成要件事实。但在罗氏看来,人们通常所说的诸如“原告必须对权利形成的事实加以证明;而被告必须对权利妨碍的事实、权利消灭的事实、权利排除的事实加以证明”这种观点其实是不合理性的。在罗氏看来,不谈论法规范,而是谈论权利形成、妨碍或消灭的事实,这是因果倒置。正确的说法应当是:原告必须主张和证明权利形成规范的前提条件,被告必须主张和证明权利妨碍规范、权利消灭规范、权利排除规范的前提条件。〔2〕

但案件事实的证明毕竟是现实诉讼中无法绕过的实际问题。罗氏这种完全通过对实定法进行文字解读以分配证明责任的方法在理论解释上几乎未遇到过真正对手,但这种逻辑自洽的理论在面对实

---

〔1〕 参见[德]莱奥·罗森贝克:《证明责任论》(第5版),庄敬华译,中国法制出版社2018年版,第144页以下。

〔2〕 参见[德]莱奥·罗森贝克:《证明责任论》(第5版),庄敬华译,中国法制出版社2018年版,第132页。

际司法案件中的事实问题时则可能会出现无从适用的问题,从而沦为大而无当的所谓“屠龙术”。司法判案的关键还是在于将抽象法律与具体案件进行连接的作业。罗氏其实也已意识到这个问题,其引证了西方古老的法谚:“无论是法律还是元老院的决议,均不能将任何时候发生的情况都包括进来。”〔1〕因此,罗氏证明责任论在实践中的难题不是如何进行抽象的证明责任分配(按照其“规范说”的证明责任分配方案简明清晰),而是对具体案件事实如何分配确认责任:“争议恰恰是围绕着犹如生活本身那样丰富多彩的一些细节问题。”罗氏在其著作中对于重要的若干法律抽象概念与具体案件事实的连接进行了较丰富的例证分析。〔2〕实务界往往依靠着力于对不同类型案件的规范要件进行具体化分析的“证明责任手册”提供指导。〔3〕

罗氏之后,其再传弟子普维庭对“规范说”的若干缺陷进行了修补,主要回击了针对规范说分配证明责任方法的多种攻击,从而形成了更圆满的“修正规范说”。但与罗氏这一理路一脉相承的是,普氏“修正规范说”在回击了对于罗氏规范说的众多批判之后再次明确重申:证明责任并非对生活事实(Lenenssachverhalt)而是对构成要件要素(Tatbestandsmerkmal)存在或不存在的拟制。〔4〕对特定生活事实

---

〔1〕 参见[德]莱奥·罗森贝克:《证明责任论》(第5版),庄敬华译,中国法制出版社2018年版,第145页。

〔2〕 参见[德]莱奥·罗森贝克:《证明责任论》(第5版),庄敬华译,中国法制出版社2018年版,第146页以下,第348页以下。

〔3〕 在德国,1985年之后的证明责任理论研究在总体上是与罗森贝克和施瓦布的证明责任基本思想一致并且是在此基础上的发展,鲍姆哥特尔出版的《证明责任手册》及其学生Hans-Willi Laumen续写的《证明责任手册》(第2版)是证明责任领域非常重要的和深入的研究,并对司法实践具有重要指导意义。See Baumgärtel, Handbuch der Beweislast im Privatrecht, 1. Aufl. 1981 ff.

〔4〕 吴越将Tatbestandsmerkmal直接翻译为“要件事实”,值得商榷。参见[德]汉斯·普维庭:《现代证明责任问题》,吴越译,法律出版社2000年版,第245页。准确地说,Tatbestandsmerkmal应翻译为构成要件要素,属法规范范畴,即司法三段论大前提领域。关于日本法学语境中“要件事实”概念与德语相关语词的对应关系问题,任重有专门详细评述。参见《第一届民事诉讼沙龙实录》,载任重执行主编:《民事程序法研究》(第12辑),厦门大学出版社2014年版,第270页。

提供证据加以证明的负担不是证明责任,而是具体举证责任(konkrete beweisführngslast)。[1] 其充分意识到混淆客观证明责任与具体举证责任的危险,其在《现代证明责任问题》一书中用了大部分篇幅辨析了客观证明责任与主观证明责任、证明责任与证明评价的差异之后,仍坚持针对实定法法条进行证明责任的抽象分配,明确反对针对具体案件具体情形中的生活事实,甚至是依据当事人社会身份等方面的具体案件情势进行证明责任分配。

(二)日本要件事实论对证明责任理论的发展

自雉本朗造最早在1917年将德国现代证明责任概念引进日本之后,日本学者对客观证明责任的继受甚至比德国人自身更为坚决。虽然通说之外也有认同主观证明责任存在必要性的有力说,但往往借助于“证明的必要”或“提出证据的责任”之类的概念以与客观证明责任内涵划清界限。[2] 学界对德国证明责任分配理论的继受中,法律要件分类说也一直占据通说地位。在这一抽象理论运用于司法实践的精致化过程中,产生了本土特色的要件事实论。

要件事实论脱胎于日本司法研修制所针对的法律职业共同体的裁判思维与方法教育。该说针对《日本民法典》的主要条文进行的要件事实分析,为诉讼中当事人主张责任、证明责任及攻击防御提供了具体可操作性方法。[3] “要件事实”与德国理论上的“法律要件”存

---

〔1〕 参见[德]汉斯·普维庭:《现代证明责任问题》,吴越译,法律出版社2000年版,第14页。

〔2〕 参见[日]新堂幸司:《新民事诉讼法》,林剑锋译,法律出版社2008年版,第394页;[日]高桥宏志:《民事诉讼法:制度与理论的深层分析》,林剑锋译,法律出版社2003年版,第427页。

〔3〕 参见许可:《侵权责任法要件事实分析》,人民法院出版社2018年版,第1页。

在重要且微妙的区别。[1] 法律要件是法律规定的发生特定权利效果的必要条件,可以说基本属于规范范畴的概念,在"裁判三段论"中属"大前提"。要件事实虽然被称为"事实",但其实是将客观事实与法律规范联系起来的中介,介于"生活事实"与"法律要件"之间,因此具有重要的实践操作功能。要件事实的提出也将同为诉讼证明对象的要件事实与非要件事实区别开来,从而使客观证明责任与"提出证据责任"进一步分道扬镳。在要件事实论的视域中,日本学者基本上没有给"提出证据责任"提供任何空间。证明责任的对象从来就与"提出证据责任"针对的具体生活事实有别。高桥宏志认为作为证明责任论基础的"真伪不明"并非生活事实本身真伪不明,确切地说,是事实上"主张"的真伪不明。[2] 证明责任负担只需限于主要事实,主要事实之外的间接事实与辅助事实就无须适用证明责任规则。此类事实真伪不明时,法官只需通过其他的间接事实或综合考量辩论全趣旨对主要事实存在与否作出认定即可,而且通过这样的方式也能够作出极为细致的认定。[3] 某种意义上要件事实论可看作对德国证明责任理论的改造,又因其具有指导当事人攻击防御的机能,故成为民事诉讼的实践命题。[4]

要件事实的提出,进一步完善了证明责任的方法论解释。如作为连接生活事件与法律规范的"要件事实"真伪不明,则产生对负担

[1] 我国有学者认为要件事实对应的德语词语就是 Tatbestand,参见章恒筑、夏瑛:《日本要件事实论纲——一种民事诉讼思维的展开》,载《法学家》2005 年第 3 期;也有的学者认为对应的是 Tatbestandsmerkmal,参见许可:《民事审判方法:要件事实引论》,法律出版社 2009 年版,第 37 页,王泽鉴称之为"要件特征",参见王泽鉴:《法律思维与民法实例——请求权基础理论体系》,中国政法大学出版社 2001 年版,第 201 页。但"要件事实"其实是日本法学界独创的概念,并非来自德语。

[2] 参见[日]高桥宏志:《民事诉讼法:制度与理论的深层分析》,林剑锋译,法律出版社 2003 年版,第 419 页。

[3] [日]伊藤滋夫『事実認定の基礎—裁判官による事実判断の構造』(有斐閣、2020)第 175 页。

[4] 参见章恒筑、夏瑛:《日本要件事实论纲——一种民事诉讼思维的展开》,载《法学家》2005 年第 3 期。

证明责任当事人的最终不利裁判,即诉讼请求不被支持的败诉结果。证明责任不是在要件事实不能作出真伪分明判断时仍指引法官作出事实判断,而是直接决定了最终的胜败结果。我国法理学者近年来也逐渐接纳了这一概念,认为要件事实即以法律规范的构成要件为标准而对生活事实进行的重述和剪裁,正是法律规范的构成要件为这一重述提供了概念图式,从而使“原初事实”或“野性事实”(brute facts)得以向制度性的规范靠拢。[1]

要件事实概念的提出不仅使逻辑严密的证明责任理论能更方便地运用于司法实践,也反过来对传统法学方法论具有重要的理论补充意义。“它使方法论和证据法中的事实概念得以区别开来,而且,为三段论中的连接过程提供了坚实的理论基础。”[2]正因为要件事实论乃“理论与实务”之桥,同时亦为“民法学与民事诉讼法学”之桥,因此成为日本法律人的共同语言,可谓日本法学上的创见。[3] 从西方国家私法的发展来看,特定类型案件中构成要件及其证明责任分配的探索往往成为法律发展的突破口。大陆法系学者对于证明责任分配的思考是以法律规范为中心的,关注的焦点多是裁判三段论中的大前提。因此学者的证明责任研究关注的往往并非基于具体判例本身,而是案例背后的法律规范,或者说产生特定法律效果的要件构成。具体案例只是引发对法律规范上特定构成要件意义范围及其风险归属原则思考的出发点。如德国“鸡瘟案”中首例新产品瑕疵之过错“证明责任倒置”引发的产品质量责任归责原则的转向;[4]英国“蛋壳脑袋”案对于“过错”要件的探讨对于侵权“过错责任”原则及受害人特异体质可否作为“与有过错”的深化认识,都大大推进了欧

---

〔1〕 参见舒国滢、王夏昊、雷磊:《法学方法论》,中国政法大学出版社 2018 年版,第269 页。

〔2〕 王利明:《法学方法论》,中国人民大学出版社 2012 年版,第 200 页。

〔3〕 参见程丽庄:《要件事实论与日本法律人培养》,载《学海》2007 年第 1 期。

〔4〕 德国联邦最高法院著名的“鸡瘟案”介绍及其意义,参见姜世明:《举证责任与证明度》,厦门大学出版社 2017 年版,第 60 页。

洲侵权责任法的规则发展。[1] 影响性案件中证明责任研究的意义在于探索形成新的法律规则，而在特定案件的具体情势中"哪方当事人应负责提供证据"问题并非证明责任研究的核心问题。很简单，如果在当事人提供了一定的证据之后，谁应当继续提供证据证明？这一问题并不是证明责任，而是具体举证责任。这一高度情境依赖的问题也根本不具有对后来案件的判例或指导意义。从这一方面来看，我国实践中对证明责任问题的思考却总是纠缠于具体特定案件事实本身，以哪方当事人对特定事实举证为焦点，而与对法律规范要件的意义范围的探讨存在一定的距离。

总之，从德、日学说史上来看，证明责任对象在理论学说上发生过两次重要变迁。首先，德国学者将证明责任理论的视野从传统上的事实认定领域引入法律适用领域。罗森贝克在证明责任分配方法上首次将"待证事实分类"方法变更为"法律规范分类"的方法，后来普维庭进一步将证明责任分配方法从"规范分类"修正为"要件分级"，从而将证明责任对象从传统的"生活事实"转而界定为法律规范上的必要条件（法律要件）。其次，证明责任理论在日本传播过程中，实践操作上进一步将证明责任对象从纯逻辑上的"规范要件"界定为相对具体的"要件事实"，从而为司法裁判提供了更具可操作性的方法工具与更简洁直观的理论解释。

我国相关规范对证明责任分配对象的界定与表述也有两次调整，原《民事证据规定》将之前法律和司法解释中的"争议事实"变更

---

〔1〕 英国"蛋壳脑袋"案，参见孙鹏：《"蛋壳脑袋"规则之反思与解构》，载《中国法学》2017 年第 1 期。其他西方国家的类似典型判例也是如此，如法国（1957 年）三人狩猎枪弹误伤案、荷兰（1992 年）DES 致胎儿影响案、西班牙（1983 年）金属片误伤行人案等运用司法裁量权决定证明责任分配的典型案例，无一不是通过判例最终创制或改变实体法因此也创制或改变了证明责任分配规则的。对此的分析，参见胡学军：《法官分配证明责任——一个法学迷思概念的分析》，载《清华法学》2010 年第 4 期。

为当事人的“事实主张”;[1]2015 年通过的《民诉法解释》,进一步将证明责任分配对象表述为法律关系的“基本事实”。[2] 实务上更习惯使用的概念则是“主要事实”。但需注意的是此类概念“在解读上应当完全立足于实体法规范”,[3]而非针对在具体诉讼程序中的争执情况。因此,诉讼中的“主要争议事实”不一定就是实体法上的“基本事实”或“主要事实”。“要件事实”一词虽然也曾出现在我国的规范性文件中,但或许因我国司法解释更注重大众化的理解而未能更广泛地流传。[4] 当前,随着学界对要件事实研究的进一步推进,[5]为建立事实与法规范的清晰连接,避免模糊证明责任的分配对象,笔者支持我国借鉴日本要件事实论的主张,在理论上进一步明确证明责任对象为权利或法律的“要件事实”,以实现证明责任分配对象从误识到回归经典理论的拨乱反正。

---

〔1〕 原《民事证据规定》第 2 条规定:当事人对自己提出的诉讼请求所依据的事实或者反驳对方诉讼请求所依据的事实有责任提供证据加以证明。没有证据或者证据不足以证明当事人的事实主张的,由负有举证责任的当事人承担不利后果。

〔2〕《民诉法解释》第 91 条规定:“人民法院应当依照下列原则确定举证证明责任的承担,但法律另有规定的除外:(一)主张法律关系存在的当事人,应当对产生该法律关系的基本事实承担举证证明责任;(二)主张法律关系变更、消灭或者权利受到妨害的当事人,应当对该法律关系变更、消灭或者权利受到妨害的基本事实承担举证证明责任。”

〔3〕 参见最高人民法院修改后民事诉讼法贯彻实施工作领导小组编著:《最高人民法院民事诉讼法司法解释理解与适用》(上),人民法院出版社 2015 年版,第 317 页。

〔4〕 2008 年 4 月 11 日最高人民法院曾发布关于开展《人民法院统一证据规定(司法解释建议稿)》试点工作的通知(法〔2008〕129 号),该规定第 134 条第 1 款规定:凡要求适用原则规定的当事人,对原则要件事实的存在负有证明责任,但不需要证明例外规定要件事实的不存在。

〔5〕 我国对日本要件事实论的引入从 2005 年开始,代表性成果参见章恒筑、夏瑛:《日本要件事实论纲——一种民事诉讼思维的展开》,载《法学家》2005 年第 3 期;许可:《民事审判方法:要件事实引论》,法律出版社 2009 年版;段文波:《规范出发型民事判决构造论》,法律出版社 2012 年版。2010 年开始从理论建构进入审判实务试验阶段,代表性成果参见邹碧华:《要件审判九步法》,法律出版社 2010 年版。当前已进入本土化建构阶段,代表性成果参见许可:《侵权责任法要件事实分析》,人民法院出版社 2018 年版。

(三)生活事实与法律要件连接的两种不同思路

大陆法系理论中法律适用的基本方法是形式逻辑三段论,这几乎没有争议。有争议的是将小前提与大前提相连接的方法。经典理论认为这仍是一个形式逻辑的过程,即"涵摄":将作为生活事实的下位概念置于法律规范的上位概念之下。这就以形式逻辑掩盖了司法的实质。后来,恩吉施因质疑"涵摄论"提出了著名的"目光在法律要件与生活事实之间的往返流转"的所谓"比较论"。但是对于如何进行这种比较,一般法学方法论中却语焉不详,要件事实论正可为二者之间的沟通连接提供桥梁与方法。

在处理具体诉讼案件时,经典证明责任理论的"解题思路"是根据法律规范的性质确定与其相对应的争议事实的证明责任分配,也即在具体事实的证明风险问题上要回溯到该事实对应的法律规范要件。这种方法属于规范出发型诉讼的证明责任"依法分配"方法。但问题在于:是否所有的生活事实都可嵌入法律规范之中成为某个规范要件,甚或规范要件的次级要件?这种"顺藤摸瓜"方法假定原生的生活事实皆依照法律规范的安排而发生,但实际上却是:生活事实发生争议之后才需要通过司法—由法官"找法"—来化解纠纷,从而将社会关系调整为法律关系。也就是说,生活事实并非天然由规范所生或由规范所调整而来。依此思路,在进行实际案件分析时很可能发现同一生活事实能够连接不同的法律规范,即案件事实并非仅是一条规范之藤上的"瓜"。因此,通过证明责任分配解决此类事实真伪不明时的处置并非总能"迎刃而解",有时也会陷入"此路不通"的困境。这正是"水晶球案"证明责任分配的症结。

与上述这种从规范出发思路相反的是,我国司法实践中流行的是从具体"争点"事实出发分配举证责任。即对于争议的具体案件事实,先由当事人双方基于胜诉的原始动机尽可能举证证明,此种"举证责任"会在当事人之间转换,并在证据短缺导致事实疑难判断时由法官决定由哪方继续举证,或不能继续举证时由谁承担归责后果。在分配此种不利后果时,往往追问导致该事实无法证明的原因,此时"举证责任分配"考虑的因素亦多为证据所持、举证能力,甚至是当事人的相对地位(所谓"弱势群体保障")等"情境性因素"。继而对"有过错"的当事人进行事实认定上不利后果的"归责处理"。此种"中国式举证责任逻辑"使案件在证据短缺的情形下仍能基于证据提供方面的归责因素作出倾向性事实认定处理,并在此基础上进行裁判。[1]在这种思路下,法律要件与争点事实无须进行严密的论证,这样也就淡化了案件事实在法律规范上的意义,或者回避了如何适用法律的问题。"水晶球案"的审判就是遵循的这一逻辑,这就可以理解了为何众多学者对该案"证明责任分配"的探讨中几乎均未言及实体法规范的问题。

在大陆法系,将规范与生活现象相结合对于制度性的法律思考来讲是再熟悉不过的事,[2]但这种结合可能存在不同的思路。上述两种思路不外乎都是要解决案件事实与规范之间如何发生连接这一裁判中的实质性问题。应当明确的是,法律规范并不服务于人们对世界的观察与认识,而是服务于对行为的调整。[3] 证明责任裁判针对的应主要是存在解释困难的"要件事实",要件事实概念的提出整合了规范与事实的对应这一法律适用的核心难题。纯粹客观事实发生与否的问题应当尽可能通过促进举证与提升裁判者的事实认定技能来解决,一般不应成为证明责任裁判的典型案例。在我国,类似"水晶球案""彭宇案"等典型案件中涉及的事实难题皆为生活事实认定难题,基本不涉及复杂的法律解释与法律适用问题,却误被当成证

---

〔1〕 我国司法实践中流行的"中国式举证责任"的内在逻辑,参见胡学军:《中国式举证责任制度的内在逻辑——以最高人民法院指导案例为中心的分析》,载《法学家》2018 年第 5 期。

〔2〕 参见[德]齐佩利乌斯:《法学方法论》,金振豹译,法律出版社 2009 年版,第 143 页。

〔3〕 参见[德]齐佩利乌斯:《法学方法论》,金振豹译,法律出版社 2009 年版,第 1 页。

明责任分配的典型案件。面对“事实困境”,应引导理论界与实务界关注诉讼中最大化证据信息的提供(当事人在具体情境下的具体举证责任及相应的责任后果)与非理想状态下(证据短缺)事实判断能力的培养,而不是过分关注渐趋形而上化的证明责任分配理论。毕竟,裁判实践中的问题十有八九皆属事实问题,而事实判断能力是司法的基本功。

从证明责任作为民事裁判的基本方法来看,[1]所有案件均可进行证明责任分配的分析。但应注意辨析的是:并非案件中的所有争议事实均附有“证明责任”问题。作为证明责任理论通说的“规范说”分配证明责任的思路是从“规范出发”。依此思路,“水晶球案”中原告提出违约责任,是根据合同违约责任的一般条款:履行合同不符合约定的,应当承担违约责任。[2] 进一步来说,本案属买卖合同,如已证实“被告交付的商品是赝品”,则对应法规范中的要件“出卖人交付的标的物不符合质量要求”是清楚无疑的。[3] 但本案中纠缠的“此球非彼球”与“此球即彼球”均难以直接对应该法规范要件,只是处理该案纠纷的前提性、基础性事实,而非与待适用法律规范连接的要件事实。

值得注意的是,几乎所有学者在分析该案时均局限于“就事论事”,而未能注意事实与规范的必要“连接”,亦即有意无意忽略了该案拟适用的法律条文。通过证明责任分配解决所有具体生活事实举证窘境思路的最根本困难在于:案件中争议的具体事实虽然都与要件事实存在某种联系,但这种联系并非全部都属于包涵或决定的关

---

〔1〕 近期对证明责任作为裁判方法的讨论,参见程春华:《裁判思维与证明方法》,法律出版社2016年版;胡学军:《论证明责任作为民事裁判的基本方法——兼就“人狗猫大战”案裁判与杨立新教授商榷》,载《政法论坛》2017年第3期。

〔2〕 原《合同法》第107条规定:当事人一方不履行合同义务或者履行合同义务不符合约定的,应当承担继续履行、采取补救措施或者赔偿损失等违约责任。现为《民法典》第577条。

〔3〕 原《合同法》第155条规定:出卖人交付的标的物不符合质量要求的,买受人可以依照本法第一百一十一条的规定要求承担违约责任。也可参见《民法典》第617条。

系,从要件事实不是总能必然推出具体生活事实。因此,不能从(对要件事实的)证明责任分配推出具体生活事实的“证明责任”分配答案。

四、证明责任对象的精确界定与证明责任主观意蕴的辩正

(一)从对生活事实的举证到对法律适用的论证

无论在何种诉讼模式下,司法裁判都应当以法律与事实为前提作出,困难主要在于如何将事实与法律结合在一起进行裁判。一般来说,当事人基于生活纠纷而诉诸法院,总是先提出纠纷事实作为法院审查处理的对象,并希望法院“就事论事”。法院则往往最终要着眼于法律秩序的维护,围绕该案件可能适用的法律规范予以考虑。此即法谚所云:“你给我事实,我给你法律。”但现代诉讼中基于沟通理性,法院与当事人作为共同的诉讼主体其实早已不存在如此清晰的分工,而毋宁是双方共同决定事实与法律规范的供给与选择。

从诉讼实际来看,对案情事实的证明与对案件事实的法律论证是两个层次的问题。一般而言,诉讼中事实证明问题具有先决性。在当事人举证证明了案件事实之后,接下来才是本案事实与法律规范要件相连接的论证。可以说,当事人在诉讼中的行为负担始于举证,终于论证。从比较法上来看,德国当代司法中通过实践习惯做法发展形成了所谓“证明责任减轻”制度,以解释与解决在具体情形下由哪方当事人继续提供证据的问题。这些理论上所谓的“证明责任周边概念”其实已经逐渐脱离证明责任制度而日趋自成体系。在脱离事实与证据领域之外,证明责任在主观行为负担上的意义上并非就无所依归。当代法律论证理论方兴未艾,但基本上是从法官如何裁判角度加以研究的。从实践角度来说,当事人显然也有说服法官的负担。如果仍然认同证明责任的实质是法律适用问题,则主观证

明责任的行为内容就应倾向于从这种法律论证角度加以把握,而不是或不仅仅是从提供证据的角度。这也有助于将作为证明责任内在成分的主观(抽象)证明责任与异质的具体举证责任在内涵上清楚区别开来。

在案件事实的供给上,现代诉讼制度普遍要求当事人提出作为裁判基础的事实。一旦作为裁判基础的案件事实真伪不明,法官将无法依据实定法作出裁判。故当事人负担证立该裁判基础事实的风险,此即客观证明责任。由于此种风险客观存在,当事人为避免或降低风险,在诉讼过程中会尽可能提供证据证明该事实存在,当事人此种总体上的行为表现被称为“主观证明责任”。此即所谓“主观证明责任是客观证明责任在辩论主义模式下的投影”。因此,主观证明责任与客观证明责任的分配是统一的,其实本就是一个问题的两个方面。此种意义上的主观证明责任与客观证明责任同样在诉讼过程中不发生倒置或转换。但须注意的是,主观证明责任不能涵盖具体情境下的提供证据责任,即所谓动态的、具体的“举证责任”。[1] 具体举证责任是法院将作出不利事实认定的压力对当事人的反射,是以法官不利心证为转移的,这与固定于当事人一方的主观抽象证明责任的性质不同。

事实审查之后,在案件拟适用的法律规范的检索与解释上,也同样要基于法院与当事人的互动沟通,而非法院单方的“找法”作业。基于现代诉讼程序正义的要求,当事人可以通过自己的实质参与影响裁判的结果。现代民事诉讼法一般规定立案时当事人首先要提出案件拟适用的法律依据,法院应在裁判过程中充分听取双方当事人及其委托代理人在法律适用上的意见。当然,如果在诉讼过程中法院与当事人在法律适用上观点不一致的,法官还应当行使释明权。

---

〔1〕 参见任重:《论中国“现代”证明责任问题——兼评德国理论新进展》,载《当代法学》2017 年第 5 期。

这都突破了传统上“我给你法律”的法院单方适法的传统观念定位。

更重要的是,除了根据辩论主义“举证”及此种“找法”外,当事人要根据本案事实,围绕拟适用的法律规范进行论证,即寻求所谓生活事实与法律规范的连接。这一环节确实不能仅以形式逻辑的“涵摄”加以解读,[1]而毋宁说,无论当事人还是裁判者都必须将“目光在事实与规范之间流转顾盼”。迫使法院听取当事人的论证并可能转化为裁判理由的,是司法公开或裁判说理的现代司法要求,而促使当事人寻求这种连接的内在驱动机制则是证明责任这一现代理论建构。

传统事实出发型诉讼中的焦点是案件事实的证明,因此特别关注提供证据意义上的“举证责任”。这就不难理解为何在我国语境下,本来异质的“舶来品”的“证明责任”总是企图替代或挤压早已有之的此种“举证责任”,并因此造成相关概念内涵长期纠缠不清的混乱局面。也正是由于混淆了当事人在不同环节中的不同义务,实践中流传着一种较普遍的误解,即认为证明责任是解决生活事实真伪不明的裁判方法,并进而认为在生活事实清楚时不适用证明责任。这就严重背离了现代证明责任理论的基本教义——证明责任的实质是法律适用问题。法律适用问题的核心是对具体案件事实与抽象法律规范进行连接,在这一过程中不可避免地要对生活事实作必要的归属判断。此种判断显然有别于对“案件事实是否在客观世界真实发生”的判断,而是对生活事实是否可归属于法律规范规定范围的判断。

在将法律概念适用于特定案件事实问题时,除前述“涵摄论”与“比较论”之外,也有学者认为应作为解释问题提出。[2]“涵摄”论不仅将法律看作没有任何空缺与漏洞的完善规范体系,而且将法律要

---

[1] 目前,关于司法裁判中法律事实与规范关系的观点,可概括为推论关系、涵摄关系、等置关系和评价关系 4 种模式。参见杨建军:《司法裁判中法律事实与法律规范的关系》,载《法制与社会发展》2007 年第 2 期。

[2] 参见[德]齐佩利乌斯:《法学方法论》,金振豹译,法律出版社 2009 年版,第 142 页。

件与生活事实看作同一性质的事实寻求“归类”关系。这在法律问题上其实并不准确,因为生活事实与法律要件其实性质有别。二者关系不能总是化约为简单的包含关系。在法律适用作业上,毋宁说首先是对生活事实加以定性,即概括或评价,然后才是逻辑上的涵摄、等置或推论。因为无论如何完备的制定法均不可能对千姿百态的现实生活事件对号入座。在法律解释不明的场合,裁判者也必须对此作清楚的裁量,即该法律规范是否可适用于该案具体情形。此种事实与法律连接“真伪不明”时的裁判难题——或说法律要件“解释困难”的问题——实为证明责任的深层问题。证明责任理论关注的并非特定案件中的事实证明问题,毋宁说是借助于特定案件事实提出的对法律规范意义范围进行“具体化”的问题,特定案件中的事实及其可涵摄性问题只是提供了对其加衡量和精确化的契机。证明责任作为裁判方法确实不能简单地从形式逻辑推理上加以理解,而是应当进行比较、考量、评价、裁断,本质上即罗森贝克所谓“实质司法权”的行使。〔1〕

法律论证理论关注的核心问题就是司法裁判中法律规则的选择或解释何以理性地证立。麦考密克区分了裁决证立的两个层次:第一个层次是演绎证立,即法律裁决依靠法律规则以及满足其适用条件的法律事实得以维持。在简明案件中,法官能够诉诸既存的、没有歧义的法律规则,而在疑难案件中则需要第二个层次的证立,即次级证立。在疑难案件中,法律规则需要解释,只有在解释的问题解决之后演绎证立才有可能。次级证立中涉及法律适用的多层次问题:解释、关联性以及定性问题。〔2〕 其中定性问题是因为不清楚某种已经发生的“初级事实”是否能够取代规则“p→q”中具有特定法律属性的

---

〔1〕 参见[德]汉斯·普维庭:《现代证明责任问题》,吴越译,法律出版社2000年版,第237页。

〔2〕 参见[荷]伊芙琳·T. 菲特丽丝:《法律论证原理——司法裁决之证立理论概览》,张其山译,商务印书馆2005年版,第78页。

"次级事实""p"。在存在定性问题的案件中,难点在于如何将案件生活事实转述为法律术语,即初级事实是否能被看作"p"的一个情况。这类问题与法律解释问题的不同在于:定性问题被当成事实问题而非法律问题。次级证立的要件包括在解释、关联性选择或定性中发挥作用的考量。这正是证明责任理论着力的领域,可以说证明责任正是疑难案件中关于法律适用的证立负担。从这一角度来理解界定的证明责任分配案件其实正属于哈特与德沃金争议的"疑难案件"的一种类型,并为此类疑难案件的解决提供了一条将价值运用于事实的可操作的技术路线。麦考密克认为,次级证立是基于两种可能裁决的一种选择,这种证立形式不能被重构为演绎正当的论述。[1] 现代证明责任理论发展中普氏批判罗氏仅从形式逻辑上解释了证明责任方法论,在提出要件真伪不明时须借助于一定的操作规则加以处理的所谓"拟制说",这与法律论证理论的思考似乎达成了默契。

(二)证明责任分配对象的澄清对司法实践的启示

疑难案件的法律适用难题,本就是证明责任理论思考的出发点,此即证明责任"元问题"。这一问题源于实定法不可能对包罗万象的社会生活作出严丝合缝的调整,总是存在模糊地带甚至法律漏洞,但现代司法却不允许拒绝对系属案件作出裁判。在法治社会,法律对社会生活的调整要求是"法网恢恢",立法的滞后或疏漏必须通过司法加以填补。这种疏漏往往借助于语言的模糊性表现出来,因此在司法适用时需要进行法律解释甚至法律续造。我国以往对证明责任制度偏重从举证证明的事实问题领域加以理解,对证明责任的深化运用要求将证明责任的对象从生活事实转向法律构成要件,将证明责任理论从事实领域重新回归定位到法律适用领域。如果说在"前

---

〔1〕 参见[荷]伊芙琳·T. 菲特丽丝:《法律论证原理——司法裁决之证立理论概览》,张其山译,商务印书馆2005年版,第82页。

法治社会”需要通过纠纷的司法解决探索形成理想的法律秩序，则法治社会就是业已完成法律规范体系的建构，司法的任务转为将既定的法律秩序在社会中贯彻实施。我国当前正处于这一转型过程之中。

区分事实与法律适用问题并提供不同解决机制，有利于提升裁判质量与司法的专业性。在我国近年来在司法实践中不断涌现的系列影响性案例中，事实困境与法律适用困境往往纠缠在一起，增加了对案件理解与裁判的困难。很多案件在开始时首先遇到的是“事实困境”，但证据调查结束、事实查明之后却可能转化为法律适用方面的难题，这才是证明责任理论适用的典型情形，也只有这类问题才具有讨论的普遍性意义。

著名的“彭宇案”中“原、被告是否相撞”的难题就属于单纯事实认定问题，而从法律适用上看完全属于“简明案件”，基本不存在法律适用的困难。〔1〕 但学界的分析却难以摆脱证明责任分配的路径依赖。此案本应通过具体的举证责任机制尽可能促使法官作出事实认定，〔2〕但遗憾的是该案法官在该案的事实判断对于日常生活经验的适用理由在后来被不当引申，由此总结出的负面规则长期喧嚣不定，后患无穷。

与前述“彭宇案”可以在事实认定领域加以解决不同的是，被称

〔1〕 “彭宇案”事实真相及案件如何受到舆论的影响，参见傅郁林：《当信仰危机遭遇和谐司法——由彭宇案现象透视司法与传媒关系》，载《法律适用》2012 年第 12 期。

〔2〕 关于该案事实应如何认定的分析，参见郑世保：《事实推定与证明责任——以“彭宇案”切入》，载《法律科学》2010 年第 3 期；莫良元、夏锦文：《司法场域中热点案件的事实真相认定：彭宇案的法社会学解读》，载《法律科学（西北政法大学学报）》2012 年第 5 期。

为"天津彭宇案"的"许云鹤案"却属于另一种情形。[1] 本案诉讼程序开始之初,争议的焦点是"汽车是否与受害人发生接触"这一生活事实。一审中双方当事人提供的证据使法官认为不足以认定是否发生了撞人事实。但一审裁判认为在车辆与行人"无接触"的情形下受害人因受惊吓摔倒仍属于交通事故,《道路交通安全法》在此案中被予以适用。这一判决理由在社会上引起了轩然大波,并引发了后来对于"无接触"类型交通事故的关注。这就扩展甚至深化了对交通事故规范的理解,显示在没有一定数量的具体判例之前,甚至很难理解实体法规范究竟所指的是哪些情形。[2]

也有很多案件呈现的是事实认定与法律适用交织一起的难题,"人狗猫大战案"即是一例。[3] 在该案诉讼过程中开始是生活事实判断的难题,包括"被告是否长时间固定喂食流浪猫"及"原告是否主动参与猫狗之间争斗并踢猫"。随着具体举证行为的推进,在提供较充足证据后就只剩下法律适用的难题:在一段时间内固定喂食流浪动物是否构成法律规定的"饲养动物"?在猫狗打斗的过程中参与进去并踢猫反被猫抓伤是否属于有"重大过失"?这种问题就需要运用证明责任分配所体现的法律目的与宗旨指导法官作出裁判。

---

〔1〕 2009 年某日,许云鹤驾车沿天津市红桥区红旗路由南向北行驶,在行驶到红星美凯龙家具装饰广场附近时,王秀芝由西向东跨越路中心的护栏,后王秀芝倒地受伤。王秀芝起诉主张被许云鹤驾驶的车撞伤倒地,许云鹤主张王秀芝是自行摔伤,自己的车根本未与王秀芝发生接触。本案并无证据证明许云鹤所驾车辆撞到了人,委托鉴定结论为:"不能确定小客车与人体身体接触部位。"但法院认为根据《道路交通安全法》第 119 条规定,"交通事故"是指车辆在道路上因过错或者意外造成的人身伤亡或者财产损失的事件。法官认为,车辆与行人是否发生物理接触并不影响交通事故的成立,原、被告之间是否发生物理接触,本案纠纷都属于交通事故争议,受《道路交通安全法》调整。从而判决许云鹤承担 40% 的民事责任,赔偿王秀芝 10 万余元。该案案情简介,参见《天津许云鹤案二审维持原判》,载《人民法院报》2012 年 1 月 20 日,第 12 版。

〔2〕 二审法院认为根据鉴定结论与事故现场图、照片、勘验笔录、当事人述称等证据可以形成完整的证据链,足以认定王秀芝腿伤系许云鹤驾车行为所导致,许云鹤的驾车行为与王秀芝的损害之间存在因果关系。

〔3〕 对该案的较详细介绍与分析,参见胡学军:《中国式举证责任制度的内在逻辑——以最高人民法院指导案例为中心的分析》,载《法学家》2018 年第 5 期。

在事实与法律问题上，首先，当事人应负的行为负担是不同的。事实问题上的对抗基本上是依据证据材料展开辩论，“举证”行为即所谓“以证据说话”；而法律适用的难题多在于具体案件事实与抽象法律构成要件的归属论证，当事人的证明责任重在“主体间”的“说服”。如职业打假人是否可算作“消费者”？“许霆案”中 ATM 是否属于法律规定的“金融机构”？网约车平台是否属于法律规定的“出租车公司”？冷冻胚胎是否属于法律规定的“遗产”？此类案件中的难题显然区别于证据评价或案情事实认定问题，而是由典型个案引发的对于法律适用于具体生活情境的“归属论证”难题。[1] 此类论证不仅发生在案件庭审过程中的辩论阶段，还可以延伸到法庭之外成为公共辩论的论题。裁判者在具体案件中的证据裁量与证明评价并不具有标准答案的意义，但判例对法律规范及构成要件的理解与解释却可发挥长久的影响力，并促进法律适用的深化与法律的成长。这与英美法中通过判例对具体案件事实加以抽象从而形成一般规则的路径迥异其趣，但在法律适用功能上也可以说是殊途同归。正如“纽约时报诉沙利文案”(New York Times Co. v. Sullivan)对于案件中的具体主体与法律规范中抽象规制对象的解释所能发挥的强大张力，[2] 并影响深远。

其次，在事实与法律问题上，主体参与应遵循的原则亦不同。在证据审查与事实判断方面，强调裁判者的亲身经历性与裁决的具体情境依赖性，应贯彻诉讼法中的“直接言辞”原则。这一原则要求充分尊重一线法官的审判权。必须明确法官的自由心证与自由裁量权，真正落实“由审判者裁判，让裁判者负责”的司法责任制。法官在

---

〔1〕 所谓“归属论证”，参见黄泽敏：《案件事实的归属论证》，载《法学研究》2017 年第 5 期。

〔2〕 在“纽约时报诉沙利文案”(New York Times Co. v. Sullivan)中，判例形成的关于言论自由范围与界限的规则不仅是在特定的原被告之间产生既判力，而且实际上构成了所有涉及“政府官员”诉“出版业”诽谤案的先例。参见[美]安东尼·刘易斯：《批评官员的尺度》，何帆译，北京大学出版社 2011 年版，第 12 页。

诉讼过程中可以提示当事人承担具体的举证责任，尽可能根据证据及具体案件情势对案件中涉及的生活事实进行认定。这既是法官的职责，也是法官自由裁量权行使的主要领域，并在证据审查与事实判断中探索、示范并最终形成事实认定的细致司法技术。

证明责任分配问题是可以从特定案件中抽象出来的一般性法律适用问题，“法律规范也需要以其所调整的生活领域为依据得到理解与精确化”。[1] 证明责任问题作为法律适用方法属于裁判规则问题。裁判规则缺失将导致被自由裁量权蚕食，从而减损司法公正。明确裁判规则的供给与保障自由裁量权的行使是司法公正的两个方面，这在证明责任问题上能得到很好的说明。在当前，为了最大限度地消除裁判规则不明的灰色地带，扩大裁判规则的供给，建立某种形式的判例制已经成为共识。必须在法律共同体内部形成规则的共识，形成法律的“解释共同体”。在法律解释与法律续造中补充规则的血肉，使纸面上的法落地生根为行动中的法。证明责任分配问题作为法律问题，有标准答案，需要通过学术上的探讨统一法律适用，提升裁判质量与司法公正；学者间的商榷与争鸣有利于逐步探明法律的真意与适用的边界，也包括在现有法律不足时通过司法实现“法律的成长”。如“知假买假”的职业打假人曾经被认为客观上促进了社会经济的发展，因此被认为属于《消费者权益保护法》保护的消费者，其可以根据《消费者权益保护法》主张适用惩罚性赔偿。当前形势下则被认为不宜继续解释为消费者，即不再支持适用惩罚性赔偿加以保护。

总之，对于证明责任分配对象的探讨或可触及法学方法论或裁判方法的核心。可引导我国证明责任研究从证明责任分配的主体（谁应当在案件中负担证明责任）转向对客体（对何种事实负担证明责任及事实与法律要件如何连接）的必要关注，为疑难案件的司法裁

---

〔1〕 [德]齐佩利乌斯：《法学方法论》，金振豹译，法律出版社2009年版，第143页。

判提供统一规则，并促进法律的发展及司法的统一。

在我国当前法官“员额制”改革的背景下，随着司法职业人员从“经验型法官”转向“专业型法官”，裁判方法也将从“事实出发型”逐渐转向“规范出发型”。随着社会主义法律体系的初步建成，司法与法院的功能将更多地从单纯的纠纷解决走向法律秩序维护与权利保障。这都将促使司法的事实认定与法律适用从粗放走向规范直至精致，民事司法裁判的质量与公正性将不断得以提升。在这一背景下，作为“民事诉讼脊梁”的证明责任理论与制度无疑可供继续深化适用。在证明责任理论研究领域，一方面，亟须通过“类案分析”对不同类型请求权规范的要件事实及证明责任分配进行规范分析，以便为司法实践提供清晰指导；另一方面，针对不断出现的新社会纠纷形态，司法实践宜通过“以案释法”建立新型纠纷与法律规范的类型连接，从而发挥判例效应。两方面共同促进法律对迅速发展的社会生活的规范与调整，更好地发挥司法的法律适用与公共政策形成功能，从而促进理想法律秩序的形成。

第十一章　证明责任对象泛化批判：具体生活事实

引　言

证明责任问题是我国民事司法理论与实践中的重要问题，而证明责任分配则是证明责任理论中的核心论题，这一论题在我国民事证据法学上长期论争不断。目前我国理论学说与法律规范上都不断加深了应以“规范说”作为证明责任分配方法的共识。[1] 依此种通说，证明责任分配应首先从案件拟适用的法律规范出发，证明责任分配针对的对象只能是规范要件事实。但实践中仍存在这样一种较普

〔1〕 参见最高人民法院民事审判第一庭：《民事诉讼证据司法解释的理解与适用》，中国法制出版社 2002 年版，第 24 页；李浩：《民事判决中的举证责任分配——以〈公报〉案例为样本的分析》，载《清华法学》2008 年第 6 期；李浩：《〈民事诉讼法〉修订中的举证责任问题》，载《清华法学》2011 年第 3 期；袁中华：《证明责任分配的一般原则及其适用——〈民事诉讼法〉司法解释第 91 条之述评》，载《法律适用》2015 年第 8 期；任重：《罗森贝克证明责任论的再认识——兼论〈民诉法解释〉第 90 条、第 91 条和第 108 条》，载《法律适用》2017 年第 15 期。

遍、但也较隐蔽的误解,即分析证明责任时不是从案件拟适用的实体法律规范出发,而是从当事人争议的具体生活事实入手,将非与法律规范要件直接连接的具体生活事实也当成证明责任分配对象,进而将证明责任分配当成解决几乎任何生活事实模糊不清时的"万能灵药"。这一做法,笔者谓之"证明责任对象泛化"。很多学者对此似乎熟视无睹,有意无意忽略了证明责任应仅针对要件事实。其实,在证明责任具体运用中对于法律要件与生活事实的区分及其如何连接这一问题,始终缺乏较深入的研究。下述两个曾在我国实务中长期悬而未决的"公案"及学界对其的聚讼纷纭即可为典型例证。

"齐白石画真伪案":[1]原告串井小(男)与串麦妮(女)系同胞兄妹。两人主张,其父亲生前收藏有一幅中堂画,画面是两只老鼠和一支蜡烛。画面的左上方有小字题跋,在题跋的下面有"齐璜"二字。画面的左下方有"白石"二字的印鉴。该图画的质地为宣纸,篇幅约126厘米×50厘米。被告贾计生在得知原告父亲藏有此书画后,早年曾以欣赏为名从原告父亲手中借走此书画,后原告多次向被告索要。被告在1991年12月曾给原告写了一份证明:"本人大约在1980年从串井小家拿了一幅画,据说是齐白石画的,当时由于不在意,不慎丢失,特此证明(什么时候找到,就及时归还)。"由于被告实际一直未归还书画,故原告诉至法院,请求法院判令被告返还原画,否则予以相应的赔偿。被告在答辩状中称原告所述并非事实,被告称自己为一名书画鉴赏家,原告父亲与自己交好,原告父亲曾于1980年写信邀请自己为其所藏字画作鉴定,并称将赠送字画一幅以表谢意。被告提供了此信原件作为证据,原告对此信件的真实性未提出异议。被告主张此画为串麦妮赠予,故不必返还。画作本为赝品,尺寸亦较小。该案历经多级人民法院开庭审理,但均无法作出适当且令当事人信

[1] 该案详细案情参见《串井小等诉贾计生返还出借的名画案》,载最高人民法院中国应用法学研究所编:《人民法院案例选》(2000年第2辑),人民法院出版社2000年版,第58页。

服的裁判。试问本案中应如何确定各当事人的证明责任？本案如在庭审结束时当事人均未能提供进一步的证据，又该如何裁判？

"水晶球案"：[1] 1999 年 1 月 23 日，原告顾某在上海工艺美术商厦以 2944 元价格购买了一个"天然黄水晶球"。当时商品上只标注了价格与直径，售货员将球拿到外面的水果摊称重为 290 克，并将发票及写有"假一赔百"的信誉卡交给了原告。原告后即前往珠宝测试鉴定处鉴定，鉴定结果为："球重 289.8 克、直径 58.6mm，方解石。"故原告要求售货员按信誉卡上"假一赔百"的承诺赔偿 29.44 万元。交涉未果，原告将上海工艺美术商厦告到法院，后追加商品制造商上海宝和公司为第二被告。在法庭上被告提出原告拿去鉴定的球并非就是"宝和公司"生产并在"工艺美术商厦"出售的水晶球（"此球非彼球"）。原告则提出拿去鉴定的球即是商厦出售给她的球（"此球即彼球"）。对此争议焦点，双方进行了激烈的辩论，但均未能提出有力的证据证明。原告认为其已提供购物小票、发票、信誉卡，即可证明"此球即彼球"，被告则质疑经过权威部门测试拿去鉴定的球与实际标注的直径相差 0.4 毫米，重量相差 0.2 克，反过来主张该球已被原告"调包"。一审法院因原告未能举证证明"此球即彼球"而判决其败诉。后原告上诉，二审维持原判。再后来，被告发现原告是某水晶研究所的员工，认为这是原告精心策划、以搞垮竞争对手的一场不正当竞争事件。试问该案中"水晶球"之真伪应由哪方当事人负担证明责任？本案在庭审结束时如该事实难以判断，案件该如何判决？

上述两案均可谓事实证明疑难案件，依一般举证证明的思路似乎无法解决问题。"齐白石画真伪案"中因所述画作已不存在，故无法要求当事人对该画作委托鉴定甚至仅仅在法庭上予以出示。"水晶球案"中原告确实能够举证证明其所持有的"水晶球"系伪造，而被告

---

〔1〕 该案详细案情参见《水晶球案件孰是孰非》，载《北京青年报》2001 年 3 月 13 日，第 10 版。

也能够提供其出售该球当时附有鉴定证书，亦可初步证明出售的商品质量合格。该案的疑点在于原、被告各自所称的“水晶球”是否为同一物。上述两案同为对法律行为所涉及之“物”的疑难判断，或说“物”之同一性难题（可以设想“齐白石画真伪案”中被告在答辩时提出一张虚拟的齐白石的赝品画，原告请求中提出的则是该赝品并非其出借给被告的同一物。这就与“水晶球案”基本类同了）。对法律行为所涉及的物之同一性证明问题，在当时乃至目前我国司法实务均认为关键在于证明责任应当如何分配。学界围绕该案的争议长期不绝如缕，也几乎全部都是从证明责任分配角度进行分析的，均有意无意忽略了案件中的争点可能并非要件事实。[1] 如果说证明责任分配的理论与规则在此前确实存在较大的分歧，那么《民诉法解释》的规定表明，我国证明责任分配规范已明确采纳了大陆法系通说的“规范说”。[2] 但是否依此规范就真的能使上述两案的疑难问题迎刃而解并得出公正的裁判？笔者本文将论证：证明责任分配并不能解决类似上述两案中的疑难问题，企图通过“证明责任”的思路解决案件中所涉所有事实证明的疑难问题，恰恰反映了我国在理解证明责任

---

〔1〕 对于“水晶球案”证明责任分配的学界讨论，参见张榕：《事实认定中的法官自由裁量权》，载《法律科学（西北政法大学学报）》2009 年第 4 期；张卫平：《证明责任倒置辨析》，载《人民司法》2001 年第 8 期；丛玉红：《法官运用自由裁量权分配举证责任之我见——水晶球案例分析》，载《北京市政法管理干部学院学报》2002 年第 4 期；卢申玲：《对民事诉讼证明责任分配的实证分析》，载《政治与法律》2005 年第 1 期；滕聿江、俞华权：《举证责任的分配与适用》，载《山东审判》2002 年第 1 期；张卫平：《民事诉讼法理论前沿问题》，载《国家检察官学院学报》2006 年第 5 期；胡学军：《法官分配证明责任——一个法学迷思概念的分析》，载《清华法学》2010 年第 4 期；任重：《罗森贝克证明责任论的再认识——兼论〈民诉法解释〉第 90 条、第 91 条和第 108 条》，载《法律适用》2017 年第 15 期；袁中华：《瑕疵给付要件之证明责任分配——以异类物交付瑕疵问题为核心》，载《民事程序法研究》（第 19 辑），厦门大学出版社 2018 年版，第 246 页以下。与此类似的顾客与商家关于出售物品同一性问题的证明责任讨论，如李治国：《从一起商品买卖索赔谈举证责任分配和欺诈认定》，载中国法院网 2007 年 2 月 2 日，https://www.chinacourt.org/；叶自强：《举证责任》，法律出版社 2011 年版，第 203 页。

〔2〕 持此观点的代表性文献，参见任重：《论中国“现代”证明责任问题——兼评德国理论新进展》，载《当代法学》2017 年第 5 期；胡学军：《证明责任“规范说”理论重述》，载《法学家》2017 年第 1 期。

理论所针对对象上隐藏的一个重大误解,当前仍值得予以细致分析。

一、证明责任并非解决事实证明难的理论

证明责任理论的最大问题在于这一概念并非其字面含义所示的提供证据进行证明的行为责任,而是作为解决在事实不确定时的裁判方法。证明责任分配对当事人举证的行为指引功能只是证明责任"内在压力"在现实诉讼程序上的映射,而非证明责任本质。证明责任甚至"可以与当事人的主张无关、与当事人提供证据的责任无关"。[1] 我国学界对此认识越来越清楚了。

证明责任的本质是所谓客观证明责任,证明责任的现代发展就是逐渐淡化行为意义上的"举证责任"内涵,强化客观证明责任内涵的理论迁移过程,学界当前的理论发展不过是再次印证了这一在德、日等国及我国台湾地区不断被证明的共同规律。证明责任理论也并非自古而然,而是现代裁判方法论上的一种人为理论建构。在古代神示证据制度和法定证据制度下,并不存在所谓证明责任问题。[2] 因为现代证明责任理论是以案件事实"真伪不明"之存在为理论前提的。在神示证据制度下,疑难事实的判断最终可委诸神明。在法定证据制度下,事实的判断必须依据法定的规则。因此,在这两种证据制度下理论中都不会发生在诉讼的最终阶段案件事实无从认定的困境。虽然裁判者主观上或许也存在对事实的疑虑,但这一困境却被超自然力量(信仰的神灵)或者必须服从的抽象权威(立法者预定事实认定规则)所化解。只有在自由心证制度下,证据的证明力评判及案件事实的认定权力被赋予具体裁判者,在裁判者难以评判双方证

〔1〕 李浩:《民事证明责任本质的再认识——以〈民事诉讼法〉第 112 条为分析对象》,载《法律科学(西北政法大学学报)》2018 年第 4 期。

〔2〕 参见胡学军:《证明责任制度本质重述》,载《法学研究》2020 年第 5 期。

据证明力高下或案件事实主张概率大小的情形下,“事实真伪不明”命题才开始被肯定。在事实“真伪不明”下如何裁判,则成为现代司法必须明确回答的问题。

证明责任理论产生之前,在案件的事实真伪不明时,司法可能采取悬置纠纷甚至直接不予裁判的处理方式。但在“接受司法裁判请求权”逐渐成为一项新型人权的现代社会,法治国家认为一切纠纷皆可经司法裁决,而不允许法官对案件拒绝裁判。因此,在“真伪不明”时如何裁判就成为理论上必须回答的问题。现代证明责任论实际上弥补了近代法学方法论上的这一漏洞,从而使实体法规范能够扩大适用于事实真伪不明的情形,也就使法官面对任何案件时“不得拒绝裁判”成为可能。

从性质上来说,证明责任是法律适用理论的一部分,其解决的并非事实问题,但也不是纯粹静态的法律解释问题,而是解决了如何将生活事实与法律适用联系在一起的问题。在案件事实真伪不明的状态下,证明责任分配彰显了法律规范中隐含的价值取向选择。

一般意义上,法律既是人们的行为规范,也是纠纷解决时的裁判规范。法律是立法者对人们行为规范的理想设计,在传统立法者的视野中,规范适用的条件(要件)被设定是清楚无疑的,立法者基本无须考虑现实条件的中间地带即所谓要件的“真伪不明”情形,因此也从未考虑此时应如何规范的问题。当然,由于司法经验的积累及司法对立法的能动影响,现代实体法立法有时也会考虑某类事实的证明难度,[1]从而发展了拟制、法律上的推定及事实推定等立法技术,但这仍不可能解决所有问题。尤其是抽象的法律规范与具体生活事实的对接这一普遍性问题,特别是针对快速发展的现实环境下的新型事实如何适用法律问题,此即法律的滞后性难题。

---

〔1〕 典型的如我国《专利法》,其条文中就有大量的关于案件事实证明要求与证明方法的规定。

要使法律作为裁判规范之功能最大化,就需要发现或显现法律规范背后隐含的冲突性价值选择,从而使法官在面对规范意旨不明时,能像立法者一样思考。立法实质上本就是不同利益代表方之间的博弈,只不过有的规范在价值取向上比较明显,而有的规范的价值取向则相对隐晦,极少有法律规范仅仅是纯技术性的规范。如《消费者权益保护法》《反不正当竞争法》《环境保护法》等法律的名称就表明了法律的价值取向。即使是如《民法典》合同编这类调整双方基本属于同等地位主体的法律,其具体规范也仍是存在价值倾向的。例如,对于合同当事人行为能力的规范就需要在保护意思自治和交易安全及保障社会弱势群体利益不受损害之间进行权衡。这种考量在面对诉讼中当事人行为能力认定模糊时就可以作为裁判规范的补充规范而发挥作用,从而使立法者暗藏于法律条文表述中的意志能得以发现,进而适用法律作出裁判。证明责任理论本就是法律适用理论的一部分,在事实真伪不明的场合下,证明责任不仅可以避免法官无法裁判的窘境,而且可以使实定法的价值得以最大化发挥。法律在这一原本的空隙地带仍作为裁判规范稳定了人们的行为预期,证明责任的必要性与重大意义由此得以彰显。

从法律论证理论的角度来看,证明责任在规范法律程序过程中起着重要作用。从当代"对话法律"理论视野来理解证明责任是简单的:"主张某个句子的博弈方有责任去证明该句子是被证成的。"[1]从这一角度来看,证明责任理论的产生源于法院理性地裁判纷争的需要,而非简单地认定纠纷事实的需要。因此,即使纠纷事实已为"录像式"证据所呈现,仍可能存在对该案如何适用法律的问题,此即裁判的大前提问题。这也印证了自罗森贝克创立"规范说"以来的正确道路:不是从案件事实,而是从法律规范这一大前提中寻找证明责

---

〔1〕［荷］阿尔诺·R.洛德:《对话法律——法律证成和论证的对话模型》,魏斌译,中国政法大学出版社2016年版,第48页。

任分配的密码。

“证明责任泛化”的倾向显然与上述理路背道而驰:其不是从裁判三段论的“大前提”出发,而是从作为“小前提”的具体案件事实出发,认为任何事实证明问题都附带证明责任分配问题。因此,一遇到案件证据短缺难以做出事实认定的情形,首先就想当然地认为应通过证明责任分配来解决。[1] 上述两案实践中的裁判思维也都是以证明责任分配作为解决事实疑难判断的密钥。但这其实是对证明责任分配对象的误解,证明责任针对的对象不是笼统的“案件事实”,证明责任分配也无法为所有事实疑难问题的解决提供令人满意的答案。

二、法律要件事实与具体争点事实的区分

依据证明责任分配的现代理论,无论是“规范说”主张的“法律规范分类”还是“修正规范说”所主张的“法律要件分级”方法,其实并没有本质差别,都是尊重实体法立法目的与宗旨。[2] 两说皆主张证明责任分配问题必须从实体法出发。实体法规定了产生各种法律效果各自应具备的条件,即“要件”。在诉讼中当事人对特定法律效果的请求均需提供与此法律要件相对应的“要件事实”。诉讼中要件事实的检索方法也就是“顺藤摸瓜”:要件事实,即实体法律规范中与产生特定法律效果的法律要件相对应的事实,可以说是从法律规范这一条“藤”上结出的“瓜”。要件事实的具体化,也即在个案中建立法律要件与生活事实的对应。法律要件按其记载内容抽象度的不同可以

---

〔1〕 我国实务部门习惯将证明责任从作为大前提的法律层面降格为作为小前提的事实层面,并意图使其担负起克服“证明难”这一不可能完成的任务。参见任重:《改革开放40年:民事审判程序的变迁》,载《河北法学》2018年第12期。

〔2〕 参见胡学军:《证明责任“规范说”理论重述》,载《法学家》2017年第1期。

分为事实性要件与评价性要件,[1]事实性要件对应的事实即依社会一般观念得以明确判断的生活事实,当然也就是证明责任的对象,这在诉讼中并不存在判断的困难。而主张评价性要件的当事人则需主张该要件之基础事实(根据事实),而该根据事实则成为攻防对象,[2]即证明责任分配的对象。

诉讼实践中对于事实"争点"的把握有两种途径:"法律出发型"模式是从诉讼一开始就紧扣案件拟适用的法律规范,从而"顺藤摸瓜"将该案中的争议事实与法律规范要件对接起来。这种模式下,当事人与裁判者在纠纷解决过程中时时保持对法律的观照并始终保有对法律规范的尊崇。与此种模式相应的观念将诉讼视为一种法律适用的过程,案件事实的查明是服务于法律适用的。事实认定与法律适用是相互渗透的内在联系的一个整体过程。

"事实出发型"模式或所谓民事裁判的"历史方法"往往从案件事实争议本身出发,较为欠缺对法律的信仰与尊崇,在观念上仅仅将诉讼视为一种纠纷解决方法,而不能上升到法律适用或规则确认的高度。这种模式在事实认定的过程中并不时时紧密联系法律,而仅在诉讼最终阶段事实认定结束后再寻找裁判的法律依据。在这种裁判模式下,事实认定与法律适用是可以清晰区分的两个阶段,因此事实焦点与法律规范的连接有时并不那么清晰。

两种不同模式下,证明责任的对象界定与把握也就不同。证明责任"依法分配"的对象是要件事实,而诉讼中"举证证明"直接针对的是争点事实。"争点"概念不等于要件事实,同一要件事实只能由一方当事人负担证明责任,在诉讼过程中不存在双方同时或交替负担问题,也即证明责任不存在转移、倒置或裁量的问题。作为具体生活事实的"争点"既可能直接对应要件事实,也可能并不与特定要件

---

〔1〕 参见许可:《民事审判方法:要件事实引论》,法律出版社 2009 年版,第 25 页。
〔2〕 参见许可:《民事审判方法:要件事实引论》,法律出版社 2009 年版,第 26 页。

存在对应关系。在具体生活事实的主张上双方当事人很可能是针锋相对,各执一词、各自表述的。

在"齐白石画真伪案"中,当事人之间的争点主要有两个,一是画作到底是被告"借用"还是原告父亲"赠予",二是该画作到底是"真迹"还是"赝品"。我们先分析第一争点的证明责任分配。根据民法的物权理论,只有对标的物享有所有权才能行使返还原物请求权,原告应当对其对标的物享有所有权的事实承担证明责任,该案中被告主张其为有权占有,被告应对其有权占有的事实承担证明责任。

对此的证明责任分配是比较合理的。证明责任分配通说最简洁的表述为:"各当事人应对其主张的有利于己的法规范要件负担证明责任。"〔1〕权利人行使返还请求权时应当对所有权存在的事实负担证明责任,如对方主张其为有权占有,则同样需对其有权占有的具体事实负担主张及证明责任。《德国民法典》对返还原物请求权的权利发生要件及"有权占有"为权利妨碍要件的规定是非常清楚的。〔2〕但从我国当时的实定法来看,由于《民法通则》对要件规范的粗疏规定,导致"规范说"在我国的适用可能存在实体法规范依据不足的问题。即便是依后来颁行的原《物权法》,也可能存在到底是将"有权占有"作为权利妨碍要件(诉讼中的抗辩),还是将"无权占有"作为权利发生要件的问题。从《物权法》第34条的字面来分析,〔3〕似乎是将"无权占有"作为权利发生要件加以规定的,因此,要将其证明责任分配理解为由被告负担,可能还需要以"修正规范说"所主张的目的论解释加以运用。〔4〕但无论这一争点的证明责任如何分配,证明责任指

---

〔1〕[德]莱奥·罗森贝克:《证明责任论》(第5版),庄敬华译,中国法制出版社2018年版,第121页。

〔2〕参见《德国民法典》第985、986条。

〔3〕原《物权法》第34条规定,无权占有不动产或者动产的,权利人可以请求返还原物。现为《民法典》第235条。

〔4〕要件事实理论下的民法应该更能体现和表达证明责任分配的公平与妥当,也是其作为裁判规范的民法的正当性所在。参见罗筱琦:《证明责任分配与要件事实理论——兼评我国传统民法规范的转换》,载《河北法学》2006年第9期。

向的对象皆为法律规范要件事实，这是毫无疑问的。从本案依据来看，我国立法者尚较为欠缺比较清晰的证明责任意识，导致实体法规范的条文表述尚欠推敲，因此在对具体案件审理时可能难以仅仅简单套用罗森贝克的“证明责任分配公式”了事，而常常不得不依“修正规范说”从法条文义出发结合考虑实体法立法目的与宗旨，[1]并辅以指导性案例等形式进行“法律续造”。

从证明责任作为民事裁判的基本方法来看，[2]所有案件均可进行证明责任分配的分析。但应注意辨析的是，并非案件中的所有争议事实均附带“证明责任”问题。作为证明责任理论通说的“规范说”分配证明责任的思路是从“规范出发”。但奇怪的是，凡论及“水晶球案”时却极少有学者论及案件裁判所援引的法律依据。从当时的实体规范来看，顾客既可能依《合同法》主张合同履行请求权（标的物给付），也可能依《消费者权益保护法》主张双倍赔偿（消费欺诈）。从实定法依据来看，不同请求权规范基础所规定的构成要件有很大的区别（如违约责任是严格责任，无须主张违约方存在“过错”，而依《消费者权益保护法》主张惩罚性赔偿则需证明存在主观上的“欺诈”）。假如原告主张违约责任，通过检索《合同法》，可知违约责任的一般条款为：履行合同不符合约定的，应当承担违约责任。[3] 本案是买卖合同纠纷，出卖人交付的标的物不符合质量要求的，应按照当事人的约定

[1] 关于依“修正规范说”如何从法条文义出发结合考虑实体法立法目的与宗旨分配证明责任的方法，参见袁中华：《规范说之本质缺陷及其克服——以侵权责任法第 79 条为线索》，载《法学研究》2014 年第 6 期。

[2] 关于证明责任作为民事裁判的基本方法，参见胡学军：《论证明责任作为民事裁判的基本方法——兼就“人狗猫大战”案裁判与杨立新教授商榷》，载《政法论坛》2017 年第 3 期。

[3] 原《合同法》第 107 条规定，当事人一方不履行合同义务或者履行合同义务不符合约定的，应当承担继续履行、采取补救措施或者赔偿损失等违约责任。现为《民法典》第 577 条。

承担违约责任。具体而言,根据《合同法》第 155 条,[1]承担违约责任的构成要件是:“出卖人交付的标的物不符合质量要求。”[2]这一要件对应的生活事实就是商品不符合质量要求。假如在某个买卖纠纷中,“被告未向原告交付商品”或“被告交付的商品是赝品”,则此类事实对应法规范中“未履行合同义务”或“履行合同义务不符合约定”的要件是清楚无疑的,显然属于证明责任分配对象所指的要件事实。但在“水晶球案”中,双方当事人纠缠的却在于该物品是否与“出卖人交付的标的物”为同一物这一前提事实。

为弥补实体立法的不足,我国司法解释曾对特定类型案件中的特定要件的证明责任分配作出明确规定。如依据原《民事证据规定》关于“履行”要件的规定,则似乎应由主张已适当履行的一方承担证明责任。因为依“规范说”,“已履行”是权利消灭事由,故应由主张权利消灭的被告负证明责任。[3] 从比较法上看,在德国,债权人的债权

---

[1] 原《合同法》第 155 条规定,出卖人交付的标的物不符合质量要求的,买受人可以依照本法第 111 条的规定要求承担违约责任。《合同法》第 111 条规定,质量不符合约定的,应当按照当事人的约定承担违约责任。对违约责任没有约定或者约定不明确,依照本法第 61 条的规定仍不能确定的,受损害方根据标的的性质以及损失的大小,可以合理选择要求对方承担修理、更换、重作、退货、减少价款或者报酬等违约责任。亦可参见《民法典》第 582、617 条。

[2] 需要注意的是,如果根据当时的《消费者权益保护法》,商家在销售商品或者提供服务时有欺诈行为的,消费者可主张商家承担惩罚性赔偿责任。但本案当事人并未主张适用惩罚性赔偿。1994 年 1 月 1 日施行的《消费者权益保护法》第 49 条规定,经营者提供商品或者服务有欺诈行为的,应当按照消费者的要求增加赔偿其受到的损失,增加赔偿的金额为消费者购买商品的价款或者接受服务的费用的一倍。该法在 2013 年 10 月已被修改,“惩罚性赔偿责任”条款为现第 55 条。

[3] 原《民事证据规定》第 5 条第 2 款规定,对合同是否履行发生争议的,由负有履行义务的当事人承担举证责任。有学者主张该案应由被告负证明责任,正是根据原《民事证据规定》第 5 条关于合同履行的证明责任分配。但其实根据该规定第 5 条进行证明责任分配仍然不是根据实体法规范进行的分配,而是针对法律要件类型。故仍不能说是按照“规范说”分配证明责任的结果。关于对该条“只是笼统地就合同案件确定分配规则,而根本未考虑在何种请求权之下分配何种要件的证明责任”的批判,参见袁中华:《劳动争议证明责任倒置说之批判》,载《环球法律评论》2017 年第 3 期。最高人民法院 2015 年颁布的《民诉法解释》第 91 条才是基本体现“规范说”分配证明责任思路的规范。参见袁中华:《证明责任分配的一般原则及其适用——〈民事诉讼法〉司法解释第 91 条之述评》,载《法律适用》2015 年第 8 期。

因给付的履行而消灭(《德国民法典》第 362 条)，是一个不争的权利消灭的事实。[1] 既然将履行视为债权人权利消灭的抗辩，则按照证明责任的一般规则，毫无疑问应由被告对其抗辩进行证明。[2] 但从我国当时直接法律依据来看，"已履行"与"履行不符合约定"(瑕疵履行)在法律规范中是作为不同的构成要件规定的，这在德国理论界也曾是"非常有争议的问题"。但罗氏仍非常明确提供了标准答案："交付有瑕疵的标的物是积极违约，或者无论如何是不适当履行，而非不履行。"[3] 因此，交付标的物有瑕疵的证明责任显然应由主张违约责任的买方承担。但与上文分析同样的道理：这仍不能为"水晶球案"提供答案，因本案争议实属于"节外生枝"，即被告交付的标的物是否为原告提示之物，或曰"物之同一性"认定。对此问题，似乎任何上述法律都不足以援引为证明责任分配之"准据法"。

三、要件事实与具体生活事实的连接

企图将诉讼中的任何事实证明疑难问题都通过证明责任分配来解决的"证明责任泛化"倾向实际上与司法实践中流行的"主观证明责任逻辑"存在共生关系。按照此种实践逻辑：当事人在诉讼中主张有利于己的事实，即应举证证明这一事实的真实性，如果当事人未能举证或举证不充分，法官便无法形成心证，裁判结果便无法支持当事人的诉求。此种主观证明责任逻辑具有当事人举证责任与裁判结果

---

〔1〕［德］莱奥·罗森贝克：《证明责任论》(第 5 版)，庄敬华译，中国法制出版社 2018 年版，第 411 页。

〔2〕参见［德］汉斯·普维庭：《现代证明责任问题》，吴越译，法律出版社 2000 年版，第 17 页。

〔3〕［德］莱奥·罗森贝克：《证明责任论》(第 5 版)，庄敬华译，中国法制出版社 2018 年版，第 422 页。

逻辑关系说明直截了当又简单明了的优点,[1]而其理论缺陷则尚未被充分揭示。

我国的主观证明责任逻辑割裂了客观证明责任与主观证明责任概念之间的内在有机联系。在德国现代证明责任理论体系中,主客观证明责任所针对的对象是一致的,"主观抽象证明责任的分配要完全按照客观证明责任来进行",这是因为:"不如此主观证明责任就没有了相应的制裁作为其基础。"[2]在我国,则认为"客观证明责任只针对要件事实,但主观证明责任不局限于要件事实,而是大大宽于客观证明责任"。[3] "举证不能即败诉"的内在逻辑是这样的:事实疑难认定的原因在于证据短缺,而证据短缺又被归因为当事人未能积极提供充分证据,甚至可溯及当事人未能在纠纷发生时或从事法律行为时及时制作、保存、保全相关的证据。因此,在证据短缺时因当事人的此种"可归责"原因的存在,由其负担败诉的结果似乎天经地义。但正所谓"魔鬼藏在细节里":当事人的举证行为及态度确实可以对案件事实认定产生一定的影响后果,然而,以当事人诉讼程序上的举证行为等来决定法律纠纷上的实体责任归属,显然并不天然具有正当性!

生活事实源于日常生活场景,是不能由任何规范预先设定的,是千姿百态的。民法上的法律事实虽然也包含不同类型,但皆为法律规定能产生法律效果的事实,相对于丰富多彩的生活事实来说,只能是其中的一小部分,即适于以法律规范调整的那一部分。法律调整社会生活是通过法律行为及事件进行的,法律行为的内容包括如行为内容、行为方式、行为时的主观状态,行为结果状态、行为与结果之间的因果关系等,也包括物的所有权归属,但并不包括"物"本身。

---

[1] 参见李浩:《证明责任的概念——实务与理论的背离》,载《当代法学》2017 年第 5 期。

[2] 李浩:《证明责任的概念——实务与理论的背离》,载《当代法学》2017 年第 5 期。

[3] 李浩:《证明责任的概念——实务与理论的背离》,载《当代法学》2017 年第 5 期。

证明责任“依法分配”的思路只能是“自上而下”，即从当事人主张的、也是案件拟适用的法律出发，通过分析法条的文字表述，分解出要件，继而对相应的要件事实进行证明责任分配，如此才能使证明责任不致脱离法律适用问题之性质。“规范说”以实定法上的实体法律规范为分配的依据，加之大陆法系国家立法的“潘德克顿体系”，真正出现规范之间的重复矛盾的情形是极少的。如果实体规范之间确实存在冲突，这就正是“规范说”长期以来所遭遇的最大质疑，即“权利发生规范”与“权利妨碍规范”或“权利消灭规范”区分的困难。但这一症结经后来的“修正规范说”已合理化解，即在法律解释上不再局限于规范的字面含义，而可借助于目的解释明确规范的属性，从而使该学说趋于圆满。[1]

如果采取“自下而上”的方式，即从假定案件事实出发，回溯其可能对应的法律规范，则可能导致迷惘与错乱。因为一旦假定案件事实，对应的法律规范就只能是与该“假定事实”连接的主张，而主张相对的双方当事人在争点上“假定”的事实正相反，对应的法律规范就必然不同，也就可能存在迥异的证明责任分配“答案”。学者间对”水晶球案”的证明责任分配分歧正是如此。如果从具体争点出发来套“法律要件”，则本案原告“此球即彼球”的主张，“翻译”为法律上的主张即被告出售商品时的“瑕疵交付”。如果按照被告“此球非彼球”的主张，“翻译”为法律上的抗辩即已“完全履行”。如此一来，依据“规范说”，该案证明责任分配就会带来困惑：因为同一争议事实在不同当事人不同的“诉讼主张”版本下，既可能属于权利发生事实，亦可能属于权利消灭事实。

从拟适用的法律规范出发，依证明责任分配解决所有事实争议，这种理想思路在实践中也并非总行得通。这是因为案件事实并非皆

---

〔1〕 参见[德]汉斯·普维庭：《现代证明责任问题》，吴越译，法律出版社2000年版，第517页。

顺应法律规范而来,并非总可“顺藤摸瓜”。分析案件时并非总是可依理路清晰的规则的“树状结构”展开,具体“争点”往往可能出人意料、旁逸斜出,呈现非典型的法律纠纷形态。“法律事实与法律适用中所考虑的法律事实并不相同”,在法律解决纠纷时,首先要确定一定的法律事实,这种事实是当事人通过一定的证据加以证明从而在特定的程序空间中向法官展现出来的具体的丰富的事实,它可能与客观上的事实相符合,也可能不符合。民事法律事实并非对客观生活事实的简单复制,而是基于法律上重要评价之点对生活事实之中有法律意义的部分进行的抽象化。[1]

通过证明责任分配解决所有具体生活事实举证窘境思路的最根本困难在于:案件中争议的具体事实虽然都与要件事实存在某种联系,但这种联系并非全部都属于包含或决定的关系,从要件事实不是总能必然推出具体生活事实。因此,不能从(对要件事实的)证明责任分配推出具体生活事实的“证明责任分配”答案。其实,无论是“此球非彼球”,还是“此球即彼球”,均难以直接对应法规范要件。上述两案的核心争议皆非对法律行为之争执,而为“物”本身究竟为何物之争执。

值得注意的是,此前几乎所有的学者在分析“水晶球案”时均局限于“就事论事”,而未能注意事实与规范之间的必要“连接”,亦即有意无意忽略了该案拟适用的法律条文。近期虽有学者尝试从实体规范适用的角度解读本案的证明责任分配,但没有理顺要件事实与具体生活事实之间的关系,意图从法律规范推出所有争议细节的证明责任分配,因此也不能得出令人信服的答案。[2]

“齐白石画真伪案”中的第一个争议点,即画作转移占有是否算

---

〔1〕 参见王利明:《民法总则研究》(第2版),中国人民大学出版社2012年版,第182页。

〔2〕 关于此种观点及针对该观点的众多批评意见,参见袁中华:《瑕疵给付要件之证明责任分配——以异类物交付瑕疵问题为核心》,载《民事程序法研究》(第19辑),厦门大学出版社2018年版,第246页以下。

被告借走，是否因此应当归还给原告，这是一个法律适用问题，如前所述，在这一问题上存在证明责任分配问题，并且这一问题是探讨画作真伪的前提。“齐白石画真伪案”中的第二个争议点，即原告主张该画作为齐白石真迹，而被告主张该画作为赝品，法院从证明责任分配的思路考虑，并认为被告应对其主张的画作为赝品的事实负担证明责任。[1] 笔者认为这是令人比较费解的。此处对于画作“真”或“伪”的“主张”，皆非真正权利或法律关系主张，仅为生活事实的主张。画作“真”或“伪”的事实，皆非与法律规范联系的“要件事实”，仅为具体生活事实。因此，法院对此的证明责任分配其实是对证明责任对象的泛化，也是对证明责任“规范说”理论的误用。

“水晶球案”中，作为物证出现的水晶球是否为商场交付的水晶球，这也是讨论商场是否应当承担责任这一法律后果的前提问题，只有在该水晶球被证明为商场交付给原物的同一物后，法律责任承担才存在证明责任分配问题。诉讼中的争议事实要成为证明责任分配的对象，就必须是法律适用的条件，即所谓法律构成要件。而“物”本身并不受法律调整，只有物之上的权利才是法律规范的内容。对某一物与法律要件的连接可能有不同的解释，因此如果硬要与法律要件联系起来，可能存在不同的“答案”，自然会导致结论矛盾。

证明责任分配的正确思路是从法律出发，也即从当事人的诉讼请求出发，分析法律上权利主张的规范依据，根据法律规范分解构成要件，从要件出发联系本案生活事实。我国司法实践中的“要件审判法”正是遵循了这样的一种正确思路。[2] 如果抛开当事人的诉讼请求与可能适用的法律依据，仅从“争点”或具体生活事实“主张”出发，

---

〔1〕 参见《串井小等诉贾计生返还出借的名画案》，载最高人民法院中国应用法学研究所编：《人民法院案例选》(2000 年第 2 辑)，人民法院出版社 2000 年版，第 58 页。

〔2〕 关于我国“要件审判法”的代表性著述，参见许可：《民事审判方法：要件事实引论》，法律出版社 2009 年版；邹碧华：《要件审判九步法》，法律出版社 2010 年版。

则可能错误适用证明责任。[1] 因为针对"争点",当事人双方必然有不同主张,或说当事人的具体生活事实"主张"是形态各异的,由此出发联系的法律规范就各不相同,也就会出现与从诉讼请求权出发进行分析大相径庭的结果。

表 11.1 "水晶球案"当事人"主张"的多种表述

当事人的主张 \ 表述的角度	从"物"的角度	从"争点"的角度	从"行为"的角度	从"法律规范"的角度
原告主张	该球系伪造	"此球即彼球"	被告售假	被告违约(瑕疵交付:交付商品不符合合同质量要求)
被告主张	该球为真品	"此球非彼球"	原告调包	义务已履行(已按合同交付商品)

在表 11.1 中,从物的角度表述的"事实主张"并不能与从法律规范意义上表述的权利或法律关系主张完全"等值",也就是说,法律关系或权利主张并不与特定物的主张存在必然联系。法律关系主张可依对法律规范的分解进行"要件"或"要件事实"的分析,而物本身并不是要件事实,因此不能进行证明责任分配。当事人在不同层面或角度上之"主张"可能是性质不同的,不会总是可归结为一种直接"传导"的关系,也是有可能属"节外生枝"。也就是说,在物之性状真伪不明时,不存在依哪方当事人负担证明责任而判其承担败诉后果的问题。

---

〔1〕 在严格限定当事人"主张"解释的前提下,根据"谁主张,谁举证"也能够进行证明责任分配。参见胡东海:《"谁主张谁举证"规则的历史变迁与现代运用》,载《法学研究》2017 年第 3 期。

四、"物"之争议的具体举证责任

针对要件事实真伪不明,理论上的解决之道是通过证明责任。但在要件事实之外,诉讼中的其他事实当然也可能遭遇证明困境,司法对此必须予以处理,好在疑难事实的处理并非只有证明责任一种方法。德国有学者就声称:如果正确把握证明尺度的话,就可以完全排除证明责任,而通过证明责任的分配来判决,错误的概率反而会提高。[1] 无独有偶,美国法官波斯纳基于经济分析的视角也认为:对于疑难事实,依证明责任判决是纯粹偶然性的,只会人为提高判决的错误率,而按照微弱优势盖然性标准判决反而更加正确。[2] 当然,大陆法系理论通说已充分论证了要件事实通过承认其"真伪不明"状态并通过证明责任处理的合理性,我国也已历史地选择了大陆法系证明责任理论,但应注意的是不宜对证明责任对象扩大化。并非任何事实均存在证明责任分配问题,物之同一性证明难题就不宜通过证明责任途径加以解决。事实证明难确实导致裁判困难,这一难题在实践中有时比法律要件事实的认定更具实际意义。对模糊事实作出判断本就是司法的重要职能,"明察秋毫""明镜高悬"更是我国司法文化的传统。当然,对疑难事实采取这种处置办法的前提是用尽所有举证手段与自由心证。毕竟,发现真实是司法公正的基础与重要内容,赋予当事人与法院最大限度地发现真实的手段是民事诉讼的基本观念。对于当事人有争议的事实,应当尽量基于最大限度的证据

---

〔1〕 Motsch, in: Gedächtnisschrift für Rädig,1978,S. 334ff. ,338. 转引自[德]汉斯·普维庭:《现代证明责任问题》,吴越译,法律出版社2000年版,第101页。

〔2〕 参见[美]理查德·A. 波斯纳:《证据法的经济分析》,徐昕、徐昀译,中国法制出版社2001年版,第96页。

的基础上,作出最大限度接近真实的事实认定。[1] 如果不能充分保障当事人的收集证据的手段,裁判便不具有正当性。在诉讼程序中促使双方当事人最大限度举证的机制正是具体举证责任。[2] 具体举证责任不是证明责任的一部分,而是程序法上的指引当事人在具体情境下举证证明案件事实的一种真正行为责任,其与证明责任分配所遵循的标准与规则完全不同。[3]

总之,非要件事实并不适用证明责任分配,而应通过当事人尽最大限度具体举证责任加以证实。即便是要件事实适用证明责任裁判,也应以具体举证责任机制最大限度发挥其规制当事人举证行为的功能为前提。

具体到"齐白石画真伪案",从证明评价与发现真实的角度来看,原告诉请人民法院保护其所有的名人书画,要求被告返还所有物,属于物的返还请求之诉。根据物权理论,请求人只有在对请求物享有所有权时,才能请求相对人返还所有物。依前文分析,原告作为请求人应当承担证明对涉案画作享有所有权的证明责任。原告串井小与串麦妮从其父亲处继承取得标的物的所有权,被告贾计生所写的证明也承认书画是从原告处取得的,并称"找到后及时送还",这说明贾计生承认自己是标的物的借用人,而非所有人。故而,现有证据可以证明原告是标的物的所有权人,同时原告也完成了对争议物享有所有权的证明责任。被告在上诉时提出该画是原告赠送的时候,因"赠送"主张实为间接否定对方"借用"主张而提出,并非一种请求,故被告无须承担"赠送"这一主张的证明责任。根据本案已有证据分析,

---

〔1〕 参见[日]伊藤真:《民事诉讼法》(第4版修补版),曹云吉译,北京大学出版社2019年版,第17页。

〔2〕 我国民事诉讼法中的"提供证据的责任"就是指具体举证责任,当事人在具体的诉讼程序中提出证据的规则就是"谁主张,谁举证",这种规则不能误认为客观证明责任规范。参见白迎春:《证明责任内涵的重新定位》,载《河北法学》2015年第6期。

〔3〕 有关具体举证责任概念的界定及其对当事人举证行为的内在调整机制,参见胡学军:《具体举证责任论》,法律出版社2015年版,第39页以下。

亦可知被告并不能证实赠送事实的成立(赠送属“要物行为”,书信中并未表明送的就是该署名齐白石画作),故本案基本可判定原告是标的物的所有权人,其对书画享有追索权,被告应当向原告返还字画或者折价赔偿。

本案原告物上返还请求权的主张确实是一个依实体法规范分配证明责任的适例,本案被告不负担证明责任的“间接否认”不同于需负担证明责任的“抗辩”,这也是证明责任分配问题中特别容易引起混淆的问题。[1] 接下来的“画作真伪”问题并非法律规范直接对应的要件事实,却是本案实际上更为关键的争议事实。该生活事实的裁判则不适用证明责任分配,故无论是依据“谁主张,谁举证”的通俗说法“跟着感觉走”,还是根据“规范说”理论严格“依法分配”,都可能难以形成统一意见。因物之真伪不是证明责任分配的对象,只能根据程序法原理进行具体举证责任分配,以最大限度地接近真实。

首先,原告作为画作原所有人主张该画为齐白石真迹,应对此负担具体举证责任。由于实物已不存在,故可要求原所有人提供其获得该画的来源信息(如与作者交往中获赠、拍卖所得,抑或其他偶然所得),以帮助法官对此予以判断。如没有其他辅助证据佐证,单凭对方自认画作上有齐白石名字及印签,当不足以认定画作为真(赝品也完全符合此形式特征)。被告在字条上的用词为“据说”,表明当时双方即对该画的真伪事实存疑。

其次,如原告已尽具体举证责任,法官初步形成画作为真的临时心证,则具体举证责任转换至被告。被告此时即有推翻法官此种不利心证的必要。被告也应该能够提供证据对此进一步澄清(被告声称自己为书画鉴赏家),如可对照齐白石年谱核对有无此画,以及画作纸张、大小、用墨甚至笔法、风格如何。对此,除当事人本人陈述之

---

〔1〕 关于否认与抗辩在证明责任分配上的区别,参见陈刚:《抗辩与否认在证明责任法学中的意义》,载《政法论坛》2001 年第 3 期;袁琳:《证明责任视角下的抗辩与否认界别》,载《现代法学》2016 年第 6 期。

外,双方亦可以提供目击证人对画作细节提出证言,以帮助法官获得判断的尽可能足够信息资源。

"水晶球案"中的争点事实的疑难问题同样应遵循具体举证责任逻辑。该案争点事实最终变为原告拿去鉴定的球与被告出售的球是否同一。这一事实在双方的主张中形成"此球即彼球"与"此球非彼球"的对立。本案中法院根据"谁主张,谁举证"的直觉将"举证责任"分配由原告负担,舆论则多批评该案判消费者败诉有违实质公正。学者关于该案证明责任分配的考虑主要基于消费者属需特别保护的弱势群体,且在该案中原告似乎无法继续举证,故证明责任应"倒置",由更具举证能力的商家承担。但其实,此种问题解决思路所基于的出发点就是错误的:断言事实模糊案件如何裁判才符合实质公正,这本身就是武断的。[1] 从理论上说,错误也非常明显:证明责任分配根本不应考虑当事人的社会地位等非规范因素。

就"水晶球案"而言,诚然,要求任何一方举证证明确实均有一定难度,但绝非不可能。如能适当运用具体举证责任负担与转换的原理及相关制度,仍可能对案件事实进行认定,而不至于最终出现案件事实无从判断的窘境。

首先,原告提出被告交付的商品存在质量问题,被告应能较为方便地提供商品质量合格方面的证据,应对此负担具体举证责任。一般情况下,商品本身所附的鉴定证书即可初步证明商品的质量,而无须另外提供证据加以证明,此即"表见证明"原理的运用。如果该商品属特定物,那么信誉卡上应当有比较严格的关于该商品质量、直径等的标记,销售员在售出时应与消费者核对;如果是批量产品中的一个,商家应当能够方便地提供待售出的同一型号商品,以辅助证明争

---

〔1〕 本案后来报道被告发现原告并非普通消费者,而是与该商场竞争的另一水晶球销售店的员工。故合理怀疑原告先制造了同样规格的假球以欺诈索赔,实欲进行损害商誉的不正当竞争。如事实可能如此,则对此事实被告并不具有举证能力,裁判结果也无所谓不公正。该案案情简介,参见《水晶球案件孰是孰非》,载《北京青年报》2001 年 3 月 13 日,第 10 版。

执物是否在质地或尺寸上与其具有同一性。该案中被告商品本身附有质量保证卡、珠宝品质鉴定书,可以作为初步证明商品质量合格的表面证据,从而将提出反证的具体举证责任转移至对方。

其次,原告提出自己委托鉴定的结论来否定之前的表面证明,根据表见证明原理,商品的质量又重新成为待证对象。在此情形下,被告提出鉴定尺寸与重量与原检验证书的标记有误差质疑物品为同一物。但初步分析表明这并不足以动摇法官的临时心证。因为原告指出测量微小误差是因当时使用不精确工具(菜场小贩的秤)导致,这就为此提供了合理解释,具体举证责任因此再次发生转移。因被告掌握该商品质量的具体信息,根据事案阐明义务理论,被告如进一步举证,可通过开示进货渠道,由生产商提供进一步证据信息证实其产品的质量。

最后,关于经验法则的引入,有学者认为:"从概率上说,作为消费者的原告仿制这样的高科技产品的可能性是比较低的,而商场出售一个以次充好、以假充真东西的概率是比较高的。"这的确符合一般人的生活经验。因此原告提出的案件事实版本表面上确实更符合常理。但依据对于表见证明的两种反驳方式,对方既可以对该案件事实提出反证证明,亦可以质疑表见证明所依据的经验法则的概然性高度以动摇法官的临时心证。[1] 如被告后来通过调查怀疑:"原告实为上海某水晶研究所的员工,并猜测原告事先做好一个玻璃球,买完水晶球后,拿预先准备的假球去鉴定,因此是精心策划的旨在搞垮对手的一场不正当竞争。"如其能证实此证据事实,也就能够动摇法官之前形成的临时心证。当然,如事实果真如此,则原告涉嫌诈骗,甚至可能通过刑事侦查程序中国家公权力的介入,强化取证手段以便对相关事实予以澄清。(但这一信息只是后来媒体报道,而非案件

---

〔1〕 参见胡学军:《表见证明理论批判》,载《法律科学(西北政法大学学报)》2014 年第 4 期。

裁判过程中举证证实的事实）可以说，正是因证据信息供给的不充分，该案才最终成为“罗生门”。可见，证据责任分配根本不能解决所有事实证明疑难问题。

总之，上述案件中对物之真伪适用证明责任解决的裁判思路有两个明显问题：一是物之争议并非直接与法律规范要件相连接的“要件事实”，因此不宜归为证明责任分配的对象；二是证明责任依通说只能“依法分配”，而不应根据诉讼程序中的特定情境性因素（如证据所持、证据距离、举证能力、生活事实的概然性，甚至是当事人的社会地位等）加以分配，此类情境性因素恰恰是具体举证责任承担时的基本考量因素。

笔者对上述两案具体举证责任的分析也仅为提示该案证据审查的基本方向，并非意在对争议事实进行事后的猜测与臆断。事实判断必须坚持裁判者的“亲历性”，不亲自审核证据就不可能作出事实判断，这是现代自由心证制度及诉讼法“直接言辞”原则的要求，尤其是在没有直接证据，而需凭当事人陈述这种极度依赖裁判者感知以对言词证据的可信性加以判断的情形。在直接审理时，除了对陈述本身内容的一致性加以审查之外，陈述人在作出陈述时的语气、表情、肢体语言都将为陈述的真实性添加注脚，这也有助于裁判者对疑难争议事实进行决断。

五、结论：案件生活事实疑难困境的解决之道

其实，对于生活事实的证明，依所谓“谁主张，谁举证”的行为责任分配来调整往往也能够解决问题，不一定每个案件都需要从理论上分清证明责任如何分配。毕竟只有在穷尽所有证明手段与法官自由心证的情形下，才需要依据证明责任予以裁判，这在司法中注定只能是极少数的情形。上述案件之所以陷入证明困境，很重要的一个

原因在于当事人提出的属于一般认为“意料之外”的事实主张,因此出现了举证困难。

在德国,具体生活事实的证明与认定也从来不是只有证明责任分配一种办法。德国学者拉伦茨认为:法官被课以强制裁判是就既存的案件事实,他必须作出此种或彼种判断。在这类案件中,司法裁判不可避免地会有不确定的危险,但这是必须接受的。[1] 普维庭也早就指出:对所谓非寻常的或者不大可能的情势,必须由主张的一方证明。普氏认为这是一个“具体举证责任”的典型例子,虽然在德国的实践中也是常常被误认为是客观证明责任。无论如何,法官对不寻常情势的出发点,还是要依照事物的一般规律形成其心证的。如果例外的情势得不到证明,法官只能被经验知识说服,这正好是具体举证责任。[2]

基于“案件事实”的多样性与复杂性,在解决案件生活事实证明难题时,最好是将此类“具体举证责任”机制嵌入证明责任分配的原则框架下作为证明责任的配套性制度。[3] 具体举证责任理论在实践中也促进生成了多个调整具体情境下举证负担的正式或非正式制度。笔者认为,从主体行为角度大致可体系化为以下几个方面。

首先,从负担证明责任当事人来看。积极方面是:负担证明责任当事人针对对方掌握相关信息的情形,可以提出探索性事实主张,从而迫使更接近事实的一方当事人提供证据澄清相关生活事实,此即所谓“摸索证明”。[4] 消极方面是:在面对针对通常因属高概然性事实而未能制作、保存,因而难以提供实际证据证明的情形,负证明责

〔1〕 参见[德]卡尔·拉伦茨:《法学方法论》,陈爱娥译,商务印书馆 2005 年版,第 175 页。

〔2〕 参见[德]汉斯·普维庭:《现代证明责任问题》,吴越译,法律出版社 2000 年版,第 16 页。译者在本书中将该词(konkrete Beweisführngslast)译为“具体的提供证明责任”。

〔3〕 参见胡学军:《在“生活事实”与“法律要件”之间:证明责任分配对象的误识与回归》,载《中国法学》2019 年第 2 期。

〔4〕 有关“摸索证明”及该制度在我国应用的可能性,参见胡学军:《拥抱抑或拒斥:摸索证明论的中国境遇》,载《东方法学》2014 年第 5 期。

任方也可以不实际提供证据,而仅依据"典型事象经过"或相关经验的基本原则,进而主张此类事实的存在。从而将具体举证责任转至对方承担,除非对方举出反证,否则法官将认定该事实成立。此即表见证明的原理与证明效果。

其次,从不负证明责任当事人来看。积极方面是:不负证明责任当事人可能因实定法或程序法上的特定情势而负担范围或宽或窄的事案阐明义务,从而澄清证明责任方难以举证的相关案件生活事实。不负证明责任当事人的"事案阐明义务"基本解决了当事人双方结构性"信息不对称"而导致的证据提供问题。[1] 消极方面是:现代诉讼法均要求不负证明责任方不得实施举证妨碍行为,否则将依妨碍行为的具体情形及证据对案件的影响而拟制特定替代性事实认定的效果。

最后,当事人的积极、懈怠,甚至妨碍举证行为能够产生什么效果均取决于裁判者的事实认定结果。上述种种制度与实践做法在某种意义上都可从法官对于证明标准的弹性把握角度加以理解。理论研究越来越清晰地揭示:证明标准实际上不可能是一个客观的尺度,而其实是一种社会建构的产物。针对不同事实,以灵活的证明标准落实自由心证,更有利于对具体案件事实的认识,从而使客观证明责任不断从案件事实证明责任失败领域退却。在自由心证获得保障的制度下,裁判者可将与当事人举证相关的各种具体情形纳入证据评价与事实认定结论之中,如通过特定情势下的"证明标准降低"亦可为法官的事实认定结论提供理论支持。也就是说,证明标准并非铁板一块,而是随着案件性质与具体情境而异的一种心证程度把握,是事实认定中自由裁量权行使的惯常渠道。上述当事人的诸多不同证明方法都可转换成某种程度上的证明标准的把握。

---

〔1〕 参见吴泽勇:《不负证明责任当事人的事案解明义务》,载《中外法学》2018 年第 5 期;陈杭平:《"事案解明义务"一般化之辩——以美国"事证开示义务"为视角》,载《现代法学》2018 年第 5 期。

总之,在具体生活事实证明与认定问题上,法律制度中有多种可供选择的路径与方法,并非仅有证明责任这一制度工具。证明责任作为民事案件裁判方法的重要功能与意义毋庸讳言,但必须明确证明责任对象限定为法律规范要件事实,实践中不能泛化运用。只有遵循这一理论边界,证明责任分配才是逻辑清晰且标准统一的,也才能在此之外厘定具体举证责任针对的对象,并促进其负担与转换的制度或非正式制度的生成。否则,将难免导致理论与实践的混乱并最终影响证明责任理论本身的严谨性。

第十二章　证明责任对象泛化批判：程序法要件事实

引　言

当前，证明责任研究在我国逐渐进入了一个对西方移植理论加以反思与本土化建构的时期。[1] 证明责任制度虽然是在近代直接从日本引进，但对我国目前证明责任理论影响最

---

〔1〕 证明责任理论在我国经过几十年的发展，近年已进入一个新时期。一方面是对移植理论的批判反思，代表性成果参见李浩：《证明责任的概念——实务与理论的背离》，载《当代法学》2017 年第 5 期；曹志勋：《"真伪不明"在我国民事证明制度中确实存在么?》，载《法学家》2013 年第 2 期；许尚豪：《证明责任理论的证据语境批判》，载《政治与法律》2016 年第 11 期；欧元捷：《论"事实真伪不明"命题的抛弃》，载《政治与法律》2016 年第 11 期；胡学军：《证明责任"规范说"理论重述》，载《法学家》2017 年第 1 期。另一方面是在对理论"正本清源"的基础上进行的本土化制度建构，代表性成果参见胡东海：《"谁主张谁举证"规则的历史变迁与现代运用》，载《法学研究》2017 年第 3 期；胡东海：《"谁主张谁举证"规则的法律适用》，载《法学》2019 年第 3 期；胡学军：《论证明责任作为民事裁判的基本方法——兼就"人狗猫大战"案例裁判与杨立新教授商榷》，载《政法论坛》2017 年第 3 期；任重：《论中国"现代"证明责任问题——兼评德国理论新进展》，载《当代法学》2017 年第 5 期；段文波：《民事证明责任分配规范的法教义学新释》，载《政法论坛》2020 年第 3 期。

大的毫无疑问是德国学者的学说，其中罗森贝克的经典著作《证明责任论》素来被奉为我们寻找所有证明责任问题的标准答案。李浩教授作为我国证明责任理论的奠基者与公认的权威，近年来连续发表了《民事诉讼法适用中的证明责任》及《民事证明责任本质的再认识》两篇重要文章，其对罗森贝克论述的“诉讼法适用中的证明责任”这一原本在我国“长期被忽略”的话题展开讨论，〔1〕并表明意在“树立一个供争鸣和批判的标靶”，笔者对此深感敬佩。但程序法上的事实真伪不明时在我国司法实践中是否真的就是，或者完全应当按照证明责任制度来处理？笔者对罗森贝克提供的“标准答案”在我国的普适性深表质疑。一方面，我国司法实践中即使不是没有、但确实鲜见对程序法上事实的真伪不明认定及证明责任分配的做法；另一方面，这一问题在我国理论界一直遭受忽略与冷遇，这本身就是一个有意思的问题。对此展开分析阐述将具体展现我国对这一现实问题的解决途径，如继续追问则可能发现中外对同一问题的制度语境与话语体系的差异，再反思这一差异不仅将达到李浩教授希望的“有助于对证明责任本质深化认识”，也可以探明这一移植制度的条件与限度。故笔者提出浅见，参与论争，亦希望得到包括李浩教授在内的方家的批判指正。

一、程序法要件事实及其证明与认定

（一）程序法要件事实的性质与分类

李浩教授充分认识到程序法及其调整对象与实体法的重大区别决定了证明责任问题在程序法上的特殊性，故指出：作为诉讼程序主

〔1〕 关于德国“程序上的证明责任”的学说，参见［德］莱奥·罗森贝克：《证明责任论》（第5版），庄敬华译，中国法制出版社2018年版，第466页以下。

要内容的“诉讼行为的方式、时间、顺序”大多数并不涉及证明责任问题。[1] 但应当注意的是，作为证明责任对象的程序法上的要件事实并不等于与诉讼程序有关的事实。一个完全法律规范的通常结构都是“构成要件 + 法律效果”，[2] 诉讼行为的方式、顺序等的展开可能恰恰属于法规范效果，而非程序法规范规定的要件。实体法要件事实是引起实体权利义务关系发生、变更、消灭的事实，当然也是由实体法直接规定的。程序法上的要件事实是法律规定采取某一程序步骤的条件。根据其内容性质大致可分为两类：一方面，程序与实体密切相关，程序的进行就是为解决实体纠纷。故程序法规范可能将当事人之间的实体争议或通俗地说“纠纷事实”情况作为程序启动的前提条件，也包括将已经进行的程序得出的阶段性结果（如已作出的裁判，这也算实体方面条件）作为启动下一特定程序步骤的条件加以规定。另一方面，程序主体当前的行为或状态也是影响或决定程序进程的必备条件，如主体是否有正当理由没有参加之前的活动。简单地说，即程序法上要件包括实体要件和程序要件。因此，实体法要件事实与程序法要件事实可能并不能从规范内容上加以区分，二者的区分其实只在于要件相对应的法效果到底是实体上的效果还是程序上的效果。实体效果即决定判决的权益享有或风险承担，而程序效果只决定某种程序的启动与否。

作为程序启动条件的实体要件，存在“二阶审查”结构。由于程序的直接目的就是对实体纠纷进行处理，故一旦启动该程序，则在后续的审查过程中几乎无一例外都要对该实体要件再进行实质审查，并有可能得出与对程序启动时不一样的结果判断。之前的启动程序往往只是通过形式审理过滤掉显然无根据的申请，故对这些要件的

---

〔1〕 参见李浩：《民事诉讼法适用中的证明责任》，载《中国法学》2018年第1期。

〔2〕 参见王利明：《法学方法论》，中国人民大学出版社2012年版，第124页。因实体法首先是作为主体的行为规范，故法条一般先规定行为表现，再规定特定行为可能产生的法律上效果。诉讼法就是规定诉讼各程序步骤展开的程序群，法条往往先规定程序步骤（法律效果），再规定各程序步骤所适用的情形（要件）。

设置或要件事实的审查强度通常是比较低的,甚至不需要任何实质"证明"。如上诉的条件只是要上诉人表明"不服"一审裁判,而非要指出一审裁判有何错误之处。当事人提交上诉状的行为本身就基本表明了其不服一审裁判,故几乎只要具备上诉状的形式要件,就应当启动二审程序。再如督促程序中对于支付令异议的审查,就仅仅是形式审查,实际上只要求异议人表达对于权利请求的否认,甚至并不要求异议人提供证据。因为督促程序本身就是假定当事人之间不存在争议的"非讼"程序,并不设置对实质争议的审理步骤。

此外,实体法事实主要与民事法律行为相关,法律本就是对主体日常生活行为的规范与调整,可发挥行为指引功能。诉讼法上的事实审查主要是为了法院对诉讼过程的调控,无论是当事人进行主义模式下由当事人双方决定诉讼程序的顺序进行,还是职权进行主义下由法院掌控程序的流程,最终决定程序步骤转换的总是法官。法官根据诉讼中的具体情形,特别是当事人的行为或意志决定诉讼程序的步骤。与实体权利相关的案件事实基本上都属于过去发生的事实或所谓"历史事实",由于时过境迁,在进行诉讼时可能已难以完全查证。程序法事实多为诉讼当下的事实,理论上相对较为便于法院查证认定。如同为主体行为能力问题,作为实体规范要件时往往取决于民事主体从事民事法律行为当时的精神状态(因年龄方面较好证明,较少出现真伪不明),而诉讼行为能力则是诉讼系属时的情况,可较方便举证与认定。

程序的启动虽然也常常要基于对一定的基本事实的认知,但更多的情形则是要求法官进行一定的判断,这种决策权还往往在程序掌控中起着重要的作用。试以李浩教授分析的第三人撤销之诉为例。一般认为《民事诉讼法》第 59 条第 3 款规定了提起此类诉讼的 6 个要件:(1)原告系有独立请求权或者无独立请求权第三人;(2)因不能归责于本人的事由未参加诉讼;(3)有证据证明发生法律效力的判决、裁定、调解书的部分全部内容错误;(4)存在错误的司法文书损害其民事权益;(5)自知道或者应当知道其民事权益受到损害之日起6个月内提起诉讼;(6)向作出该判决、裁定、调解书的人民法院提起诉讼。[1] 其中(1)、(3)、(4)从内容上看基本可归为实体要件,而(2)、(5)、(6)则可归为程序要件。因为(1)、(5)、(6)三项要件基本不存在查明的困难,根据司法解释的规定,需要原告提供证据予以证明的仅是其中(2)、(3)、(4)三项要件。[2] 对于第(2)项,即法律上“不可归责于本人的事由”(相当于其他条款表述的“正当事由”)这种综合判断型的不特定概念,司法解释作了进一步的“列举 + 概括”的技术细化。[3] 虽然对此要件的判断首先要基于诉讼过程中当事人本身的基本情况,但对要件符合性的判断仍然是结合当事人是否存在“过错或明显过错”及行为是否具备“可归责性”进行的,仍然可归于“评价性要件”而非“事实性要件”。[4] 第(3)项对于生效裁判内容的错误,对此要件的证明,事实方面最多是要求当事人提供判决、裁定或调解书的文本,至于其内容是否“错误”则完全取决于法院的评判。因“错误/正确”显然是一种非此即彼的二元判断,不正确就是错误,正确就是不错,故在这里不存在中间地带(真伪不明)的判断。第(4)项所谓“损害”,也是指法院裁判对第三人权益在法律上影响的判断,仍然基于主观评判,甚至可以说更类似于“法律问题”,而区别于侵权行为“造成损害”之类的事实判断。[5] 综上所述可见,需证明的这三项事实并非对已发生事实的认知,而是基于主体对其性质或意义的评判。对事实的认知由于证据的多寡,在理论上存在真、伪及真伪不明的

---

〔1〕 参见郑金玉:《我国第三人撤销之诉的实践运行研究》,载《中国法学》2015年第6期。

〔2〕 参见《民诉法解释》第292条。

〔3〕 参见《民诉法解释》第295条。

〔4〕 法律要件按照其记载内容抽象度的不同分为事实性要件和评价性要件,对于评价性要件,不同的人会产生不同印象,更多基于主体的判断。参见许可:《民事审判方法:要件事实引论》,法律出版社2009年版,第25页。

〔5〕 甚至有学者认为这不足以成为一个独立的要件,而是与“生效裁判错误”属于同一问题。参见吴泽勇:《第三人撤销之诉的原告适格》,载《法学研究》2014年第3期。

"三分"状态,评价性要件是否具备的关键却不在于证据"证明",而基本上是一种"对/错"的"二元"判断,因此也就谈不上非理想证明状态的"真伪不明"。实践中,第三人撤销之诉相当一部分之所以被驳回,就是直接因并不符合条件,而几乎找不到以"事实真伪不明"而由"当事人承担主客观证明责任"作为理由的。

(二)程序法要件事实的证明与认定

从事实性要件来看,程序法要件的证明与对实体争议事实的证明也在诸多差异。首先,在证据收集提供上,程序法上的事实多由法院依职权调查,而非由当事人负担主观举证责任。相对来说,法院依职权收集证据信息的能力强于私主体。故在证明类型上程序法事实的证明基本属于所谓"自向证明",[1]即证据调查的同时形成心证。其次,程序法事实的审查在证明方法上属于"自由证明",即并不要求证据必须属于法定种类的证据,也不依照严格的法定程序进行。在德、日理论中即所谓"疏明",而"疏明的即时性"是指用疏明的证据方法限于法院可即时调查的证据方法。如出庭证人及实施疏明的当事人手头持有的文书。[2] 如对诉讼保全与回避等程序事项,法官可能首先就是询问当事人并对其陈述予以初步判断,而并不严格要求以实质证据证明。[3] 此外,程序法事实的查明由于并无当事人双方在场的"对审"结构,并不实行"直接言辞"原则,很多时候是间接、书面审理,故对事实的审查强度显然较低。特别是对于消极事实,由于不能形成针对性"争点",甚至几乎无法审查。如对于拟提起公益诉讼

〔1〕"自向证明"是指向自己证明,区别于"他向证明"即向他人证明。自向证明是以司法职权为中心的,在一定意义上可以等同于查明。参见何家弘、刘品新:《证据法学》(第4版),法律出版社2011年版,第195页。

〔2〕[日]伊藤真:《民事诉讼法》(第4版修补版),曹云吉译,北京大学出版社2019年版,第235页。

〔3〕最高人民法院民事审判第一庭编著:《最高人民法院新民事诉讼证据规定理解与适用》,人民法院出版社2020年版,第755页。

的环保组织“无违法记录或未受过处罚”的证明,在实践中就是让其法定代表人或者负责人签字盖章的声明来替代。最后,在证明标准上,一般认为程序法上事实的证明标准较低。

但笔者认为,程序法上事实的证明并非一律“降低证明标准”,而只是与实体法上事实证明标准有别。从程序设置的角度来看,从程序正常顺序进行还是启动特殊程序来区分,便更能看清对程序事项要求的实质差异。简单地说,程序正常顺序进行时对程序规范规定的要件事实的要求较低,而在程序顺序进行过程中申请启动特殊程序时所要求的要件事实的证明度较高,甚至有些特别程序对实体问题证明的要求非常高。从“诉”的启动来看,基本上可以说,上诉条件的要求最低、起诉条件的审查其次,[1]第三人撤销之诉再次,而再审之诉要求最高。故程序法上的证明标准实际上是多元化的,并非总是降低证明标准。在程序规范表达上,立法上并没有设置一般性标准的表达,而是往往在各具体程序规范中表明具体标准。如很多时候,程序法上只是要求“可能”存在某种事实或存在的“可能性较大”,[2]而如果法律明确要求“有证据证明”,则不能仅根据当事人的陈述、而要求运用那些更具“客观性”的证据来证明,这显然是一种相对高标准。但应注意此时的程序性审查仍是根据单方提供的证据,依据间接、书面的方式进行的。总之,无论是一般程序事项证明上的“疏明”标准,还是确认先前步骤错误使程序得以纠错的相对高标准

---

〔1〕 现行民事诉讼法在制度设计时将实体判决要件等同于起诉条件和诉讼开始的条件,导致关于起诉条件的设置存在“高阶化”的问题。实体判决要件的审理本应在诉讼开始后的程序中进行,而我国现行制度却将实体判决要件的审理置于诉讼开始前,使实体判决要件的审理程序成为一种“诉讼前程序”,导致了理论和制度上的混乱和矛盾,也导致了“起诉难”的发生。如李浩教授在文章中分析的“诉的利益”就属于诉讼要件,严格来说也不属于我国立法上规定的起诉要件。参见张卫平:《起诉条件与实体判决要件》,载《法学研究》2004 年第 6 期。

〔2〕 如《民事证据规定》第 86 条第 2 款规定,与诉讼保全、回避等程序事项有关的事实,人民法院结合当事人的说明及相关证据,认为有关事实存在的可能性较大的,可以认定该事实存在。

(如因管辖异议而移送管辖、因保全错误而解除保全、因一审裁判错误而撤销之诉、因生效裁判错误而再审案件、因执行错误而回转执行等),只要法律明确要求对要件事实进行证明,那么在真伪不明时同样可以直接进行法律推理。诸如此类特别法律规范无须借助于辅助手段就能够克服真伪不明问题。[1]

程序顺序进行的要件标准与对程序违法的要件确认标准的不同在管辖方面体现得比较明显。一般管辖与"管辖恒定"原则均体现了诉讼效率的追求,而协议管辖制度则体现了当事人自主决定程序的程序正义原则要求,尤其是应诉管辖这一"容错"机制,说明法院受理案件时对管辖的审查并不是非常严格的。

从诉讼法上对于管辖的规定来看,起诉时法院应对受诉法院是否有管辖权进行审查,受理之后法院也可依职权再对管辖权进行审查,因此,法院在立案后才发现无管辖权的可以移送案件。被告在提交答辩状期间可提出管辖权异议,法院对此异议应进行审查。如法院裁定驳回异议的,申请人可以通过提起上诉处理。一审判决之后,当事人对一审法院的管辖权错误仍可作为上诉理由,二审应对此予以审理。生效裁判作出后,当事人不再能以"管辖错误"为由申请再审,但该规定在司法实践中可能"删而未除"。[2] 实际上,管辖争议本不宜复杂化处理,当事人的管辖争议及法院对此的处理基本属于程序上的虚耗。

在立法上,在上述对法院管辖权有无的审查程序中,下一步骤的处理都是推翻上一阶段的结果,故为了维护程序的安定性,下一阶段的审查标准均应高于上一阶段。大致可以说,法院最初自我判断对受诉案件有无管辖权的审查是一种形式审查的低标准。受理之后发

---

〔1〕 参见[德]汉斯·普维庭:《现代证明责任问题》,吴越译,法律出版社 2006 年版,第 188 页。

〔2〕 参见李浩:《删而未除的"管辖错误"再审——基于 2013 年以来最高人民法院裁定书的分析》,载《法学研究》2015 年第 2 期。

现自己并无管辖权仍是一种较低的标准，即自认为"并无管辖权"，但根据当事人的管辖异议而推翻已确定的管辖则需较高标准。也就是说，法院对管辖权的审查在程序进行中是分阶段进行的，并采取不同的证明标准。这就解决了程序事实"真伪不明"时无法律规范可以适用的问题。如在受理案件时对管辖权有无的事实审查是宽松的，移送管辖作为管辖中的一种就是受诉法院最初立案时认为自己对案件有管辖权，但受理之后却认为并无管辖权，因此将案件移送到"自认为"有管辖权的法院，受移送法院如认为自己也无管辖权的，并不能再行移送或者将案件退回移送法院。因为如此一来便可能导致案件因确定管辖权的事实不明而在各个法院之间"踢皮球"，从而使现代民事主体的"裁判请求权"受到侵害。因此，即便是此种管辖事由为典型的"真伪不明"情形，也不存在法院拒绝审理或由当事人负担"不利后果"的问题。制度设置上是通过上级法院指定管辖来终局解决此种事实困境的。

再看李浩教授关于程序法事实问题上也存在"真伪不明"的设例是否成立：甲乙先签订买卖合同，后甲因合同纠纷以双方订立补充协议约定由A地法院管辖为由向A地法院起诉。A地法院受理后，乙以补充协议系伪造为由提出管辖异议，但鉴定机构无法对补充协议上被告签名的真实性作出判断，那么对该案的管辖异议如何处理？[1]按上述分析，法院最开始受理时对有管辖权的审查是宽松的，但被告提出异议欲推翻之前的认定时，应有证据证明法院确无管辖权，即补充协议确为伪造，因此本案不能认定补充协议真伪时，异议不成立，法院不必移送案件。这与"某方当事人对此负证明责任→事实真伪不明→拟制为事实不存在→某方当事人负不利结果"的证明责任推理模式结果相同，但处理与判断起来却简洁得多。并且以证明责任制度解释就存在"谁负担证明责任"的问题，而按照李浩教授的证明责

---

〔1〕 参见李浩：《民事诉讼法适用中的证明责任》，载《中国法学》2018年第1期。

任分配分析,“异议人仅仅是否认对方主张的程序法要件事实,异议人不承担证明责任”,则似乎在管辖权事实模糊时被告不承担不利结果,亦即应认定异议人的异议成立,这也与实践做法相悖。

实际上,原告向受诉法院起诉与被告提出管辖权异议并不会产生此种“谁负担证明责任”问题。因法院对管辖权有无事实的审查是随程序流程分步进行的,即存在“时间差”,因此避免了出现真伪不明时必须支持一方而反对另一方的困境。如前所述,起诉时对管辖事由的审查是宽松的,而受理之后的管辖权异议要得到法院支持,需符合法律规定的“并无管辖权”要件,也就是说,此时的证明对象是法院“无管辖权”事实。如果管辖权事实仅仅是真伪不明,尚不能支持异议成立,因此受诉法院应继续对案件进行审理,这才是对程序流程的正确处理,似乎这一结论与李浩教授的分析并不一致。

在回避问题上也是如此。申请回避的审查是形式标准,即有可能影响公正审理的嫌疑即应予回避,但判断法院违反回避制度的规定则是相对高标准,要求确认相关诉讼主体之间确实存在某种利害关系。同样的道理,在李浩教授的另一个设例中,一审败诉的被告以原审审判长有法定应予回避情形而未回避为由,主张第一审程序严重违法要求撤销一审判决。但“根据被告提供的证据及法院调查,无法确定被告主张的这一情况是否存在”,对此应如何处理?我国对当事人申请回避的权利非常重视,至少从法律规定上看是这样:法院在合议庭成立之后应及时告知当事人,在开庭前会告知当事人申请回避的权利,开庭审理的开始阶段会询问当事人是否申请回避,回避事由在开庭时才得知的还可以临时申请回避。对回避决定不服的,还可以申请复议。故可以设想在此设例中,一审法院应在一审程序中对当事人申请回避事由进行了证据调查,因回避事由未达到此阶段立法设置的较低的证明标准,故在上诉阶段证据仍无法确定回避事由存在时,显然更不能达到上诉审阶段作为“严重程序违法”从而推翻原判的标准,因此法院应驳回上诉,维护原判。这也根本无须用证明责任加以解释。

李浩教授认为："诉讼法适用中是否存在或者需要证明责任，关键乃在于诉讼要件事实是否会出现真伪不明。"[1]从上述两个设例来看，程序法事实在程序初始阶段的证明标准都是"疏明"，相较于一般证明标准来说确实属于"证明标准降低"，因此在司法过程中这些事实皆不太可能出现"真伪不明"，因此皆不是证明责任可予以适用的适例。加之程序法事实由法院依职权调查，是一种"自向性证明"，也极大地压缩了"真伪不明"的可能空间。

二、程序法规范构造及其适用模式

（一）程序法的规范构造

民事实体法是以"权利"为中心的规范体系。而程序法是以"程序"为核心，是规范诉讼过程的。诉讼程序具有阶段性和渐进性，整部诉讼法就是由多个程序步骤构成的各种"程序"及不同"程序群"的集合。典型的程序法规范就是对各个程序步骤的进行及其相应的要件的规定。程序中对于当事人诉讼权利的规范也是为启动某种程序或程序步骤，并要由法院予以裁定。与实体法规范构造不同的是，程序规范适用时不存在这种当事人两造对立的构造，而往往只是法院是否适用该规范开启某一程序步骤的问题。虽然实际上可能当事人双方对有的规范的适用各自怀有不同期待，但到底如何适用并不存在非此即彼的情形。审判法律关系归根结底由法院基于具体情形加以判断，这种判断是在程序顺序进行的时间差中完成的，不同步骤可以有不同的标准。当事人在不同程序步骤中的"申请"或"异议"相对的均是程序掌控者法院，法院适用法律也可能考虑该法规范之文义

---

〔1〕 李浩：《民事诉讼法适用中的证明责任》，载《中国法学》2018 年第 1 期。

或进一步的立法目的与意旨,而不是该规范之于当事人双方的意义。因此,程序法适用上只存在程序如何进行的问题,而不存在如何分配不利风险的选择问题。

笔者主张程序法适用时不必运用证明责任理论,也因为现有理论完全可以解释与规范诉讼法的适用与诉讼程序安排问题。在李浩教授文中举到一个实际案例:某公司因建设工程合同纠纷申请再审,该公司提出的再审理由是"原判决认定事实的主要证据系伪造"。但申请人未能提供证据系伪造的证明,故再审事由不能成立,法院不予支持。[1] 一般来说,程序步骤的启动与否是一种简单的决策模式:符合规定条件即启动,不符合条件则不启动。本案中的裁判结果显然是后者。但如果非要以申请人对申请事由的存在负举证责任,但其未能提供证据证实该事实,应承担举证不能的法律后果,即其请求不被支持加以解释,最终的处理结果与上述模式完全相同。如果最终处理结果完全相同,而中间解决过程或解释方法不必要的曲折,证明责任理论就无法逃避"无用之中介"的质疑。"不符合条件—不启动"相较于"当事人负证明责任—未证明即真伪不明—负担不利后果"这一解释路径,起码简化了一个环节,毕竟,理论的简洁性是理论在实践运用中的一个优势。("证明责任分配"与"裁判结果的作出"其实是同一个问题,只不过是从当事人与法院的不同角度来看待的。如果存在一定的规则指导法官如何作出最终的处理,则所谓的"证明责任分配"就是一个无关紧要的问题了,特别是在证明责任"与当事人主张无关"并与当事人利益也不挂钩时,说当事人承担证明责任可能就没有任何意义,也谈不上什么分配问题了)程序法适用中对于这样的结果,到底是直接根据"不符合条件—不启动"的简单逻辑作出的,还是"法官悄无声息地适用了证明责任的裁判方法"[2]? 如果法官

---

〔1〕 参见李浩:《民事诉讼法适用中的证明责任》,载《中国法学》2018年第1期。

〔2〕 参见李浩:《民事证明责任本质的再认识——以〈民事诉讼法〉第112条为分析对象》,载《法律科学(西北政法大学学报)》2018年第4期。

不在裁判理由中言明“举证责任”这一语词，实际上就无从判断。

相较而言，实体法的适用模式并非如此。实体法是调整民事主体之间权利义务配置的规范的集合。主体一方的权利就是另一方的义务。之所以出现民事纠纷，就在于各方主体对于具体纠纷应适用何种法律规范产生了冲突（而对于法律规范本身即静态的权利义务配置一般是不存在争议的），即对具体生活纠纷应适用此法律规范或彼法律规范存在冲突认识。法院必须对此予以裁决，即便生活事实真伪不明。证明责任即解决此种法律适用问题。实体法规范可按权利发生、妨碍、消灭、受制分为不同类别，依“规范说”理论，证明责任可依此形式标准予以分配。[1] 或说实体法体系上存在规范的“对话”结构，即同时存在相互排斥或相互对立的规范。这些规范各设置了相应的要件。典型的如关于民事主体的行为能力，《民法典》颁行之前，《民法通则》规定民事法律行为有效需行为人具备相应的行为能力，《合同法》规定订立合同时如行为人欠缺行为能力，则合同无效或可撤销。如此一来，当事人行为能力的有无这一事实真伪不明就使案件裁判在形式上处于相互对立、排斥的法律适用的“两可”状态。[2] 但司法裁判不存在“中立”选项，故只能将败诉结果分配给其中一方当事人。程序法体系结构比较单纯，基本上是一种按时间顺序或程序步骤展开的“线性结构”，根本不存在这种规范之间的“对话”或“争吵”的结构。

从实体法角度来看，立法过程充满了不同利益集团代表的博弈，立法需要在相冲突的价值与利益之间进行权衡与选择。民事诉讼中的双方当事人就属于不同的利益代表者，在法律规范要件事实真伪不明时，司法裁判要协调两种不同价值的权衡与选择问题。证明责任制度就是要在事实与规范的模糊地带仍能贯彻立法时的价值倾向

---

〔1〕 参见胡学军：《证明责任“规范说”理论重述》，载《法学家》2017年第1期。

〔2〕 对此种情形下证明责任分配问题的解决，参见李浩：《民事行为能力的证明责任——对一个法律漏洞的分析》，载《中外法学》2008年第4期。

选择。在程序法上,不存在双方代表不同利益或对立价值的选择问题,程序法的问题只是程序如何进行。一旦诉的“总开关”启动后,后面的问题就是要不要在流程中启动某种特别程序。程序法上不存在当事人的实体利益或价值,只是程序本身要符合高效、公正的目标。实体法调整的社会生活存在中间地带,在此中间地带的法律适用更能体现规范的指引与导向功能(教化功能),而非仅仅是适用功能,程序法的价值就在于适用,而没有肩负一般行为指导或价值导向功能。

实体法的规范结构与文义通常便于作为证明责任分配的形式依据,因为实体上要件事实具有单一性。[1] 特定要件要么是作为权利发生规范加以规定,要么是作为权利变更或消灭要件加以规定,而不会发生将某要件(具备或欠缺)同时作为相对立规范要件加以规定的情形,因为如此一来,在该要件事实真伪不明时将无法清晰分配证明责任这种不利后果。程序法上则不同,如开庭审理期日当事人未出庭的处理,要看当事人是否有“正当理由”。诉讼法对此就同时有正反两种规定:原告无正当理由拒不到庭的可按撤诉处理(《民事诉讼法》第146条)、被告无正当理由拒不到庭的可缺席判决(《民事诉讼法》第147条),当事人有正当理由没有到庭的可以延期开庭审理(《民事诉讼法》第149条第1项)。那么在当事人未到庭到底有无“正当理由”的事实不清时如何处理呢?如果从证明责任分配的通说“规范说”来考虑,这可真是个难题。但在程序法上这个问题其实只是纯理论上的臆想,在实际司法中,这只是个“伪问题”,法官总是会根据当事人提供的事实作出理由是否正当的判断,并直接在上述处理方案中作出抉择,而从来不会将其归为“真伪不明”并纠结于如何分配不利结果归谁承担。

---

〔1〕“要件事实的单一性”是指该事实所引发的法律效果具有单一性。同一事实在性质上只能属于产生某一特定法律效果的要件事实。比如事实F如果属于权利R的发生要件事实,则相反的事实(-F)就不可能再成为权利R的妨碍要件事实或消灭要件事实。要件事实的这种单一性,是由主张证明责任负担的单一性决定的。参见许可:《民事审判方法:要件事实引论》,法律出版社2009年版,第44页。

(二)程序法的适用模式

除程序法规范结构有别于实体法规范体系之外,程序法规范的适用也与实体法规范适用迥异。其不存在两造对抗的结构,往往不是当事人在程序法适用上的直接对抗,而多为当事人与法院在是否适用某一程序法规范上的"对立"。与实体法必须在特定案件中予以适用不同,程序法如适用条件不明,是可以被弃置一旁的。

与法律规定相对应的要件事实处于真伪不明时应如何"依法裁判"? 法学方法论上的一般法律适用方法是"裁判三段论"。罗森贝克敏锐察觉到裁判三段论其实存在逻辑上的欠缺,其只能回答要件事实为真时适用法律、要件事实为假时不适用法律,但不能回答要件事实真伪不明时的法律推理问题。早期的证明责任理论主张要件事实真伪不明时也应当不适用法律规范("不适用法律"说),但如今,已被广为接受的证明责任"乃是关于法律适用问题"的这个命题表明,证明责任系"在真伪不明时不适用法律规范"的这个命题已经走到了尽头。〔1〕 其原因在于,法院对案件的实体裁判不可能真正不适用法律,而总是要适用法律作出对一方有利而对另一方不利的裁判(依法裁判)。"不适用法律"在语义上有两种解释:在实体法问题上,不适用法律的正确含义只能是:因为证明反面为真,所以不适用法律(某特定条款),〔2〕不可能是指将对法律规范的认定搁置起来(不适用任何法律条款,不进行法律推理)。〔3〕 因为实体问题上现代司法不容法院拒绝答复。但这一套法律适用理论在程序法问题上并不具有天然

〔1〕 参见[德]汉斯·普维庭:《现代证明责任问题》,吴越译,法律出版社 2006 年版,第 237 页。

〔2〕 参见[德]汉斯·普维庭:《现代证明责任问题》,吴越译,法律出版社 2006 年版,第 203 页。

〔3〕 德国学者已充分论证了以搁置法律推理的方法不适用法律规范,并不能解决真伪不明问题。参见[德]汉斯·普维庭:《现代证明责任问题》,吴越译,法律出版社 2006 年版,第 166 页。

的正当性，因为在程序问题上，法院是可以直接拒绝适用某个规范的，这并不会令案件陷入“悬置不决”的状态。在实际效果上不过就是程序依照“主轨道”顺序进行，而避免“节外生枝”。

在程序法的适用上，相关事实不明晰就意味着要件事实没有达到法律要求的认定标准，自然就不会适用该条文。如果真伪不明时也可以适用该法条，那么在立法或修改法律时就会考虑降低对该事实的认定标准，以给予司法者明确的指示。我国民事诉讼法上也确实有很多此类规范。实体法不仅是裁判规范，本身首先是行为规范。如仅从事实的可证明性角度理解实体法的意义，这种“实体法程序化”显然是错误的。[1] 但程序法确实就是法官的操作规范，是以可证明性作为适用前提的。程序要件事实未达证明标准时“不适用法律”与达到证明标准时适用法律是二值命题，非此即彼，不存在中间地带。

从实体上来说，事实真伪不明时证明责任的分配（从法官角度看就是判决的内容）是法定的：“是请求权人还是请求权人的对方当事人，是雇主还是雇员，是买方还是卖方对于既定的要件事实承担证明责任，只有法律能告诉我们。”[2] 理论上可以认为，同一个法律适用过程是由两个“玩家”完成的，即时而是请求权人，时而是他的对方当事人承担证明责任。[3] 故在实际司法中，“既不利于一方，又不利于另一方的处理结果是不存在的”。类似中国古代司法中分不清“青红皂白”（真伪不明）时“各打五十大板”（比例判决）的处理是不可能的。在理论上，现代法律调整主体之间的社会生活关系已不存在漏洞，实体法也不以要件事实的可证明性作为适用的前提。司法作为维护此种实体法秩序的例子不胜枚举：如财物的占有转移到底是“不当得

---

〔1〕 参见［德］汉斯·普维庭：《现代证明责任问题》，吴越译，法律出版社2006年版，第203页。

〔2〕 ［德］汉斯·普维庭：《现代证明责任问题》，吴越译，法律出版社2006年版，第233页。

〔3〕 参见［德］汉斯·普维庭：《现代证明责任问题》，吴越译，法律出版社2006年版，第227页。

利”还是“合法取得”？导致利益损失的行为是构成了对他人的“侵权行为”还是属于行为人的“自由行动”空间？某种交往效果是“订立契约”还是一般社会交流？如果相关事实呈现模糊不清状态，则其法效果就可能存在中间地带，但现代司法裁判不存在这种“中间选项”。如在一物所有权转移争议的案件中，如果证实属于“借”的事实，则被告有义务返还；而如果证实属于“送”，则原告请求返还的主张就会落空。[1] 法院如果不是判决被告返还，就只能是判决驳回原告的诉讼请求，而不可能采取搁置判决或驳回起诉的处理方法。实体法无论如何在此案中均得到了适用。又如在一起合同效力纠纷案件中，被告在签订合同时如确实处于精神病发作期，则合同无效，被告无须受协议约束；而如被告彼时属于正常人，则合同有效，被告应对原告履行合同义务。被告行为能力有无事实“真伪不明”的处理也只能在这两种方案之中选择，并不存在第三种情形。而且诉讼结束得出的都是一个具有既判力的判决，并对将来具有“一事不再理”的终极效力。

（三）“法律适用”与“证明责任”的逻辑关系

证明责任属于法律适用问题，但并非法律适用问题皆可归于证明责任。程序法与实体法的适用模式的区别在于两种规范构造存在根本不同。实体法规范存在关于权利的相互“补足、支援”或相互“排斥、对立”这两种相对效果的构造，因此，对立当事人在诉讼中可能主张适用对立的法律规范或者依据不同法律规范提出不同的权利主张。但程序法一般并不存在这种典型的“对抗式”构造，往往只是单纯的“要件—效果”的独立法条的集合，不存在类似实体权利效果的法律体系构造。因此也就不存在证明责任在不同主体之间的那种“分配”。

---

〔1〕 实际案例参见《串井小等诉贾计生返还出借的名画案》，载最高人民法院中国应用研究所编：《人民法院案例选》（2000年第2辑），人民法院出版社2000年版，第58页。

如将程序法事实的证明当成证明责任适用的纯粹情景,并将这一场景视为暴露"证明责任本质"的认识,正说明我们对证明责任制度本质的认识尚不够深刻。李浩教授界定了证明责任运用的两种情景:证明责任运用的"一般场景"即法官根据当事人的请求、主张,依据一般所谓"谁主张,谁举证"的分配规则适用法律。但在这种"非纯粹的环境"下,容易使人们把证明责任误解为当事人的行为责任。实际上在证明责任运用的"纯粹情景"下,既不存在"谁主张",也不存在"谁举证",并且不存在"谁败诉"的问题,也就是说根本不存在证明责任如何"分配"的问题,只存在事实真伪不明时如何裁判的问题。在这种情景下,证明责任纯粹体现为法律适用和裁判方法问题,因此体现了"证明责任的本质"。

笔者认为,此种所谓"纯粹情景"实为证明责任的非常情景、极端情景,绝不能误当成证明责任运用的典型情景。从这个侧面虽然尚可以观察到证明责任"概念"的本质,但并非证明责任制度的本质,此种情景不能反映证明责任的方法、规范或功能的本质。〔1〕显然,如果不再存在"分配",则证明责任理论的探讨将失去其绝大部分意义,因为事实真伪不明时虽然仍需作出最终的处理,但是处理的方法很多,〔2〕这从来都不是一个实际困难。困难仅在于此时的不利结果如何在利益对立的当事人之间分配,以及说明这种分配如何在法理上是正当的。李浩教授仅认识到证明责任是指客观证明责任,主观行为责任并非证明责任内涵所指,但未进一步探究证明责任分配制度的本质,以及证明责任功能的本质。〔3〕

确实,程序上比较特殊的是提起撤销之诉、申请再审之诉,以及

---

〔1〕 李浩教授的文章只是表明证明责任概念的本质,关于证明责任方法、规范、制度的本质,参见胡学军:《证明责任制度本质重述》,载《法学研究》2020年第5期。

〔2〕 参见李浩:《事实真伪不明处置办法之比较》,载《法商研究》2005年第3期。

〔3〕 正如人的本质从哲学上看是"各种社会关系的总和",从生物学上看是能直立行走、会制造和使用工具的两足动物。一个正常健康的人是人的一般场景,失去正常社会关系与健康的"植物人"只能是"人"的极端情景,但并不能说他体现了人的本质。

与异议之诉。这三种诉均具有“两造对抗”的当事人结构，裁判结果有利于一方即可能不利于另一方，但是否需要用证明责任加以解释也不一定。此三种诉的实质要件皆为证明此前阶段的“法院裁判错误”，即立法上设置了一个高标准。而“错误/正确”为二元结构，如果仅是可能有错误，即尚未达到否定与推翻具备既判力之裁判的效果，自然不应启动监督或审查程序，或说不成立撤销之诉、再审之诉或异议之诉，不能启动实质救济程序。此种“不启动”的效果并非由申请方当事人负担“败诉”结果，而是完全可由维护裁判的稳定性或既判力加以解释。

总之，不同于实体法价值蕴含的多元性与复杂性，程序法价值目标比较单纯。其外在价值即要求迅速、有效实现相应的实体法目标，内在价值即维护程序公正或程序正义。这两种价值之间也存在冲突，但这是立法时权衡考量的问题，并已在程序规范安排上作出了选择。一般来说，程序的顺次进行就体现了效率追求，而程序延误、阻却甚至回转的设置往往就是为了程序公正。如期间制度显然偏向于效率价值取向，而异议制度则体现了公正的要求。在法律适用上，司法公正即要求切实遵循程序法，并通过程序法这一操作规程来有效贯彻执行实体法。

李浩教授认为，对民事诉讼法适用中的证明责任问题的忽略不利于实现党的十九大报告重申的“公正司法”要求，也不利于健全办案过程遵循程序公正的司法制度。[1] 笔者认为此论断欠缺必要的论证，其间似乎存在逻辑空缺。公正司法要求严格法律适用，也就是达到法定条件的即应适用法律，未达到法定条件的就不适用该法律。程序法当然也规定了进行任何一个程序步骤所需具备的条件，并且这些事实条件的认定也有其相应的证明标准，达到这些标准，当然就应当适用该程序法，也即开始某一具体程序步骤。未达到这些标准

---

〔1〕 参见李浩：《民事诉讼法适用中的证明责任》，载《中国法学》2018 年第 1 期。

的即不适用该规范，不启动某种程序步骤。此处“未达到”的意思，即未证明法律规范的事实要件的发生或存在，而无论相反的事实是否被证实与存在。因此，程序法事实的证明是一个非此即彼的二元标准，事实认定的“二分式”排除了所谓“真伪不明”的空间，〔1〕因此证明责任的适用就是一个伪问题。

三、程序法上的“真伪不明”及“证明责任分配”的“乌托邦”

（一）程序法要件事实不存在真伪不明

如前所述，程序法上事实的证明特点与证明要求大大压缩了此类事实“模糊不清”的可能，但并不是绝对消除了这一空间。如果在德国经典论著语境下，“真伪不明”作为一个准确界定的概念，那么程序法上要件事实的证明与认定显然不符合这一语境。〔2〕但在日常用语上，“真伪不明”与“事实不清”基本等同，是一种对生活事实认知的通常状态，程序法上事实的认定当然也会存在事实不清情形。

但需要注意的是，作为证明责任基础的“真伪不明”是法律规范规定“要件事实”的真伪不明，而并非直接就是日常生活事实的模糊不清。如对于前文多处提及的“正当事由”，在日本，即便法官对这些不特定概念相关的具体生活事实存在与否维持着五五分或四六分之真伪不明的心证，也可以在维持其真伪不明状态的前提下对“正当事

〔1〕有关我国司法实践中事实认定的“二分式”模式，参见曹志勋：《“真伪不明”在我国民事证明制度中确实存在么?》，载《法学家》2013 年第 2 期。笔者并不认同与支持我国在实体法事实认定上属于这一模式，但在程序法上事实认定却可能确实存在这一模式。

〔2〕普维庭对“真伪不明”的界定是：(1)原告方提出有说服力的主张；(2)被告方提出实质性的反主张；(3)对争议事实主张有证明的必要。参见[德]汉斯·普维庭：《现代证明责任问题》，吴越译，法律出版社 2006 年版，第 21 页。由于程序法上要件事实并非由当事人双方的“主张”与“反主张”，因此，普维庭的这一表述显然并未考虑程序法上事实作为证明责任的对象。

由"作出成立与否的判断。[1] 法律规范有时还会直接对一定事实附加限制词,此时,作为证明对象的要件事实就不等同于生活事实,而是包括了附加的限定也是法律要件的组成部分。如作为回避事实的"可能影响对案件公正审理的"其他关系(《民事诉讼法》第47条第1款第3项)或可能影响公正审理的"其他不正当行为"(《民诉法解释》第44条第6项),在诉讼过程中就不需要申请回避的当事人证明确实存在某种关系或某种行为,或者某种关系或行为确实影响了案件的公正处理(是否影响了案件公正处理最起码要等作出判决之后才能判断,而回避则是审理开始的问题),只需要证明某种关系或行为存在的高度嫌疑。因为回避制度本身就是程序正义的一个基本要求,只要存在某种嫌疑,就应当回避,以除消当事人对审判者的疑虑以吸收其对程序的不满。再如,对他人之间的诉讼标的,第三人认为有独立请求权的,有权提起诉讼(《民事诉讼法》第59条第1款)。据此,对于独立请求权的有无的审查标准亦是主体的"自认为",而无须证实确实存在独立请求权。是否存在独立请求权是实体审查并最后判决的内容,不能要求在程序参与时完全证实。此外,对保全的审查也是针对某种行为或原因"可能"使判决难以执行,而不是实际造成了损害或影响了执行。在上述情形下,生活事实本身可能在案件中被认为真伪不明,但从与法律规范的条件符合度来说,却已经具备了构成要件,因此可以适用该法律规范。

退一步讲,即便程序法上的要件事实也可以界定"真伪不明"这一事实认知状态,但从理论上讲,"真伪不明"也是证明责任制度适用的必要条件,但并非充分条件。古今中外,应对事实真伪不明的处置办法多种多样,司法的"工具箱"中并非仅有"证明责任"这一个"万能钥匙"。换句话说,在"事实真伪不明"时不必然适用证明责任制度来

---

[1] 参见[日]高桥宏志:《民事诉讼法:制度与理论的深层分析》,林剑锋译,法律出版社2003年版,第425页。

处理,而是有其他多种处理办法。要将证明责任扩大到处理程序法事实,尚需要说明这一工具的相对优越性,对此显然需要更多的论证。

诚然,依经典论著:“证明责任理论是法律适用理论的一部分。”[1]但逻辑上绝不能由此推出“法律适用皆存在证明责任”的结论。故不能因为程序法也需在诉讼过程中适用就认为程序法上也当然存在证明责任问题。“证明责任是法律适用”的断言只是意在澄清证明责任所属的“问题域”,重在明确证明责任并非“事实证明”问题,也非法律解释问题。证明责任与法律适用绝对不能画等号。法律适用的方法在大陆法系一般被认为是“裁判三段论”,其底层逻辑是演绎推理;在英美遵循先例的裁判方法下是类比,其底层逻辑是归纳推理。证明责任只是解决事实真伪不明这一非典型证明情形下的法律适用方法,是对法律适用基础方法的补充。即便在案件事实真伪不明场合,也还有多种适用法律作出裁判的方法,而并非仅有证明责任一条道路。

(二)程序法的适用不存在不利风险分配

证明责任适用的典型结构是诉讼的“对抗—判定”结构,或“等腰三角形”的主体关系结构,在这种结构中,事实真伪不明时,由于实体法的适用上存在两个“玩家”,结果必然是有利于一方当事人而不利于另一方,故存在一种不利风险的“分配”问题。

但诚如李浩教授所言,相当一部分程序问题是发生在法院与请求启动程序的一方当事人之间,而不涉及另一方当事人。由于并没有“两造对立”的主体结构,程序法的适用上只存在一个“玩家”,即法院如何选择程序运行方向的问题(程序如何依规则前行,也包括有时候小小的倒退),而与当事人争讼的实际利益没有直接关联。程序法

---

〔1〕[德]莱奥·罗森贝克:《证明责任论》(第5版),庄敬华译,中国法制出版社2018年版,第14页。

适用上通常是单方当事人与法院的“申请—裁决”构造,因此不存在处理结果在当事人之间的风险“分配”问题,程序法要件事实的存在与否只是关系到特定程序能否开启的问题。此时程序事实的真伪不明,也符合“法律不适用”这一词语的字面“正解”:对该法律规范的无视。甚至还有某些程序的启动及程序法事实的查明完全不与当事人发生关系,此种行为更类似于法院的职权决定行为,或广义上的“行政行为”。在形式上往往表现为由法院“决定”,区别于纯程序事项上的“裁定”。典型的如对妨害民事诉讼行为的强制措施,就是由法院自主决定采取的行为。诉讼法分别规定了采取特定强制措施需要具备的条件,这些事实前提完全由法院进行调查,而不是由当事人提出并举证(实践中多是由法院根据自己在审理过程中了解的信息来决定)。这些条件是否事实上已经具备,当然也存在一个审查判断的问题,但我们不能说在此时也存在证明责任吧!

李浩教授对诉讼法上涉及证明责任的事项按照当事人参与方式划分为三种:一是当事人以诉的方式提出的“起诉、上诉、申请再审”,二是当事人的申请行为,三是当事人的异议行为。从这一类型分析来看,程序法中涉及证明责任的事实应是存在基本的两造对抗或至少隐含此种当事人间对抗的情形。但李浩教授在另一篇文章中又似乎放弃了这一标准与要求,似乎走向了上述那种偏颇:承认即使与当事人的主张无关,亦无须当事人举证的法院依职权采取的行为也存在证明责任问题。如依据《民事诉讼法》第 115 条处置疑似虚假诉讼案件时,是法院主动怀疑当事人虚假诉讼,然后依职权收集证据加以确认,但如系属案件最终是否虚假诉讼真伪不明,则法官就不能适用该条文按虚假诉讼来处理。李浩教授因此认为这就表明法官适用了证明责任的裁判规则。按照李浩教授的解读:“罗森贝克似乎在暗示我们,把证明责任同当事人联系起来原本就不科学,从当事人的角度说明证明责任从来就是一个根本性的错误。”并进而得出“证明责任可以与当事人的主张无关、与当事人提供证据的责任无关”这一结论。

作为证明责任本质的客观证明责任确实与当事人提供证据的责任无关,这是我们在这一问题上长期以来存在、当前仍需要进一步澄清的误识。区分证明责任的本质与表象,以及进一步澄清其假象,是对证明责任理论认识的进步。罗森贝克与普维庭对此的表达从来都是毫不隐晦的:"客观证明责任概念与当事人的活动没有丝毫联系。"〔1〕但无论是罗森贝克还是普维庭均从未认为"证明责任可以同当事人主张无关"。李浩教授对经典的解读认为普维庭也在"试图告诉我们:把证明责任同当事人联系起来原本就是错误的"。〔2〕笔者认为,这就可能使"真理向前迈进了一小步",似乎存在一定的误读。李浩教授引述的无论是罗森贝克,还是普维庭的那两段话都重在说明证明责任并非通常意义上的"责任",证明责任不是当事人举证证明意义上的行为责任。由于证明责任既不是"证明"又不是"责任",因此选择证明责任这一术语才非常"不幸"。〔3〕具体到程序法事实的查明上,正因为程序法事实关系到"法院依职权进行调查的情形",故无须当事人提供证据加以证明,因此如果说在这时候存在证明责任问题,则此种证明责任就与当事人提供证据的行为没有任何关系,而只与不利的处理结果有关系,在这一意义上,使客观证明责任作为"证明责任的本质才显露得最为纯粹"。〔4〕这样解读是符合逻辑的,笔者也完全认同这一认识结论。但对于这一例子本身(程序法事实

---

〔1〕参见[德]汉斯·普维庭:《现代证明责任问题》,吴越译,法律出版社2006年版,第25页。罗森贝克也有类似的表述:确认责任(客观证明责任)不考虑对系争事实加以确认的任何活动;至于是这一方当事人还是那一方当事人,抑或双方当事人,抑或法院致力于这一事实情况的确认,均无关紧要。参见[德]莱奥·罗森贝克:《证明责任论》(第5版),庄敬华译,中国法制出版社2018年版,第29页。

〔2〕李浩:《民事证明责任本质的再认识——以〈民事诉讼法〉第112条为分析对象》,载《法律科学(西北政法大学学报)》2018年第4期。

〔3〕参见[德]汉斯·普维庭:《现代证明责任问题》,吴越译,法律出版社2006年版,第9、25、50页。

〔4〕[德]莱奥·罗森贝克:《证明责任论》(第5版),庄敬华译,中国法制出版社2018年版,第466页。

存在证明责任)则仍存疑虑。

“客观证明责任只针对法院,它独立于当事人的诉讼活动”,但并不是独立于“当事人”。如果证明责任和任何主体都没有联系,那么也就称不上任何含义上的“责任”或者说“风险”或者“不利结果”了。普氏意在区分客观证明责任与主观证明责任的概念内涵,但并未否定客观证明责任与当事人主张的联系。其对“真伪不明”的阐述也是紧扣当事人主张事实论述的,从未表明“证明责任与当事人的联系是错误的”。

而且,没有承担者的“责任”就不成其为任何意义上的“责任”,这应当是一个常识。如不存在“对抗—判定”的结构,甚至也否定了“申请—裁决”的主体结构,则证明责任就泛化成了任何依规作出决定的场合都可适用的一种制度,或许证明责任就成了任何规则适用中的一个普遍问题。如行政执法,显然也是一种规则适用的场合,行政执法就是由行政机关收集证据后自主认定事实再依行政裁量权适用规则。如相对人认为涉案事实真伪不明,并认为具体行政行为是违法的,可后续提起行政诉讼加以监督。但在行政执法过程中显然根本不存在证明责任问题。在法学理论体系中,证明责任理论也并不具有这样的广泛适用性,甚至在以法律适用为核心论题的法学方法论中,证明责任也未成为获得普遍承认的一个理论。只是在民事法律适用这一领域中,证明责任被当作普遍性问题,并因其反映民事法律适用的特质,在民事法律适用中具有特别重要性,而被称为“民事诉讼的脊梁”。

总之,程序法上要件事实的认定与程序法的适用相较于证明责任通常适用的环境具有特殊性。程序事实根据证据认定的模式是“二分式”,而非“真伪不明”具有独立地位的“三分式”;对程序事实审理的构造是在一方当事人与法院之间的“申请—决定”模式,区别于实体问题在双方当事人与法院构成的“等腰三角形”的“对抗—判定”结构。裁判的结果是不符合法律规定则不适用法律的“放弃适用”模式,而非在真伪不明时拟制事实再适用法律作出不利结果归属的“风险分配”模式。如此一来，本质意义上的证明责任作为诉讼前置的“风险”，作为“败诉”的结果，以及作为法律适用模式的特征在程序法适用上就可能全部消失不见。如果仍坚持说此时存在证明责任，并体现本质上的证明责任，岂不奇怪？

四、余论

（一）罗森贝克为什么主张程序法上的证明责任

李浩教授“诉讼法适用中也存在证明责任”的论题源于比较法上对罗森贝克理论的新认识，主要论证方法也是所谓“诉诸权威”论证，即以德国“证明责任通”——诉讼法学大家罗森贝克著作中的相关论述出发，引证这一观点。罗氏关于证明责任理论的适用主要论及民法典，但也认为刑法对此同样可予适用，〔1〕普维庭著作的重点是将当时已被承认“对整个民事—经济法领域有效”的“规范说”扩展到处于民事法律边缘的劳动法领域。〔2〕但罗氏也确实在其名著的最后一章的最后一节论及诉讼法上的证明责任，〔3〕从而将证明责任理论覆盖范围从主要的实体法扩展到也包括程序法。这就证成了证明责任作为所有法律适用问题的“普遍”方法。罗氏年轻时创立的这一理论过于追求理论的统一与纯粹性，不容许任何例外。故将主要用于解决实体裁判风险的证明责任推及作为诉讼过程的程序法要件。罗森贝克完成其成名作、亦即创立其“规范说”时正年轻气盛，其学说风格追求的是理论清晰、逻辑严密，以及适用上的绝对统一而不容许任何例

〔1〕　参见［德］莱奥·罗森贝克：《证明责任论》（第5版），庄敬华译，中国法制出版社2018年版，第43页以下。

〔2〕　参见［德］汉斯·普维庭：《现代证明责任问题》，吴越译，法律出版社2006年版，第486页。

〔3〕　参见［德］莱奥·罗森贝克：《证明责任论》（第5版），庄敬华译，中国法制出版社2018年版，第466页。

外的“纯粹”性。因此其在证明责任方法论上主张简明直接的“法律不适用”说,在证明责任分配上坚持完全形式化的“规范说”,并完全排斥证明责任倒置、转换或司法裁量。从这两方面来看,将主要用于解决实体法裁判风险的证明责任问题推及作为诉讼过程的程序法要件确实并没有遇到实质障碍。

罗氏“规范说”理论确实是大陆法系的主流学说,尤其在证明责任分配方法上,其主张从实体法出发分配不利裁判风险的思路被后来“修正规范说”一脉相承,但其理论构成的若干方面也被后来理论批判反思,并被部分修正。尤其体现在对其“法律不适用”作为事实真伪不明时裁判方法的阐释,以及仅需对实体法规范进行文义和体系解释以分配证明责任的证明责任分配方法问题上。但程序法上证明责任确实与其实体法上证明责任制度有着一道不可逾越的鸿沟:程序法不存在“法律规范分类”或“要件分层”的复杂体系性结构,程序法规范在法典中基本上是按程序进行的顺序安排的,如管辖—回避—开庭—裁判—执行等,故不必适用罗氏证明责任方法处理。

很多时候,人们认为经典就像取之不尽的宝藏,并且富含微言大义。但任何理论都没有绝对的真理性,社会科学理论尤其具有时效性与地方性。我国民事诉讼法学研究上长期以来“言必称德国”,罗氏与普氏著作毫无疑问是被引证最多的外国民事诉讼法学译著。比如,对理论的逻辑严密性与论述的细致程度,可以说在德国很长一段时间无人可出其右,我国至今所有证明责任研究者尚难以与德国学者相提并论。但理论的选择不仅在于其逻辑上的“正确”,更在于其对于本土、当时实践解释的适切性。目前,我国证明责任领域“理论与实践的背离”的共识应该使我们有理由质疑移植外国理论在本土的实践适用性,[1]毕竟,“一个民族的生活创造它的法制,而法学家创

---

〔1〕 证明责任问题上“理论与实践的背离”,参见李浩:《证明责任的概念——实务与理论的背离》,载《当代法学》2017 年第 5 期。

造的只是法制的理论”。几十年来,我国证明责任理论研究虽然可以称得上“长期繁荣”,但其实我们的研究一直不过是在力求做“忠于原著”的解读。我们讨论的问题一直在遵循德国学界一百年前的“议程设置”,而殊少我们自己的问题意识与真正思考。当前,随着对法治的中国语境、中国话语、中国法治体系的提倡,直面我国司法中的现实难题并提炼本土学术性问题的时机开始出现。但要做到这一点,首先要求我们在观念上打破对西方理论的过度迷信,真正反思移植理论的本土与实践意义,从而为建立真正“根据中国”的诉讼理论奠定坚实的基础。

在“事实真伪不明”时裁判如何作出?或者更普遍的问题是:在不充分证明条件下如何适用抽象的法律?这可说是证明责任问题思考的“原点”,其实解决这一问题的方法是多种多样的,在不同地区、不同时期、针对不同对象,有多样化的处理方式,〔1〕现代证明责任可谓其中最体现现代法制之“形式理性化”特征的应对方案。〔2〕普氏也曾认真列举和逐一分析过其他各种解决方案,并发现“事实上其中有些方法从局部看是成功的。例如,有些个别规范能够限制真伪不明或者完全排除真伪不明;在例外情况下尽管存在事实真伪不明但是仍然可以作出判决,这从方法上讲也是可能的”。〔3〕只不过证明责任之外的替代方法“无法建立起一套完整的证明责任理论”,由罗氏创立的证明责任理论才是“唯一可以对方法基础问题进行严肃回答的学说”。〔4〕德国甚至整个大陆法系国家之所以历史地选择了罗氏

〔1〕如在刑事诉讼中,为应对案件事实真伪不明现象,“遇有疑问时有利于被告”即可基本解决事实证明困境时的裁判方向问题,故证明责任理论在刑事诉讼领域也远不如其在民事诉讼中那么重要。参见周洪波:《证明责任分类的体系重构》,载《法制与社会发展》2020年第3期。

〔2〕参见胡学军:《证明责任制度本质重述》,载《法学研究》2020年第5期。

〔3〕[德]汉斯·普维庭:《现代证明责任问题》,吴越译,法律出版社2006年版,第168~208页。

〔4〕[德]汉斯·普维庭:《现代证明责任问题》,吴越译,法律出版社2006年版,第208页。

的证明责任理论,从文化解释角度可以说是欧洲大陆理性主义传统所代表的追求理性的、统一的、抽象的、形而上理论的合理结果。我国的文化传统其实更注重直观、体验的、实用的思维,从这一方面来说,我国与欧洲大陆存在根本的区别,在某种意义上与当代美国倒有一定的共通性。〔1〕

(二)我国为什么不必支持程序法适用证明责任

如果要合理包容适宜解释程序法适用的"证明责任",就必须在证明责任概念的若干核心要素上重新予以定义。我们已经认识到:本质意义上的证明责任不是关于"证明"的,其性质也不是一种"责任"。但如果证明责任也不再以"事实真伪不明"为前提,〔2〕甚至也不再局限于实体法,也不再与当事人发生联系,不再是一种诉讼风险,不再依规范文义与构造进行分配,甚至根本不存在分配问题,那么,这还是我们一直以来所探讨的那个证明责任吗?笔者认为,将证明责任理论运用于程序法属于理论的不当迁移,这没有必要。理论概念适用范围的扩展以模糊其内涵为代价,将证明责任泛化到程序法的适用必使其核心内涵不再清晰,反过来又导致在实体法的适用上其性质与规则变得模糊。这在我国尚未完全接纳真正的证明责任,尚需进一步认识其制度本质的当前,是值得慎重思考的问题。中国法学长期缺乏对已有法学通说的质疑、批判,造成一定的虚假法学通说充斥在法学知识生产中,并在法律实践中处境尴尬。〔3〕 即便程

〔1〕 相较于德国证明责任论,美国证明责任理论在我国的研究及引起的关注很少。但其实美国从诉讼程序角度来看待当事人行为负担的理论解释也比较符合我国人们的观念与思维方式。参见刘哲玮:《论美国法上的证明责任——以诉讼程序为视角》,载《当代法学》2010 年第 3 期。

〔2〕 我国近年有学者主张证明责任并不以"事实真伪不明"为前提,参见许尚豪:《证明责任理论的证据语境批判》,载《政治与法律》2016 年第 11 期;欧元捷:《论"事实真伪不明"命题的抛弃》,载《政治与法律》2016 年第 11 期。对此的批判观点,参见胡学军:《为"事实真伪不明"命题辩护》,载《法商研究》2018 年第 2 期。

〔3〕 参见姜涛:《认真对待法学通说》,载《中外法学》2011 年第 5 期。

序法适用中的证明责任仍是当今德国的“通说”,其在我国“极少引起研究者兴趣”(李浩老师文章中的表述),这也就表明绝不是我国法学界和实务界的共识。

任何理论概念都有其核心内涵与其适用的边界,因此也存在内涵相对含混与边界模糊不清的区域,这并不特别奇怪。李浩教授在其文章结尾也重申:证明责任适用的常态化环境依然是采用辩论主义的诉讼环境,证明责任适用的主要对象也是实体法要件事实,在这样的环境和情境中,证明责任同当事人之间的联系是清晰可见的,甚至是牢不可破的。[1] 德国学者之所以论及民事诉讼法上的证明责任,是因为证明责任理论在德国是一个经历长时间讨论的理论难题,[2]罗森贝克对证明责任理论边界的扩展既可显示其理论“张力”,同时在当时的语境下也不至于使证明责任理论“失焦”。但其理论的“纯粹”性质是一把“双刃剑”,虽然在创立初期锋芒毕露,以至于曾在其著作序言中自信断言:“仍有争议的问题已经不是很多了。”[3]但出乎意料的是,理论界随即就开启了“当代证明责任理论对规范说的背离”浪潮。形势的突变使得“攻击规范说的手段是如此多样,以至于在如何才能打败规范说方面尚未达成共识”。[4] 罗氏再传弟子普维庭站在坚持罗氏理论学说基本立场的角度回击了众多的批判,维护了规范说的基石地位,但同时也不得不在多个方面修正罗氏的过于绝对立场与对“纯粹”的刻意追求。从理论的重要修正方面来看,如再坚持强调程序法上适用证明责任就不太融贯,故普氏也不

---

〔1〕 参见李浩:《民事证明责任本质的再认识——以〈民事诉讼法〉第112条为分析对象》,载《法律科学(西北政法大学学报)》2018年第4期。

〔2〕 从1883年德国学者格拉查提出现代证明责任“双重含义”时起算,至1983年普维庭发表被称为“证明责任研究的休止符”的《现代证明责任问题》,经历了近百年。

〔3〕 [德]莱奥·罗森贝克:《证明责任论》(第5版),庄敬华译,中国法制出版社2018年版,之“第三版前言”。

〔4〕 [德]汉斯·普维庭:《现代证明责任问题》,吴越译,法律出版社2006年版,第1页。

再纠缠于程序法上的证明责任问题。[1] 实际上,德国学者在一般意义上谈论证明责任时也都默认其为实体法上问题。[2] 作为德国民诉理论传入我国"中转站"的日本,也尚未见到关于程序法适用证明责任或将要件事实理论运用于程序法上事实的学说。[3] 相较而言,罗森贝克对于理论的实践应用中存在的复杂性欠缺更周到平衡的考虑。面对复杂性,也许"大一统"的理论只是"看起来很美",分而化之的理论与制度设计才是更切实可行的"次优"选择。

当然,和当前少数质疑证明责任理论在我国的适用性论调不同的是,笔者坚持证明责任理论仍是我们应当继续深化理解并在法律上建构完善的现代诉讼制度。正是在辨析程序法上"证明责任"的过程中,我们更清楚地看到了实体法要件事实之所以存在证明责任的缘由:基于争讼的两造对抗结构,事实真伪不明即表明诉讼中证据支撑的事实认定既不支持一方主张,也不支持另一方主张。只有在真伪对立的两种主张事实结构中,需要界分出"真伪不明"这一区间,并形成一种独特的裁判。实体法上的争执必须由法院作出裁判,由于不存在既不利于一方当事人也不利于另一方当事人的实体裁判,故裁判必然有利于一方,而由另一方负担不利风险。此种风险负担即应根据实体法立法目的与宗旨来安排。程序法作为操作

---

〔1〕 关于普维庭对罗森贝克理论的修正,参见[德]汉斯·普维庭:《现代证明责任问题》,吴越译,法律出版社 2006 年版,第 485 页。我国学者对此的评介,参见袁中华:《规范说之本质缺陷及其克服——以侵权责任法第 79 条为线索》,载《法学研究》2014 年第 6 期。

〔2〕 德国教材上的类似观点如"证明责任规范是实体法律规范的事实构成要件",参见[德]罗森贝克、施瓦布、戈特瓦尔德:《德国民事诉讼法》,李大雪译,中国法制出版社 2007 年版,第 855 页;"证明责任规则属于实体法"参见[德]奥特马·尧厄尼希:《民事诉讼法》(第 27 版),周翠译,法律出版社 2003 年版,第 270 页。

〔3〕 日本学者对证据责任所述领域问题的代表性观点如:"证明责任分配标准是以实体法趣旨为中心的。"参见[日]高桥宏志:《民事诉讼法:制度与理论的深层分析》,林剑锋译,法律出版社 2003 年版,第 447 页。笔者查遍所能找到的日本民诉教科书及学术著作,并咨询了多位留日学者,他们均表示未能发现日本学者著述中有关于程序法适用证明责任的论述。因此至少可以根据"无知论证"得出日本民事诉讼法适用上不存在证明责任的初步结论。

规程,只存在适用或不适用的“择一”选择问题,其事实条件一般规定明确,且无须对尚不清晰的事实进行拟制,因此根本就无须进行证明责任分配。实体法要件事实真伪不明时的处置办法凸显了现代证明责任制度的本质,即将实体法价值取向更精准地贯彻到法律的模糊地带,从而将案件中的事实疑难问题一定意义上转化为法律适用问题,通过扩张实定法的规范调整功能,更好地通过个案具体正义体现法律抽象的整体正义。[1] 这也将有助于解决事实证明层面上“类案不同判”的问题,是一种更精微解决法律适用统一的制度方法。[2] 但将证明责任理论泛化运用于解释程序法的适用领域,则是法学理论“内卷化”的又一典型,[3]除了会引起学界小范围的纯思辨争论外,于司法实践与程序运行可能并无多大实际影响与指导意义。

笔者也十分赞赏李浩教授《证明责任本质的再认识》一文的立场:讨论程序法上证明责任的意义并非仅在于程序法适用方法问题本身。在这一过程中,使我们得以摆脱对罗氏理论的教条式被动接受,真正从创设该理论的“原点”思考证明责任理论何以成立及其本质,从而加深对该理论的理解与真正接纳。在我国当前,仍应深化对证明责任本质的理解,强化证明责任作为民事审判方法的认识,突出其适用的典型情形,如此才能深化对现代诉讼制度及裁判方法的运用,推动民事裁判的精致化并实现司法公正。但紧跟在外国学者著

---

〔1〕 参见胡学军:《证明责任制度本质重述》,载《法学研究》2020 年第 5 期。

〔2〕 我国近年的司法改革注重通过制定司法解释、发布指导性案例、完善司法指导性文件等措施解决法律适用统一的问题。2020 年 9 月 23 日发布了《最高人民法院关于完善统一法律适用标准工作机制的意见》,但事实证明模糊时的裁判所需的统一制度方法仍不在其中。

〔3〕 法学理论的“内卷化”,是指理论虽然在内部不断地精细化却始终围绕原初问题停留在原地,使得看上去精细深邃的理论,因其过于繁复且难以自圆其说而蜕变为纯粹的书斋学问,不仅不为司法实践所青睐,也未能影响相关立法,成了没有用武之地的“屠龙术”。对此理论发展倾向的批判,参见吴英姿:《诉讼标的理论“内卷化”批判》,载《中国法学》2011 年第 2 期。

述中亦步亦趋未必是正确的态度,适时从中国司法实践中总结经验进而提炼出理论,才有可能真正使移植过来的制度本土化。基于这一思考角度,笔者不揣谫陋,妄提拙见,以期共同推动我国证明责任的深入探讨。

第十三章　证明责任理论功能重述：证明责任作为民事案件的裁判方法

引　言

现代证明责任以案件事实“真伪不明”为理论前提条件，因此普维庭特意指出：那些否定真伪不明的存在而承认证明责任的理论都应当抛弃。在诉讼制度抛弃远古蒙昧时期的神示证据制度与封建专制下的法定证据制度之后，案件事实的判断只能寄望于法官的经验与理性。而人类理性的局限与诉讼的时空限制决定了法官对案件的事实认知必然存在一定的盲区。承认这一盲区的存在是司法理性的体现，因此，允许法官在短缺证据情形下对案件事实不作出绝对真伪分明的判断，而留下“真伪不明”的认知区间，是自由心证制度下的必然选择。“真伪不明”是现代证明责任理论产生的前提假设，在这一区间，法官将对案件事实不能认定的风险进行分配。此时的裁判方法显然区别于案件事实黑白分明时的法律适用模式,也即证明责任作为一种与传统裁判三段论相并列的裁判方法。但在实际司法中,案件事实"真伪不明"的情形毕竟是极少数,在绝大多数情形下,法官会根据证据对案件事实予以认定,从而直接适用法律作出裁判。在此种情形下,证明责任理论是否适用?如果说在事实清楚的案件中证明责任理论不能予以适用,则这一理论如何能够被誉为"民事诉讼的脊梁"?现代证明责任理论正是认为证明责任的意义超出了案件最终事实真伪不明时的裁判方法,而是对一般案件的裁判均内在地发挥了作用,也就是说,证明责任理论支撑了民事诉讼构造的基本框架,因此其功能是作为民事案件裁判的基本方法。

一、证明责任作为民事裁判方法的理论上升之路

(一)证明责任理论对证明主题的新界定

自罗马法以来的"举证责任"概念其字面含义即作为当事人在诉讼程序中举证行为义务所附带的责任,此种行为义务所附带的责任只是裁判机关促进案件事实查明的一种手段与工具,并不具有作为裁判方法的作用。此种行为责任服务于裁判三段论小前提的得出,起到保障事实判断之信息来源充足的作用。在传统司法三段论下,法院秉持"你给我事实,我给你法律"的立场,大陆法系的成文法被视为司法的"万能规范库"。千姿百态的现实生活被认为均可在成文法典中找到与之相对应的调整规范。在诉讼中,当事人仅需提供证据与案件事实,由法官负责将案件事实对号入座于法律规范库,完成所谓"涵摄"作业而作出裁判。

在传统司法三段论之外,现代证明责任上升为民事案件的基本裁判方法是因罗森贝克的"规范说"而兴起,并由普维庭加以修正的"修正规范说"最终完成的。在德国,自格拉查首次提出主观与客观

两分的证明责任双重含义说以来,客观证明责任理论通过界定案件事实"真伪不明"情形提出了传统司法三段论存在的漏洞。证明责任理论自此致力于解决案件事实真伪不明时的法律适用,而不再集中于在诉讼中由哪方当事人提供证据的行为负担。逐渐抛弃原本意义上的"提供证据责任"内涵,确立客观证明责任,就是证明责任理论的"现代转型"。普维庭反复提到,客观证明责任概念与当事人的活动没有丝毫的联系。并一再感慨"选择证明责任这一概念表述是如此的不幸",因为这一概念已完全不再是表达其字面含义。[1]

早期证明责任分配理论上的"待证事实分类说"专注于具体证据证明的案情事实,从而根据待证事实的性质分配提供证据的负担,因此可以说此时的证明责任仍局限于事实证明与认定领域,并不具有裁判方法论的性质。

莱昂哈特的"完全具备说"第一次将证明的主题界定为法律要件特征,其后的不同证明责任分配学说均认为这种证明责任规范与实体规范之间存在密切的联系。但由于其在方法论上采"证明说",仍没有清醒地认识到事实的二重性,证明责任的性质仍被理解为与证明行为相联系的不利后果,而不是与事物不确定性相联系的"风险"。

罗森贝克依据其"法律不适用说"主张直接依实体法规范本身即可导出证明责任的分配结果,在他的学说早期并不认为存在证明责任规范。后来他接受了对其"法律不适用"方法论的批判,开始承认证明责任规范的存在,但罗森贝克主张依文义解释即可发现分配的规则,证明责任分配规范与实体法因此是实质统一的。

莱波尔特的最大贡献在于他第一次清楚阐明了,在生活事实真伪不明时进行法律推理是不可能的,因此需要设置一些特别的规范

---

〔1〕 参见[德]汉斯·普维庭:《现代证明责任问题》,吴越译,法律出版社2000年版,第26页。

(证明责任规范)。[1] 但他将证明责任规范视为与实体法规范一样的完整规范,因此证明责任规范在他的体系中根本不与实体法发生联系。

普维庭主张证明责任作为操作规则其本质就是通过法律拟制将实体法扩大适用于真伪不明领域,而证明责任规范就是一个法律要件的补充规则。[2] 普维庭主张一般情况下可以根据法律的表述进行证明责任的分配,但不必拘泥于文义解释,所有法律解释的方法都是可以用的,尤其注重以规范目的为导向的体系解释。

至此,证明责任的主流学说均将诉讼证明的主题锚定为实体法上的规范要件事实,要件事实成为证明责任分配的对象,司法三段论中大小前提的连接因此能得到更好的说明,从而使诉讼证明与法律适用两分的过程紧密相连。尤其是由于罗森贝克主张对实体法仅需作形式解释,裁判方法因此聚焦于要件事实的判断,诉讼证明行为的结果与法律适用的决定直接衔接,证明责任作为裁判方法的地位至此初具雏形。也正是规范说及修正规范说所坚持的以实体法立法目的与宗旨为实质标准,以实体法律规范本身为形式标准的分配学说最终形塑了大陆法系的"规范出发型"诉讼。

(二)证明责任理论对诉讼结构功能的新界定

在现代证明责任理论提出之前,辩论主义作为大陆法系民事诉讼的基本理念实现了当事人与法院的角色定位与功能分担。所谓"你给我事实,我给你法律"就是要求当事人负责案件事实及证据的提出,而法院负责法律的检索与适用。辩论主义(德国即所谓"提出原则")只规制案件事实与证据的提出问题,对法律观点的主张则无

---

〔1〕 参见[德]汉斯·普维庭:《现代证明责任问题》,吴越译,法律出版社2000年版,第223页。

〔2〕 参见[德]汉斯·普维庭:《现代证明责任问题》,吴越译,法律出版社2000年版,第250页。

从体现。

证明责任双重含义说提出后,从诉讼审判的两个层面结构来看,主观证明责任调整规范案件的事实认定问题,而客观证明责任解决的则是案件的法律适用问题。但现代证明责任理论认识到,主观证明责任根本不是与客观证明责任对立的另一个概念,而是证明责任在辩论主义模式下的映射与表现。主观证明责任在纠问式审判或职权探知诉讼模式下并无意义,而将具体案件与抽象法律规范联系起来的“法律适用”作业则是一切司法诉讼的基本特征。正因如此,罗森贝克与普维庭均曾自信地断言任何诉讼都可能面临“客观证明责任”问题,〔1〕而不仅是作为解决事实判断陷入困境(真伪不明)情形下的替代性裁判手段。

在罗森贝克那里区分抽象的证明责任与具体的证明责任,其区别在于各自针对的对象的不同。抽象的证明责任针对的对象“其内容与范围以法定要件为准”,而具体的证明责任针对的是“其内容与范围由当事人主张的方式和方法来决定”。〔2〕 罗森贝克证明责任分配的原则是:“每一当事人必须承担对其有利的法律规范的前提条件或要件特征或要件的主张责任和证明责任。”〔3〕但由于当事人能够提出和直接证明法定要件特征的主张的情况是很少的,因为法律上的词语所表达的意义往往难以在当事人之间产生争议时一目了然,即便是如“送达”“已知”“履行”“代理”等日常生活中的词语也往往会产生判断的困难。在一个两造对抗的结构下,“具有决定性影响的是

〔1〕 参见[德]莱奥·罗森贝克:《证明责任论》(第5版),庄敬华译,中国法制出版社2018年版,第29页;[德]汉斯·普维庭:《现代证明责任问题》,吴越译,法律出版社2000年版,第12页。

〔2〕 [德]莱奥·罗森贝克:《证明责任论》(第5版),庄敬华译,中国法制出版社2018年版,第201页。

〔3〕 [德]莱奥·罗森贝克:《证明责任论》(第5版),庄敬华译,中国法制出版社2018年版,第201页。“法律规范的前提条件”在我国一般也称构成要件或规范要件,要件特征就是与规范要件相对应的事实,在我国多称要件事实。相关概念亦可参见王泽鉴:《法律思维与民法实例:请求权基础理论体系》,中国政法大学出版社2001年版,第201页。

对方对于所主张的事实的态度”。[1] 一方提出事实主张,如果对方当事人对此没有争议,则可认定要件特征的符合性并直接适用法律作出裁判。但一旦对方予以否认,那么负证明责任的当事人就必须向法官说明产生法定要件特征的事实过程(主张的实质化),并加以证明。对当事人的主张必须以抽象的要件的标准来衡量,也只能在准备适用的法律规范的抽象要件意义上谈论主张责任。[2] 可以看出,在罗森贝克那里事实的证明与法律适用的区分仍是相对明确的:如果当事人除了阐明事实主张外还阐明了法律评价,只有这一事实主张才是合适的证明对象。法官的事实裁判权包括将生活事实进行法律上的推定或评价,当事人既不能对此类事实加以证明,也无须对此加以证明,“因为把具体的案件事实概括成法定的抽象要件只是法官的任务”。[3]

到了罗森贝克的再传弟子普维庭那里,则希望完全抛弃“具体的证明责任”的提法,而主张客观证明责任总是抽象的。因为“具体证明责任这一提法容易滋生误解,因为这样一来就容易与客观证明责任牵扯在一起”。实际上,具体证明责任这一提法已经偏离了原本意义上的证明责任领域,为避免误解,建议将该概念大致称为“具体举证责任”(Konkrete Beweisführungslast)。[4] 证明责任只针对法律规范要件事实,而诉讼程序中提出的具体主张与生活事实的证明归于证明评价领域。罗森贝克提出的具体证明责任调整当事人具体生活事实主张与举证的功能转由异质的“具体举证责任”范畴接管,“具体举证责任”概念属于证明评价与自由心证领域,不再与证明责任发生关系。在证明责任的驱动下,法官与当事人作用分担的诉讼结构也

---

〔1〕[德]莱奥·罗森贝克:《证明责任论》(第5版),庄敬华译,中国法制出版社2018年版,第202页。

〔2〕[德]莱奥·罗森贝克:《证明责任论》(第5版),庄敬华译,中国法制出版社2018年版,第209页。

〔3〕[德]莱奥·罗森贝克:《证明责任论》(第5版),庄敬华译,中国法制出版社2018年版,第202页。

〔4〕参见[德]汉斯·普维庭:《现代证明责任问题》,吴越译,法律出版社2000年版,第14页。

产生了一定的变化,不仅是案件事实的证明,而且法律观点的采纳也以当事人"主张—说服"为程序正义的基础,而不再是绝对的"你给我事实,我给你法律"。也就是说,当事人面向法官的证明包括两个前后相连的层面:一是以证据为依据的对生活事实的"举证",二是以生活事实为依据的对法律要件事实的"说服"。即在现代证明责任理论框架下,法官的裁判在事实与法律两个层面均须建立在当事人双方实质对抗参与的程序正义基础之上。至此,传统司法三段论下事实证明与法律适用截然两分的过程得以直接统一,证明责任作为民事案件裁判方法的地位得以最终成就。

在证明责任分配理论上,基于我国成文法体制及司法制度环境,绝大多数学者主张应当依照罗森贝克所提倡的"规范说"来分配证明责任,以便严格统一法律适用,规范法官的自由裁量权。[1] 坚持规范说作为证明责任分配的理论,在诉讼实践中由证明责任分配引领当事人主张责任的提出、法律条文的检索与援引、对法律规范的解释、要件事实的界定、事实主张的具体化、具体举证责任的承担、证明方法的选择等,将使证明责任真正作为"民事诉讼的脊梁"发挥裁判方法论的功能。

二、证明责任作为裁判方法在实践中的误识

我国一直以来对证明责任作为裁判方法论在理论上欠缺清醒认识,必然导致其在实践中的功能受到贬损。近年发生的一起所谓"人狗猫大战"事件引发的诉讼案件正好可作为检验证明责任分配在具

---

〔1〕 此为我国主流观点,参见陈刚:《证明责任法研究》,中国人民大学出版社2000年版,第261页;李浩:《〈民事诉讼法〉修订中的举证责任问题》,载《清华法学》2011年第3期;霍海红:《民事诉讼法理论的中国表达》,载《法制与社会发展》2013年第4期。我国新近公布的《民诉法解释》第91条也明确将规范说作为我国民事诉讼证明责任分配的规范依据。

体诉讼案件中运用的一个适例。2012 年某日,原告肖某遛狗时经过小区的公共通道,原告的大型犬与被告乔某经常喂食的流浪猫发生冲突,肖某急忙上前将猫和狗分开,并用脚踢猫,结果反被猫抓伤,因此花去医药费等约 2000 元。肖某以乔某作为流浪猫的饲养人要求乔某承担全部损失。一审法院认为乔某作为流浪猫的饲养人理应对饲养的动物造成他人的损害承担责任,但肖某本人在此事件发生过程中存在重大过错,应减轻被告承担的责任,因此判决乔某承担 70% 的责任。乔某不服上诉到北京市第二中级人民法院,二审法院认为乔某并不属于流浪猫的饲养人,不适用饲养动物损害责任,但因乔某喂食流浪动物的行为存在一定过错,也应当承担部分责任,因此改判乔某承担 50% 的责任。〔1〕 该案判决在网络媒体上备受争议,也引起了法学界的关注,我国著名民法学家杨立新教授也就此案件发表了关于饲养动物损害责任一般条款适用的论文,并对终审判决进行了批评。〔2〕 杨立新教授对《侵权责任法》第十章相关法律规范的细致分析的观点相当中肯,但笔者认为,杨教授的分析自始至终未提及作为本案根本问题的证明责任,实际上是在假定事实的基础上、从完全理想的静态视角、并以一个全能法官的角度分析了本案应适用的法律及理想的裁判结果,而未能从当事人双方对抗及与法官互动的动态角度考虑本案恰当的程序合成与实体合成。〔3〕 正是由于对该案的分

〔1〕 有关本案的基本案情、证据及裁判结果参见北京市丰台区人民法院(2012)丰民初字第 16654 号民事判决书;北京市第二中级人民法院(2012)二中民终字第 16207 号民事判决书。

〔2〕 参见杨立新:《饲养动物损害责任一般条款的理解与适用》,载《法学》2013 年第 7 期。

〔3〕 例如,根据证明责任原理,诉讼中的证明对象首先为法律构成要件事实,一般情况下,应当由诉讼当事人提出据以确定诉讼标的的法律规范,在法官根据事实认定的法律关系与当事人主张不一致时,法官应行使释明权,而不是完全由法官进行选择。该文认为,"对于该案,适用《侵权责任法》第十章的规定当属无疑,但既不能适用该法第 79 条和第 80 条的规定,也不能适用第 81 条至第 83 条的规定……因而能够选择的只能是同法第 78 条规定的饲养动物损害责任一般条款",这种不顾当事人主张与证明的裁判很可能对当事人双方造成裁判的突袭。

析未能充分考虑诉讼程序法理,未能更多关注随当事人诉讼行为渐进呈现的案件事实,尤其是证明责任分配机制的裁判方法论功能,因此导致其批评意见有些方面有失偏颇。

我国理论上对证明责任功能认识的偏差典型地表现在以下两个方面。

(一)将证明责任当成事实判断的辅助方法

我国传统职权主义诉讼模式下,法院负责查明事实,基于对法院调查取证能力及法官事实判断能力的自信,根本不承认案件事实真伪不明状态的存在,客观证明责任也因此无从谈起。20 世纪 80 年代末审判方式改革之后,引入"举证责任"概念,直接动因在于强调当事人负有调查收集证据的义务,以使法院从庭外调查取证的繁重工作中解放出来,因此这一时期实质上注重的是证明责任的主观方面("行为意义上的举证责任")。作为证明责任理论本土化成果的"双重含义说"虽然也肯定证明责任具有行为责任与结果责任两种含义,但往往将结果责任看作当事人未尽行为责任所附带的不利结果。尤其是在司法实践中,只注重这一理论作为在举证失败时的归责方法,就仅将证明责任作为事实判断的辅助方法,而根本未意识到证明责任作为裁判基本方法的"脊梁"作用。实际审判过程中,事实认定与法律适用两个环节的界限也是清楚区分,未能建立必要的有机关联。事实认定需要通过证据加以判断,在证据短缺时才可能考虑证明责任分配问题。而此时考虑证明责任分配就是希望通过特定情形下对不明事实作不利判断这种压力,来促使当事人进一步提供或补充证据,以解明案件事实。因此,此种特定情形下的分配(包括所谓证明责任的"倒置"、"转换"或"裁量"),也就往往不是依据实体法上的静态规范,而多是考虑诉讼中的特定情境性因素,如特定情形下当事人相对地位所体现的公平,当事人的诉讼态度(是否诚实信用或妨碍对方举证)及举证能力(根据证据所持、与证据的距离及特定情势下的举证可能性)。因此,证明责任分配一直是诉讼法学界探讨的主题,而较少引起实体法学者的关注。[1] 其实,在此种情形下的证明责任分配一般并不能促使诉讼证据实际上得到进一步补充,因此,证明责任作为举证行为促进手段的实际作用也是很值得怀疑的。很多情况下,在审判的最后阶段案件事实落入真伪不明情形时的证明责任分配其实是作为程序上的"归责"方法使用的,即使负担证明责任的当事人承担事实不能证明的不利结果。而此种不利结果往往被等同于对该待证事实作不利于当事人的认定。[2] 这种结果与真正客观证明责任负担的结果——诉讼请求不被支持从而败诉——在对当事人的意义上是可以等同的,但在说明的方法上却有重大的区别。[3] (详见后文比较法上的介绍)在此种证据短缺的情况下本来无法作事实判断,却硬是将证明责任分配作为事实判断最后砝码的方法,就是根本否定了证明责任作为真伪不明时的裁判方法。仅在证明陷于窘境时将证明责任分配作为化解事实认定难题的手段,证明责任因此不可能充当诉讼的"脊梁",而只能说在我国司法实践中实际上已基本沦落为诉讼的"尾骨"。

(二)混淆具体举证责任所针对的生活事实与证明责任所针对的要件事实

仅将证明责任当作诉讼事实判断的补充/辅助方法的另一方面

---

〔1〕 所幸证明责任分配作为实体法问题目前已逐渐引起实体法学界的关注。代表性作品如徐涤宇:《民事证明责任分配之解释基准——以物权法第106条为分析文本》,载《法学研究》2016年第2期;胡东海:《民事证明责任分配的实质性原则》,载《中国法学》2016年第4期。

〔2〕 这种不利认定包括根据其他证据认定事实、进行事实推定、降低证明标准、直接认定事实不利于该方当事人等。参见胡学军:《法官分配证明责任——一个法学迷思概念的分析》,载《清华法学》2010年第4期。

〔3〕 我国最高人民法院2015年颁布的《民诉法解释》第108条规定,人民法院认为待证事实真伪不明的,应当认定该事实不存在,将真伪不明等同于事实的不存在,仍是遵循这一逻辑说明方法。

表现就是:认为生活事实清楚的案件根本不存在证明责任问题。但从证明责任的方法论功能来看,如果不分配证明责任,甚至无法界定案件的主要事实,从而也就无法确定需要澄清的争点是什么。诉讼开始正是从当事人希望援引的实体规范中分解出要件事实,而从要件事实引出具体生活事实,并作为当事人首先需要通过举证来澄清的争点。前述"人狗猫大战"案在诉讼过程中,案发当时的生活场景情境在二审时因当庭播放监控录像而真相大白,但基于法律诉讼中"事实"的二重性,仍不能说本案的裁判事实就是清楚的。具体而言,作为生活事实主张的是被告是否对流浪猫进行"长期喂养"?如果这一生活事实被证据所支持,则接下来的问题就是这种喂养行为是否属于法律上的"饲养"?这两种不同主张的法律意义是不一样的。具体生活事实的主张应由当事人一方提出并加以举证,而这种具体举证责任由哪方当事人负担则可能要考虑主张事实的性质、证明的可能性、证据之所持、证据距离、举证能力、诚实信用等程序方面的多种情境性因素;而在生活事实查明的基础上,如果法律要件事实仍不便明确判断,则存在哪一方当事人应对此承担不利风险的问题,此即客观证明责任的本质。客观证明责任发挥的功能实际上是彰显实体法的价值选择。作为大陆法系国家证明责任理论通说的"规范说"认为,证明责任分配规则是隐含在实体法的文义及结构之中的,对此应由主张适用这一法律的当事人负证明责任,法官如认为此构成要件事实真伪不明,则可根据证明责任负担的规则作出一方败诉判决。为避免出现这一最终不利判断后果,负担此种风险的当事人就应承担说服论证责任。

将生活事件概括为法律要件事实构成法官"裁判说理"的核心工作。本案一审判决书只根据证据认定被告对流浪猫长期喂养就当然认定其属于"动物饲养人",对生活事实与法律构成要件事实的"连接"缺乏必要的论证,因此使法官对法律的援引显得随意,自然难以令败诉方接受。同理,即便法官认定"长期喂养"即属于"饲养人",从而确定被告应当承担损害赔偿责任，接下来就要看另一方也即被告有无抗辩及该抗辩是否能够成立。根据《侵权责任法》的规定，被告的抗辩事实也即原告本身是否在本事件中存在故意或重大过失。被告在本案中主张原告自身在这一事件中也存在过错，抗辩事实是"肖某先踢猫"导致猫抓挠到人。但问题同样在于这一生活事实能否与"重大过失"这一法律要件事实进行连接？

生活事实呈现的方法依赖当事人举证证明，受具体举证责任机制调整。连接要件事实的裁判事实形成的本体基础则是主体间的理解。作为一种主体间达成的共识，裁判事实的形成就成了一个通过言语行为进行沟通商谈的过程，即普遍实践论辩成了这个过程中的方法基础。[1] 这种论辩在具体诉讼过程中也就是法律论证，而对裁判事实的法律论证可以采取的进路包括逻辑进路、修辞学进路和对话进路。当代法学方法论尤为注重对话进路，法律论证被视为经由商谈达致理性共识的一种理性沟通方式。[2] 论证是否能够对裁决进行证立取决于对话的程序是否满足某些形式的和实质的标准，强调用对话程序为裁决的可接受性提供正当性基础。证明责任分配恰好能够提供这种对话的程序构架，司法上的主张责任以及证明责任规则的角色交换就是这种对话式逻辑的映衬。[3]

综上所述，从证明责任作为民事案件裁判方法的思路上看，"人狗猫大战"案的争议问题其实有两点：一是乔某长期固定投喂流浪猫是否可被认定为"饲养"？二是肖某介入猫狗之争的争斗并且可能采取的护狗斗猫的行为是否构成"重大过失"？第一点的认定涉及本案是否可适用原《侵权责任法》第78条之前半句，第二点涉及本案是否

---

〔1〕 关于普遍实践论辩，参见［德］罗伯特·阿列克西：《法律论证理论——作为法律证立理论的理性论辩理论》，舒国滢译，中国法制出版社2002年版，第366页。

〔2〕 关于论证的三种进路尤其是对话进路，参见［荷］伊芙琳·T. 菲特丽丝：《法律论证原理——司法裁决之证立理论概览》，张其山译，商务印书馆2005年版，第16页。

〔3〕 参见［德］汉斯·普维庭：《现代证明责任问题》，吴越译，法律出版社2000年版，第417页。

可适用《侵权责任法》第 78 条之后半句。这也充分表明“证明责任的实质即法律适用问题”。证明责任不是针对生活事实的模糊不清,即使生活事实全部被证明,仍存在相关法律是否可适用的问题。本案一审中对生活事实依据双方当事人提供的相对充分的证据,根据证明标准作出了明确的事实认定,但并未正确理解与适用证明责任机制。本案一审判决认定被告符合动物饲养人,应当承担赔偿责任,因此适用第 78 条前半句。但随后只是认定原告的行为也有过错,却绕过了“重大过失”这样明确的法律要件特征的判断,并作出减轻被告责任的判决,属于法律适用不明,显然是存在方法论问题的。二审在相同证据的情况下,认为被告不构成动物饲养人,因此《侵权责任法》第 78 条理应不予适用。但法官却在当事人双方均未主张,因此也未提出相关事实并予以举证、证明的情况下,[1]并在未明确适用相关实体法规范条文的情况下,直接进行改判,在裁判方法论上的失误更加明显。可以说,证明责任意识的缺失导致对案件生活事实与法律规范相连接的断裂,使案件在当事人未能充分参与辩论的情形下产生“裁判突袭”,造成本案事实认定与法律适用的双重失误。

长期以来,虽然“证明责任”这一概念自审判方式改革以来就是我国民事诉讼领域的“热词”,但这一案例典型反映了证明责任作为民事案件裁判方法的地位在我国理论界与实务界其实均未被充分认识到,当前仍有必要对证明责任作为“民事诉讼脊梁”的功能予以重新认识。

三、证明责任作为基本民事裁判方法的归位

(一)案件事实的判断方法

大陆法系传统裁判理论专注于司法三段论,即以实体法规定为

---

〔1〕 如被告的“过错”在之前的饲养动物致害主张中根本无须主张与证明,但二审判决中却对其在小区公共通道上投喂流浪动物的“过错”予以认定。

大前提,案件事实为小前提,法律适用的过程就是将小前提归入大前提之下的所谓逻辑"涵摄"。但事实上,法律适用的重心不是最终的涵摄,而在于就案件事实的个别部分,判断其是否符合构成要件中的各种要素。也就是说,法律适用的核心是对案件事实作必要的判断。[1]

在法学方法论中,原始生活事件是未经加工的自然事实,这种所谓"野性事实"往往不能与实体法的规定直接对号入座,只有在已发生的案件事实被陈述之后,才有可能适用法律。当事人陈述案情事实时只需选取(与法律规定有关的)那些有法律意义的部分事实。以陈述的案件事实为起点,当事人进一步审查检索可适用于本案的法条有哪些,根据这些法条的构成要件再进一步补充完整对案件事实的陈述,并且如果拟选择适用的法条不适宜作立即的涵摄,便须针对案件情境作进一步的具体化。"只有在考虑可能是判断依据的法条之下,成为陈述的案件事实才能获得最终的形式,而法条的选择及至必要的具体化,又必须考量被判断的案件事实。"这构成了一种所谓"诠释学意义上的循环"。[2] 也即恩吉施所谓"在大前提与生活事实间之眼光的往返流转"。[3] 这一过程包含两个互相影响、同步进行的环节:一是案件基本事实的一般化,即个案向规范提升,看基本事实中是否存在规范中法律事实构成规定的要素;二是法律要件的具体化,即规范向个案扩展,看其是否能满足个案的要求。在提升与扩展之间,案件事实与要件事实"等置"结合成为裁判事实。[4] 在辩论主义与现代证明责任这一裁判方法下,裁判者的事实陈述与法条检索

---

〔1〕 参见[德]卡尔·拉伦茨:《法学方法论》,陈爱娥译,商务印书馆2005年版,第165页。

〔2〕 [德]卡尔·拉伦茨:《法学方法论》,陈爱娥译,商务印书馆2005年版,第162页。

〔3〕 [德]卡尔·恩吉施:《法律思维导论》,郑永流译,法律出版社2004年版,第78页。

〔4〕 参见舒国滢等:《法学方法论问题研究》,中国政法大学出版社2007年版,第322页。

都必须以当事人的主张为前提。

法律上重要的事实，有些可以直接通过人的感知来确证。如某人的身体受到伤害即构成法律上的损害，如本案中的原告被他人喂养的猫所伤。（损害而非损害额）此类可通过人类感知而证实的原初性事实在诉讼程序中可以被证明，而如果被人争议，也必须被证实。（如果在特定情境中证据短缺，还可能通过降低证明标准来作出判断，一般不应成为真伪不明而适用证明责任的对象）但法律的构成要件并非都是此类可透过感知就可确证的事实，构成要件经常要求对实际发生的事件作法律性的评价。为将案件事实纳入法规范构成要件（所谓涵摄），需要作的判断不只是感知及与感知相连接的观念形象，也包括对人类行为的解释（尤其是意思表示的解释），以及以社会经验为基础的判断及以评价为基础的判断。

判断特定事实是否属于法律构成要件所指称的情形，很多时候人们不仅依靠感知，而且可以借助于社会经验完成。如将事件归属于某一类型时，可以依据一般社会经验来判断，但此时也不免会有作出不同判断的余地。如在一般情况下，某人从市场上购买猫并长期固定喂养它，即成为动物饲养人。猫是喜好自由的，如其脱离主人的监管而出现在邻居那里并由其投喂食物，该邻居是否因此成为动物饲养人？此类待判断的事件正好发生在多种不同性质事件的边界时，就会出现判断困难。对于此种情形，拉氏认为不同概念之间的“流动的过渡阶段”即属于“留给法官的判断余地”，法律欠缺精确的界限而留有中间地带，于此间作此种或彼种裁判均无不可。〔1〕在判断的标准不太精确时，以认识为任务的科学家可以不作判断，但法官却不能以“不清楚”为由拒绝裁判。实际上，证明责任理论也曾长期未能进入德国法学方法论学者的视野。拉伦茨有意忽略了现代证明

〔1〕 参见［德］卡尔·拉伦茨：《法学方法论》，陈爱娥译，商务印书馆2005年版，第175页。

责任理论的领域，认为法官被课以强制裁判是就既存的案件事实，他必须作出此种或彼种判断。[1] 在这类案件中，司法裁判不可避免地会有不确定的危险，这是必须接受的。这其实是想以证明尺度完全取代证明责任，普维庭对此予以了批判。《德国民事诉讼法》第286条规定的证明评价与证明尺度要求法官对真相形成心证，因此也给真伪不明区留下了广阔的空间。现代证明责任理论认为，在事实不清楚时并不是必须作出非此即彼的事实判断，而是必须作出裁判。"无论哪个法律系统的诉讼法都有三个判决区（已证明—真伪不明—被反驳），其中第一区和第三区由证明评价和证明尺度解决，第二区只能由证明责任主宰。"依据规范说，在并不形成证明的情形下，证明责任涉及的也是完全自成一类的实体上的判决，它依据特殊的法定风险分配和独立的实体理由。[2]

其实无论是普维庭主张之证明责任分配的"修正规范说"，还是拉氏主张的事实判断时"法官的判断余地"理论，在事实疑难判断时应如何裁判这一结果上并非绝对不可通约，拉氏主张事实判断时的疑难宜考量不同后果的妥当性，以尽可能作出"正当"的裁判，至少避免明显不正当的裁判。这其实就是根据裁判者的价值判断来补充事实认定，而证明责任分配的规范说也就是在事实判断陷入僵局时回到实体法的价值取向选择上，实质上可能仍是殊途同归的。但证明责任的方法论理路相比能够更好地与实定法的价值取向保持一致，对于个案裁判也较具可预测性。而归之于"法官判断余地"的拉氏方法则似乎未能很好地回答这一难题，因此才一再强调"努力缩小这一

---

〔1〕 如拉伦茨的《法学方法论》第2版中还有一个关于在真伪不明条件下适用法律的规则，Larenz, Methodenlehre, 2. Aufl. 1969, S. 238，但从第3版起这一内容就被删除了。转引自［德］汉斯·普维庭：《现代证明责任问题》，吴越译，法律出版社2000年版，第166页；［德］卡尔·拉伦茨：《法学方法论》（第六版），参见［德］卡尔·拉伦茨：《法学方法论》，陈爱娥译，商务印书馆2005年版，第175页。

〔2〕 参见［德］汉斯·普维庭：《现代证明责任问题》，吴越译，法律出版社2000年版，第138页。

法官的决定空间是法学的任务”。[1]

(二)案件事实与法律规范的连接

将生活纠纷诉诸法院提起诉讼的当事人,显然是具有一定的法律意识或法感的人,其预估该生活纠纷可作有利于己的法律评价,而非仅要求法院“为我作主”或“给个说法”。但对于日益专业化的大陆法系民事诉讼机制而言,当事人仅具有此种“法感”是不够的,他或她还必须(往往借助于专业代理人)提出具体的诉讼请求,[2]法院将以此确定审判的对象或曰诉讼标的。此种“具体”的诉讼请求与诉讼标的的确定都必然涉及案件拟适用的法律,准确地说即所谓“请求权规范基础”,法条的检索往往成为提起诉讼的前置准备。当然,最初选择的法条在诉讼过程中因案件事实不符合该法条的构成要件规定时,将面临重新选择法律依据的问题。这种法条的重新选择并非盲目的检测或胡乱的摸索,在大陆法系的成文法体制下,尤其是“潘德克顿”立法体系为当事人对法条的辨识与选择提供了方向。依靠这一体系,就可以在某种程度上依据一定的方法,寻求可能应该援引的法条。作为陈述的案件事实之终局形成,取决于可能适用于该事件之法规范的选择。当然,当事人为提出新的法条成为备选的规范依据,可能需要重新审视案件事实,或许需要将一些迄今尚未进入视野的事实补充进入陈述。因此也可能重新开启案件事实的证据调查过程。

在证明责任分配问题上,规范说的要旨在于要求实定法的严格

〔1〕［德］卡尔·拉伦茨:《法学方法论》,陈爱娥译,商务印书馆 2005 年版,第 176、177 页。

〔2〕世界各国和地区的民事诉讼法,都明确要求起诉书必须记载诉讼请求。我国学界对诉讼请求的理解在表述上虽有区别,但主流观点认为诉讼请求是原告依据实体法向被告提出的实体权利主张。参见王学棉:《“具体”的诉讼请求》,载《国家检察官学院学报》2016 年第 2 期。

适用,根据法律规范之间的关系对法律效果进行分类从而分配证明责任。[1] 证明责任分配问题因此首先是实体法的适用与否(能否适用相关法律规范)及其如何选择(应当具体适用哪一法律规范条文)的问题。接下来才是该条文所要求的构成要件是否在诉讼中通过证据得以证明的问题。诉讼证明问题首先是对具体生活事实的举证,然后是将生活事实与法律构成要件事实连接的论证。在对特定生活事实认定的基础上,对相应的法律构成要件是否成立的问题仍可能作出不同的判断,因此有不同的法律适用判断。证明责任问题因此实质上是裁判规范的援引问题,即实体法问题。具体生活事实存在与否的证明主要依据证据的质量并按证明标准加以判断,而在生活事实基础上进行的法律评价构成法律适用的前提,无法在法律构成要件事实上形成非此即彼的判断时,即属所谓要件事实"真伪不明"状态。此时,主张适用该法律规范的当事人仍需承担法律规定的法律效果不发生的风险,此即"证明责任裁判"。

正如前文所述,案件事实问题的判断理论上存在"二阶结构":一是客观生活事实的判断,二是在前一基础上对法律构成要件事实的判断。当然,在多数情形下,二者的判断实际上可能是同一的。如合同纠纷案件中对合同成立与否及侵权诉讼案件中对违法行为是否发生的判断。但也有很多情形下,二者可以作出比较清晰的区分,如对"因果关系"的判断,主流的"相当因果关系"理论就是先进行"事实因果关系"的判断(运用"若无,则不"或"but for"规则检验),然后再进行"法律因果关系"的判断。"过错"要件的判断可能先进行"规制性规范的违反"的判断,然后进行法律上归责可能性的判断。[2] 即使是似乎纯客观的"损害"事实,在作为法律构成要件时也与具体生活中

---

〔1〕 在关于本案可能适用的法律规范之间的关系方面,杨立新教授已作了很有力的解释。参见杨立新:《饲养动物损害责任一般条款的理解与适用》,载《法学》2013 年第 7 期。但由于作者未能充分关注本案诉讼程序中当事人的参与,因此其对于本案适用的法律与裁判的观点仍有商榷的余地。

〔2〕 参见朱虎:《规制性规范违反与过错判定》,载《中外法学》2011 年第 6 期。

所谓的“损害”具有不同的含义，如在医疗机构延误对危急病患诊治的案件中，因延误行为造成的“损害”就不能等同于患者因疾病而死亡这一显见的后果，而法律上的损害只是通过及时有效的医疗救治可能延缓死亡时间的“机会丧失”。

在饲养动物损害责任案件中，一般情形下，对被控侵权人“饲养动物”这一事实的判断可能非常清楚以至于不需要举证予以证明。但一旦提出是否属于“饲养动物”的争议，则生活事实与法律要件事实的差异问题仍会浮出水面。在上述案中，被告“长期较固定喂食小区中的流浪猫”是否可算其“饲养动物”？不同的法官可能会有不同的判断，在对这一生活事实问题上未提供新证据的情况下，该案两级法院法官就作出了不同的结论。出现此种疑难判断的原因在于，正如哈特所指出的，词语存在核心含义与开放结构，[1]对特定情形是否属于法律规范调整的范畴或在文字解释的射程之内，需要法官将其作为法律适用问题在审级制度下进行自由裁量，以更准确接近立法时的价值取向，甚至形成判例，即通过司法进一步明确或发展相关法律规范。

（三）事实“真伪不明”时的法律适用方法

随着科学技术的不断发展，尤其是信息技术的普及，现代人的认识能力得以不断提高，诉讼中对具体生活事实的发现将越来越能够接近真实。“科学证据”这一概念的兴起就表明了这一趋势。本案二审开庭时当庭播放监控录像就是这一趋势的一个典型缩影。我国近

---

〔1〕 哈特的“开放结构”理论使立法者能以一种模糊的语言提高法律的涵盖性，增加了对未来的案件预见能力。但是另一方面，这些模糊的语言在具体的法律适用中需要不断地解释，从而破坏了法律制度所追求的精确和严密。哈特认为，在“开放结构”中，有一个“核心的部分”，这部分是大家公认的具有明确特征性的事实，因此法官可以明确地适用法律，除了这个核心部分外，在“开放结构”中还存在一个边缘的部分，这部分正是空缺结构中语义含混的地方，无法从法律条文中直接找出问题的答案。参见［英］哈特：《法律的概念》，张文显等译，中国大百科全书出版社 2003 年版，第 95 页。

年来也有学者质疑“真伪不明”在我国司法实践中是否真的存在,并以此摇撼证明责任理论的基石。[1] 但笔者认为,具体生活事实的“证明接近”趋势并不会消灭“证明责任”问题,因为证明责任的本质即法律适用问题。不可否认,绝大多数情况下要件事实的疑难判断是因为诉讼中证据短缺导致生活事实的“真伪不明”造成的,但在证据清楚的情形下要件事实判断上的“归属难定”才更能体现客观证明责任的本质:法官难以抉择的法律适用问题。作为大陆法系证明责任分配主流学说的“规范说”预设立法者在作为利益斗争的立法程序中对此疑难情形已作了充分考量,因此审理具体案件的法官此时的裁判必须遵循立法时已经决断的价值选择。

本案二审判决书的论证比较充分,对当事人双方争议的问题进行了比较分析,主要从被告对流浪动物“较低的控制力”角度论证了即使长期投喂亦不构成法律上的“饲养动物”,应当说称得上一份说理透彻的判决书。该判决书对作为饲养动物损害责任的一般条款也进行了比较细致的分析与论证,并最终否定了原《侵权责任法》中这一条款在本案中的适用。并非如杨立新教授所批评的:“《侵权责任法》第 78 条规定的饲养动物损害责任一般条款并没有被认真讨论和研究。”[2] 该判决书的真正瑕疵在于虽然最终也作出了比较符合实体法秩序的裁判结果,但在二审改判理由中未明确引用相应的实体法条文。笔者认为,这与证明责任机制原理在本案诉讼程序中未能充分发挥调整作用有密切关系。

现代证明责任与辩论主义具有密切的亲缘关系。辩论主义的要旨就是法官裁判应当受到当事人行为的约束。但辩论主义要求的仅是当事人提出作为裁判基础与对象的事实,在辩论主义的基础上,大法法系法官基本恪守“你给我事实,我给你法律”的分工结构。但是

---

〔1〕 参见曹志勋:《“真伪不明”在我国民事证明制度中确实存在么?》,载《法学家》2013 年第 2 期。

〔2〕 杨立新:《饲养动物损害责任一般条款的理解与适用》,载《法学》2013 年第 7 期。

在现代证明责任理论下,根据前述证明责任理论对诉讼结构的调整,诉讼中的事实与法律不再是截然两分、互不相干的两个方面,生活事实必须与法律规范要件相对应才能完成最终的“涵摄”作业,进而适用法律作出裁判。因此,当事人的请求不能仅是无关法律的具体生活利益主张,而必须是以法律为依据的合法权利主张。当事人在诉讼中主张本案应当适用的法律规范,法院也正是根据法律关系的性质确定本案诉讼标的,[1]由诉讼标的决定本案审理范围。同一事实当事人主张的法律关系不同,诉讼标的就不同。当事人在诉讼中的主张责任与证明责任是同一个问题的两个方面。[2] 按照证明责任调整民事诉讼行为的基本原理,当事人在诉讼中主张债权,法院不得认定为物权关系;当事人主张违约责任,法院不得认定为侵权责任;具体到本案中,当事人主张特殊侵权,法院不得认定为一般侵权。当然,如因当事人对法律关系的认识与法院根据事实对案件性质的判断不一致,法院可行使“释明权”提示当事人,但法院不得直接绕过当事人的主张认定“客观”的法律关系并作出裁判,否则构成对当事人主体地位的无视,侵犯当事人的实质参与权,违反程序正义,可能构成裁判突袭。

(四)证明责任在裁判方法中的功能

证明责任决定了诉讼中当事人的具体主张责任,当事人的事实主张又决定了法官的事实审理对象与范围。至此,现代证明责任与辩论主义的联姻共同塑造了大陆法系的“规范出发型”诉讼结构:首先,当事人应当依据法律提出主张,因此当事人应在诉讼中主张案件

---

〔1〕 关于诉讼标的如何界定,理论上存在多种学说,但大陆法系主流理论均认为诉讼标的的确定不能完全脱离本案所涉及的实体法律关系。可以认为,在日、德学术界,新实体法说已经处于统治地位。参见张卫平:《民事诉讼:关键词展开》,中国人民大学出版社2005年版,第167页以下,尤其是第193页。

〔2〕 [德]莱奥·罗森贝克:《证明责任论》(第5版),庄敬华译,中国法制出版社2018年版,第62页。

应当适用的实体法规范（“请求权规范基础”或“请求权基础”）；同理，根据双方当事人的平等原则，对方如提出抗辩，也应当提出有利于己的实体法规范。其次，当事人承担各自主张的具体化义务，即双方当事人各方依据有利于己的实体法规范主张法律规定的构成要件事实的成立。最后，当事人举证证明具体生活事实的存在，并在诉讼中论证该种具体生活事实符合法律构成要件。在这种事实审查的“二阶结构”中，对具体生活事实的证明要求当事人承担的是具体举证责任，即提供具体证据材料支持生活事实的存在，而生活事实符合法律构成要件则需由当事人承担说服责任。这在程序流程上一般也有相对清楚的区分：在举证期限与法庭调查阶段履行具体的举证责任，法庭辩论阶段履行说服责任。

证明责任的功能彰显了当事人的主体地位，虽然客观证明责任问题存在于所有的诉讼模式下，但只有在当事人主义模式下，证明责任才真正起到“民事诉讼脊梁”的功能。有些民法学者意识到在解题思路上，“请求权基础”的裁判思维方法优于“历史方法”，[1]而从程序视角来看，证明责任机制决定了在实际诉讼实践中可能我们只能采用“请求权基础”方法而不能采用“历史方法”。因为当事人一般会围绕请求权规范基础规定的要件事实提供证据与展开辩论，法官欲采用弄清案件“来龙去脉”的历史方法，必然要求查明随时间展开的生活事件的各个具体环节，这不但是不经济的，而且在现代民事诉讼证明责任与辩论主义理论下，也是不可能的。

从本案的诉讼过程来看，二审法官认定被告不属于法律规定的饲养人或管理人，进而也就不可能适用原告所主张适用的原《侵权责任法》第78条之规定，依据证明责任，原告应当就此承担不利判断后果。如果法官适时行使释明权，原告本可以继续提出另一规范依据，

---

〔1〕 参见王泽鉴：《民法思维：请求权基础理论体系》，北京大学出版社2009年版，第33页以下。

即依据一般侵权提出损害赔偿请求，[1]作为应对，被告则可能提出侵权行为的一般抗辩事由。[2] 如此一来，相应的要件事实则变为侵权行为的"过错"及被害人的"与有过错"。由于证明主题发生变化，相应地，当事人的举证、辩论与法官的事实判断亦应发生变化。遗憾的是，由于欠缺对证明责任作为裁判方法，以及此种方法论具有程序控制功能的意识，本案实际诉讼过程并未出现这一转变，而是由法院基于职权主义习惯，依照侵权责任的抽象原则（"有损害必有救济"或"有过错即有责任"）或说是仅凭公正的感觉作出了判决。此种不是针对特定案件事实寻找最密切法律规范，而是以抽象原则代替具体条文，"向一般条款逃逸"的做法，正是方法论上的迷失所致。请求权基础的方法可从法律的立场思考问题，避免个人主观的价值判断及未受节制的衡平思想。[3] 法学方法论的意义就在于降低因为方法不准确而出现裁判不公的概率，但在我国当前，法官裁判方法与裁判思维之于司法公正的重要性尚未被清醒认识。此案表明，作为民事诉讼脊梁的"证明责任"机制虽在学理上被广为认同，但其实仍尚未在我国审判实践之中予以贯彻。正如有学者所言，我国当前司法实践中，有的法官偏爱从个人的公正的感觉出发，或者动辄以追求社会效果为由，任意曲解既定规则的内涵，甚至完全置现有法律规定于不顾，严重损害了司法的可预期性和权威性。[4] 实体法的明文规范及蕴含其中的价值取向选择因此亦无从得以彰显。而且，由于此种判决是未经当事人充分参与辩论，亦可能面临裁判突袭与司法不公的指责。明确证明责任理论的裁判方法功能，将有助于我国民事裁判

---

〔1〕 原《侵权责任法》第6条规定，行为人因过错侵害他人民事权益，应当承担侵权责任。根据法律规定推定行为人有过错，行为人不能证明自己没有过错的，应当承担侵权责任。

〔2〕 原《侵权责任法》第26条规定，被侵权人对损害的发生也有过错的，可以减轻侵权人的责任。

〔3〕 参见王泽鉴：《民法思维：请求权基础理论体系》，北京大学出版社2009年版，第38页。

〔4〕 参见王利明：《法学方法论》，中国人民大学出版社2012年版，序言第6页。

方法由概括式、伦理性、常识化裁判由分析式、法理性、专业化方式转换。

四、本章小结

当代法学方法论主要是由司法三段论、法律解释学、价值判断、法律论证等不同层次的法学方法构成的整体体系。[1] “规范说”下证明责任的实质是在一种新三段论框架下的法律适用，在证明责任分配根据的寻求中需要进行法律解释，而在法律规范本身模糊和不确定时需要发现立法者的价值判断甚或由法官进行价值衡量。在所有这些过程中都始终伴随着法律论证，法律论证将司法三段论与法律解释以及这一解释过程中对立法者或者法官的价值判断结合在一起。从理论体系上看，证明责任“规范说”将大陆法系民事诉讼理论中的辩论主义、要件事实理论与法律解释、法律修辞、法律论证等不同层次的法学方法整合在一起；体现在具体诉讼程序中，证明责任既能够调整案件的事实认定，又能规范案件的法律适用，在实践中还是将当事人主张责任与提供证据责任及法官的证明评价标准与法律适用裁决等问题联系在一起的一根红线。由于证明责任在民事诉讼理论及具体程序实践中均起着核心支撑作用，因此配得上称为“民事诉讼的脊梁”。

总之，证明责任在功能上作为民事案件裁判方法的归位，将有利于修正传统的将生活事实与法律规范对号入座式的司法三段论方法的偏颇，纠正法官对“你给我事实，我给你法律”的绝对教条式理解，扭转在事实认定与法律适用中忽视当事人主张与辩论作用的职权主义惯性。在证明责任的合理分配下，将真正使当事人负担起提出主张、检索法律、具体化其主张、提供证据、解释法律、进行辩论等行为

---

〔1〕 参见王利明：《法学方法论》，中国人民大学出版社2012年版，第64页。

责任,由此使司法裁判建立在当事人充分实质参与的程序公正基础上,从而最大限度地吸收当事人的不满并提升司法裁判的质量。

附1:北京市丰台区人民法院(2012)丰民初字第16654号民事判决书

原告肖某与被告乔某饲养动物损害责任纠纷一案,本院受理后,依法由本院代理审判员杨筝独任审判,公开开庭进行了审理。本案原告肖某及其委托代理人,被告乔某及其委托代理人到庭参加诉讼,本案现已审理终结。

原告肖某诉称:2012年6月4日,原告遛狗时经过育仁里小区4号楼5单元途中,被告饲养的猫突然攻击原告家的狗,原告为了保护自己的狗,上前将猫和狗分开,后被告饲养的猫将原告抓伤,经居委会调解无效,原告自行至医院进行治疗,经诊断原告属动物咬伤,三级暴露,共花费医疗费1815.75元、交通费70元。原告现诉至法院,请求判令被告支付医药费1815.75元、交通费70元、精神损失费1000元。

被告乔某辩称,原告所说的猫是育仁里小区的一只流浪猫,其只是偶尔喂喂它,它的行为和我没有关系。原告当时遛的是大型犬,没拴狗链,狗进攻猫,猫才开始反击,原告当时又踢了猫。

经审理查明:2012年6月4日11时左右,原告遛狗行至育仁里小区4号楼5单元时,一只流浪猫与原告遛的狗打斗时将原告抓伤,原告当时未拴狗链。原告认为是育仁里二号院4号楼5门101室家收养的猫将自己咬伤。原告为治疗花去医药费1815.75元、交通费70元。后经育仁里社区居委会工作人员调解,被告承认确有此事。但提出,猫是流浪猫,被告出于爱心喂过这只猫,被咬事主出言不逊,且踢了猫才被攻击。

上述事实,有双方当事人的陈述、医疗费票据、调解证明等证据在案佐证。

本院认为：饲养的动物造成他人损害的，动物饲养人或者管理人应当承担侵权责任，但能够证明损害是因被侵权人故意或者重大过失造成的，可以不承担或减轻责任。本案中，被告长期对流浪猫进行饲养，导致流浪猫易在被告居住地及其附近出现。被告作为流浪猫的饲养人，应当对流浪猫进行管理，并在流浪猫造成他人损害时承担侵权责任。同时，原告未拴狗链即将狗带出，其本身对猫狗斗咬导致其被抓伤也有一定的责任，本院酌定为30%。原告主张的医疗费、交通费系其合理损失，被告理应赔偿。精神损失费一项，缺少事实及法律依据，本院不予支持。综上所述，依据《中华人民共和国侵权责任法》第七十八条之规定，判决如下：

一、被告乔某于本判决生效后十五日内向原告肖某支付医疗费一千二百七十一元、交通费四十九元。

二、驳回原告肖某的其他诉讼请求。

附2：北京市第二中级人民法院(2012)二中民终字第16207号民事判决书

上诉人乔某因饲养动物损害责任纠纷一案，不服北京市丰台区人民法院(2012)丰民初字第16654号民事判决，向本院提起上诉。本院依法组成合议庭公开开庭进行了审理，上诉人乔某之委托代理人、被上诉人肖某及其委托代理人到庭参加了诉讼，本案现已审理终结。

2012年7月，肖某向原审法院起诉称：2012年6月4日，我遛狗时经过育仁里小区4号楼5单元途中，乔某饲养的猫突然攻击我家的狗，我为了保护自己的狗，上前将猫和狗分开，后乔某饲养的猫将我抓伤，经居委会调解未果，我自行至医院进行治疗，经诊断我属动物咬伤，三级暴露，共花费医疗费1815.75元、交通费70元。我现诉至法院,请求判令乔某支付上述费用及精神损失费1000元。

乔某辩称:肖某所说的猫是育仁里小区的一只流浪猫,我只是偶尔喂喂它,它的行为和我没有关系。肖某当时遛的是大型犬,没拴狗链,狗进攻猫,猫才开始反击,肖某当时还踢了猫。

原审法院经审理查明:2012年6月4日11时左右,肖某遛狗行至育仁里小区4号楼5单元时,一只流浪猫与肖某遛的狗打斗时将肖某抓伤,肖某当时未拴狗链。肖某认为是育仁里二号院4号楼5门101室家收养的猫将自己咬伤。肖某为治疗花去医药费1815.75元、交通费70元。后经育仁里社区居委会工作人员调解,乔某承认确有此事。但提出,猫是流浪猫,乔某出于爱心喂过这只猫,被咬事主出言不逊,且踢了猫才被攻击。

原审法院认为:饲养的动物造成他人损害的,动物饲养人或者管理人应当承担侵权责任,但能够证明损害是因被侵权人故意或者重大过失造成的,可以不承担或减轻责任。本案中,乔某长期对流浪猫进行饲养,导致流浪猫易在乔某居住地及其附近出现。乔某作为流浪猫的饲养人,应当对流浪猫进行管理,并在流浪猫造成他人损害时承担侵权责任。同时,肖某未拴狗链即将狗带出,其本身对猫狗斗咬导致其被抓伤也有一定的责任,法院酌定为30%。肖某主张的医疗费、交通费系其合理损失,乔某理应赔偿。精神损失费一项,缺少事实及法律依据,法院不予支持。

据此,原审法院于2012年8月判决:一、乔某于判决生效后十五日内向肖某支付医疗费一千二百七十一元、交通费四十九元;二、驳回肖某的其他诉讼请求。

判决后,乔某不服,上诉至本院认为,原审法院认定其承担管理责任有误,故请求二审法院查清事实依法改判。肖某同意原判。

本院在审理过程中双方当事人未提供其他新证据。

本院经审理查明:二审庭审中,当庭播放了事发时的监控录像,从该录像中可见,事发之地位于乔某家门前的公共通道处。肖某遛其所饲养的狗时未拴狗链,在路过事发地时,肖某所遛的狗与一只猫发生撕咬,之后肖某为保护自己的狗,到两只动物之间将猫踢开,在此过程中肖某被猫抓伤。另,本院在二审审理期间就肖某的损失数额问题,向肖某的初诊医院进行了核实,肖某所作的相关治疗均系必要的治疗,其所花费的相关费用均为必要支出。本院查明的其他事实与原审法院查明的事实无异。

上述事实,有医疗费票据、调解证明、调查笔录及双方当事人陈述等证据在案佐证。

本院认为:2012 年 6 月 4 日,肖某遛狗至乔某门前的小区道路时,一只流浪猫与肖某遛的狗发生撕咬,在此过程中肖某被猫抓伤。根据我国《侵权责任法》的规定:饲养的动物造成他人损害的,动物饲养人或者管理人应当承担侵权责任。由此可以看出,我国《侵权责任法》上的动物致害责任主体是动物的饲养人或者管理人。乔某经常在其住宅门前的公共通道及小区公共绿地处给流浪猫投喂猫食,故而乔某投喂流浪猫的行为是否构成对流浪猫的饲养或管理就是本案首先应明确的法律问题。

《侵权责任法》明确规定对于被饲养的动物造成他人损害而需承担侵权责任的主体为动物饲养人或者管理人。所以在确定动物致害责任过程中需要明确“饲养的动物”的含义。对此含义的认定应主要考虑动物应为特定的人所有或占有,即为特定的人所饲养或管理,并且饲养人或管理人对动物具有适当程度的控制力。而如何理解饲养人和管理人,在本案中存在很大争议。对此本院认为,可以将饲养人解释为作为所有人的保有人,管理人解释为所有人以外的保有人。在认定责任主体过程中,应综合考虑如下两项标准。第一,为了自己的利益而使用动物。在现实生活中人们为了自己的利益而使用动物的形式有很多,例如,让动物来工作、从动物处获得产品、从动物处获得快乐、通过转让动物获利、从动物处获得食物等。而在本案中乔某出于救助的心理在其生活的小区中长期投喂食物,其并非为了自己的利益而使用动物。第二，对动物的决定权。对动物的指示、使用、生存等有决定性影响，并有权支配动物和动物危险的人，通常就应当被认定是动物的保有人。在此对动物的决定权的认定，并不单纯地考虑所有权，主要应考虑动物处于何人的控制力之下。而本案中所涉及的流浪动物，虽然可能在一定程度上被人饲养或管理（如定期投放食物），但人们对它的控制力较低，不能认为是“饲养的动物”。

从本案过程来看，流浪猫的特性就是无主、长期在野外生存，而乔某投喂行为是基于对动物的帮助行为，即使其长期投喂，亦不能构成法律意义上的所有或占有，亦无对流浪动物的控制力，原审法院基于乔某的投喂行为而判决其承担管理责任不当，本院予以纠正。

肖某被抓伤的事实确实存在，而乔某投喂流浪动物的行为，无论出于何种动机，该行为必然会对其居住小区的环境造成一定的影响，故该行为亦应受法律规范的调整。乔某所居住的房屋门口即肖某被抓伤的地点，亦为其所在小区的公共通行道路。而流浪动物的天性决定了其会向有利于其生存的地方聚集，乔某长期投喂流浪猫，尤其是在其家门口的公共通道附近的固定投喂行为，在其生活社区的公共环境中形成了一个流浪猫获取食物的固定地点，导致了流浪猫的聚集，而流浪动物的不可控性及自然天性，在没有得到有效控制的前提下必定会给社区的公共环境带来危险。乔某的投喂行为既不同于对流浪猫的规范的救助行为，其自己又未采取任何措施控制相关危险的发生，故其行为是对于公众共同利益的一种不合理地干涉及影响，此危险影响与肖某受伤之间存在因果联系，故乔某应承担相应责任。同时肖某在遛狗过程中未给其饲养的狗拴狗链，其行为违反了北京市关于饲养犬的相关规定，且肖某在猫犬发生撕咬过程中采取的行为亦有不当之处，故肖某对于其自身所受伤害亦存在一定过错，其亦应承担相应的责任。综上，本院综合考虑乔某投喂行为对于公共环境所产生的危害结果，以及肖某自己在饲养犬及事发时的不当行为后，认定乔某、肖某均有责任，具体责任比例应由肖某、乔某均担为宜。

本案中涉及了流浪动物的问题,现实城市生活中流浪动物大量增加,不仅带来了大量的环境卫生问题,也一定程度上威胁到了居民的人身安全。但是作为生活在地球上的人类,我们仍应尊重所有与我们共同生存的动物的生命。既要倡导人道地对待动物,使动物免受不必要的杀害和额外的痛苦的观念,鼓励救助流浪动物的行为;又要以人民生活和谐有序、动物生活康乐以及公众理解与参与为原则,以期达到人与动物的共存,最终促进社会的可持续发展。

综上所述,在本案中,肖某、乔某对于损害后果的发生均有责任,原审法院所确定责任有误,本院对于原审法院所作判决予以调整。据此,依照《中华人民共和国民事诉讼法》第一百七十条第一款第(二)项之规定,本院判决如下:

一、撤销北京市丰台区人民法院(2012)丰民初字第16654号判决第二项;

二、变更北京市丰台区人民法院(2012)丰民初字第16654号判决第一项为:乔某于本判决生效后十五日内向肖某支付医疗费九百零七元八角八分、交通费三十五元;

三、驳回肖某的其他诉讼请求。

如果未按本判决指定的期间履行给付金钱义务,应当依照《中华人民共和国民事诉讼法》第二百五十三条之规定,加倍支付迟延履行期间的债务利息。

一审案件受理费二十五元,由肖某负担十二元五角(已交纳),由乔某负担十二元五角(于本判决生效后七日内交纳);二审案件受理费五十元,由肖某负担二十五元(于本判决生效后七日内交纳),由乔某负担二十五元(已交纳)。

本判决为终审判决。

第十四章　证明责任分配理论重述：为“规范说”辩护

引　言

自我国民事审判方式改革引入现代证明责任理论以来，学界基本形成了应将德国学者罗森贝克首创的“规范说”（在我国也称“法律要件分类说”）作为我国证明责任理论选择的基本共识。但对该学说的具体运用，也即在当事人主张与抗辩互动的动态诉讼过程中，如何适时分配举证的行为负担及最终的不利判断风险，缺少较为深入细致地探讨。2015 年《民诉法解释》的出台，明确了依“规范说”分配证明责任方法在我国司法实践中的有效性。在此背景下，有必要对规范说予以重述，并对其理论上的优劣进行重视审视。近期我国有青年学者撰文提出：对法律规范仅作文义解释是规范说的本质缺陷，并且这一缺陷使司法实务上出现漏洞或矛盾，因此应以“修正规范说”及日本更细致的要件事实理论来修补漏洞。[1] 笔者对该文的问题意识及思考方向非常赞赏,但认为其观点与分析存在严重误解,并因此对我国证明责任分配学说及取向出现误判,于实务上可能产生不利影响,亦有必要提出商榷。笔者期待这种对话真正有助于共同致力于该文作者提倡的"超越对西方法治国家各种法律理论泛泛而谈的介绍和评价,将这些理论真正灵活应用于具体的中国法规范和细节性的中国法问题"。[2]

一、规范说方法论的三个层次

"证明责任"一词源自古罗马法,其最初的字面含义是指诉讼当事人应对案件事实提供证据以便法院查明事实适用法律。作为一项现代法制度的证明责任则是与案件事实真伪不明这一事实判断的不确定状态联系在一起的。从学说史上来看,任何一种证明责任理论必须回答两个相互关联的核心问题:一是如何克服要件事实的真伪不明;二是如何分配事实真伪不明时的不利判断风险。如果更进一步,则还有一个与此相关联的附带问题,即为何如此分配证明责任。第一个问题即真伪不明时的裁判方法论;第二个问题即所谓证明责任分配标准,解决证明责任分配的确定性。附加的问题关涉证明责任的根据也即证明责任如此分配的正当性。对这一问题的研究使证明责任理论走向深化与实质化。对这三个问题的回答涉及证明责任理论所包含三个层次的方法论,即案件事实真伪不明时的裁判方法、真伪不明时不利裁判的风险分配方法及对这种分配规则的具体化与

〔1〕 参见袁中华:《规范说之本质缺陷及其克服——以侵权责任法第79条为线索》,载《法学研究》2014年第6期。

〔2〕 袁中华:《规范说之本质缺陷及其克服——以侵权责任法第79条为线索》,载《法学研究》2014年第6期。

正当化方法。这三个问题在司法实践中的意义不同:第一个和第三个(附加的)问题是理论阐述性的,而第二个问题则是规范性的,也只有这一问题是可以通过实践操作的理论应用性问题,并因此成为证明责任理论的核心问题。对这一问题的回答方法也就构成不同理论划分的基本标识。

在第一个层次上,即案件事实真伪不明情形下裁判方法的阐述。规范说的基本理论方法是所谓“法律不适用”方法。“司法三段论”一直是大陆法系最基本的法学方法论,但以往认为,裁判三段论只能解决小前提符合大前提的情形,亦即案件事实被证明为真或伪的两种情形,在案件事实真伪不明时,裁判三段论就不能适用。罗森贝克指出,在事实真伪不明时小前提未被证明,因此大前提亦无从适用,作为大前提的实体法律规定无法适用时,提出诉讼请求的当事人即应承受诉讼请求不被支持的败诉结果。这种情形其实仍是按照三段论的形式逻辑进行推理的。在这种解释框架下,罗氏曾认为证明责任规范是多余的。[1] 这种普氏所谓“不借助于辅助手段”克服真伪不明的解释方法,虽然被以后的学者普遍批评为其实是错误的,但正如规范说在证明责任分配方法层面上一样,在这一层次上,“法律不适用说”也因其逻辑清楚简明易于理解而得以迅速传播。尤其是在证明责任作为“舶来品”的我国,这种借助通常逻辑方法说理的学说在司法实践中优势明显,易于被接受。在罗氏理论后期,“一般认为,尽管出现了事实方面的真伪不明,仍然必须对当事人之间的法律问题进行裁决”,[2] 普维庭提出的修正规范说所采取之“操作规范说”(李浩教授称之为“拟制说”)虽然深化了理论的解释方法,反而被认为过

〔1〕 参见[德]汉斯·普维庭:《现代证明责任问题》,吴越译,法律出版社 2000 年版,第 236 页。

〔2〕 参见[德]汉斯·普维庭:《现代证明责任问题》,吴越译,法律出版社 2000 年版,第 1 页(中文版序)。

于复杂难以理解。[1]

在第二个层次上,规范说主张的证明责任分配基本方法即法律规范分类,具体标识这种分类的方法建立在对实体法律规范清楚划分的基础上。在此之前,实体规范根据其对权利效果的规定可自然区分为权利发生、权利变更与权利消灭规范,罗氏理论通过增加界定一种所谓"权利妨碍规范"打开了证明责任合理分配之门。由于这一情形的存在使得实体权利由于某些构成要素的欠缺并不能发生,因此,这类规范能否与权利发生规范清楚区分就成为规范说立论的关键。如此一来,实体规范根据其对权利效果的规定可一分为二(权利发生规范与对立规范)或一分为三(权利发生规范、权利妨碍规范、权利消灭规范),并成为在实际诉讼中对抗当事人双方不同法律主张的依据。证明责任在诉讼过程中的实际分配建立在大陆法系民事诉讼的基本结构基础上。按照辩论主义,当事人在诉讼中应对有利于己的法律规范及其要件事实承担主张与举证责任,而法律规范分类为这种两造对抗的规范与要件事实主张提供了前提。这种规范分类的方法在司法实践中具体适用时将形成当事人双方在诉讼主张及相应的证明责任分配上攻击与防御的互动对抗局面,具体即"请求原因—抗辩—再抗辩……"这种往覆结构的具体分配样态。这种分类以实体法规范的"规则—例外"构架模式为识别标志。从法律规则本身的语言构造中也可以看到证明责任分配的特别规则。这种"规则—例外"构造可以通过借助转折连词,或者主句—从句形式,或者消极构造的独立句构成。[2] 普氏学说则在此基础上提出要件分级才是实体法暗藏的证明责任分配的密码。在笔者看来,规范说的规范分类方法与修正规范说主张的要件分级其实并没有太大的差异:法律要件

---

〔1〕 参见李浩:《证明责任与不适用规范说——罗森贝克的学说及其意义》,载《现代法学》2003 年第 4 期。

〔2〕 参见[德]汉斯·普维庭:《现代证明责任问题》,吴越译,法律出版社 2000 年版,第 440～442 页。

依附于法律规范之中,规范分类与要件分级因此具有同构性。要件不仅可以分类,而且会在这种分类的基础上形成法律效果上的不同层级,如此也会在实际诉讼中形成案件个别化的证明责任承担情形。但在任何成为实际争点的要件事实上,证明责任分配总是标准统一的。规范分类之所以能成为证明责任分配的可行性标准,就在于法律对于要件的规定是体系化的,即与特定法律效果相联系的特定要件是能够互相区分的。也就是说,法律规范中不能存在关于某一要件的重复或相互矛盾的规定。〔1〕 正如后文将进一步论证的:规范分类作为标准的正当性就在于立法者对于实体法价值取向安排与法条表述的习惯具有的潜在一致性。

在第三个层次上,分配规则的正当化解释方法,也即回答作为裁判依据的实体法规范何以能被理解为证明责任分配规范的问题。这在某种意义上同时就是分配规则的具体识别方法。法律对权利效果的设置以要件事实为规范对象,证明责任的承担尤其是主观证明责任的承担以对要件事实的举证和证明为对象,而具体要件事实为何、由哪方承担,在法律运用于具体案件时仍不可避免需要进一步作规范分析、意义解释甚至类推适用。规范说在这一层次上仍采取了最简洁的说明方法,即主张对实体法规范仅需进行文义解释即可得出证明责任分配的结论。也就是说,实体法对构成要件与权利效果的规定本身即是证明责任分配的依据,罗氏早期理论甚至认为“证明责任规范”及其拟制根本无从谈起。〔2〕 罗氏理论无须在这一层次上论证分配规则的正当性,是因其在第一层次即解决了分配正当性问题——不能证实特定要件事实的当事人因“法律不适用”而承担不利

〔1〕 我国法律中的一个反例就是关于当事人行为能力的重复又矛盾的规定,参见李浩:《民事行为能力的证明责任——对一个法律漏洞的分析》,载《中外法学》2008 年第 4 期。这是立法未有意识关注证明责任分配效果的结果,但应注意的是,此种重复与矛盾规定在法律体系中是极为少见的。

〔2〕 参见[德]汉斯·普维庭:《现代证明责任问题》,吴越译,法律出版社 2000 年版,第 236 页。

裁判后果(罗氏也曾一度希望以“证实责任”一词指称客观证明责任)。在概念法学“逻辑自足”的观念下,形式逻辑亦可成为法律的正当化理由,法律的文字规定本身就能导出分配规则。因此,具体识别分配规则的方法也就是对法律规范的文义解释及法条之间关系的体系解释。而普氏主张事实真伪不明时需要通过一套证明责任分配的“操作规范”解决真伪不明问题,则为何如此分配的问题就需要进一步论证。普氏通过对实体立法对竞争性价值的选择(实质立法理由)的揭示来论证分配规则的正当性,从而将证明责任分配从形式逻辑问题还原为价值判断问题。因此证明责任分配规则的正当化方法即是对实体法价值取向的实质解释,尤其偏重以规范目的为导向的体系解释方法。

在规范说不同层次的“方法论”中,最基本的方法是所谓“法律不适用”与法律规范分类。这两种方法具有不同意义:法律不适用是事实真伪不明时的裁判方法论(证明责任的方法论),法律规范分类是作为证明责任分配的基础方法。而对法律规范的解释则是次一层级的具体方法,这种方法是一般的法律适用方法,而不是专属于规范说的方法论。法律规范解释方法是证明责任分配的前提或配套问题,恰当的法律解释有利于更好地理解这般分配的合理性,但总体而言,这种解释方法本身不是规范说的核心问题,而且具体解释方法不至于影响证明责任分配的结果,不构成此种学说的基本或根本方法。笔者认为,罗氏对实体规范的解释主要采文义解释结合体系解释方法非但不构成规范说的本质缺陷,反而是规范说之所以具有“判断标准明确、可操作性强的优点”的原因。袁文所极力主张的,德国学者普维庭所修正的多种解释方法的引入,尤其是袁文所提倡的“以规范目的为导向的体系解释方法”是与普氏理论所主张的作为第一层次的“操作规则说”相适应的,而罗氏理论无须此种解释方法。罗氏这样做是有原因的:文义解释是最能清晰识别证明责任分配的方法,在司法实践中,辨别证明责任分配是法官的主要任务,至于如此分配的原因则是支持分配方案的理由,这方面确实有赖于法官对法律规范实体内容的理解。但无论法官本人如何理解,皆不能影响法定的证明责任分配。

总之,在笔者看来,规范说仍是最适合中国当前语境的证明责任分配理论,在我国当前的语境中,规范说不存在本质缺陷,袁文所谓的“本质缺陷”恰恰是规范说之最大优点。由于笔者在该文中混淆了证明责任方法论的不同层次,因此导致对该理论的误判。澄清规范说及其与修正规范说的关系,以便更精致地理解证明责任分配的理论通说,有利于进一步明确我国证明责任分配理论的主攻方向及其在司法实践中的推广适用。

二、法律解释方法在规范说中的地位与意义

法律解释方法是在司法三段论的框架中进行的一项寻找大前提的作业,狭义的法律解释是在待决案件已有法律规定的情况下,法官在法律文义的可能范围之内进行的解释,而在法律规范文义之外的漏洞填补等方法则属于广义的法律解释。[1] 不容混淆的是,罗氏与普氏证明责任分配方法中的法律解释其实正是在不同层面上的法律解释。

如前所述,证明责任的实质是法律适用问题,亦即在要件事实真伪不明时是否适用该法律规范,这从实体规范本身来说是难以包含的,因此需要发展理论来解决这一问题。这种理论要回答“如何分配”及“为何如此分配”这两个问题。罗氏证明责任理论最主要的比较优势就在于其对证明责任机制(“法律不适用说”)说明的逻辑清晰

---

〔1〕 关于法律解释的广义和狭义的划分,参见杨仁寿:《法学方法论》,中国政法大学出版社 1999 年版,第 98 页;王利明:《法学方法论》,中国人民大学出版社 2012 年版,第 364 页。

性与分配规则（“规范构造说”）的简洁明确性，[1]由于其以法律规范的文字表述作为分配标准，此种形式标准使证明责任分配的识别基本上是比较直观的，无须经过复杂的转化或借助裁判者的主观裁量。但坚持证明责任分配的形式标准又正是罗氏学说被诟病的主要原因，规范说受抨击的主要理论缺陷就是其未能兼顾各项实体标准，因此可能导致实际个案分配结果的不公正，以至于被想当然地批评为“形式主义”。但在实证上，即使依据其他学说往往也很少发生与规范说相左的分配结果。盖因《德国民法典》成熟的立法技术使立法者已无意之中将证明责任这一风险分配纳入其周全考虑。这也是在德国普维庭只能选择劳动法这一民事法律的边缘作为考察对象的主要原因。当然，如实体法立法者从未意识到证明责任分配问题，因此法律条文的表述方式完全无关证明责任，则规范说适用的正当性确实就可能遭遇质疑，此即是规范说在日本曾遭遇的有力挑战。[2]

一般而言，文义解释的合理性取决于实定法的审慎起草与制定、法律的灵活与明智适用及立法机关对法律的迅速及时的修改与补救。如果制定法经常起草得不堪运用且暧昧不清，导致那些负责适用或运用法律的机关，经常得出一些荒谬或不合理的决定，并且立法机关拒绝对这种状况采取任何补救措施，那么人们就希望，法院不会

---

〔1〕“规范说”对证明责任机制的说明是“法规不适用说”，“修正规范说”则认为在事实真伪不明时并非不适用规范，而是通过证明责任分配规范最终拟制适用了法规，此即所谓“拟制说”。相较而言，虽然在最终效果上是一致的，但“规范说”所采取的“法律不适用说”的方法逻辑更加清晰。参见李浩：《证明责任与不适用规范说——罗森贝克的学说及其意义》，载《现代法学》2003 年第 4 期。

〔2〕袁中华认为我国的情况也是如此，但其作为线索分析的有关动物致害立法例显然并非如此。原《侵权责任法》是我国在立法时对证明责任分配考虑比较充分的。在立法前有众多司法解释对证明责任分配总结了经验或进行了试错，立法过程中也吸收了学者全程较为充分的参与。袁文所举法例并非模糊不清的法律规范，而正是立法者仔细斟酌之后的有意安排，本可进行清晰的文义解释与体系解释。实际上，作者对该条的文义解释与体系解释并未得出不同的证明责任分配结论。参见袁中华：《规范说之本质缺陷及其克服——以侵权责任法第 79 条为线索》，载《法学研究》2014 年第 6 期。

倾向于以一种形式化的、从字面出发的方式解释制定法。[1] 从比较法上来说，民法法系国家相对来说比较倾向于法律的形式推理，尤其是在法律实证主义盛行时期。罗氏规范说正是在此背景下应运而生，并迅速成为当时的通说。

当然，从理论上来说这确实存在一个问题：规范说的有效性要求成熟的立法技术及完备的实体法规范，过于粗放的立法存在较大的解释空间，有可能需要依据目的性法律解释加以补充或修正。这既在规范说向外移植过程中得到印证，也在罗氏的再传弟子普维庭那里得到了修正。普氏认为：“有时对某一个别的具体的规范来说，不按照该规范的文义，而应按照相应的情势，按照系统的、体系的，或者目的性解释来分配证明责任也是可能的。”[2] 但这种“个别具体规范”上的修补绝不应上升为规范说的“本质缺陷”，即使在普维庭的理论中，文义解释之外的解释方法的地位也只能是例外的、修补性的，而非主流的、支配性的。文义解释是法律解释的基础方法，在法律解释中处于最为优先的地位。一旦采取其他解释方法，就可能存在多种不同的解释结果，证明责任的分配作为实质上法律适用问题就可能不统一。

证明责任的实质是法律适用问题，而法律解释是法律适用的基础性作业。文义解释作为罗氏证明责任分配理论首选法律规范分析方法的更为直接的原因在于，罗氏一度甚至认为证明责任规范都是多余的，而主张按照法律规范本身即可直观地分配证明责任。当然，从理论上来说，任何法律的适用都包含法律解释，而从一般法学方法的角度来说，法律解释的主要对象是法律规范所意指的对象范围或法律后果，在依照法律规范字面含义只能有唯一解释时，根本无须再

---

〔1〕 参见［美］P. S. 阿蒂亚、R. S. 萨默斯：《英美法中的形式与实质——法律推理、法律理论和法律制度的比较研究》，金敏等译，中国政法大学出版社 2005 年版，第 32 页。

〔2〕 参见［德］汉斯·普维庭：《现代证明责任问题》，吴越译，法律出版社 2000 年版，第 413 页。

进行其他解释。只有在根据文义解释有歧义,亦即根据字面含义存在两种或两种以上理解可能性时,才继之以其他论理解释方法,但无论哪种论理解释方法都不能超出法律规范文字含义的可能"射程"。故文义解释既是法律解释的起点,也往往是法律解释的终点。但需仔细甄别的是,同样是文义解释,在用于识别证明责任如何分配与用于探究法律规范的实体含义时仍是有所区别的。作为证明责任分配方法,文义解释重在运用文法进行解释,即对法律条文的语句结构与文字排列作字面分析或语法分析,目的就是从法律规范中析出构成要件事实。任何一个单独的条文几乎都不可能在此时出现歧义,只有多个条文在同一要件的规定上存在相互矛盾的表述时才导致证明责任分配不明的问题。这就与探求法律规范真意的法律解释有着微妙区别(在探究规范实体含义时则会存在条文文义出现两种以上解释的歧义问题)。规范分析的方法是完全从法条的语法结构进行构成要件的分解,这种特定需求决定了在进行证明责任分配时可能根本无须进行除此之外的更为细致深入的意义阐述,是一种直观化、形式化的分析。通常所谓的法律解释是探寻法律规范所包含的实体效果,一般并不涉及证明责任分配问题。这两种方法实际上存在"形式"与"实质"的根本区别。

还应明确的是,罗氏确实认为证明责任分配基于对法律规范进行文义解释,但从未将法律解释的方法局限于文义解释一种。袁文多次引用普维庭对此的批评也是"以文义解释为主(偶尔采体系解释)"。如前所述,罗氏关注的法律规范解释方法就是为寻找证明责任分配法则,而非一般意义上法律规范实体真意的探寻。在寻求法律作为"初级规范"之真意的问题上,其他解释方法都是可以也应当加以运用的。但是在从法律规范文本中寻求隐含其中的证明责任分配法则时,文义解释显然是理所当然的方法。实际上,在这方面我们甚至可以说罗氏并非"以文义解释为主",而是只运用文义解释。规范说中体系解释的运用并非在于寻求单个法律规范之中隐含的"证明责任规范”,而是用于寻求多个法律规范之间的相互关系,以作为证明责任分配依据的法规范分类之基础。[1] 在单独条文文义解释不足以解决证明责任分配问题时,确实需要进一步探求相关规范之意义关联,以确定“请求权规范—权利妨碍规范或权利消灭规范—权利妨碍规范之妨碍规范或消灭规范”之规范结构,以及相应的“请求原因—抗辩—再抗辩”诉讼主张结构。这种体系解释属一般法理上的体系解释,意在通过对法条之间的逻辑关系的梳理明确多个条文之间的相互联系与结构关系,这与探索法律规范本意之法律解释上的体系解释是有所区别的。寻求多个规范之间的意义关联,必然要运用到体系解释。[2] 体系解释其实可看作对法律规范文本全部含义的进一步挖掘和再现,它和文义解释一起,都是尊重文本也即尊重立法原意和立法目的法律方法。普氏完全意识到了法律文义与规范构造是罗氏主张证明责任分配的两个方面内容,并指出由于规范说完全以法律文义和规范构造为基础,因此它有时被称为“规范构造说”。[3] 因此,罗氏规范说所关注的法律解释方法中文义解释与体系解释的关系根本不是多与少的关系(“主要—偶尔”),而是针对不同对象与不同情境时分别运用的证明责任分配的基础的识别方法。简言之,文义解释侧重解决“承担什么”(证明责任的对象)问题,体系解释侧重“由谁承担”(证明责任的主体)问题。

当然,罗氏规范说中文义解释的地位无疑是首要的,是每次证明

〔1〕 体系解释是以法律的外在体系为依据进行的解释。法律体系分为内在体系和外在体系,外在体系或称形式体系,是指法律的篇章节和基本制度的安排等形成的逻辑体系。内在体系或称实质体系,是指各单个法律制度之间的基本价值的内在联系。体系解释中的体系是指外在体系。外在体系属于体系解释的范畴,内在体系属于目的解释等的范畴。参见王利明:《法学方法论》,中国人民大学出版社 2012 年版,第 383 页。

〔2〕 法律解释学上的体系解释与学理解释中的体系解释是不同的。在学理解释中,通常要对整个法律文体的体系、结构、制度进行解释,但是,法律解释学上的体系解释只是要寻求裁判依据,所以是对特定法律规范的解释。参见王利明:《法学方法论》,中国人民大学出版社 2012 年版,第 386 页。

〔3〕 参见[德]汉斯·普维庭:《现代证明责任问题》,吴越译,法律出版社 2000 年版,第 411 页。

责任分配时必然运用的方法(因为从理论上说,任何一次法律适用时都必然运用文义解释)。文义解释的优势是标准明确,因此总是能够导出明确、直观的分配规则。对单个法律规范的文义解释成为罗氏证明责任分配的基本方法也是规范说与之前的证明责任分配学说的一个显著区别。在规范说之前,"特别要件说"也是从案件拟适用的法律规范入手思考证明责任的分配问题,但其方法论却不是基于适用于该案的单个规范要件事实的规定,而是该规范在整个法律部门中的地位(是属于"基本规范"还是"特别规范"),从而按照该规范的性质在当事人之间分配证明责任。罗氏规范说显然从此前的学说中汲取了灵感与启发,但规范说的创新性就在于其不再笼统地对整个部门法进行静态分析,而是根据当事人的诉求分析特定相关规范的证明责任意蕴。

在证明责任分配问题放在当事人对抗的诉讼结构下来思考时,就需要运用体系思维了。此时所针对的基本问题即当事人双方各自应对什么规范所规定的要件事实承担证明责任。罗氏的方法仍直观简洁:各方当事人仅对有利于己的法律规范所规定的要件事实承担证明责任。至于在具体案件情境中哪条法律规范是当事人提出的有利于己的,则难以一概而论,这与当事人尤其是代理人的诉讼策略与法律水平有关。法律规范之分类为这种具体适用提供了可能性。大陆法系历史上的每种证明责任分配理论均建立在相应的分类方法上,[1]而法律规范之分类就是规范说建立的基础。罗氏认为,法律规范之间存在相互补足、支援或相互对立、排斥的关系,这种相互关系的存在使援引不同法律规范的当事人之间主张的对抗及相应的证明责任分配成为可能。但这种体系思维与法律规范的体系解释方法仍

[1] 如待证事实分类说建立在诉讼中对具体待证事实分类(如积极事实—消极事实、外界事实—内界事实)的基础上,法规分类说建立在法律规范分类(如原则规范—例外规范、基础规范—特别规范)的基础上,危险领域说则建立在要件事实的危险领域—非危险领域二分的基础上,盖然性说建立在对生活事实发生的高盖然性—低盖然性划分的基础上。

是不同层面的问题。实体立法时预设了种种构成要件与权利效果相联系的法律规范,但具体诉讼中请求与抗辩的顺序排列并非单纯的静态的实体法秩序安排,而是在当事人对抗情境的动态下依证明责任分配分析的结果。证明责任分配问题上坚持形式标准的优势是能够很好地统一法律的适用(证明责任学说是法适用学说的一部分〔1〕),在这一分配规则的内在规制下,诉讼将在法律观点、事实主张与举证证明等环节上自发形成“请求原因—抗辩—再抗辩”的当事人对抗,并由此引起诉讼证明上的两造对抗,从而自发地促进诉讼的向前推进。这反映的是规范说所立基的当事人对话式角色分配及作为更广泛的伦理哲学基础的“对话逻辑”。〔2〕 但在袁文的笔下,这一优势却成了罗氏学说的“本质缺陷”。

罗氏规范说提出时的法律思想背景确实就是法律实证主义,立法理性与实体法的完美无缺是当时的普遍信仰。因此规范说的真正问题在于法律漏洞的存在导致无从依据法律规范的文字表述识别分配的根据。在学理上,法律漏洞通常被界定为“违反立法计划的不圆满状态”,〔3〕可能具体表现为调整特定社会关系的具体法律规范的缺失、既有法律规范之间存在矛盾,或者既有法律规则在今天的适用明显违背了法律对公平正义的基本要求。〔4〕 漏洞的这三种形态可分别称为法律空缺、规范矛盾与法律滞后。在证明责任分配问题上,首先要正确判断法律漏洞的存在,应避免对“假想漏洞”进行填补。〔5〕 在第

---

〔1〕 [德]莱奥·罗森贝克:《证明责任论》(第5版),庄敬华译,中国法制出版社2018年版,第137页。

〔2〕 参见[德]汉斯·普维庭:《现代证明责任问题》,吴越译,法律出版社2000年版,第417页。

〔3〕 参见黄茂荣:《法学方法与现代民法》,中国政法大学出版社2001年版,第334页。

〔4〕 参见王利明:《法学方法论》,中国人民大学出版社2012年版,第483页。

〔5〕 假想漏洞,是指原本存在相关案件事实的法律规定,但法官撇开该规定,认为缺乏调整待决案件的规范,继而从事漏洞填补作用。这种不恰当地使用漏洞填补的做法可能因此侵害立法权。

一种情形下,即面对法律缺失这种典型的法律漏洞,首先应当运用法律体系解释方法(如当然解释、扩张解释)看能否涵盖此种未明文规定的情形,即使已有规范不能涵盖此种情形而必须定位为一种新的情形,法理上的漏洞填补的成熟理论是类推适用最相关的法律规范,依据这种类推适用的实体法规范自然可进行证明责任分配的分析。因此即使在这种情形下,也不能说规范法就绝对不能应对。高空抛物类案件在原《侵权责任法》颁行之前的处理经验就是适例。[1] 在面对第二种情形,即法律条文之间存在矛盾冲突时,同样首先应通过法律解释消除矛盾冲突,并非一定要认定为法律漏洞。在寻求证明责任分配的依据时,这种矛盾可能表现在规范的表述形式上,如对同一要件事实有两个以上的条文分别作出了正反方向的规定。李浩教授对合同案件中合同当事人"行为能力"要件的分析是一个适例。[2] 笔者认为,证明责任问题的本质即法律适用问题,即使出现这种规范冲突,首先也应通过法律冲突的解决办法加以处理,而不应认为是法律漏洞。第三种情形,即立法产品的"发展缺陷",法理学上一般认为必须通过法官造法予以解决,但这可能会影响法律的安定性和权威性,因此在实践中必须警惕法官对这一权力的扩大化和随意化行使。医疗侵权案证明责任规范的反复历史表明法官造法应当慎重,防止将特定案件的"社会影响"或一时的"民粹"作为撼动实定法价值选择的导向。

---

〔1〕 如"重庆烟灰缸案"的处理,就是类推适用相关法律,进行证明责任分配作出处理的。具体分析可参见胡学军:《证明责任倒置理论批判》,载《法制与社会发展》2013年第1期。

〔2〕 参见李浩:《民事行为能力的证明责任——对一个法律漏洞的分析》,载《中外法学》2008年第4期。李浩教授认为,合同当事人的行为能力的证明责任分配是一个法律漏洞,因为原《民法通则》第55条将"行为人具有相应的行为能力"规定为法律行为成立的构成要件之一;原《合同法》第二章"合同的订立"中又规定,"当事人订立合同,应当具有相应的民事权利能力和民事行为能力";后又将"限制民事行为能力人订立的合同"归入效力待定的民事行为。法律规范的这些重复规定使依规范说分配证明责任产生疑难。但在笔者看来,这并不是问题,在此情况下根据法律适用的原则"新法优于旧法"及"特别法优于一般法"即可确定应根据原《合同法》的特别规定加以处理。

三、依规范说分配证明责任的一个范例

我国原《侵权责任法》对动物致害案件作出了体系明确的细致规定,确实适合进行证明责任分配的分析,或作为范例对规范说的证明责任分配方法进行检验。袁文首先即通过解读原《侵权责任法》第 79 条,发现受害人需要就加害人“违反管理规定,未对动物采取安全措施”这一要件(其实是两个要件)承担证明责任。袁文尽管在文中一再认为按该条法律将导出“不合理的分配”,但其所讨论的其实并非前述第二层次的问题,而是附加层次的问题。实际上,文章指出的依据原《侵权责任法》第 79 条文义解释所得出的证明责任分配结果实际上并非“不合理的分配”,而是对此种分配方案的不合理理解。众所周知,特定要件事实的证明责任分配是二值的(只能是在对立的双方当事人之间非此即彼的结果),但笔者自始至终从未否定这种证明责任分配的结果,而只是解释为可能一开始加害人并不需要就这一要件事实承担证明责任,而是在加害人提出受害人故意或重大过失抗辩时才需要就这一要件事实承担证明责任。显然,无论受害人何时引入这一法律规范作为拟适用的法律,受害人均需对这一规范所规定的要件事实承担证明责任,而这正是规范说的精髓所在——根据规范分类进行证明责任分配。

其实区别就在于:如果仅在第 79 条范畴内争论并进行证明责任分配,则该规范将被识别为“权利发生规范”,并由损害赔偿请求权人对要件事实负证明责任;一旦加害人将第 78 条后半句作为抗辩,则第 79 条将被识别为“权利妨碍规范的妨碍规范”,并由主张此种“妨碍之妨碍”的当事人对此负证明责任。可见,在罗氏笔下,到底将第 79 条解释为“权利发生规范”还是“权利妨碍规范的妨碍规范”抑或“权利妨碍规范之消灭规范”,其实并不影响其证明责任的分配。但对该

规范如何定性,确实不能从该规范文义本身加以确定,只能借助于体系解释——考虑该条文在整个法律体系中所处的位置及其与相关法律规范之间的关系。该条文到底是权利发生规范还是对抗重大过失抗辩的再抗辩规范,并非一成不变的。(见表 14.1)如果受害人在诉讼一开始就确定将第 79 条作为其诉讼请求的依据,则加害人提出重大过失抗辩就将被判定为不相关,这同样能产生相同的实体法秩序效果。但确实,在诉讼的什么时间点上引入这一规范并不影响证明责任分配的结果。由于客观证明责任的承担作为一种预定的风险承担不存在时间性,因此,当事人何时引入这一规范可能影响的只是主观证明责任的承担时间问题。在此该文作者可能混淆了客观证明责任与主观证明责任的意义。袁文主张:"再抗辩"的引入可作为化解规范说分配证明责任弊端的一把钥匙,通过识别法律规范中的"再抗辩"对法规范进行重新解读,实现"证明责任的分层"处理,就能使规范说的"本质缺陷"得以克服。笔者奇怪的是:有何根据批判罗氏规范说的理论盲点是缺乏"再抗辩"理论呢?如果作者不是对罗氏曾举了一个著名的 6 次转换抗辩的法例暂欠了解,[1]那就是有意的误读。"再抗辩"根本不是突破规范说的新方法,而是内在地包含在规范说分配方法之中的核心因素。因此袁文借以批判规范说的"本质缺陷"并大获全胜其实可能不过是建立在一个"假想敌"的基础上。

---

〔1〕 罗氏根据《德国民法典》的两个法条设想了一个由 6 个相互制约的法规范组成的五层抗辩的著名设例。参见[德]莱奥·罗森贝克:《证明责任论》(第 5 版),庄敬华译,中国法制出版社 2018 年版,第 126 页。

表 14.1　依“规范分类”与“要件分级”分配证明责任对照表

规范分类 要件分级	权利发生规范	权利妨碍规范	权利妨碍规范之妨碍规范
第一级要件(饲养的动物/造成他人损害的/动物饲养人或者管理人)	第 78 条(前半句)　饲养的动物造成他人损害的,动物饲养人或者管理人应当承担侵权责任		
第二级要件(被侵权人故意或者重大过失)		第 78 条(后半句)　但能够证明损害是因被侵权人故意或者重大过失造成的,可以不承担或者减轻责任	
第三级要件(违反管理规定/未对动物采取安全措施/造成他人损害) (禁止饲养危险动物/造成他人损害)			第 79 条　违反管理规定,未对动物采取安全措施造成他人损害的,动物饲养人或者管理人应当承担侵权责任。 第 80 条　禁止饲养的烈性犬等危险动物造成他人损害的,动物饲养人或者管理人应当承担侵权责任

注:规范分类与要件分级具有同构性,因要件必然依附于特定规范之中。无论是按规范分类抑或要件分级,特定案件的证明责任分配结果都是同样的。实体法关于权利效果的规定或说要件的规定是分层次的,这种不同权利效果之间的“对话”在实体法制定过程中是经过反复斟酌权衡的,在实际相关纠纷引发的诉讼过程中自然就可能通过当事人之间“主张—抗辩—再抗辩……”的程序对话形式表现出来。实体对话规范为程序上的当事人对抗提供蓝图,而具体案件程序上的对话能够进一步体现并深化实体上的权利要件设定。

袁文认为受害人需要就加害人“违反管理规定,未对动物采取安全措施”这一要件承担证明责任这种不合理分配的原因在于解释者采用了“规范说”理论。但吊诡的是，袁文对动物致害案件的证明责任分配的分析结论其实并没有推翻其所认为的“不合理分配”，而是对这一分配结果的“合理性”进行了解释。正如上文所述，袁文所谓规范说的“方法论”实为一般法律解释方法，只是明确法律规范之应然意义，使其能够被正确适用的方法，并不构成规范说的特定“方法论”，而是规范说运用时所立基的一般性法律方法。笔者认为这种实体规范上的法解释学分析其实应当理解为证明责任分配的前置性问题，当然这对于讨论证明责任分配也是有意义的，尽管我国实体法学者基本将动物致害案件中的这一问题论述清楚了。[1] 但该文从一个实体规范为例的分析中得出关于规范说之本质缺陷及其基本方法论的论断则是充满臆想的。作为证明责任分配主流学说的规范说，其基本方法应是证明责任分配的方法，即根据实体规范的文义与结构分配证明责任，其根据在于法律规范的基本分类。

其实，袁文所谓原《侵权责任法》第 79 条规定构成的“一个法解释学上的难题”，就在于笔者孤立地理解原《侵权责任法》第 78、79 条，将之作为具有并列关系的两种情形，并因此分配证明责任，从而得出看似相矛盾的两种分配结果。而其实，罗氏理论特别注重法条之间的结构关系，从这一角度来说，“规范说”并非例外或“偶尔采体系解释”，实际上，体系视角是规范说分配证明责任的基本要义。在罗氏证明责任分配理论那里，任何一个法律条文都不是一个完整的法律规范，一个完全性法条是由被限制的法条与限制的法条结合在一起构成的。[2] 只有整部法律是一个整体的体系，全部的法条都在一个领导性的价值观点下组合成一个包含构成要件及法律效果之规

---

〔1〕 参见周友军：《我国动物致害责任的解释论》，载《政治与法律》2010 年第 5 期；叶锋：《动物致害责任研究——以〈侵权责任法〉第 78 条的解释适用为中心》，载《华东政法大学学报》2014 年第 6 期；杨立新：《饲养动物损害责任一般条款的理解与适用》，载《法学》2013 年第 7 期。

〔2〕 参见黄茂荣：《法学方法与现代民法》，中国政法大学出版社 2001 年版，第 135 页。

定的单元，以发挥不矛盾的规范功能，具备此种立法特征的法律体系即所谓“潘德克顿体系”。此种体系化的实体法是罗氏证明责任理论所立基于其上的制度环境，并非如袁文所示要将所有内容整合在一个条文之中。[1] 恰恰相反，如果必须将所有的内容规定在一个条文之中，其结果是，法条不但在结构上会更复杂，而且会显得臃肿不堪。[2] 在“潘德克顿体系”下，法官作出一个判决所依据的一般绝对不会是一个孤立的条文，而是多个条文集合而成的完全性法律规范。罗氏规范说所言的规范，就是这种完全性法律规范，而非某个可以孤立分析的法律条文。这正是袁文对《侵权责任法》第79条将导致“证明责任不当分配”这一误判所产生的根源。

袁文所忽略的另一方面是，普氏还特别提到的将证明责任的分配作不同的评价层面的处理并非仅是对实体法规范的静态解释与分析，而与当事人的对话角色分配是紧密相联的。[3] 诉讼上的“主张—抗辩”及由此造成的证明责任分割承担（“避免将证明责任作一边倒的分配”）就是这种对话逻辑的体现。作为引领现代民事诉讼潮流的德国民事诉讼所代表的“对话诉讼”模式，使法官协助当事人和武器平等构成法官实质指挥诉讼义务的基石，如此一来，进一步使当事人之间的对话朝向更合理的证明责任配置。[4] “实体法和程序法中均包含着众多的对话程序，因此辩论上的单独行动对

---

〔1〕 袁文认为应当将原《侵权责任法》第78条与第79条结合在一起解读，形成类似如此的条文表述：“饲养的动物造成他人损害的，动物饲养人或者管理人应当承担侵权责任，但能够证明损害是因被侵权人故意或者重大过失造成的，可以不承担或者减轻责任。但即使被侵权人存在重大过失，如动物饲养人或者管理人违反管理规定，未对动物采取安全措施，亦不得免责。”参见袁中华：《规范说之本质缺陷及其克服——以侵权责任法第79条为线索》，载《法学研究》2014年第6期。

〔2〕 参见黄茂荣：《法学方法与现代民法》，中国政法大学出版社2001年版，第128～129页。

〔3〕 参见［德］汉斯·普维庭：《现代证明责任问题》，吴越译，法律出版社2000年版，第417页。

〔4〕 参见周翠：《现代民事诉讼义务体系的构建——以法官与当事人在事实阐明上的责任承担为中心》，载《法学家》2012年第3期。

证明责任的分配来说都是不存在的。"[1]袁文关注的原《侵权责任法》第79条并非一种证明责任分配的特殊情形,而是这种对话程序的典型例证。

此外,袁文认为由于规范说以对法律条文的文义解释直观分配证明责任,因此,"当该理论被用于未考虑证明责任问题的实体规范时,必然导致不合理的证明责任分配"。[2] 隐含的判断就是,规范说能作为证明责任分配理论的前提就是其所依据的实体规范必须是在立法当时即清醒地考虑了证明责任分配如何体现在法律条文的表述之中。其实这种理想化的假设从来都不符合现实。即使在德国,规范说也是在民法典制定之后由罗氏天才地"发现"的,立法者在斟酌法律规范的表述时也从没有得到关于证明责任分配表述的明确指令,但证明责任分配规范却隐含其中。即使是在现代证明责任理论传入之前制定的、特别注重于民众理解的日本民法,规范说也大行其道;这也就可以理解何以在我国试图批判规范说缺陷的学者在成千上万的实体法条之中竟难以找到一个恰当的反例。

当然,如果实体法律规范表述形式确实与立法当时或者后来社会发展所产生的价值取向选择相悖(上述第三种法律漏洞),则按照规范的字面含义加以解释与分配证明责任当然就不合理,而需参考立法文件、规范目的等论理解释方法(而非仅以体系解释)以仔细斟酌其"真意",从而恰当地分配证明责任,并为将来法律的修订积累司法的经验,此即通过司法的法律的成长。遗憾的是,袁文所关注的《侵权责任法》第79条却并非证立此种特殊情形的适例。

---

〔1〕 参见[德]汉斯·普维庭:《现代证明责任问题》,吴越译,法律出版社2000年版,第418页。

〔2〕 袁中华:《规范说之本质缺陷及其克服——以侵权责任法第79条为线索》,载《法学研究》2014年第6期。

四、规范说的比较优势及其修正

证明责任概念在德国理论上历史悠久,但自罗马法以降基本上将证明责任理解为诉讼行为意义上的当事人提供证据加以证明的义务,证明责任的目的在于解决案件事实认定问题。自双重含义说提出后,现代证明责任问题实质上被转换为事实真伪不明时的裁判方法问题,以规范说为代表的法律要件分类说扭转了此前的待证事实分类说的思考方向,转而从法律适用上寻找问题的答案,意图使实体法规范意旨重新覆盖真伪不明的情形,从而勾连起当事人的诉讼主张与举证负担、法院的事实认定与法律适用,从而使证明责任理论升级为“民事诉讼的脊梁”。

在证明责任理论发展过程中,罗氏“规范说”对事实真伪不明的处理方法与证明责任分配方法给予了最简洁清晰的回答,而对附加问题则并未充分展开论述。普氏“修正规范说”重在修正罗氏理论广受非议的第一个问题,至于第二个问题,其实在德国无论是罗氏、莱昂哈德、穆兹拉克、施瓦布、普维庭,均没有什么大的分歧。普氏着力解决的是附加的那个问题,即按“规范说”分配证明责任的正当性。关于分配根据问题,罗氏只是指出了实体法的目的是立法者(而非具体个案司法人员)深思熟虑的意旨。当然,实体法具体规范的意旨究竟为何确实需要进行法律解释,尤其是法条的意旨与法条语言表述之间的关系更费思量。这其实是关系到立法模式及立法技术问题,尤其是立法者是否将证明责任分配纳入立法时有意识的考虑。众多的例子可以表明《德国民法典》的立法者显然是深思熟虑而严谨行事的,[1]其草案第

---

〔1〕 参见[德]汉斯·普维庭:《现代证明责任问题》,吴越译,法律出版社2000年版,第415~416页。

193 条更是将这一考虑作了清晰的表达,[1]这正是所谓"潘德克顿体系"在这方面的明显优势。在日本,情况则有所区别:由于《日本民法典》的制定与罗氏规范说传入日本存在一段时间差,日本立法者显然并未考虑法条作为证明责任分配的基准,而是相反,有理由认为日本民法规范的表述,特别考虑了如何使国民易于理解。[2] 在这一实体法环境下,证明责任的分配采用规范说就很有必要进行一定的修正,普氏以论理解释来修正法律条文的文义解释表述,以此作为证明责任分配的依据就正契合了此种需要,伊藤滋夫的"裁判规范之民法"理论也正是作为修补"规范说"在日本适用时水土不服问题的"解毒剂"。

普氏修正规范说的要旨是以从价值层面将整个法律领域进行分级作为证明责任分配的基础作业。其实,将实体法的构造分为价值层面的思想是由莱波尔特首先提出的,但这绝非罗氏规范说的盲点,实体法构造的分层正是规范说的基础,[3]区别只在于分层的着眼点的不同。在德国,学界除了对民法典的精耕细作之外,众多学者对各部门法也进行了这一工作,普氏对劳动法的研究也是填补这一拼图的努力。正因如此,普氏本人对此也有清楚的认识:"法律对要件作不同层面的分级和由此产生的对基本规则的例外规定并非意味着我们又发现了证明责任特别规则的新方法论,它只不过是对所有实质性依据和方法论的高一级处理(基本层面的处理仍是依据法律规范的文义作直观的要件事实证明责任分配),从而避免将证明责任作一

---

〔1〕 后来《德国民法典》删除这一条文并非因为这一条文表述的内容有问题,而是觉得这一条文的表述是多余的,是理所当然的,是一条"世界习惯法"。参见[德]汉斯·普维庭:《现代证明责任问题》,吴越译,法律出版社 2000 年版,第 401 页。

〔2〕 参见[日]高桥宏志:《民事诉讼法:制度与理论的深层分析》,林剑锋译,法律出版社 2003 年版,第 444 页。

〔3〕 AcP179,504. Rosenberg,Beweislast,S. 100,117. 转引自[德]汉斯·普维庭:《现代证明责任问题》,吴越译,法律出版社 2000 年版,第 415 页。

边倒的分配或者避免从平面规定原则—例外关系。"[1]普氏著作之所以被称为"证明责任研究的休止符",正是因其对规范说的深层解释使规范说回应了众多的批判而成为一种较为完满的理论,重新维护了规范说的主流地位。但从原创性来说则难以与罗氏学说并论。普氏对罗氏学说的修正毋宁说是对罗氏规范说分配方法及根据的进一步解释及在个别地方的漏洞填补(因规范说不认为法律存在漏洞,因此在有时会存在理论封闭的问题),而绝不能认为是对罗氏理论基本思路与方法论的反动。作为证明责任理论核心的证明责任分配方法在罗氏及其弟子门下是一脉相承的,规范说的基本思想在普氏这里被再一次发扬光大。

纵观德国证明责任学说发展史,罗氏规范说其实并非缺少灵活性的"僵化"学说,正是借助于其独创性的"权利妨碍规范"(也应当包括"妨碍之妨碍"及"妨碍之消灭"规范)与证明责任的联系,罗氏正确地打开了证明责任分配理论之门,使事实真伪不明的败诉风险能在对立的双方当事人之间进行合理分担。莱昂哈特对规范说如此分割肢解要件事实进行了批评,但他自己所倡导的"完全成立说"却成了"最顽固的不允许任何例外的封闭学说",[2]并在后来的理论竞争中基本被抛弃了。

批判规范说的最重要论点可能就是严格按照法律的文义解释无法进行恰当的漏洞填补。必须承认,规范说提出的时代,仍然信奉立法者的理性与实体法之完满,从未考虑过法律漏洞填补问题。法律漏洞填补必然要超越法条文义进行,而规范说设定的前提是不承认法律漏洞与拒绝法官造法。至此,为后来者所批判的规范说之所谓"本质缺陷"应当很清楚:证明责任的分配"从实定的实体法规范文义

---

〔1〕 参见[德]汉斯·普维庭:《现代证明责任问题》,吴越译,法律出版社2000年版,第417页。

〔2〕 参见[德]汉斯·普维庭:《现代证明责任问题》,吴越译,法律出版社2000年版,第410页。

出发,严格遵从立法者旨意”确实就是规范说的“本质”,但视其为“缺陷”并非因该学说本身的内在逻辑问题(相反,规范说的内在逻辑清晰严密),而是因其似乎不能适用于特定的、该学说并未考虑过的情形:社会迅速变迁时期立法滞后所带来的法律漏洞。普氏其实非常清楚:从纯粹实践的角度看,一般情况下法律文义就是分配证明责任的标准。尤其要指出的是,除非有法律漏洞,否则不依据规则构造分析根本就无法作出判决。[1] 体系解释方法适用的应当就是那些无法作文义解释的情形,也即文义解释与体系解释根本不是历时性的“先—后”适用的关系,而是分别适用于不同的情形。不同于对实体法内容解释的是,在证明责任分配时,其他论理解释方法的结果总是要逾越对法律的文义解释。因此,这种所谓的解释其实应当属于证明责任法上的“法律续造”。但必须注意的是,法律续造也必须考虑法的安定性维护,如果赋予法官普遍灵活的解释权,无疑会危及法的安定性价值。只有在考虑到法的形式原则的掣肘之后,依然可以通过论证证明实现“个案正义”的必要性是如此之大,哪怕损及规则背后的实质价值和法的安定性也在所不惜,才可以进行法律续造。[2] 就这一角度而言,体系解释方法的引入就不是为规范说“打补丁”,而是引入另一种异质方法了。文义之外的多种解释方法的运用真的是在“规范说”范畴内的修补方案吗?袁文亦引用了普氏对体系解释方法的倡导:“有时对某一个别的具体的规范来说,不按照该规范的文义,而应按照对应的情势,按照系统的、历史的,或者目的性解释来分配证明责任也是可能的。”[3] 但袁文却未提到普氏随后的坦认:“不

---

〔1〕 参见[德]汉斯·普维庭:《现代证明责任问题》,吴越译,法律出版社2000年版,第413页。

〔2〕 参见雷磊:《法律方法、法的安定性与法治》,载《法学家》2015年第4期。

〔3〕 参见[德]汉斯·普维庭:《现代证明责任问题》,吴越译,法律出版社2000年版,第413页;袁中华:《规范说之本质缺陷及其克服——以侵权责任法第79条为线索》,载《法学研究》2014年第6期。

过这种情况倘若按照通说来理解，就不属于法律解释，而属于造法了。”[1]亦即在不适用文义解释之时以法官造法来填补漏洞，这正是罗氏当时所极力反对的倾向。罗氏理论反对证明责任分配的司法裁量即所谓“法官分配证明责任”，罗氏认为，“（证明责任）分配原则不能从公正性中推导出来……如果法官想将具体的诉讼之船根据公正性来操纵，那么，他将会在波涛汹涌的大海里翻船。诉讼的本质将会从根本上受到破坏”。[2] 完全按照法定性而非裁量权分配证明责任正是罗氏理论区别于此前多种分歧学说的最大差别。

文义解释能够作为规范说证明责任分配的识别方法的原因其实就在于，法律规范对于要件的表述倾向于采取通常的表述形式，而这种形式天然便于进行证明责任分配的分析。如果说要件事实与法律效果的联系是实体法的内容，那么法条的结构与表述方式则是法律的形式。内容与形式之间的最基本的辩证关系在这里当然也适用：内容决定形式、形式反作用于内容。这亦可大致从立法语言学上得到说明：首先，立法的简洁性使法条极少进行要件事实的重要或矛盾规定；其次，对行为规范选择从正面规定还是反面规定并非随意而定，法律对权利妨碍要件的消极要件的规定必寓有特定用意。从构成要件与法律效果相联系的文字表述来看，确实，一个法规范既能表达为权利形成规范（T→R），也能表达为权利妨碍规范（非 T→非 R），从纯粹的实体法的角度看这两种措辞方式在逻辑上是完全等价的。然而借助这种特定的措辞方式人们可以对程序法上的特定效果加以控制。[3] 特定措辞有意无意隐含着立法者对要件的分层设置与倾向性价值选择，这恰恰形成证明责任分配上的一般性“操作规则”。因

〔1〕 参见［德］汉斯·普维庭：《现代证明责任问题》，吴越译，法律出版社 2000 年版，第 413 页。

〔2〕 参见［德］莱奥·罗森贝克：《证明责任论》（第 5 版），庄敬华译，中国法制出版社 2018 年版，第 113 页。

〔3〕 参见［德］齐佩利乌斯：《法学方法论》，金振豹译，法律出版社 2009 年版，第 139 页。

此,如此分配证明责任是一种非常自然和简便的方法,并在大陆法系/成文法国家流行起来。实际上,不独日本,多数国家实体法的立法者均未清醒意识到应将证明责任分配纳入法律表述时的考虑因素,但这并未妨碍规范说成为大陆法系国家(也包括日本)证明责任分配理论的通说。

总体而言,规范说与修正规范说的分歧,笔者认为可概括为形式与实质的区别:罗氏规范说重在确立证明责任分配的形式标准,而普氏修正规范说重在对此形式标准的实质解释。具体表现在以下几个方面:(1)罗氏对证明责任机制与作用原理的说明方法是所谓的"法规不适用",此种方法可借助于大陆法系裁判的"司法三段论"框架依形式逻辑加以说明。普氏证明责任机制与作用原理的说明是借助于一套操作规则(证明责任规范)来解决真伪不明时的裁判依据问题,实质上是依实体规范的价值取向选择将真伪不明事实拟制为或真或伪。(2)与此相应,在分配原理上,罗氏主张依据法律条文表述分配证明责任,而普氏主张分配证明责任的依据为实体法律规范之目的。(3)在分配方法上,罗氏理论借助于法律规范分类直接分配证明责任,而普氏主张实际上是依据要件事实的分级设置来分配证明责任。(4)在对证明责任分配依据的具体识别方法上,罗氏主张只须对法律规范进行文义解释即可直观分配证明责任,而普氏认为在必要时不必局限于文义解释,不应排斥其他论理解释方法的运用。

虽然罗氏与普氏的证明责任在理论的诸多面向不同,但在德国近百年证明责任理论大论战的背景下,却应当说是站在同一战壕的。这两种学说前后相继,相辅相成,均坚持从实体法出发,将法律规范本身作为证明责任分配的依据。两种理论在诉讼实践中加以运用时分配证明责任的结果基本是一致的。正如当时人们对实体法完美无缺的自信,罗氏曾在1953年宣称:"证明责任领域存在的争论问题已经不多。"但世事难料,正是自罗氏离世的20世纪60年代开始,德国社会的现代化转型给私法秩序尤其是侵权法带来重大冲击,为因应此种变化,证明责任理论进入了一个突变时期,出现了“新兴证明责任理论对规范说的背离”,“攻击规范说的手段是如此多样,以至于在如何才能打败规范说方面尚未达成共识”。这一波攻击的最主要的倾向,就是企图在证明责任的分配方面背离法律的文义,主张在判断证明责任时应当代之以一定的实体标准作为导向。〔1〕 作为罗氏再传弟子的普维庭实际上是站在捍卫罗氏“规范说”基本方法的立场回击了针对“规范说”的诸多质疑,论证了“就证明责任的分配而言,罗森贝克规范说的有效性从本质上已经得到验证”,〔2〕因此他将自己的学说命名为“修正规范说”,日本则在此两种学说的基础上形成“法律要件分类说”,这就是我国学界所引介并一直坚持的知识传统。

作为证明责任研究的集大成者,普氏揭示了实体法中隐藏的密码,从而发现了证明责任分配的“元规则”:按照法律的结构,实体法被分解为不同的层面。考虑到证明责任分配实质性依据的多样性以及法律的可操作性,对法律要件评价的不同层面结构并非由立法者的主观意志或者诉讼过程决定的,它其实是必然的选择。无论实体法立法者在语言表达上是严谨行事(如德国)还是缺乏这种严谨性(如日本),要发现法律这种评价的层面都是可能的。各种证明责任分配理论所提出的不同分配方法,其实不过是帮助人们发现和界定这些层面的辅助手段。人们是否将这些不同的层面描写为权利与反权利、权利与抗辩、基本关系和特别关系或者规则性事实要件和例外性事实要件,这并不重要。〔3〕

---

〔1〕 参见[德]汉斯·普维庭:《现代证明责任问题》,吴越译,法律出版社 2000 年版,第 1 页。

〔2〕 参见[德]汉斯·普维庭:《现代证明责任问题》,吴越译,法律出版社 2000 年版,第 516 页。

〔3〕 参见[德]汉斯·普维庭:《现代证明责任问题》,吴越译,法律出版社 2000 年版,第 415 ~416 页。

五、本章小结:德日民事诉讼基本理论对我国的借鉴意义及其限度

为什么在证明责任理论问题上罗氏这种更单纯的似乎在德国已属“过时”的学说能够成为我国当前的理论选择？笔者认为根本在于其更符合我国当今社会发展阶段与法制环境。我国当前,虽然社会主义法律体系已初步建成,《民法典》编纂业已完成,但相较于西方法治国家,我国在观念上却欠缺规则至上的传统和尊重形式理性的价值,法律实证主义所坚持的“法律就是法律”非但不是过时的陈词滥调,而是仍需要努力培植的基本信仰。在法治建设初期,最为关键的就是树立法的权威性与安定性价值,以稳定人们的行为预期(如春秋战国时期“子产铸刑鼎”)。尤其在民众对司法信任跌至低谷的当前,法官自由裁量权理应当受到严格限制。罗氏这种严格尊重制定法权威、依据明确形式标准、限制司法自由裁量权的理论因此正当其时。在以《民法典》编纂为标志的实体法体系化完成后,规范说将获得更好的土壤。而普氏修正理论所基于的“私法实质化”思潮在我国目前尚无从谈起。在证明责任分配上,修正规范说其实并非对罗氏理论自身要义的修补,实际上是在规范说不能适用的领域增补了一种新的异质方法,这在该理论产生的当时背景下具有重要意义。但在我国规范说尚立基未稳时引入此种理论,无异于在规范说中植入“木马”,将渐危及规范说的通说地位及实定法的权威性,这是法治建设初期应当警惕的。

如前所述,对实定法规范解释方法的选择不致成其为规范说的“本质缺陷”,尊重实体法的立法宗旨与目的以分配证明责任是“规范说”(亦包括后来“修正规范说”)一贯坚持的核心思想,也是该派学说与其他竞争性学说的本质区别。规范说是民法法系(成文法系)国家基本的民事裁判理论。在证明责任分配理论上,普维庭才真正是罗森贝克的直系后裔。虽然普氏著述重在阐述其“新规范说”对于“规

范说”的修正,但对目前尚处于法治初建时期的我国来说,把握二者观点的脉络与精髓比其差异可能更为重要也更具现实意义。(客观)证明责任理论近年在我国遭到了有力挑战,基于本土实践考察与经验提炼的观点不断冲击经典的证明责任分配理论。但基于我国诉讼制度的现代化转型及与国际接轨的务实考虑,必须捍卫前辈学者努力引介与建构的这一知识传统,并力争形成本土学说。这需要我们重新回到罗森贝克,既要批判理论上忽视证明责任在诉讼程序上的方法论意义,仅将证明责任视为“民法学的阴影”,也要批判实践中将证明责任仅视为“事实判断的辅助方法”,使其蜕变为“民事诉讼的尾骨”。

在我国当前不宜放大规范说的瑕疵,模糊该学说的基本要义,而应在实践中坚持规范说分配证明责任的基本思路,使证明责任真正成为“民事诉讼的脊梁”。只有这样,“才能真正促进司法实践和立法技术的进步,为形成和发展本土自有的法教义学打下坚实的基础”。[1] 正如张卫平教授所言:大陆法系民事诉讼领域的整个理论空间就是各种学说争论的战场,[2]各派学说均有其产生的复杂的背景与原因。每种学说基本上可说是优劣互现的,不可能存在一套放之四海而皆准的最佳学说。基于时空压缩的特点,在当今中国,各种理论似乎都能找到它的最佳结合点,也皆有其闪光点与吸引力。因此引入介绍国外最新理论与新观点似乎总有充分的理由。但我国更应当注重理论对司法实务的引领作用与实际意义,否则,有可能沦为站在本土讨论外国语境中外国问题的“殖民法学”。在对待国外学说理论问题上,既要避免根据自己占有资料的便利,在纷繁复杂的学说中截取一个横断面的随机性(所谓的“逮啥吃啥”);也不应当热衷于引

---

〔1〕 袁中华:《规范说之本质缺陷及其克服——以侵权责任法第79条为线索》,载《法学研究》2014年第6期。

〔2〕 参见张卫平:《证明责任分配的基本法理》,载何家弘主编:《证据学论坛》(2000年第1卷),中国检察出版社2000年版,第279页。

进最新理论，认为新说必然优于旧说；而应注重基本理论和基础学说，重点引进基本教义。这其实需要对国外学说发展史有较全面的把握，在理论鸟瞰的基础上精选其最基本、最基础，往往也是较具普适性的理论教义加以深入研究，在此基础上形成本土学说并加以发展。我国证明责任理论至今走过的基本上就是这一路径。我们应继续坚持这一道路，并在中国当前理论语境及司法实践中形塑本土学说。因此，笔者非常赞赏袁博士提出的问题并参与商榷，也期待学界对此予以进一步的批评。

第十五章　证明责任性质重述：作为“风险”的证明责任

引　言

性质即事物的属性。在科学研究中，通常的定义方法就是以事物的性质作种差下的“性质定义”，这种方法的第一步就是找出与被定义概念最邻近的属概念，这个属概念就是被定义概念的性质。因此，不明确一概念的性质就难以给其下定义，更难以准确把握其真正内涵。在证明责任概念内涵的界定问题上，“双重含义说”一直稳居我国民事诉讼法学界学说主流地位。[1] 这一学说的历史功绩在于：曾使我国在坚持“谁主张，谁举证”意义上的当事人负担举证行为责任的同时，引进了作为法律适用问题与裁判方法意义上的客观证明责任，

[1] 我国证明责任“双重含义说”，参见李浩：《我国民事诉讼中举证责任含义新探》，载《西北政法学院学报》1986年第3期。

因此具有重要的理论开创意义。双重含义的证明责任固然有对相关司法现象涵盖和解释范围较大的优势,但将两种性质的事物涵摄于一个概念之下,也会导致作为整体的证明责任概念的法律性质相对含糊,并在实践运用时指向模糊。证明责任在德、日等国的学说史表明,在理论发展到一定时期,提供证据行为意义上的"举证责任"与作为法律适用问题的"现代证明责任"在概念内涵与适用规则上必然分道扬镳。[1] 尤其在讨论证明责任分配这一核心论题时,20 世纪末期德国学者已意识到:只有"严格锁定"这一概念的内涵所指为客观证明责任,才能使争议双方不至于各说各话。[2] 当前,在我国学界业已达成的共识是:证明责任本质是指客观证明责任,[3]其内涵是指案件要件事实真伪不明时的裁判风险。但这并非意味着我们要抛弃举证行为责任的概念,恰恰相反,客观证明责任论归位的同时,学界对于举证行为责任范畴的研究亦呈现方兴未艾之势,这显然是我国证明责任理论渐趋成熟的表现。在该理论的主战场,虽然明确了客观证明责任作为风险的本质,但对于此种风险的性质及其之于具体诉讼案件乃至普遍的法律适用的意义,却尚缺少深入论述。

这绝不仅是一个在概念表述上"较真"的问题,真正理解现代证明责任的风险性质对于我国民事司法的现代化转型可谓一个痛点。相较于概念的引入甚至制度的移植来说,这一过程将更加长久与艰难。输入西方话语且使之适用于本土语境并不属于一种完全的挪用

---

〔1〕 在当今德语学术语境中,"证明责任"(Beweislast)与"举证责任"(Beweisführngslast)往往以不同词语表示。参见[德]罗森贝克、施瓦布、戈特瓦尔德:《德国民事诉讼法》,李大雪译,中国法制出版社 2007 年版,第 848 页;[德]汉斯·普维庭:《现代证明责任问题》,吴越译,法律出版社 2006 年版,第 13 页。

〔2〕 德国学者普维庭主张在学术研究时应严格锁定客观证明责任作为证明责任的概念内涵。参见[德]汉斯·普维庭:《现代证明责任问题》,吴越译,法律出版社 2006 年版,第 10 页。

〔3〕 学界对此的共识,参见李浩:《民事证明责任本质的再认识——以〈民事诉讼法〉第 112 条为分析对象》,载《法律科学(西北政法大学学报)》2018 年第 4 期。但我国司法实务界对此尚未达成共识。

行为，因为本土的话语机制将在挪用的过程中发挥话语约束作用。[1]由于我国古代的传统文化中欠缺民主观念，相应的法律观念中欠缺诉讼风险意识。在新中国司法改革之前的职权主义诉讼模式下，一方面法官有包揽证据调查的义务，另一方面法官也有较大的诉讼指挥权，在事实认定过程中可责令当事人提供相关证据，并在当事人未能举证时直接课予不利的事实判断结果。此种逻辑即所谓“中国式举证责任”。[2] 即便在现在，虽然证明责任概念无论是在理论界还是在实务中均为法律人耳熟能详，但仍很少有人真正从风险认知与防控的角度理解与把握这一概念。对证明责任的风险性质及其意义的揭示是正确应对与防范此种风险的前提，并能以此真正推动现代证明责任制度在我国民事审判中的确立与发挥其作为“民事诉讼脊梁”的强大功能。

一、证明责任性质认识的多种误区

对一事物性质的界定是以对其概念内涵所指的认识为前提的。证明责任这一“舶来品”本身就具有多义性与复杂性，以至于德国学者也曾反复感慨这一概念选择是多么“不幸”。[3] 证明责任属于现代民事诉讼中产生的一项新制度，相对于传统民事司法来说具有新

---

〔1〕［美］史书美：《现代的诱惑——书写半殖民地中国的现代主义（1917—1937）》，何恬译，江苏人民出版社 2007 年版，第 70 页。

〔2〕所谓“中国式举证责任”，是指虽然借用“举证责任”“真伪不明”等术语来解释诉讼实际运行，但其实不同于西方现代证明责任方法的一套裁判思维与制度逻辑。参见胡学军：《中国式举证责任制度的内在逻辑——以最高人民法院指导案例为中心的分析》，载《法学家》2018 年第 5 期。

〔3〕德国众多诉讼法学者均认为“我们选择证明责任这一术语是如此不幸”。德国学者包括穆兹拉克、马森、施梅林、瓦亨多夫等对此达成共识，尤其是普维庭对此有反复感慨。参见［德］汉斯・普维庭：《现代证明责任问题》，吴越译，法律出版社 2006 年版，第 9、25、50 页。

颖性与突破性。但在概念表述上由于沿用的是自罗马法上已有的概念,并采用“旧瓶装新酒”的策略引入新制度,故在其原产地亦存在概念“能指”与“所指”冲突的语义问题。为防止“望文生义”,德国经典论著中也专门分析过“从属于证明责任的事实的主张和证明”究竟是一项义务、权利、责任,或仅是一个实际必要的问题。由于客观证明责任作为证明责任本质已经深入人心,故在德国主张和证明行为的性质被认为是证明责任理论中一个“次要的问题”。[1] 但在我国,证明责任性质的定位问题却是具有重要意义的首要性问题。我国法学教材中也多有对于证明性质定位的讨论。[2] 广义的证明责任包括客观证明责任与主观证明责任,主观证明责任又包括主观抽象证明责任与主观具体证明责任。将证明责任内涵严格锁定为客观证明责任应当成为目前探讨这一问题的前提,在此语境下,尤需对此类分歧观点予以仔细辨析。

(一)义务说

在现代司法中,为确保审判程序以公平、集中、快捷的方式进行,唯有构建起完善的诉讼义务体系,尤其是当事人在事实阐明方面均应不同程度上存在义务承担。[3] 文书提出义务、真实陈述义务、事案解明义务,以及表见证明中的反证提出义务等这些事实证明过程中的义务都属于现代诉讼中当事人的义务体系。不履行义务将产生法官形成不利心证甚至直接产生不利事实认定的效果。但这些义务与证明责任仅仅是存在一定的联系,却绝非等同关系。因为严格锁定

---

〔1〕 [德]莱奥·罗森贝克:《证明责任论》(第5版),庄敬华译,中国法制出版社2018年版,第67~75页。

〔2〕 代表性教材,参见江伟主编:《民事诉讼法》(第3版),高等教育出版社2007年版,第179页;谭兵、李浩主编:《民事诉讼法学》(第2版),法律出版社2013年版,第201页。

〔3〕 参见周翠:《现代民事诉讼义务体系的构建——以法官与当事人在事实阐明上的责任承担为中心》,载《法学家》2012年第3期。

的客观证明责任概念与任何证明行为意义上的内涵均应“脱勾”。

将当事人的主张和证明行为视为履行义务的观念是以当事人在诉讼中被迫做出这样的行为的观点为依据的,但这一观点是站不住脚的。“义务是国家规定并体现在法关系中的,人们应该和必须应权利主张而作出或抑制一定行为的负担或约束。”〔1〕对当事人的主张与证明行为不存在任何的外在强制,驱使当事人自己采取主张与证明行为的只能是他自己的利益,而不予以证明的行为侵害的也只能是自己的利益。

如此看来,从强制性规定来看,证明行为不可能是当事人的义务。那么,能否从与权利相对的一定是义务这一角度来考察呢?但要求当事人主张和证明不可能是任何其他人的权利。首先,对方当事人不具有要求当事人主张和证明的权利。如果负有证明责任的当事人放弃主张和证明,法院理应维护对方当事人的利益,这不是对方主张胜诉权的结果。当事人在诉讼中为一定行为的权利和义务,并不是相对于对方当事人而言,而是相对于法院。其次,法院也不享有强制当事人主张和证明的权利。对于法院而言,当事人的义务只存在于公共利益中。〔2〕法律并未将主张和证明行为规定为当事人的义务。当事人不主张与证明的后果不可能超出案件被判决败诉的结果。

(二)权利说

如果把证明责任说成是一种权利,听起来就显得自相矛盾,故这种观点似乎不值得展开批判。“权利享有者以一定的方式行使他的选择或意志自由,而其选择或意志自由是为实现某种利益。”〔3〕按照这一定义,权利的特征一是可为可不为,即放弃权利不产生不利后

---

〔1〕　张文显:《关于权利和义务的思考》,载《当代法学》1988 年第 3 期。

〔2〕　参见[德]莱奥·罗森贝克:《证明责任论》(第 5 版),庄敬华译,中国法制出版社 2018 年版,第 70 ~ 71 页。

〔3〕　张文显:《关于权利和义务的思考》,载《当代法学》1988 年第 3 期。

果。二是权利的行使与某种利益的获取存在密切联系。证明责任既不体现某种利益，也显然不是当事人可以自主抛弃的。主张和证明是当事人对诉讼标的行使处分权的结果；但对诉讼标的的处分并不等于有权对诉讼材料进行处分。从宪法上的“庭审倾听权”无论如何不可能推导出主张和证明权利，故法院应听取双方意见的原则无论如何也不符合主观权利的要求。〔1〕

此外，近年来在德国司法实践中兴起的“证明权”作为有关诉讼证明程序权利的一个集合性称谓，与客观证明责任的关系在于其是缓和证明责任这一风险的一种实践应对。作为当事人享有的在收集证据等诸多权利的集合，〔2〕其与主观证明责任是同一事物之两面。〔3〕某种意义上是为矫正证明责任分配可能带来的弊端而提出的配套性理论。

（三）责任说

在一般法理意义上，责任是主体违反或不履行义务所要承担的消极后果，因此也是保障主体自动履行义务的内在约束。证明责任一词在德语中也确实是由“证明”和“责任”两个词汇组合而成，〔4〕这一概念的字面含义也即其原初含义（“举证责任”）确实就是指法律“责任”，但现代证明责任双重含义说的改造就是在其原初含义上增加了另一重含义，恰恰是现在被认为体现证明责任本质的这一层新的含义难以被“责任”一词所包含。

法律责任通常是由行为义务产生，因此也可通过行为的履行而

---

〔1〕［德］莱奥·罗森贝克：《证明责任论》（第5版），庄敬华译，中国法制出版社2018年版，第72页。

〔2〕参见柯阳友：《证明权与当事人收集证据制度》，载《法学杂志》2007年第2期。

〔3〕参见奚玮、杨锦炎：《民事证明权的多维视角》，载《法律科学（西北政法大学学报）》2009年第5期。

〔4〕德语中的“证明责任”（Beweislast）一词由“证明”（Beweis）与“责任”（Last）组合构成。参见［德］汉斯·普维庭：《现代证明责任问题》，吴越译，法律出版社2006年版，第25页。

被卸除。普维庭认为，“责任”系以当事人的活动为前提，否则当事人就得承担不利后果，因此与客观证明责任无关。[1] 如果坚持“客观证明责任”这一术语，则通常的“责任”一词的含义就需要被扩展了，此处所谓的“责任”并不是指法律设定的某种障碍，而是指不可避免的败诉之不利后果，或者说是特定情形下属于自己的利益被消灭了。有别于“责任”一词通常含义的是，此种“责任”所导致的不利后果始终限制在当事人诉讼目的范围内。

（四）负担说

上述“义务—责任”诸说，共同问题在于证明责任这种不利后果的产生并非由行为导致。在证明责任概念的英文表述上，一般使用“负担”（burden）一词。负担说的主要问题在于其内涵笼统模糊，该词语也并非一个专门的法律概念。说证明责任是一种负担，确实是便于日常的理解与该制度传播的。但问题在于这实际上等于并未明确其性质，上述“义务”“责任”“行为”“风险”任一词语皆可与“负担”一词搭配。负担是外在强加于主体的，“负担”一词可以是指行为负担，也可指心理负担。美国“burden of proof”中提供证据责任与说服责任概念及其关系与美国民事诉讼程序之间有十分重要的关联，[2] 这与德国现代证明责任实质上属于实体法问题并不相同，两大法系的“证明责任”概念实际上并不能完全通约。

可能正是由于将证明责任从当事人负担角度来理解，近年在我国流行所谓“证明责任减轻”的说法。但德国只有“证明减轻直到证明责任倒置”这一说法，[3] 证明减轻即证明行为负担的减轻，而证明责任作

---

〔1〕 参见[德]汉斯·普维庭：《现代证明责任问题》，吴越译，法律出版社2006年版，第25页。

〔2〕 参见刘哲玮：《论美国法上的证明责任——以诉讼程序为视角》，载《当代法学》2010年第3期。

〔3〕 参见[德]罗森贝克、施瓦布、戈特瓦尔德：《德国民事诉讼法》，李大雪译，中国法制出版社2007年版，第852页。

为客观风险在整个诉讼过程中都不存在"减轻"或"加重"的可能。

(五)危险说

德国也有学者将证明责任归为一种危险。[1] 我国台湾地区民事诉讼法学上多认为,有举证责任当事人不尽其举证责任时,应受不利益之判断,此不利益之判断,为败诉的危险负担,并非诉讼法上的权利或义务。[2] 但应当注意的是,我国台湾地区主张此种性质的学者所针对的证明责任概念几乎都是所谓"主观证明责任"概念,而非现代证明责任。将证明责任概念的内涵锁定为客观证明责任后,对此种性质也当然应予重新审视。危险说并未清楚地表明证明责任作为"危险"与另一个更常用的概念即"风险"之间有何区别。如虽有学者主张:采用危险负担说最能体现证明责任的本质属性,实际上,其对这两个概念是混用的。[3] 在德语与英语概念表述下,虽然这两个词语并不像在中文里一样从构词形式上看就有如此亲缘的关系,但从其所包含的"与未来损失有关的不确定性"这一含义来看,也基本属于通常可能混淆的"近义词",[4]其细致区分有待在具体语境中辨别。

二、证明责任是法律适用活动本身的风险

(一)风险概念对现代法律领域的入侵

自20世纪80年代贝克提出"风险社会"命题以来,"风险"才真

---

〔1〕 如将证明责任称为"确定的危险"或"证明之危险"。参见[德]汉斯·普维庭:《现代证明责任问题》,吴越译,法律出版社2006年版,第50~51页。

〔2〕 参见杨建华、郑杰夫:《民事诉讼法要论》,北京大学出版社2013年版,第244页。

〔3〕 如纪格非参与撰写的教材"证明责任"部分,就将这两个概念交替使用。参见宋朝武主编:《民事诉讼法学》(第4版),中国政法大学出版社2015年版,第204页。

〔4〕 在德国文献中的"风险"(Risiko)与"危险"(Gefahr),以及英语文献中的"风险"(risk)与"危险"(danger)虽然在词形上并不相近,但大多被当作同义词来使用。参见[德]尼克拉斯·卢曼:《风险社会学》,孙一洲译,广西人民出版社2020年版,第43页。

正成为一个受到广泛关注的社会学议题，并逐渐流行起来成为解读现代社会的关键概念。如果在法律领域可以说：前法治社会关于权利分配的实体法逻辑开始向发达现代社会中诉讼风险分配的程序法逻辑转变，[1]则证明责任就是这种诉讼法上的风险分配机制。从古代“举证责任”到“现代证明责任”的术语选择及其内涵的变迁，与现代风险意识与观念背景完全契合。吉登斯指出，大多数传统文化中都没有“风险”这个概念，在早期的伟大文明，如罗马和传统中国，幸运或不幸往往会被归结为命运、运气或者神意。[2] 西方“证明责任”一词虽然被认为最早是来自古罗马法，当时指向的是举证证明行为意义上的“举证责任”，因此与本质指向为诉讼风险的现代客观证明责任概念形同而实异。[3] 中国几千年的法律文化中根本就不存在能与现代证明责任概念或制度相类比的事物，因此对以此为核心的司法裁判方法与体系自然隔膜。

风险是伴随着功能分化的现代社会出现的新概念，一般意义上的风险是和主体的决策是联系在一起的。按照卢曼对于风险/危险的概念区分的研究，风险被定义为“未来损失归因于决定之后果”，而危险则被定义为“未来损失根本不被看成是决定之后果，而是归于一种外部要素”。[4] 不受决策行为影响的不利后果可归为“意外”，对主体而言，就是一种“危险”而不是风险。这种区分中最重要的是归因概念，它与“二阶观察”有关。所谓二阶观察（second-order

---

〔1〕 德国学者贝克以其敏感的问题意识提出“稀缺社会的财富分配逻辑向发达现代性的风险分配逻辑转变”这一命题。参见[德]乌尔里希·贝克：《风险社会：新的现代性之路》，张文杰、何博闻译，译林出版社2018年版，第5页。

〔2〕 参见[英]安东尼·吉登斯：《失控的世界——全球化如何重塑我们的生活》，周红云译，江西人民出版社2001年版，第17～19页；[英]安东尼·吉登斯：《现代性与自我认同——现代晚期的自我与社会》，赵旭东、方文译，生活·读书·新知三联书店1998年版，第125～131页。

〔3〕 关于现代证明责任这一概念术语内涵转换的分析，参见胡学军：《证明责任制度本质重述》，载《法学研究》2020年第5期。

〔4〕 [德]尼克拉斯·卢曼：《风险社会学》，孙一洲译，广西人民出版社2020年版，第42页。

observe),即“对观察者进行观察”。[1] 在不同的观察视角下,风险/危险的区分并非事先确定的,而要看某一不利后果是归于内部还是外部、自身还是他人、恒定要素还是可变因素、结构还是事件、系统还是情势。死于车祸或者高空坠物也许通常被看作因危险所致——并非可归因于主体决定的“意外”事件。但如果将目光投射到这些事件之所以发生之前,再来归因,或说“对观察者进行观察”,则此类事件仍可以说是一种风险。如为避免车祸或被高空坠物所伤害,人们可以决定不乘车或避免在高楼下走过(恰如卢曼的举例:“如果某人走了另一条路,瓦片就不会落到他脑袋上”[2])。也就是说,只要人们作出决定,风险就不可避免。又或者说,在一定的视角下,任何损失都是可以避免的。

需要特别注意的是,在证明责任“双重含义”中,主、客观证明责任的性质并不统一。客观证明责任作为现代证明责任的本质是规范法官裁判的,本质意义上的证明责任是为解决最终的案件事实真伪不明状态服务的。即便当事人在诉讼过程中尽力举证,如果事实最终仍不能认定,则这一后果就与当事人诉讼中的行为没有必然联系。如此看来,这似乎也可以说是一种与决策和行动无关的外在“危险”。如果从主观证明责任来看,败诉结果常常被认为是当事人“证明不能”行为的后果,因此可以看作当事人未完成举证证明行为所带来的风险。但从“二阶观察”角度来说,证明责任的不利来源不应仅限于诉讼这一场域。从实体意义上的证明责任来看,它是适用特定法律规范本来意义上的可能不利后果。也就是法律要求当事人与他人发生民事法律关系时“未雨绸缪”,即考虑证明责任这一可预期的将来不利。因此在从事法律行为当时的决策就必然附带的日后的风险。

---

〔1〕[德]尼克拉斯·卢曼:《风险社会学》,孙一洲译,广西人民出版社 2020 年版,第 32 页以下。

〔2〕[德]尼克拉斯·卢曼:《风险社会学》,孙一洲译,广西人民出版社 2020 年版,第 44 页。

如订立合同时应约定内容明确、不违反法律、确认对方的行为能力或明确其代理授权、审查意思表示、白纸黑字一式两份，方便日后一旦产生纠纷以证明合同关系。从这一意义上看，证明责任仍可以说是一种随法律上的决策而来的风险。这不仅是对“法律行为”而言，即便对于侵权行为这类发生在不特定主体之间的非经合意的“意外事件”，仍可依循这一思路加以理解。当然，对于真正的责任人来说，其最终被判败诉赔偿根本不是一种风险。对于被牵连者或潜在的侵权行为人来说，就是要求其尽到合理的注意义务或控制潜在的危险因素；对于受害人来说，在“二阶观察”视角下，受害人如在诉讼中因举证不能而承担败诉的结果仍归于其决定所带来的风险，则只能说是因其未能认知和识别环境中潜在的风险，正所谓“君子不立危墙之下”。

（二）法律适用活动本身附带风险

广义的风险就是指不确定性，长期以来，法治对于世俗生活而言就是要尽可能消除不确定性，增强生活的可预测性，从而使社会主体合理规划自己的生活，促进社会经济的稳步发展。证明责任是法律适用问题，证明责任分配规范就是关于法律适用的规范，即法律的次级规范。在法律因公布而为公众知晓，继而深入人心，甚至成为民众“信仰”之后，有关法律适用的次级规范就变得在实践中更加重要了。证明责任是任何法律适用在理论上都可能存在的风险，明确这种风险及其分配是法律适用的核心问题。

在传统的法学方法论下，立法对社会生活的规范具有确定性，这种确定性通过传统的裁判方式以及司法三段论，合乎逻辑地将确定性输送到现实生活之中。但实际上，一方面，由于案件事实认定有一个时间差，法官对客观案件事实的认定因此具有不确定性；另一方面，由于法律无论制定得多么完备，也总是难以与丰富多彩的现实生活直接对应，尤其是在社会快速发展变化时期，法律的滞后性愈加明显,因此司法三段论中大小前提是否总能顺利连接的所谓“涵摄”难题凸显。故总是存在法律适用于具体生活情境的不确定性。司法事实认定具有不确定性,这是证明责任这种风险的本质,所幸这种风险同样具有可控性。最根本的原因就在于证明责任分配的预置性使民事主体能够将这一不确定性考虑在生活决策之内。风险作为日常生活的一部分,不完全是消极意义上的,因为风险的反义词就是机会。风险偏好者或风险厌恶者可各按其性格规划自己的生活,证明责任因此可谓化解这种不确定性的确定性。

应当特别注意的是,证明责任作为诉讼风险并非现实中遭受利益侵害或法律上权益受损这种实体不利后果,而是诉讼过程中事实认定与证明不利结果的可能。这种不利导致的结果就是有利于己方的实体法不能被适用。因此实体法上承诺给其的权利或保护将落空。“可期待的收益缺席被算作损失”(卢曼语)就是法律适用中有时难以避免的风险。这种风险往往与上述实体风险相关联,因此造成风险的叠加。但从未走进法庭的普通人可能很难意识到这种额外的风险,因为在法治国家,实体法秩序就相当于国家承诺了所有国民一种在法律公平正义轨道上的有序生活。证明责任却给这种理想生活状态额外增加了一重风险因素。好在风险的负担或分配是预先固定的,因此并非完全不可把握,这也就使“意外”降到了最低,从而仍然维护了法治社会的确定性与可预测性。通过证明责任这样的一个装置,立法者通过司法的反馈将确定性重又注入具体裁判实践之中,从而能够更好地实现法律对社会生活,特别是对现实纠纷的调整,回复或者重新维护法治的秩序。

(三)证明责任的诉讼风险属性

在弄清了这些概念之后,客观证明责任的性质界定问题就相对清晰了。首先亟须澄清的就是,它并非一种法律责任。“责任”本来仅仅是对当事人的一种要求,然而问题是,客观证明责任独立于对当事人的要求,而且独立于当事人的活动。或者像德国学术上较为绝对的表达:"客观证明责任概念与当事人的活动没有丝毫联系。"[1]客观证明责任只针对法院,并为克服真伪不明提供途径。这就有助于我们理解为什么德国学者认为选择"证明责任"概念是"如此的不幸"。

证明责任是法律适用也即司法裁判过程中的风险。在理想法治秩序状态下,即从实体法规范上来看,法律秩序并不存在风险。但在现实中,世俗生活却又是时时伴随风险的,这种风险从程序上来说就是事后事实认定,也即诉讼证明失败的可能,所以证明责任是立法者在法典中所设定的理想在纠纷解决实践中能否兑现的一个系数。

实际上,证明责任作为风险是从对证明责任制度总体或说是生活世界系统上来说的,而对于不同主体来说意义各不相同。对于立法者来说是风险决策与风险分配,对于司法裁判者来说是风险确认与风险兑现,对于当事人来说,就是风险承受与风险负担。如前所述,对当事人的自身感受而言,证明责任的性质似乎是一种危险,因为他不是决策者,而是利益受到影响的所谓"受波及者"(卢曼语),所以不是通常理解的"随决策而存在"的所谓风险,而是一种危险。但从另外一层意义上看,证明责任之所以可称为风险,是因为风险通常指称的是尚未发生的可能后果,而危险则是指可见及的、经验上已证实的后果。通过忽略风险中所隐含的时间面向,我们将不可规定的、不可衡量的不确定性转换成可规定的、可估量的甚至可加以计算的不确定性。这样一来,似乎未来的一切都把握在我们的手中,从而将不可确定的不确定性转变成可确定的不确定性,这样就驯服了生活的偶然性。(见表15.1)

---

〔1〕［德］汉斯·普维庭:《现代证明责任问题》,吴越译,法律出版社2006年版,第25页。

表 15.1　证明责任作为“风险”与“危险”的区分比较

	不利结果	观察视角	出现原因	化解或降低方法	是否受决策影响	可归因性	可归责性
风险（偏重指向客观证明责任）	法律适用不确定性	系统或生活世界	法律与现实生活难以对应	×（具有客观性，无法从根本上化解，只能增强风险意识尽量规避风险）	√	√	×
危险（偏重指向主观证明责任）	权利得不到保护或损害得不到救济	主体即诉讼当事人	案件事实真伪不明	√（可通过主体行动避免或降低危险，提高责任意识积极履行责任）	×	×	√

应当承认，“双重含义说”中两种证明责任的性质完全不同，从而使证明责任成为一个矛盾体。客观证明责任其实是一种法律系统本身的风险，而主观证明责任才是当事人诉讼过程中的法律上的责任。因为客观证明责任并不是当事人的风险，与当事人的诉讼证明行为没有任何关系，是由实体法上预先抽象配置的；〔1〕而主观证明责任则是特定情势下当事人所应负担的“责任”，是以案件事实真伪不明或至少有真伪不明之虞为前提的，是完全符合法律上“责任”一词的内涵的。正是因为主—客观证明责任这对概念“脾气秉性”并不相同却总是像双胞胎一样粘在一起，这也就解释了为什么虽然证明责任性质上是一种风险，〔2〕但在世界多国语言中又都顽固地坚持使用“证明

〔1〕　参见胡学军：《证明责任“规范说”理论重述》，载《法学家》2017 年第 1 期。

〔2〕　德国学者就认为，如果人们要真正搞清楚什么是客观证明责任，准确表达应该是采取不包含“责任”一词的概念，如“真伪不明的风险”“确定之风险”“确定的危险”“证明之危险”。参见［德］汉斯·普维庭：《现代证明责任问题》，吴越译，法律出版社 2006 年版，第 50～51 页。

责任”这一称谓的原因。

在以上分析的基础上，我们加深了对德国学者普维庭的结论的理解：客观证明责任规范是对真伪不明的风险分配，即对事实状况的不可解释性的风险所进行的分配。这种抽象的风险分配在每一个诉讼开始前就已存在，就像实体法的请求权规范一样。[1] 证明责任规范就是实体法规范的补充规范，是由实体法的目的宗旨及价值取向所决定的，因此在具体案件中并不发生变化。真正理解德国 20 世纪末证明责任研究集大成者的这一洞见，对于证明责任学说史相对短暂的我国来说，仍具有重要的学说推进意义。

三、作为风险的证明责任的多重性质

对于个人来说，法治的一个重要价值就是预期的确定性。理想的立法设定了一种完美秩序：民事行为遵循自愿、公平、等价有偿、诚实信用原则，合同必然会履行、有损害必有救济。理想的司法则通过三段论推理，使具体案件被抽象法律所涵摄，使实体法秩序在现实中不断被验证与确认。但这种理想实现过程中通过证明责任植入了风险，法律适用的全过程中都必须正视与掌控这种风险，证明责任因此成为法律适用的核心问题，即所谓“民事诉讼的脊梁”。

既然证明责任是一种风险，我们当然就可以用现代社会比较成熟的风险理论解读这一概念，并对这一风险予以化解与防范。一般意义上的风险具有客观性、普遍性、必然性、可识别性、不确定性和社会性，证明责任作为风险同样具有其中多方面的特性。

---

〔1〕 参见［德］汉斯·普维庭：《现代证明责任问题》，吴越译，法律出版社 2006 年版，第 26 页。

(一)风险的客观性

现代证明责任本质是客观证明责任,主观证明责任其实是一个从属性概念,只是客观证明责任的外观与表象。德国学者曾断言:证明责任问题存在于任何国家任何时期的诉讼制度之中。不管什么样的诉讼程序,也无论证明法如何构造,甚至也不管适用什么样的诉讼原则,都可能面临客观证明责任问题。[1] 而主观证明责任这一概念只有在辩论主义模式下才有存在的可能。客观证明责任的存在从哲学上说就是由于时间的一维性与人的认识的非至上性决定的,因为此种风险是一种不以人的意志为转移,独立于人的意识之外的必然现象。无论是自然界的物质运动,还是社会发展的规律,都由事物的内部因素决定,由超过人们主观意识所存在的客观规律决定。

证明责任作为风险因何而产生?这是思考证明责任性质必须回答的问题。从法律适用的过程来看,证明责任是一种理论上案件事实与法律规范不能顺利"连接"所导致的裁判风险,[2] 在此状态下,法院对纠纷却不能拒绝裁判,故只能由当事人中的一方承担败诉结果。诉讼当事人败诉的原因可分成不同层次,为了避免败诉,需要在不同的层面对此加以化解。因事实认定失败而败诉并非都可归为证明责任裁判,我国司法实践中的所谓证明责任裁判可能存在三个层面的情形,但并非每种情形都属于证明责任机制的运用,下述三个层面的问题其实应属于三种不同的机制。只有逐层过滤现实疑难案件,证明责任裁判才是解决疑难案件的"最后一招"。

第一种可能导致败诉的原因是当事人举证不力。在现代司法中,职权探知主义这一诉讼模式因效率低下不适应现代社会经济生

---

〔1〕 参见[德]汉斯·普维庭:《现代证明责任问题》,吴越译,法律出版社 2006 年版,第 12 页。

〔2〕 在法学方法论中,学者更经常使用涵摄而非"连接"一词。但我国学者提倡在法学方法论中使用"连接"一词更妥当。参见王利明:《法学方法论》,中国人民大学出版社 2012 年版,第 218~219 页。

活而被扬弃后,案件事实与相关证据信息的供给基本上就由诉讼当事人负担。在当事人由于种种原因未能提供本应由其提供的证据材料时,就有可能导致最终的败诉结果。此种提供证据的负担,显然是一种主观因素,但在证明责任理论研究初期也被误认为是证明责任内涵构成的一部分。在德国现代证明责任理论下,被称为“具体举证责任”(konkrete Beweisführngslast),[1]如果利用好这一机制,将使在事实层面法官能够评价证据或事实,而不会出现真伪不明的问题。反之,如当事人不履行此种责任,将在案件证据评价至事实认定的层面产生不利后果,但这种后果与最终的败诉结果并不等同,因此并不属于证明责任范畴。

第二种可能导致败诉的原因是法官“审理未尽”,即裁判者因对案件判断的心证程度未达到绝对真实而放弃认定案件事实。由于作为裁判者的法官个体认识能力有限,在已有证据供给情况下法官陷入难以绝对准确把握事实的困境,而无法判断案件事实的存在与否。现代证据法的基本原则是证据裁判原则,诉讼事实判断需要证据达到证明标准,但证明标准永远难以客观化、具体量化,无法告诉法官具体情形下的证据是否达到证明标准。特定时代人类的认识能力总是受限的,任何时期的诉讼对绝大多数案件都应当在认定事实的基础上作出裁判,这是通过证明标准的社会建构化解的。人类认识的深化是永无止境的,司法不过是特定时代认识基础上的特定社会活动,不是以追求永恒真理或客观真相为目标的,其遵循的只是特定时代能为社会公众所普遍接受的评价标准。此种标准,在神示证据制度时代是基于神灵崇拜与信仰的服从,在法定证据制度时代是以立法的权威树立的对国家与公权的服从,在自由心证时代是以人的主体性或社会公众的普遍认同为基础的心理认同。如果法官个体内心

---

〔1〕 参见[德]罗森贝克、施瓦布、戈特瓦尔德:《德国民事诉讼法》,李大雪译,中国法制出版社2007年版,第849页。也有的译为“具体的提供证明责任”,参见[德]汉斯·普维庭:《现代证明责任问题》,吴越译,法律出版社2006年版,第20页。

认为事实已经达到了确信的心证程度，但仍基于其他多方面考虑不愿或不敢作出事实认定的裁判，则对当事人而言也是一种危险。这是因为法官将本应由证明评价主宰的领域变成了不确定的证明责任统治。但此种危险的性质是法官未尽审理职责，即本该决定时"未决定"，一般可将其作为上诉理由寻求审级救济。如果法官在事实已能认定的情形下仍假托证明责任来裁判（包括在此种情形下"转换证明责任"或依"证明责任分配"下裁判），则属证明责任的不当运用。

第三种情况是当事人穷尽了举证能力，法官自由心证也用尽，案件事实仍落入"真伪不明"的区间，法官为履行司法职责，事实上的"疑案"不能因此成为"悬案"，正如罗森贝克所言，事实上的真伪不明不意味着法律上的疑而不决。[1] 法律上的效果规范都要求具备明确的事实构成，但我们不能仅从程序意义上片面理解实体法规范，认为只有完全证实构成要件才产生规范的法律效果，要件事实真伪不明时，实体法也能够为之提供指引。本质上抽象法律规范调整个别具体生活场景具有非周延性，此即为证明责任作为"法律适用问题"的最深层体现。证明责任机制通过将不利后果在利益对立当事人之间的非此即彼分配来解决，确立在实体法明确规范之外的隐性规则，以实现在法律适用上价值导向层面的统一，最大限度实现"法治国"的目标。此即卢曼所谓"在知识尚不充分的地方，可决定性的缺乏被可调节的过程所平衡"，[2] 证明责任机制正发挥了"决定不可决定"的功能。

综上所述，虽然同样导向败诉结果，但有些情形是受当事人或裁判者的行为或观念、意志影响或决定。大致可以说，上述第一层次的当事人举证问题是主观性的，第二层次的法官自由心证与证明标准

---

〔1〕［德］莱奥·罗森贝克：《证明责任论》（第5版），庄敬华译，中国法制出版社2018年版，第2页。

〔2〕［德］尼克拉斯·卢曼：《风险社会学》，孙一洲译，广西人民出版社2020年版，第114页。

的把握是主体间性的，只有第三层次的问题才是真正客观性的。只有把受主体行为或主体认识与理解能力决定的情形剔除之后，证明责任作为风险的客观性才能得以显现。当事人才能明白在特定情形下的败诉并非皆可归于"有人陷害"或"司法不公"所致，而是正如古典悲剧中的"不可抗拒的命运的安排"一样。

（二）风险的不确定性

不确定性几乎就是风险的代名词，证明责任作为一种风险当然也具有不确定性：虽然事实真伪不明及法律难以适用在司法诉讼中总体上说是客观的，但其在具体诉讼中是否发生却是不确定的。证明责任作为诉讼风险是不确定的，但这种风险的负担则是确定的，此即证明责任分配。证明责任分配具有预置性，不因具体诉讼的不同而不同。故证明责任制度是应对不确定风险世界的确定裁判方法。证明责任作为一种诉讼不利后果只有在诉讼最终阶段才可能实际发生，但风险分配不是由偶然性因素来决定的"听天由命"，也不应该通过完全委之于法官的"司法裁量"，而是通过制度安排以实现风险最小化。

风险的不确定性包括模糊性与随机性两类。模糊性的不确定性，主要取决于实质风险因素本身所固有的模糊属性。在证明责任问题上，模糊性风险就是抽象法律规范与具体生活事件连接的非对应性。因为法律无论制定得多么详细都难以和丰富多彩的现实生活对号入座，而且法律永远难免滞后，在面对现实案件时法律可能需要加以解释，有时甚至通过法律解释也难以在规范与事实之间建立起精确的联系。如环境污染行为与损害后果之间的因果关系，特定药物或医疗行为与患者所受损害之间的因果关系，此类判断甚至在特定时期的科技条件下也难以完全准确实现，但司法却必须对此及时作出决断。故此种因果关系就不可能是科学上的客观的因果关系，尽管法教义学上因此发展出所谓“相当因果关系”[1]或“部分因果关系”[2]来应对,但特定案件情境下仍难以作出非此即彼的认定,只能归于“真伪不明”交由证明责任机制处理。

随机性的不确定性,主要是由于外在风险因素造成的必然反映。由于当事人的情况各异,同一类型案件中由于证据供给情形的不同,出现败诉风险的结果具有随机性。具体如当事人制作、保存、取得和使用证据的差别造成事后证明的困难。在特殊情形下,事实的证明方式还可能与特定时期人们普遍的行为方式有关,如借贷关系的证明就与当时社会经济生活方式之间有密切的关联。在当今时代,仅有金钱转移的证据尚不足以证明借贷关系的存在,换句话说,借贷诉讼在当前的证明风险较大。

区分两种不确定性的意义在于,证明责任的性质是一种模糊性不确定性风险,而随机性不确定性风险不属证明责任调整的范畴。这也提示我们讨论证明责任分配的情形应当是实体法上的特定案件类型,而不是证明困境中的个案。模糊性不确定性风险则多发生在特定类型案件中,由于具有类型化特征,在司法中宜通过指导性案例来化解。此种不确定性很多时候并非证据短缺造成的,因此实质上很难称之为一种“举证”或“证明”责任,某种意义上更宜称之为论证责任或说服责任。此种证明困境反馈到立法中,则可能导致法律的实质性修改。如所谓证明责任倒置类案件,就是由于特定类型案件中特定要件的司法判断往往存在模糊性不确定性,因此可由法律预先作出统一的规定。作为法律适用问题的证明责任“必须独立于个案诉讼,并从拟适用的法律的抽象原则中推知”。[3] 由于当事人的原因导致的随机性不确定性的风险可能发生在任何类型的案件中,宜

---

〔1〕 参见叶金强:《相当因果关系理论的展开》,载《中国法学》2008年第1期。

〔2〕 参见胡学军:《环境侵权中的因果关系及其证明问题评析》,载《中国法学》2013年第5期。

〔3〕 [德]莱奥·罗森贝克:《证明责任论》(第5版),庄敬华译,中国法制出版社2018年版,第3页。

通过事前增强证据意识及诉讼中明确具体举证责任承担规则以尽可能消除。当然,司法实践中两种不确定性可能同时存在,这就进一步增加了裁判的风险系数。

(三)风险的不可归责性

“风险”一词的基本含义是指遭受损失、伤害、不利或毁灭的可能性。通俗地讲,风险就是发生不幸事件的概率。换句话说,风险是指一个事件产生我们所不希望的后果的可能性。从广义上讲,只要某一事件的发生存在两种或两种以上的可能性,那么就认为该事件存在风险。无论如何定义“风险”一词,但其基本的核心含义是“未来结果的不确定性或损失”,也有人进一步定义为“个人和群体在未来遇到伤害的可能性以及对这种可能性的判断与认知”。证明责任问题根源于疑难案件的裁判难题,在司法三段论下,只有作为小前提的案件事实能与作为大前提的法律规范发生连接才能得出一个结论,但现代司法必须保障公民的“裁判请求权”的实现,故不允许法院在案件事实真伪不明时拒绝裁判。但案件事实真伪不明时不可能从形式逻辑规则推理出裁判,而必须发展另外的补充规则。虽然证明责任可以使法官从裁判推理的困境中解脱出来,但对法官而言,是无所谓不利后果的,裁判结果的不利只是对当事人而言的,因为总有一方当事人在诉讼中的请求或抗辩主张不能得到法院的支持,不能获得己方诉求的结果,因此才构成所谓的风险。

如上所述,风险是可归因的,但在这一语境下,归因显然不同于归责性。归因是一个科学概念,归责是一个法律概念。在这一意义上我们有必要区分作为证明状态的危险与作为证明责任的风险。危险是可归责的,也就是说,面对危险,我们可以追问是谁、由于何种原因导致了危险的发生。而风险是不可归责的,是生活系统本身固有的、非特定人为原因造成的不利。

如果接受对概念的这一约定,或许就更容易区分作为风险的证明责任与作为真正的法律“责任”的具体举证责任。证明责任是诉讼的基本风险,基本风险的起因及影响都不与特定的人有关,或至少是个人不能或难以阻止的。故德国学者所谓证明责任是一种诉讼中的“事实状况不可解释性的风险”。〔1〕证明责任不是特定风险,特定风险是与当事人的行为或态度有关的,由当事人的行为(作为或不作为)造成或引发的,由于这种风险的出现可归因于某种可责难的行为,因此“主观证明责任就是典型的责任概念”,〔2〕对其的违反也因此具有可归责性。如实施举证妨碍行为造成另一方举证困难,或作虚假陈述导致法院误认事实。这些举证证明上的道德风险可由具体举证责任制度加以化解。特定风险由具体举证责任所附带的事实认定层面上的不利后果来处理更加直接有效。从这一角度来说,具体举证责任是一种真正的法律责任,当事人未尽具体举证责任导致诉讼中事实模糊不清时可据此作归责处理。而客观证明责任则与当事人的地位、对待诉讼的态度及诉讼中的行为表现均没有任何关系。但二者之间的密切联系表现在:只有在通过具体举证责任对当事人的证明行为加以规制之后,证明责任作为“最后一招”才更具有正当性。

(四)风险的可预测性

正因为风险的不可归责性,故其不受特定行为或特定情境影响,而是由生活系统本身决定的,其分担也是由系统固定、抽象地加以分配,并因此具备可预测性。

证明责任的客观性决定了任何时代、任何诉讼模式下都存在案件事实不能查明、司法却必须及时作出裁判的问题,如在中国古代,

---

〔1〕[德]汉斯·普维庭:《现代证明责任问题》,吴越译,法律出版社2006年版,第26页。

〔2〕[德]汉斯·普维庭:《现代证明责任问题》,吴越译,法律出版社2006年版,第49页。

以“海瑞定理”之类司法经验加以化解“疑案”即是精英法官对这类困境解决方法论的敏锐自觉。[1] 但将这一风险完全归于司法人员的主观裁量的做法极易导致风险分配的不确定性，不利于健全和完善社会法律规范与司法公正。面对疑难案件，如果判得好，则天理、国法、人情俱在，如果判得不好，则实体与程序上都可能突破底线。中国古代司法本具有不以国家制定法为唯一依据，而多遵循道德伦理规范作为更高层次依据的特点，由于道德规范适用于所有情形，道德评判介入司法就使法律通过对要件的设定以格式化的方式对社会生活予以规范变得不那么必要了。以要件事实为对象的证明责任问题因此在中国古代其实是不存在也不可能产生的。[2] 在现代社会，法律成为国家调整规范社会生活的主要方式，法治日益成为世界各国的普世价值。法治的特征是确定性与可预测性，根据系统理论，法律系统从生活系统中相对独立，并以规范的明确性与效果的统一性为手段规范了千姿百态的日常生活。

证明责任风险配置权的归属不外乎在立法者与司法者之间进行选择。由司法者配置风险可以根据特定案件情境灵活分配，但这种裁量权有违形式公正而极可能导致败诉方当事人的不满。立法上的固定分配有利于法律的统一实施，但有时会导致过于僵化，有违实体公正的实现。故配置权归属应适应特定时代社会公众对司法的依赖与信任。[3] 大陆法系成文法传统下，法官在法律适用上的自由裁量权是非常受限的，通说认为证明责任规范是实体法规范的补充规范，与实体法具有同一性质，其内容直接依循实体法规范的结构与文义，有时上溯至实体法的立法目的与宗旨。因此，证明责任分配基本属

---

〔1〕 所谓“海瑞定理”及对该定理的分析，参见苏力：《“海瑞定理”的经济学解读》，载《中国社会科学》2006 年第 6 期；桑本谦：《疑案判决的经济学原则分析》，载《中国社会科学》2008 年第 4 期；胡学军：《为“事实真伪不明”命题辩护》，载《法商研究》2018 年第 2 期。

〔2〕 证明责任对象只能是要件事实，参见胡学军：《在“生活事实”与“法律要件”之间：证明责任分配对象的误识与回归》，载《中国法学》2019 年第 2 期。

〔3〕 参见霍海红：《证明责任配置裁量权之反思》，载《法学研究》2010 年第 1 期。

于立法者的安排。在英美法系判例法国家,法官在法律解释与法律适用上有极大的裁量空间,甚至可进行法官造法。故证明责任的意义也远不如大陆法系国家那么重要。美国著名法学家波斯纳就认为证明责任作为解决事实不确定性问题的制度“也许很聪明,或至少是不可避免,但也捉弄了法律职业界”。[1] 他进而认为:对于疑难事实,依证明责任判决是纯粹偶然性的,只会人为提高判决的错误率,反不如通过降低证明标准来裁判更能接近公正。[2] 古代中国的司法裁判本就不严格依据成文法,作为社会精英的官吏在裁判时享有较大的裁量权,这与大陆法系的法律理性主义传统是不同的。从现代社会来看,无不是将风险分配委诸立法。具备基本法律意识的主体或借助于专业法律服务是能够预估证明责任这一风险的,从而有序稳定安排自己的生活,法治作为稳定人们行为期待的价值就能从司法上得到加固。

四、证明责任风险说的启示

现代社会就是风险社会,应对风险的办法就是避免、预防、降低和转化风险。风险对于社会一般民事主体、诉讼当事人、法院及立法者来说都具有启示意义,尤其是风险分配会对主体的风险管理与风险决策产生重要反馈。

(一)提高主体风险意识

既然证明责任作为一种风险是客观的,那么希望绝对避免风险

---

〔1〕 [美]理查德·A. 波斯纳:《法理学问题》,苏力译,中国政法大学出版社 2002 年版,第 272 页。

〔2〕 参见[美]理查德·A. 波斯纳:《证据法的经济分析》,徐昕、徐昀译,中国法制出版社 2001 年版,第 96 页。

的想法就不现实。最好的应对办法就是提高主体的风险意识，从而最大化降低此种风险转化为现实的损害或不利后果的概率。风险意识要求主体能够及时识别风险与管理风险。我国长期以来民事审判的职权主义模式使民事主体缺乏风险意识，风险感知能力较差。当事人往往只讲事实不重证据，总是希望法官“明察秋毫”，疑难案件最终都能“真相大白”，所有案件都能办成“铁案”。这都是不现实的。从取证手段来看，民事诉讼中法官一般并不主动进行证据搜集，相反，限缩法院依职权调查取证的范围是我国民事司法制度改革的发展趋势。司法的本质是被动性的，现代诉讼中事实证明普遍或多或少要依靠当事人自己的力量。

风险意识要求民事主体在进行民事活动或从事法律行为时即应当意识到一旦将来产生纠纷，自己是否能够提供足够的证据使案件事实清楚呈现。更多时候，是要求交往双方清晰界定自己所进行行为的法律性质，如商谈结束后双方是否算是达成了协议订立了合同？金钱的转移属于借贷还是赠与？一时的口头表达是否算是赠与？赠与是否附有条件？条件怎样算是成就？如在行为当时其表达或给对方的理解即模糊不清，则在将来的诉讼中也几乎肯定会发生纠纷并在法官事实认定时出现真伪不明。

合理的证明责任分配能促使民事主体规范其民事法律行为，如单位加强财务管理规范、健全内部规范制度与流程手续，毕竟合规经营是规避风险的根本。另外，过重的证明责任负担会使预感将来证明困难的一方更多采取本不必要的见证、公证或监控手段。不合理的证明责任分配更是可能导致风险偏好者“钻法律空子”，如消费领域的“知假买假”、交通领域的“碰瓷”、知识产权中的“专利蟑螂”，医疗领域的“防御性医疗”等，特定时期的社会现象均或多或少反映了利用证明责任不合理分配以博取“风险收益”的问题。

医疗领域纠纷在这方面比较具有典型意义。医疗侵权在我国法律规范的变迁过程中，前期多按照一般侵权采取“过错”与“因果关系”的证明责任全部由患者承担,后来又采取180度转变,在司法解释中规定“过错”与“因果关系”证明责任的“双重倒置”,如今又抛弃了这一明文规定,使相关问题仍暧昧不明。这种不断的“试错”就很少从风险负担对主体行为影响上考虑。医疗关系中本不应由医方负担因果关系的证明风险,因果关系不明时多表明医学局限导致的医疗风险,故应由医疗行为的受益人即患者一方承担。如果错误地将因果关系倒置给医方承担,则会使医方在采取医疗决策与诊疗方案时缩手缩脚,一味保守治疗,甚至导致“防御性医疗”。过错要件则宜倒置由医方承担,这有利于规范医疗行为,提高患者对医疗行为的信赖(不用时时留意医方的行为是否合规),使医方在医疗中严格依规治疗,健全医疗规范,从而促进医患关系的和谐。近年来在医疗纠纷实践中就有学者与实务界人士共同致力于从医疗纠纷诉讼证明责任分配的实践中总结经验教训,以便为今后医患双方规避风险提供警戒。[1] 又如,在职场性骚扰案件中,受害人往往难以举证证明骚扰行为的发生,如果倒置实施性骚扰行为的证明责任,可促使单位内部在与异性单独会见的时间、场合、环境上安排尽可能考虑避嫌,更周密保护弱势群体的自由与安全,故亦有一定的合理性。

虽然对于法院来说,裁判结果无论如何都不成为自己可能承担的不利风险,但风险意识也要求法院不能将证明责任判决作为疑难案件最终裁判的优先选项。要真正实现案结事了,最好在诉讼初始即确立风险预警机制。在德国,法官在诉讼的任何阶段都必须有证明责任分配的意识,以便准确地要求某一方当事人提出证据手段。[2] 在我国,证明责任的“分配”常常被理解为是一动词,分配的主体就是法官。故理论上往往要求法官适时提示风险,即进行证明责任分配

---

〔1〕 致力于从实际案例中分析归纳医患双方对于各类医疗纠纷的争议焦点,以为医疗机构提供警戒的文献,参见王岳等编:《中国医疗诉讼与医疗警戒》(1～4卷),中国检察出版社2015年版、2016年版、2018年版、2021年版。

〔2〕 参见[德]罗森贝克、施瓦布、戈特瓦尔德:《德国民事诉讼法》,李大雪译,中国法制出版社2007年版,第858页。

的释明,以利于参与人明确风险,这是考虑了我国公众的这一普遍心理的。在我国当事人证明责任意识不高的时期,法官有必要及时通过或隐或显的方式提示各方当事人(依法)应负担的证明责任。包括在诉讼开始阶段使当事人明确其所要负担的要件事实不能认定时的不利风险,以及不同当事人举证所应达到的心证程度。对于负担证明责任方当事人主张的事实,应达到证明标准方可认定,反证的证明标准则只需使事实认定复归于真伪不明,此时证明责任方就应继续予以证明。法官应适时进行心证披露,即在诉讼过程中外化法官对事实认定的心证程度,在举证结束后表明心证状态,以尽可能防止“裁判突袭”。

(二)选择风险决策方案

广义的风险管理就是一个识别、确定和度量风险,并制定、选择和实施风险处理方案的过程。既包括在风险事件发生前,使潜在损失最小,减少忧虑,也包括在风险事件发生后使实际损失减少到最低限度。由于本文在后文将证明责任的风险管理限定为个案中当事人为应对司法证明的不确定性而采取的多种方案,故在此将立法者为使潜在风险最小化作出的决策方案首先单独予以分析。

从系统角度来说,风险的存在提示主体尽可能规避风险与控制风险,即通过积极的措施降低损失发生的概率,缩小损失程度达到控制目的。控制风险的最有效方法就是制定切实可行的风险决策方案,最大限度地对所面临的风险做好充分的准备。

风险是主体决策所附带的,因此在风险成为现实的损失之前,化解风险的方法就是主体决策的调整与改变。证明责任作为风险是法律系统内在的。风险的客观性决定了其不可能被彻底消除,只能通过决策的改变而被降低与化解。为了维护法律的稳定性,证明责任分配应由立法者在法律规范中以或明或暗的方式予以规范,但另一方面,调整千姿百态生活中的具体案件中又必须赋予裁判者一定程度的自由裁量权。为了解决此类矛盾,《民法典》在采用此前主流的固定、精确的构成要件式规范之外引入与发展了动态系统论式立法。[1] 另外,更普遍的一种变化则是构成要件式立法从“事实型要件”向“评价型要件”的变化。《民法典》中就有近百处包含“合理”一词的规定,其中“合理期限”“合理价格”“合理行为”“合理要求”等要件的规定既能使法律有一定的刚性与可预测性,又能使司法时具有根据情境予以裁量的一定灵活性。

特定类型案件中当事人胜诉/败诉的概率会影响潜在的当事人为预防风险而支出的成本费用,从长期来看,也会作为一种司法反馈机制由立法机关对法律进行修订完善。对通常较难以证明的事项,通过在法律中的配套制度规定降低事后证明的困难,也是降低风险的内在要求。例如,签订合同必须采取书面形式,订立遗嘱要求亲笔签名与有人见证,转移不动产要求登记与公告等,都是为了防范将来发生纠纷时难以对法律行为的内容进行证明。民事诉讼法上也明确要求有条件制作保存证据的一方应制作、保存并在诉讼中提出必要的证据的一般规则,此类规定无不是防止事后证明与认定难而规定的配套规范。

如果某类事实存在事后证明与认定困难的高概然性,法律也可能将涵摄此种事实的要件从正面作为权利发生要件规范变为从反面规定为权利妨碍规范。这种规范内容的改变在证明责任分配上就实现了倒置。从立法上使法律规范的要件证明难度降低的另一种方法是以法律推定的方式改变证明责任的风险分配。

如果某特定事实在现实生活中本来就存在事后证明的困境,立法上还可能将“真伪不明”直接作为法律构成要件予以规定,从而彻底化解此类事实的证明难题,并更好地实现立法目的。如刑法上的

---

〔1〕 传统证明责任针对固定的构成要件,动态系统论立法下则可将多个要素进行动态系统的评估,参见胡学军:《民法典“动态系统论”对传统民事裁判方法的冲击》,载《法学》2021 年第 10 期。

“巨额财产来源不明”，民法上的“共同危险行为”“高空抛物”等的规范。

上述风险分配的安排或调整都只能由法律系统的决策者即立法机关经过大范围的较长期的争论来推动，也就是因为系统本身的变化，如特定社会观念与价值取向的变动而变化，典型的如侵权责任法上的归责原则从传统侵权的“过错责任”到“过错推定责任”再到“严格责任”的变迁，而不是由个案中的裁判者即法官根据具体情境而裁量改变。

证明责任风险的配置权应当归属或主要归属于立法者，即使是有限承认个案中法官分配证明责任，也应将其严格理解为应对法律滞后性的法官造法或法律续造情形，而绝对不能将其泛化理解为一方存在举证困难时的灵活解决疑难案件的方法。实际上，由于大陆法系理论上立法与司法职能的相对固定分工，作为其证明责任通说的“规范说”一贯极力反对司法裁量中的证明责任分配。

（三）调整风险管理策略

立法者在法律中做出风险分配决策方案后，作为风险承受者的当事人所能做的就是制定风险管理策略，即考虑如何规避、选择、降低与转移风险。法律风险管理在现代社会已形成一个重要的职业，知法守法是现代法治社会公民的基本素质，而法律顾问制度可谓风险管理中成本最低的企业管理机制。

风险管理的前提是识别风险。风险识别是确定何种风险可能会对主体产生影响，最重要的是量化不确定性的程度和每个风险可能造成损失的程度，接下来自然就是规避、选择、降低与转移风险。基于证明责任这一风险，当事人双方在评估事实证明的难度下会考虑替代性纠纷解决方式。如疑难案件之所以选择调解或和解，往往就是考虑了证明责任这一诉讼风险。事实清楚分明的案件不太可能调解，事实比较模糊时，基于当事人双方均会考虑证明困难的原因，就有可能在博弈中达成均衡,即以调解方式达成一种结果“或多或少”的协议,以替代“全有全无”的证明责任判决方式。

风险管理还要求当事人在提起诉讼选择请求权基础时将证明责任这一风险考虑在内,明智选择诉讼标的或请求权基础,即影响当事人的诉讼策略。因为基于不同的请求权基础进行诉讼时,作为证明责任对象的要件事实就不同。考虑所选择的法律关系的举证难易程度,选择举证相对容易且争议不大的法律关系作为起诉的基础关系,已成为实务中总结的诉讼经验。[1] 如违约责任无须证明过错,而主张侵权则需证明侵权人的过错。主张一般侵权责任需证明侵权人的过错,很多特殊侵权责任就无须主张与证明过错。不当得利相对于合同或侵权之债证明负担较轻。不但需对己方诉讼请求依据的要件事实了然于胸,也应对对方可能提出的抗辩依据事实心中有数,所谓知己知彼,方能立于不败之地。此外,在顾虑到在先的诉可能不被法院支持时,还应考虑基于诉的选择合并或诉的预备合并制度提出备位请求。

证明责任作为风险只在要件事实在诉讼结束时仍处于真伪不明时才会成为现实的危险,前述在纠纷产生之前积极制作、保存与保全证据的措施是企图从源头上防范风险的产生,除此之外,降低与化解风险的方法就是预料事实在将来有难以证实之虞时穷尽证据的提出。也即在司法上通过多种制度手段促进案件事实的查明,以避免最终出现风险转化为现实危险的条件:案件事实的真伪不明。证明责任裁判必须有谦抑性,只能作为民事案件裁判方法的“最后一招”。在诉讼中降低风险的机制就是促使当事人尽可能最大限度地举证。这一机制即所谓具体举证责任机制。具体举证责任不是证明责任的内涵,而是降低风险的手段,相当于比较法上的各种“证明减轻”的制

---

〔1〕 参见杨中洁:《民事诉讼实务 思维 · 策略 · 技巧》,法律出版社 2020 年版,第 36 页。

度手段。充实案件中的证据信息,以增加裁判事实认定的确定性,也就是具体举证责任机制所发挥的功能,包括证据开示的实质化,使案件事实信息尽可能得以披露,不因当事人举证能力及证据为谁所持有这些偶然性因素增加风险或使对方获得不合理的“风险收益”。[1]

此外,风险管理还可考虑是否有风险转移的可能。如在法律关系复杂可能涉及多个主体承担共同或连带责任的可能时,将多个主体共同作为被告提起诉讼可能会使原告证明负担减轻,使本来单独诉讼时应由原告负担的证明责任风险转移到其中某一被告作为抗辩事由来负担。此外,保险也是现代社会转移风险的应对之策。如交通事故责任保险、医疗责任保险、环境侵权责任保护、学校等公共场所的责任保险不但转移了实体责任,同时也转移了所附带的事实证明风险。可以说现代责任保险制度都与这一风险有关。此外,在从事民事法律行为时订立证明责任分配契约,也不失为一种明确与转移证明风险的措施,只不过目前这种措施在我国法治实践中还很少用到。

(四)强化风险归属规则

增强风险意识与穷尽降低风险的各种举措是必要的,但基于风险的客观性,其不可能被完全消灭。因此最根本的应对举措当然还是强化风险的归属规则,也即证明责任分配规范的明确化。由于证明责任法本身是隐性法,因此,一般意义上的普法不会涉及证明责任,要使民众意识到此种诉讼风险,就需要通过学理的传播与司法判例不断强化与显性化。我国此前也已意识到证明责任规范显现化的重要性,并对一些典型的案件类型通过统一司法解释作出了明文规定。如原《民事证据规定》第4、5条的列举式规定。但这种列举一是

---

〔1〕 参见时建中、袁晓磊:《我国反垄断民事诉讼证据开示制度的构建:理据与路径》,载《法学杂志》2021年第1期。

不利于与实体法的修订时刻保持同步,二是也仍不免遗漏各种特殊的具体案件类型。故此类规定在新司法解释中已被全部删除。正如普维庭所指出的,证明责任分配必须不断地跟随实体法的发展和改进,诉讼法上的"闭门造车"是没有前途的。[1] 新司法解释改变了对特定类型案件作具体列举式规定的方式,[2]而力求以统一条文与方法解决所有案件中的分配问题。[3] 另外,删除原《民事证据规定》第7条中证明责任分配的司法裁量也是有利于规则的明确化和刚性的。如果保留这一规定,将使证明责任分配具有随意性,从而难以确保规则的统一。法院不应随意改变既定的风险负担规则,不能以自由裁量权倒置或转换风险负担,而应在诉讼实践中归纳总结诉讼证明行为规范,尽可能促进证据信息的最大化,以便在配套制度上化解风险率。

如前文所述,证明责任作为风险在诉讼中是否实际发生具有不确定性,但证明责任分配是具有确定性的。这种确定性是指针对特定的案件类型,其风险归属是确定的。因此可能对实体法中所涉的所有请求权与抗辩的证明责任分配进行系统分析,从而形成证明责任规范的集合("证明责任法")供实践中审判案件时检索。如此一来,就将探讨证明责任分配问题的语境从具体的诉讼场景提前至法律规范的一般性分析,分析证明责任分配问题最恰当的语境就是"法律评注"。如对于合同法上的证明责任分配,这一工作在民法学者分析各个单独规范时几乎已经完成了。[4] 证明责任分配几乎不考虑诉

---

[1] 参见[德]汉斯·普维庭:《现代证明责任问题》,吴越译,法律出版社2006年版,第328页。

[2] 参见肖建华:《民事诉讼案件事实发现的路径——评〈关于民事诉讼证据的若干规定〉》,载《证据科学》2020年第3期。

[3] 参见任重:《论中国"现代"证明责任问题——兼评德国理论新进展》,载《当代法学》2017年第5期。

[4] 《法学家》杂志从2016年开始至今发表了多篇针对物权法、合同法具体条文的评注类文章,在此类文章中,"举证责任"是针对条文分析评注的一个固定内容。代表性文章参见朱庆育:《〈合同法〉第52条第5项评注》,载《法学家》2016年第3期。

讼法上的原理与原则，客观证明责任分配依据是与具体诉讼并不发生关系的。证明责任分配所体现的公正性是一般抽象意义上的公正，不是具体案件中的特定情形下的公正。此种公正主要体现为法律适用的普遍统一性与可预测性。正如罗森贝克所言，只有经过数百年的努力，由立法者塑造的公正，只有法律本身才是法官裁判的准绳和指南。[1]

随着我国《民法典》的颁布，民事权利体系化的建构基本完成，请求权基础与抗辩基础的区别越来越为法律人所熟悉，[2]以此为基础方法的证明责任分配的规范也将越来越容易识别。罗森贝克就是对《德国民法典》进行了系统扫描后创造性地提出了“规范说”，[3]后来的学者继续据此对其他民商事法律进行分析，从而使证明责任分配问题的探索基本走向了阶段性终结。在“规范说”作为证明责任的主流理论确立之后，证明责任不会发生倒置、转移、裁量、或随机分配的问题。因为在“规范说”下，证明责任分配规范的改变就意味着实体法规范的改变。在成文法国家，基于立法权与司法权的基本区分，理应放弃法官分配证明责任与证明责任倒置的做法。真正需要通过司法明确的，只能是立法存在模糊空白的地带，此即通过司法的法律成长。在此情形下，方允许通过司法实践确认、动摇甚至推翻既定的证明责任规则，从而完善法律规范。这也是现代权利生成与相应法律成长的一般道路。

随着我国对证明责任制度的反思与检讨，要继续稳固证明责任理论的地位，就要进一步增强该理论的可操作性。罗森贝克证明责

---

〔1〕［德］莱奥·罗森贝克：《证明责任论》（第5版），庄敬华译，中国法制出版社2018年版，第114页。

〔2〕如吴香香编写的检索手册逐一分析了《民法典》的所有法律条文，将其区分为“主要规范”与“抗辩规范”，在此规范分类基础上，适用“规范说”分配证明责任就非常清楚无误了。参见吴香香：《民法典请求权基础检索手册》，中国法制出版社2021年版。

〔3〕德国学者罗森贝克的证明责任名著就是在对《德国民法典》条文进行系统细致分析基础上写成的，参见［德］莱奥·罗森贝克：《证明责任论》（第5版），庄敬华译，中国法制出版社2018年版。

任分配的“规范说”被称为证明责任分配“公式”,就曾因其分配方法的简洁性与分配结果的确定性而在当时诸多学说竞争中脱颖而出,很快成为大陆法系的通说。当前我国尚处在法治初创与形成时期,司法面临的主要问题或许正与德国当时一样,即法律或司法的确定性问题。我国对“同案同判”的长期高度重视也体现了这一倾向。通过实体法体系检索“请求权基础”,继而通过实体法规范体系与结构关系明确证明责任分配,再到对实体法规范加以文义解释析出有待举证证明的要件事实,从而将立法者的意志贯彻在具体裁判之中,就能够不断地向司法中注入确定性,从而使证明责任分配的确定性从理论规范层面走向司法实践操作层面,不断提升司法的公正度,实现法律作为稳定人们未来期待的现代社会风险化约机制。

五、本章小结

总之,虽然我国证明责任概念、制度与分配方法均源于比较法上对德、日理论与制度的移植,但由于概念转译过程中对于“责任”一词的误译,加之在制度本土化过程中又受到原本职权主义下当事人举证义务概念的干扰,致使我们对该概念的认识已偏离西方现代证明责任制度的性质。证明责任是现代诉讼中当事人所负担的一种特定风险,按照风险性质来认识这一制度会对该制度带来更深的理解并促进其在司法实践中的正确贯彻。在推进我国民事司法制度的现代化进程中,我们仍需继续深化对证明责任制度的认识。在观念上,尤其需要明确现代证明责任制度的风险性质。以风险思维理解司法诉讼,就使当事人能更好地理解司法,并更合理地对待司法,有利于破除“铁案思维”,理解“事实不可解释性”案件类型中固有的风险及其分配,特别是使诉讼中必然存在的败诉方理解“审判为什么不公正”,进而在日常生活中与从事民事法律行为时强化风险意识。风险意识的提升也将有助于促进当事人在纠纷解决决策中正确考虑与合理评估风险因素。在对潜在诉讼结果能够形成较为明确预测下的审慎决策,纠正过去“片面法治观”下视诉讼为纠纷解决唯一正途的偏见,从而促进民事纠纷替代性解决机制的适用,减轻司法审判的潜在压力。这也将使司法资源更多地集中到那些经过 ADR 过滤筛选后的复杂疑难案件。对此类疑难案件的精确处理结果中重申或新确立的裁判规则又进一步促进了潜在当事人对纠纷解决的合理预期,如此形成良性循环,或是解决当今日益严重的诉讼压力的正途。

第十六章　证明责任制度本质重述：事实疑难案件的法律适用方法

引　言

证明责任是民事诉讼理论中一个内涵较为丰富且极富争议的概念。对证明责任的诸多迷思都与我们对该制度本质的认识不深甚或认识有误相关，一个重要表现就是常常不能区分证明责任本质与相关现象甚至其假象。"本质"作为一个哲学范畴，是指事物的根本性质，由事物所包含的特殊矛盾构成，并由其主要矛盾的主要方面决定。现象是本质的外部表现，可以通过感官去感觉。而事物的本质是隐蔽的，是不能靠简单的直观认识的。[1] 因此对证明责任本质的认识当然会比较困难，需要在不断的探索与实践中加深认识。证明责

---

〔1〕［苏］罗森塔尔·尤金编：《简明哲学词典》，中共中央马克思恩格斯列宁斯大林著作编译局译，三联书店1973年版，第130页。

任制度的本质涉及证明责任概念本质、证明责任方法的定位、证明责任规范的本质、证明责任的实质功能等问题,这些问题之间无疑存在密切联系。

很长一段时间以来,我国学界曾将当事人提供证据行为意义上的“行为责任一元论”当成证明责任本位论,[1] 近期也有学者将证明责任定位为“事实判断的辅助方法”,[2] 或者“民事裁判的基本方法”,[3] 但学界通说基本认同证明责任的本质属诉讼“风险负担”。[4] 李浩教授作为我国证明责任研究的开拓者,其从未停止对该制度本质的探寻。根据其近期发表文章的观点,证明责任仅指涉客观证明责任,主观证明责任只是客观证明责任的投影与假象,并且不一定存在于所有情形之中。[5] 从语言的角度来看,本质对应着名称的含义,现象对应着名称在“各种语境或上下文”中的各种具体运用。[6] 证明责任概念内涵的确定显然是探讨这一制度本质的基础与前提。毫无疑问,该文基本澄清了证明责任概念名称的含义。作为中国证明责任研究的权威与代表,李浩教授完成了其证明责任理论的自我反

---

〔1〕 参见段文波:《民事证明责任分配规范的法教义学新释》,载《政法论坛》2020 年第 3 期。

〔2〕 参见肖建国、包建华:《证明责任:事实判断的辅助方法》,北京大学出版社 2012 年版,第 1 页。

〔3〕 代表性文献参见肖建华、王德新:《证明责任判决的裁判方法论意义——兼评传统证明责任观之谬误》,载《北京科技大学学报(社会科学版)》2005 年第 2 期;周成泓:《证明责任的本质:事实真伪不明时的裁判方法论——以民事诉讼为分析对象》,载《学术论坛》2008 年第 8 期;胡学军:《论证明责任作为民事裁判的基本方法——兼就“人狗猫大战”案裁判与杨立新教授商榷》,载《政法论坛》2017 年第 3 期。

〔4〕 主要代表性文献参见常怡主编:《民事诉讼法学》,中国政法大学出版社 2005 年版,第 205 页以下;江伟主编:《民事诉讼法》(第 3 版),高等教育出版社 2007 年版,第 179 页以下;张卫平:《民事诉讼法》(第 3 版),法律出版社 2013 年版,第 218 页以下;刘家兴、潘剑锋主编:《民事诉讼法学教程》(第 4 版),北京大学出版社 2013 年版,第 150 页以下;谭兵、李浩:《民事诉讼法学》(第 4 版),法律出版社 2013 年版,第 201 页以下。

〔5〕 参见李浩:《民事证明责任本质的再认识——以〈民事诉讼法〉第 112 条为分析对象》,载《法律科学(西北政法大学学报)》2018 年第 4 期。李浩教授在文中指出这已是中外教材的通说。

〔6〕 参见刘永富:《本质与现象新论》,载《河北学刊》2008 年第 6 期。

思与修正,[1]澄清了现代证明责任概念内涵或其所指的模糊状态,这将有助于我国学界及实务上对“证明责任”与相关周边概念的区分及规范不同制度的各自运行。但笔者认为,该文虽开启了对证明责任本质的探索之旅,但其对证明责任制度本质的探讨尚不够全面与深刻,仍不足以彻底澄清证明责任领域的众多误解与迷思,中国证明责任“双重含义说”概念体系的混乱状态仍未得到彻底解决。

还需要明确的是,证明责任在大陆法系经历了多种学说的论争,最终胜出成为理论通说的是由罗森贝克首创、其弟子施瓦布继承并经再传弟子普维庭修正发展的所谓“规范说”。[2] 对证明责任制度本质的探寻,无疑也是在“规范说”的基本理论框架下展开的。

一、证明责任概念的本质与表象

(一)现代证明责任“双重含义说”的理论发展

我国证明责任的“双重含义说”,以所谓“行为意义上的证明责任”与“结果意义上的证明责任”两个层面的含义,来界定证明责任的内涵。一般认为,这一理论是对德国更注重哲学思辨色彩的“客观—主观证明责任”理论的通俗化,“行为意义上的证明责任指的是主观的证明责任,结果意义上的证明责任指的则是客观的证明责任”。[3]

---

[1] 李浩教授于1986年发表被学界认为是我国证明责任研究的开山之作。参见李浩:《我国民事诉讼中举证责任含义新探》,载《西北政法学院学报》1986年第3期。

[2] 罗森贝克创立了证明责任“规范说”,其再传弟子普维庭后来站在维护规范说在新时期仍然具有有效性的基本立场回击了针对“规范说”的众多批判,也在个别方面修补了“规范说”存在的问题,并称自己的观点可称为“修正规范说”。但站在“规范说”作为证明责任理论通说与其他学说论战的角度,普氏理论当然属于“规范说”。普维庭也自认是追随“罗森贝克 - 施瓦布观点”。Vgl. Prütting, Beweislast und Beweismaß: Der Einfluss Leo Rosenbergs und Karl Heinz Schwabs auf die Entwicklung eines modernen Beweisrechts, ZZP 123 (2010), 135.

[3] 参见李浩:《证明责任的概念——实务与理论的背离》,载《当代法学》2017年第5期。

但笔者认为，中西两种"双重含义说"其实隐含着重大的差异。

自德国学者提出"客观—主观"两分的证明责任"双重含义说"以来，现代证明责任理论即成为民事诉讼法学的核心论题之一。客观与主观是西方近代哲学上的一对基本范畴，无数哲学先贤对这对概念的深奥阐述已融入我们的日常话语之中。"客观，指不带个人偏见，按照事物的本来面目去认识。"〔1〕换言之，无论人们是否认识它、是否知道它、是否承认它，都照样存在的，就是客观的。客观证明责任的存在，是由于在特定时期内（如从诉讼开始到诉讼终结）人们对过去发生的案件事实的认识能力具有局限性，总是面临无法完全认识案件真相的困境，但司法却必须对纠纷及时作出裁判。因此，"不管是什么样的诉讼程序，也无论证明法如何构造，甚至也不管适用什么样的诉讼原则，都可能面临客观证明责任问题"。〔2〕当代哲学上，"客观性"在存在论上表征着独立性与自主性、确定性与必然性，在认识论上指示着精确性、普遍性、有效性，在社会影响上意味着正当性与合法性。〔3〕现代客观证明责任概念的提出，确实反映了人们对诉讼证明活动认识的不断深化。

"主观"一词的含义跟客观正相反，它指被人的意识所支配的一切。凡是受人的意志、行动所支配或影响的，都属于主观范畴。在司法上，由于当事人对胜诉结果的追求，在事实判断风险客观存在的前提下，当事人必然基于趋利避害的心理动机而采取必要的行动，这就是主观证明责任。根据辩证唯物主义的哲学原理，客观决定主观，主观能反映客观，并对客观具有能动作用。该原理运用在证明责任理论上，也就是说，客观证明责任是证明责任的本质，决定了主观证明

---

〔1〕参见夏征农、陈至立编：《辞海》（第6版）（缩印本），上海辞书出版社2010年版，第1037页。

〔2〕［德］汉斯·普维庭：《现代证明责任问题》，吴越译，法律出版社2006年版，第11页。这也是德国学者之间的普遍共识。

〔3〕参见田方林：《论客观性》，载《四川大学学报（哲学社会科学版）》2012年第4期。

责任的存在,但当事人主观证明责任的履行(积极举证证明的行动),可以在一定程度上减少客观证明责任这种风险转化为现实的败诉结果。

从理论层面来看,清晰界定概念的内涵与外延是形式逻辑的基本要求。内涵不清晰的概念,必然无法被准确把握,从而无法与周边概念相区分,其外延也就无法被清楚划定,在实践中也无法形成确定规则并予以严格适用。在德国现代证明责任理论下,证明责任实质上是指案件要件事实真伪不明时的败诉风险。由于现代诉讼不允许法官在事实模糊时拒绝裁判,所以事实真伪不时的法律适用只能不利于诉讼当事人一方,这种风险是一种客观存在,它不因当事人的诉讼态度或举证行为而改变,并不是某种行为所附带的"结果",因此其性质是"客观"的,此即证明责任之所指。但是,当事人对待诉讼的态度或举证行为,对此种风险是否实际转化为不利裁判,又显然是有影响的,此种因内在风险促使当事人积极举证证明的机制,就是"主观证明责任"。因此,主观证明责任是从主体角度看待、理解的客观证明责任。但应当注意,首先,此处所涉主体不仅是负担败诉风险的一方当事人,而且也包括对方当事人及法官。其次,负担主观证明责任的方式是就证明活动整体效果而言的,而不仅仅是提供自己掌握的证据,也包括批驳对方的反证及说服法官相信自己主张的事实。从这一角度来看,主观证明责任是与证明的"结果"相关,而不是决定当事人在诉讼具体情境下的行为。主观证明责任是客观证明责任在诉讼程序下的投影,"如影随形"的此种关系决定了,主观证明责任的负担主体、针对对象及其分配规则与客观证明责任是完全一致的。[1] 故此种"双重含义"内部并不存

〔1〕 此种主观证明责任是诉讼中整体上的、概括性的行为责任,而不是在诉讼过程中特定情境下由谁负担提供证据的问题。也就是说,主观证明责任的内涵不包括具体举证责任,所以主观证明责任与客观证明责任其实是一个问题的两个方面,只是观察或理解的角度不同。

在逻辑矛盾,并且客观证明责任是居于本质的、主导性的概念,是主观证明责任产生的原因,主观证明责任是客观证明责任的外在显现与表现形式。

在这一概念体系中,如果说客观证明责任是证明责任的本质,则主观抽象证明责任可谓证明责任之表现或表象,二者所针对的分配对象都是要件事实,分配规则也是统一的。客观证明责任是诉讼内置的风险,而主观抽象证明责任则是此种内在风险对主体行为产生影响的外在表现(促使当事人尽力举证证明)。此二者可为同一个概念所统摄。当然,主观抽象证明责任概念亦有其相对独立性,这在经典理论中早已有充分的论证。如不谈论主观抽象证明责任,就无从区分本证与反证,也不能对不同当事人的事实主张适用不同的证明标准。依据本质与现象的基本原理,本质与现象作为规定分别是“在所有的关系中保持不变的规定”和“在特定关系中确定的规定”。[1]客观证明责任作为本质存在于所有的诉讼模式下,主观证明责任则是客观证明责任在辩论主义诉讼模式下的表现。在职权探知主义诉讼模式下,不存在当事人的主观证明责任。

在辩论主义模式下,当事人不仅在诉讼已至最终阶段但案件事实仍处于真伪不明时负担败诉风险,而且在诉讼过程中对特定案件事实亦负担提供证据的必要或义务。此种在特定情形下提供证据的义务,对当事人来说是更加直观实在的行为负担。从根本上说,这种行为负担是由当事人配合法院的事实调查职能产生的。无论中外,此种负担都远在现代证明责任理论产生之前即已存在。但现代证明责任理论提出之后,由于概念用语选择上的“不幸”,很长一段时间以

〔1〕 刘永富:《本质与现象新论》,载《河北学刊》2008 年第 6 期。

来,此种行为责任也被涵盖在"证明责任"概念之下,[1]但在德国当今的理论与实践中,其与(客观和主观)证明责任的区别已被越来越清楚地认识到。[2]

证明责任的本质是客观证明责任,本质主义的思考方式就是注重抽象、注重结果。[3] 诉讼过程中的具体行为责任天然地与客观证明责任相矛盾。很显然,二者针对的对象不同,其负担主体与分配规则也根本不同。故虽然被称为"主观具体证明责任",但其实属于证明责任的"周边概念"或"邻近概念",是在理论上应当与证明责任之内涵和外延区别开来的,德国学者普维庭认为最好称为"具体的提供证明责任"。[4] 由于这一概念长期与证明责任概念纠缠不清、难以区分,故可谓之证明责任之"假象"。在当代德国理论上,已约定俗成以不同名称("证明责任"与"举证责任")指称二者。在日本,虽然通说之外也有认同主观证明责任存在必要性的有力说,但往往借助于"证明的必要"或"提出证据的责任"之类的概念,以与客观证明责任概念划清界限。[5] 我国学界也逐渐达成共识,证明责任与在诉讼过程中当事人提供证据意义上的行为责任,应采用不同语词加以区分,但关

---

〔1〕 选择"证明责任"一词是十分"不幸"的,因为客观证明责任不是关于"证明"行为的,也不是作为违反法律义务的制裁后果的法律"责任",所以德国众多诉讼法学者认为"我们选择证明责任这一术语是如此不幸"。德国学者包括穆兹拉克、马森、施梅林、瓦亨多夫等对此形成共识,尤其是普维庭对此有反复感慨。参见[德]汉斯·普维庭:《现代证明责任问题》,吴越译,法律出版社 2006 年版,第 9、25、50 页。

〔2〕 "(客观和主观)证明责任都应当与诉讼进程中的具体举证责任相区别",这是德国目前的通说。参见[德]罗森贝克、施瓦布、戈特瓦尔德:《德国民事诉讼法》,李大雪译,中国法制出版社 2007 年版,第 849 页;MüKoZPO/Prütting,5. Aufl. 2016, § 286 Rdnr. 99 – 103; Musielak/Voit,ZPO,14. Aufl. 2017, § 286 Rdnr. 33; Stein/Jonas/Leipold,ZPO,22. Aufl. ,2008, § 286 Rdnr. 48; Saenger,ZPO,7. Aufl. 2017, § 286 Rdnr. 56。

〔3〕 参见易小明:《本质的生成与生成的本质——本质主义思维方式与生成主义思维方式比较探究》,载《社会科学战线》2005 年第 4 期。

〔4〕 参见[德]汉斯·普维庭:《现代证明责任问题》,吴越译,法律出版社 2006 年版,第 14 页。

〔5〕 参见[日]新堂幸司:《新民事诉讼法》,林剑锋译,法律出版社 2008 年版,第 394 页;[日]高桥宏志:《民事诉讼法:制度与理论的深层分析》,林剑锋译,法律出版社 2003 年版,第 427 页。

于语词的具体选用,学者间尚待达成一致。[1]

(二)我国证明责任"双重含义"的内部背离

与德国"双重含义说"下"客观"与"主观"证明责任概念的内在协调一致的理论体系相比,我国"双重含义说"下的"行为责任"与"结果责任"具有根本不同的内涵,并且系针对不同的主体与客体而言,[2]实际上是将两种含义杂糅在一个概念之中,逻辑缺陷明显。这与德国"客观—主观"证明责任双重含义表面类似,但有着本质的区别。

在我国本土的"行为责任"与"结果责任"的双重含义下,结果责任往往被解释为行为责任的后果,即当事人不能履行举证证明的行为责任,将负担败诉的后果责任。这表面上显示了举证行为与败诉结果的直接因果联系,但其实却未能揭示客观证明责任与主观证明责任概念间内在统一的逻辑联系,而且颠倒了现代证明责任两层含

---

〔1〕 2018年9月28日在广州大学召开的"新时代证据理论发展愿景学术研讨会"上,与会者达成概念应有区分这一基本共识,而对诉讼中相对于证明责任的另一个行为责任的概念表述,则在"提供证据责任、提出证据责任、举证行为责任、证明的必要、具体举证责任"等词语间有所分歧。相关文献参见陈刚:《证明责任概念辨析》,载《现代法学》1997年第2期;霍海红:《证明责任概念的分立论——基于中国语境的考察》,载《社会科学》2009年第6期;刘哲玮:《论美国法上的证明责任——以诉讼程序为视角》,载《当代法学》2010年第3期;胡学军《从抽象证明责任到具体举证责任——德、日民事证据法研究的实践转向及其对我国的启示》,载《法学家》2012年第2期;袁中华:《民事诉讼中的文书真伪的"举证责任"问题》,载《法学家》2012年第6期;任重:《论中国"现代"证明责任问题——兼评德国理论新进展》,载《当代法学》2017年第5期;吴泽勇:《民间借贷诉讼中的证明责任问题》,载《中国法学》2017年第5期。

〔2〕 李浩教授最先定义我国的证明责任"双重含义",后来学者基本沿袭了这一概念体系,有些虽在称谓上稍有不同侧重,但未能实质改变这一体系。参见江伟主编:《民事诉讼法》(第3版),高等教育出版社2007年版,第178页以下;张卫平:《民事诉讼法》(第3版),法律出版社2013年版,第217页以下;刘家兴、潘剑锋主编:《民事诉讼法学教程》(第4版);北京大学出版社2013年版,第149页以下;谭兵、李浩:《民事诉讼法学》,法律出版社2013年版,第201页以下。

义之间的关系。[1] 更重要的是,德国当今"修正规范说"下的主观证明责任其实是抽象意义上的,即当事人对要件事实加以证明的抽象必要性,是就证明活动整体而言的。不负客观证明责任的当事人也不负主观证明责任,具体诉讼进程中对争点事实举证证明的负担转而由实践中产生的属于具体举证责任范畴的概念来调整,这在德国包括"事案解明义务""摸索证明""表见证明"等。在我国,"行为责任"在理论传播过程中被直观地理解为当事人提供证据对争点事实加以举证证明的负担。由于在"两造对抗"的当事人主义模式下的证明活动具有竞争性,行为责任被认为是可以不断发生转换、倒置或依特定情境由法官决定的,这就使行为责任的负担被认为不存在统一的规则,从而与客观证明责任概念在内涵与规范上走向了彻底的决裂。如果说"结果责任"的说法尚可基本对应客观证明责任,[2] 那么,将"主观证明责任"置换为"行为责任",则完全改变了这一概念的性质与内涵,从而使内在统一的"双重含义"异化成非此即彼的"两种含义"。

笔者认为,在对证明责任概念的认识上,我国现有理论的问题不仅在于对客观证明责任的本质把握不深,更在于对作为客观证明责任表象的主观抽象证明责任的误认,即误将具体举证责任当成客观证明责任的表象,有意无意忽视了主观抽象证明责任的存在及其意义。[3] 主观抽象证明责任的功能在于促使负担客观证明责任的当事

〔1〕 在现代证明责任理论下,客观证明责任是本质上的,客观证明责任预告的风险设置是影响当事人主观证明责任的内在原因。在我国,行为责任是根本上的,结果责任反而成为行为责任所附带的结果。但是,将败诉结果归因为当事人未能举证证明,并不正当。

〔2〕 当然,结果责任的提法本身也不严谨。"结果"不应解释为当事人举证行为的后果,而是法院整个证据调查的结果。而且,"结果"的提法未能体现证明责任作为预先设置风险的属性。

〔3〕 我国学者对主观证明责任概念的内涵很少有界定,尤其是对于主观抽象证明责任的内涵,基本从未论及。少数几篇专门论及主观证明责任的论文,也并未讨论主观抽象证明责任。参见霍海红:《证明责任的法理与技术》,北京大学出版社 2018 年版,第 69 页;毕玉谦:《关于主观证明责任的界定与基本范畴研究》,载《西南政法大学学报》2008 年第 3 期。

人尽力举证。在诉讼开始时,如负证明责任方的当事人消极懈怠而不提供证据,则法院可直接判决该方当事人败诉,所依据的就是主观证明责任。因为此时当事人双方尚未充分展开举证,案件事实不属于“真伪不明”,因此不属于客观证明责任裁判。甚至在诉讼之前,当事人为防范将来可能引发诉讼而采取的事前证据预备行为,也只能借助于主观抽象证明责任来解释。但我国“双重含义说”中的“行为责任”往往仅关注主观具体或者说动态的举证责任。“主观的证明责任发生在争议事实需要证明的场合”,“客观证明责任只针对要件事实,主观证明责任不局限于要件事实”,“在民事诉讼实务中,法院在说明一方当事人应当承担证明责任时,是指该当事人应当承担提供反证的责任,以及由于未能提出反证要承担败诉后果”。[1] 这些论述所指主观证明责任实为具体举证责任。这样,在我国的证明责任“双重含义说”中,主观抽象证明责任实际上被忽略了。这一理论盲点导致我国证明责任的双层含义在负担主体、针对对象、分配标准、是否转换等方面存在巨大差异,以致难以共存于一个概念之中。

主观抽象证明责任是从主体角度把握客观证明责任,主观抽象证明责任与客观证明责任是同一个概念的两个不同方面,因此主观抽象证明责任与客观证明责任遵循同一个分配规则。普氏认为:“主观抽象证明责任的分配,要完全按照客观证明责任来进行。”“一般来说,同一个证明责任规范既分配了主观证明责任,又分配了客观证明责任。”[2] 在我国,两者的关系却变成:“分配证明责任只能是分配客观的证明责任,而主观证明责任根本不存在统一‘分配’问题。”[3] 这就显然混淆了主观抽象证明责任与具体举证责任:只有具体举证责任才是随法官临时心证在当事人之间不断转换的,并不存在统一的

---

〔1〕 参见李浩:《证明责任的概念——实务与理论的背离》,载《当代法学》2017 年第5 期。

〔2〕 [德]汉斯·普维庭:《现代证明责任问题》,吴越译,法律出版社 2006 年版。

〔3〕 参见李浩:《证明责任的概念——实务与理论的背离》,载《当代法学》2017 年第5 期。

分配规则问题。

我国“双重含义说”中的“行为责任”实际上就仅指涉具体举证责任,而忽略了作为客观证明责任真正“投影”的“主观抽象证明责任”,但我们不应对此责备求全。这或许是理论发展的必经阶段。德国曾经的理论状态也一样,“正是由于很多学说分不清主观的抽象证明责任与主观的具体证明责任概念,才造成无数误解”,[1]并因此使证明责任整体的性质或本质无法清晰厘定。甚至诉讼法学家穆兹拉克似乎也忽视了主观证明责任可以具有抽象性质的道理。[2]

这种理论认知差异或许也与我国本土实践互为因果。正如李浩教授所指出的,我国司法实践中的证明责任基本上是从主观证明责任(或更准确地说是“具体举证责任”)的角度使用的。[3] 在德国,经典理论认为证明责任适用的前提是“真伪不明”,而真伪不明是指诉讼在穷尽所有证明手段和法官自由心证后的事实认定状态。但我国的司法实践却是在诉讼证明过程中遇到证据短缺导致事实判断困境时使用证明责任手段来化解事实困境。在经典理论中,“证明责任转换”或“证明责任倒置”一般是在立法论上解释证明责任分配特殊情形的概念。德国学者认为,因为证明责任分配是一个(完整的)实体法规范的一个特别法律要件,由此证明责任分配的改变也就意味着实体法的改变。[4] 在我国的司法实践中,因发生特定情形而通过证明责任分配的“司法裁量”或者说是“法官分配证明责任”,成为改变

---

〔1〕 [德]汉斯·普维庭:《现代证明责任问题》,吴越译,法律出版社2006年版,第43页。

〔2〕 Musielak, Die Grundlagen der Beislast im Zivilproszess, Berlin,1975, S. 36. 转引自[德]汉斯·普维庭:《现代证明责任问题》,吴越译,法律出版社2006年版,第14页。

〔3〕 有关这种理论观点对司法实务的影响与渗透,参见最高人民法院修改后民事诉讼法贯彻实施工作领导小组编著:《最高人民法院民事诉讼法司法解释理解与适用》,人民法院出版社2015年版,第310、315页。我国所谓动态的主观证明责任,基本可以对应德国理论中的具体举证责任。

〔4〕 参见[德]汉斯·普维庭:《现代证明责任问题》,吴越译,法律出版社2006年版,第239页。

证明责任法定分配的灵活方法。国外主要在立法意义上使用的“证明责任倒置”,在我国成为司法上法官依特定情境决定证明责任承担的方法。实践中的“主观证明责任逻辑”或许正从一个侧面反映了我国实务中尚未完全接纳本质上的现代证明责任制度与理论。

二、证明责任方法的定位与反思

(一)司法裁判中的事实问题与法律问题

证明责任问题在性质上是属于事实问题还是法律问题?这其实取决于证明责任作为解决事实真伪不明时采取何种解释方法,这也是理解证明责任时需要明确的一个重要问题。我国学界以往多聚焦于证明责任分配,而对方法论这一抽象问题鲜有深入探讨。随着我国改革进程中对司法专业化的推进,包括如裁判理由的公开、事实审与法律审的适度区分及上诉与再审理由和范围的细化,事实问题与法律问题的区分将具有程序法上的重要的现实意义。

大陆法系的司法逻辑(“裁判三段论”)乃基于“法律出发型”的诉讼模式。在这一模式下,观念上存在一个预先储备的、“万能”的法律规范库。法官的思考是从案件拟适用的法律规范中抽象表述的要件为出发点的。但是只有在此等抽象的要件变成了具体的事实之后,法律才可适用于现实生活。法官在法律适用上有三方面任务:首先,就是“了解和认识客观的法律”;其次,法官根据证据审核案件事实主张的真实性;最后,法官(根据通常感觉或专业素养)将已掌握的部分事实、具体的案件事实与客观法律规范联系起来。[1]

在“裁判三段论”中,作为大前提的法律规范被假定是法官在审

---

〔1〕 参见[德]莱奥·罗森贝克:《证明责任论》(第5版),庄敬华译,中国法制出版社2018年版,第6页。

判具体案件之前绝对知悉的(法谚:“法官知法”)。罗森贝克认为,证明责任问题仅存在于法官演绎推理的小前提之中。[1] 但小前提涉及的问题并非都是证明责任的适用范围,小前提又包括相对独立的两个问题。一是当事人所主张的具体案件事实是否真实,这依赖于诉讼中证据及其证明力,从法官角度来看即“证据评价”问题;二是在该具体案件事实中能否找到法律规范所规定的抽象要件。这个问题即法学方法论上所谓“涵摄”,也被称为“具体的法律评价”,并认为这一问题性质属于纯粹的法律问题。

涵摄问题显然不同于作为第一步的确定“大前提”的“找法”或“释法”问题。对于法律上抽象要件的含义的阐述,是法官适用法律的一般性前期准备工作。在德国,此项工作一般由各种“法律评注”担负。“在法律评注的每一页和每一条均能找到这样的例子”,[2] 因此这项工作一般不成其为具体案件中的适用法律问题。我国有学者认为,证明责任属于三段论的“大前提”问题,主张“证明责任对应法律问题,具体举证责任对应事实问题”的“二元结构”。[3] 对此,德国学者早就提醒过:证明责任问题不是法律问题,对于法律问题的裁决,按照规定,有那些在学术界和判例中已经解释的或将要解释的实体法律规范即足矣。[4] 法官不得将其内心对法律规范或法律概念的适用的怀疑,作为对事实问题的怀疑来对待。但即使在德国,“基层法院的司法实践中,违反这一点的情况屡见不鲜”。[5] 这种“用证明

---

〔1〕 参见[德]莱奥·罗森贝克:《证明责任论》(第5版),庄敬华译,中国法制出版社2018年版,第9页。

〔2〕 参见[德]莱奥·罗森贝克:《证明责任论》(第5版),庄敬华译,中国法制出版社2018年版,第8页。

〔3〕 参见任重:《论中国“现代”证明责任问题——兼评德国理论新进展》,载《当代法学》2017年第5期。

〔4〕 参见[德]莱奥·罗森贝克:《证明责任论》(第5版),庄敬华译,中国法制出版社2018年版,第10页。

〔5〕 参见[德]莱奥·罗森贝克:《证明责任论》(第5版),庄敬华译,中国法制出版社2018年版,第11页。

责任裁决来回避纯法律问题的裁决”的倾向,混淆了证明责任问题的界限,即事实问题与法律问题的界限。

罗氏认为,只有对拟判决案件的事实的真实性审核,才属于证明责任规范的适用范围,只有不能对所谓的事实问题作出确认的情况下,才需要证明责任制度的指引。罗氏声称:消除事实问题方面的疑问,是证明责任规范的使命,证明责任规范也能够胜任之。[1] 这一论断正是我国学者认定证明责任属于事实问题的权威“证据”。但显然,罗氏绝不是指证明责任可以帮助法官对经过诉讼程序最终仍无法证明的事实形成确信,其著作中严格区分了证明责任与证明评价各自的统治领域。对于罗氏的这个判断,必须根据其整体理论语境来理解:罗氏最初构想的是通过证明责任就可以使真伪不明状态下的事实认定在裁判上产生和事实真伪认定同样的效果。但这种看似简捷的解释方法受到后来学者的批判质疑:证明责任为什么能够“修改”法官根据证据已作出的事实认定?主张对罗氏方法观点予以修正的观点认为,在事实真伪不明时,当然不能依三段论直接适用实体法,而应在承认事实真伪不明的状态下适用证明责任规范,继而能作出一方当事人败诉的判决。故实体法在事实真伪不明时不可能被直接适用,而是通过证明责任规范予以间接适用。

在此需要理解证明责任方法问题与证明责任规范的性质差异:证明责任规范具有法的性质,但证明责任既不能解决案件事实认定困境本身,也不能解决法律规范的抽象性问题。证明责任是在承认事实认定困境存在及其独特性的情形下,通过创设此种情形下独特的法律适用方法来解决案件裁判难题。具体来说,证明责任首先作为事实真伪不明时的裁判方法,肯定了事实认定难题之真实存在,再通过证明责任规范解决法律规范不足适用时的法律规范补充问题。

---

〔1〕 参见[德]莱奥·罗森贝克:《证明责任论》(第5版),庄敬华译,中国法制出版社2018年版,第14页。

在双方证据证明力势均力敌的情况下,放弃对所谓"事实真相"作非此即彼的判断,这是承认人类"理性有限"原则的结果,这本身就是一种理性的选择。同时,这也是作为现代司法标志的"自由心证"原则的要求。如果强迫法官在此种情形下非得作出或真或伪的事实认定,恰恰是对自由心证原则允诺的"依据良心和理性自由判断"的违反。实践中法官确实容易在此种情形下滑入某种或真或伪的事实认定,却不是根据理性,而可能是根据情感、偏好、感觉等某种不正当考虑。只有现代证明责任理论才能提供一种形式理性的、统一的解决方案。

(二)事实与法律之间的"法律适用"问题

对证明责任问题性质认识的混乱,与罗氏学说当时主流的法学方法论有关。罗氏认为,小前提包括两个步骤,但将分别属于事实问题和"纯粹法律问题"的两个步骤归并在一起,这着实让人费解。法学方法论的当代发展不再将"涵摄"置于"小前提"之下。当代许多学者认为,涵摄与此前的准备过程应当区别开来。[1] 如此一来,证明责任问题就不再属于罗氏所言的小前提问题。我国有学者主张"连接"作为法律规范与法律事实相结合的环节,才是司法三段论重要的、相对独立的环节,也是裁判的中心工作。在三段论中,大前提和小前提都是静态的准备环节,而连接是动态的过程。所谓"目光往返流转",就属于连接阶段的内容,其既不能归入大前提,也不能归入小前提。[2] 在这种方法论解释下,司法三段论的三个步骤分别对应"大前提"、"小前提"

---

〔1〕 Franz Bydlinski, Juristische Methodenlehre und Rehtsbegriff, Wien/New York 1982, S. 396.

〔2〕 在法学方法论中,学者更经常使用涵摄而非连接一词。但我国学者提倡在法学方法论中使用连接一词更妥当。理由一是连接包括涵摄,是涵摄的上位概念;二是连接强调的是一个动态的、在事实与法律间建立关联的过程,连接强调过程,涵摄是结果,连接最终是为了实现涵摄;三是涵摄作为一个自然的结果不必形成相对独立的环节,而连接可以成为三段论中的一个环节;四是"目光往返流转"在涵摄理论中始终找不到恰当的位置,而正好属于连接阶段的内容。参见王利明:《法学方法论》,中国人民大学出版社 2012 年版,第 218 ~ 219 页。

及“结论”之得出。大致来说,实体法规范是司法三段论的“大前提”,案件事实属于“小前提”。将大前提、小前提“连接”起来进行法律推理才是最关键的“第三步”。连接是一个过程,连接的理想结果就是“涵摄”——依逻辑推理得出裁判结论。

“连接”实际上是一个寻求裁判结论的过程,也是追求法律适用的过程,以实现立法者的意志。[1] 但证明责任方法不同于通过涵摄直接适用法律,而是在认定案件事实真伪不明的前提下,通过实体法之外的额外规范(补充规范)弥补演绎推理存在的问题,从而完成法律推理。因此,大致可以说,证明责任属于证明失败时将大小前提连接起来进行推论的(法律适用)问题。或许这也表明了“连接论”能提供比“涵摄论”更强的解释力。(见图 16.1)

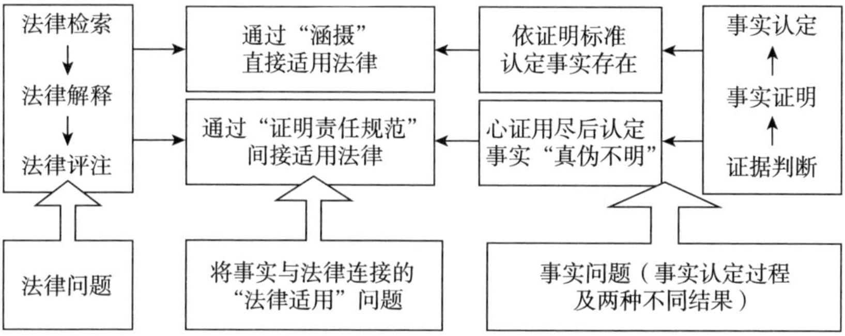

图 16.1　司法裁判过程“法律问题”与“事实问题”的区分

在日本法学理论下,要件事实才属于证明责任的对象事实。[2] 由于法律要件包括两种类型,即事实性要件与评价性要件,[3] 相应地,“真伪不明”也包括两种情形:既包括事实型要件对应的生活事实因证据短缺而在诉讼最终阶段呈现的“事实不清”,也包括评价性要

---

〔1〕 参见[德]卡尔·恩吉施:《法律思维导论》,郑永流译,法律出版社 2004 年版,第 35 页。

〔2〕 参见[日]伊藤滋夫:《日本要件事实的思考方法》,载崔建远主编:《民法九人行》(第 8 卷),法律出版社 2016 年版,第 192 页。

〔3〕 参见许可:《民事审判方法:要件事实引论》,法律出版社 2009 年版,第 25 页。

件对社会生活事实的涵盖范围不明,或者说具体生活事实是否可归属于评价性要件之下的"归属不定"。如某案件中的具体案情是否构成法律上的"情节严重",这在评价性要件的判断上比较普遍。对于这两类法律要件是否得以满足的判断,都不能说是单纯的事实或法律问题,而毋宁说是将事实与法律相"连接"的法律适用问题。

证明责任制度可以说是为解决疑难事实问题而生,但并非旨在解决案件生活事实的证明问题。从这一角度来说,证明责任绝不是所谓的"事实判断的辅助手段"。德国学者早已表明:"证明责任的功能永远不可能是去帮助法官形成对某个生活事实的心证。"〔1〕案件事实真伪不明是适用证明责任制度的前提与基础,在真伪不明时仍需解决作为法律适用前提的事实条件成就与否问题,通说认为即通过证明责任规范拟制事实,从而为适用法律铺平道路。

法律适用一般以确定的事实条件为前提,事实不确定时则通过证明责任规范解决事实问题,因此证明责任规范就是一个实体法规范要件的补充规范。正是由于证明责任规范补充实体法,使法律规范能够涵盖事实真伪不明的情形,即填补了法律规范调整生活的漏洞与缝隙,证明责任规范由此具有了"法"的性质。〔2〕但证明责任规范不是独立的"法"的规范体系,德国学者莱波尔特理解和设想的"双轨制"是不正确的。〔3〕证明责任法服务于案件所拟适用的法部门,由该法的目的宗旨指引证明责任分配,也即真伪不明时法适用的方向。证明责任是隐而不显的,但它却是所有的法适用的前提,宜以学理解释来指导法官进行法的适用,是法律适用中的精华部分。

---

〔1〕[德]汉斯·普维庭:《现代证明责任问题》,吴越译,法律出版社 2006 年版,第 87 页。

〔2〕参见陈刚:《证明责任法研究》,中国人民大学出版社 2000 年版,第 156 页。

〔3〕莱波尔特将证明责任规范视为与实体法规范一样的完整规范,所以证明责任规范在他的体系中根本不与实体法发生联系。在这种"双轨制"下,法律规范的数量会成倍增长。参见[德]汉斯·普维庭:《现代证明责任问题》,吴越译,法律出版社 2006 年版,第 238 页。

总之,证明责任的方法包括真伪不明的认定及处理。其中,真伪不明的认定属于证据问题或事实问题,此种状态下的最终裁判结果属于法律适用问题。罗氏最初也曾认为,真伪不明时可仅从形式逻辑中得出“法律不适用”的结论,因此他的理论早期是不承认存在什么“证明责任规范”的。但实际上,事实真伪不明时,如果不适用一方当事人主张的法律依据,就要适用对方当事人主张的法律依据,根本不可能是“不进行任何法律推理”。〔1〕 证明责任裁判不是形式逻辑的结果,其本质是下文将阐释的“实质司法权”的行使。

在任何诉讼中,法官的任务均是如何将客观的法律适用于具体的案件。其实德国经典著作均开宗明义:证明责任是法律适用问题,即将抽象法律适用于案件事实的“连接”问题。法律适用的难点不在于逻辑上的三段论推理,而在于法律与事实的“连接”。因此,证明责任属于透过个案反映出来的规范正当性及其隐含的价值选择问题。

三、证明责任规范的内容与本质

我国理论上对证明责任分配的探讨,基本还停留在案件有疑点时通过理论探寻“如何分配”的阶段,尚未深入其本质,拷问“为何如此分配”,因此不能揭示分配方案背后的正当性及其实质价值考量。要使司法实践真正自觉坚持贯彻依“规范说”分配证明责任,就必须深入理解其本质,并回击对“规范说”的“形式主义”的批判与质疑。

---

〔1〕 案件事实真伪不明不同于案件事实被证伪,也即小前提无法确定。认为事实真伪不明时仍可进行三段论推理,犯了“中项不同一”的“四概念”错误。参见雍琦:《法律逻辑学》,法律出版社2004年版,第193页。罗森贝克本人也意识到对“法律不适用说”的批判是成立的,并且在其著作的后来版本中抛弃了这一方法论,正式承认证明责任规范的存在。关于罗森贝克《证明责任论》各版本观点的区别,[德]汉斯·普维庭:《现代证明责任问题》,吴越译,法律出版社2006年版,第224页。

(一)从分配原则到分配规范

在现代证明责任理论体系中,证明责任方法论与证明责任规范是可以分开的两个基本问题。证明责任方法论回答事实真伪不明时案件如何处理的问题,而证明责任规范则是解决此种情形下如何分配败诉风险或裁判内容如何作出的问题。证明责任规范的内容,亦即证明责任的分配,与上述证明责任理论采取的方法解释问题是无关的。对证明责任规范的深化认识,要求区分证明责任规范的表现与本质。

从规范表现形式来看,需要注意的是,存在两种容易混淆的"证明责任规范"。一是关于证明责任分配原则的,或者说是证明责任分配的"公式"。如《德国民法典》第一草案之第193条、[1]我国《民诉法解释》第91条。[2] 但严格来说,此类规则并非在实际案件中分配证明责任的规范,而是据以产生证明责任分配规范的原则性规定,或者说是证明责任规范的产生方法。真正的证明责任规范是与实体法规范紧密相连的,是对分配原则的具体化,从内容上来说是对个案中事实真伪不明的风险进行分配的裁判规范。我国司法解释也曾试图依案件类型对某些特定要件事实进行证明责任的分配,[3]但由于此类规定不是直接从实体法规范而来,因此不是完全正确的或严格的

---

〔1〕 1888年《德国民法典》第一草案第193条曾明文规定了证明责任分配的一般规则,但该条后来并未成为正式立法中的条文。德国学者普维庭分析了众多国家证明责任分配的基本规则,得出《德国民法典》第一草案第193条的基本规则已经明确或默认地为所有的法律秩序所承认,属于所谓的"世界习惯法"的结论。参见[德]汉斯·普维庭:《现代证明责任问题》,吴越译,法律出版社2006年版,第368页以下。

〔2〕 《民诉法解释》第91条规定:"人民法院应当依照下列原则确定举证证明责任的承担,但法律另有规定的除外:(一)主张法律关系存在的当事人,应当对产生该法律关系的基本事实承担举证证明责任;(二)主张法律关系变更、消灭或者权利受到妨害的当事人,应当对该法律关系变更、消灭或者权利受到妨害的基本事实承担举证证明责任。"

〔3〕 如原《民事证据规定》第5条对合同纠纷的证明责任分配,第4条对8种特殊侵权案件的证明责任分配。该司法解释已于2019年修订(法释〔2019〕19号),后文称新《民事证据规定》。

证明责任规范。证明责任分配必须不断地跟随实体法的发展和改进,诉讼法上的“闭门造车”是没有前途的。[1] 我国实体法的不断改进充分体现在侵权责任领域。随着《侵权责任法》的公布施行,原《民事证据规定》第4条实际上就失效了。[2] 完整的证明责任规范必须是以实体法规范(请求权规范或抗辩规范)为基础,并依证明责任分配原则对要件事实真伪不明的风险进行分配,在各国多是一种不成文规范。

如此看来,真正的证明责任分配规范是依附于实体法规范的,是请求权基础规范或抗辩规范的附属规范,而这一规范是根据证明责任分配原则或分配公式得来的。证明责任分配原则确立了分配的形式标准,因此,具体案件类型下如何分配证明责任,可依“公式”这一形式标准进行推演,而要把握证明责任规范的本质,就应当继续追问证明责任分配原则这一形式标准背后的原因。

证明责任规范不是理所当然地从形式逻辑而来的,因此其背后必然有着实质考虑。“修正规范说”着力揭示了证明责任规范形式背后的实质依据。大致来说,证明责任“如何分配”与“为何如此分配”基本反映了证明责任的外在表现与本质的关系。我国学界尚未清楚认识到证明责任分配的形式标准与实质依据之间的内在统一关系,往往将二者对立起来。[3]

“修正规范说”并没有否认证明责任分配具有众多的实质性依

---

〔1〕 参见[德]汉斯·普维庭:《现代证明责任问题》,吴越译,法律出版社2006年版,第328页。

〔2〕 原《民事证据规定》第4条对8种特殊侵权案件的证明责任分配作出分别规定,但侵权责任法对这些侵权行为的构成要件、归责原则及抗辩事由皆有所调整。新《民事证据规定》已删除该条。

〔3〕 我国诉讼法学界多数学者主张应采纳“规范说”依形式标准分配证明责任,但较少理解形式标准背后的实质依据;民法学界有学者主张证明责任分配应遵循实质性依据,往往又排斥分配的形式标准。代表性作品参见徐涤宇:《民事证明责任分配之解释基准——以物权法第106条为分析文本》,载《法学研究》2016年第2期;胡东海:《民事证明责任分配的实质性原则》,载《中国法学》2016年第4期。

据，只是反对将实质依据直接作为证明责任分配的一般性原则，证明责任“规范说”提供了分配的形式化“公式”，便利了司法中的统一操作，但绝不能将它与形式主义画等号。一旦需要对法定的证明责任分配进行解释，或者在法律漏洞出现时需要为法官提供法律续造的起点，则会呼唤这些隐含的实质性依据出场。[1] 证明责任“分配权”还是应当归立法者，“证明责任分配问题不是正确的实质性依据问题，而是一个立法者抉择取舍的问题”。[2] 形式化规则的背后其实隐藏着“成打的实质性目的和价值”。[3] 但形式标准确立后，毕竟就不同于未被整合进实定法当中的某个实质标准，依形式标准能够产生一种权威的规范依据。这种依据通常排斥、无视或至少是弱化出现在判决或行动过程中的、与之相对抗的实质性依据。[4]

证明责任分配的实质性依据，不是某一两个“原则”，如果依据某些单个“原则”在个案中进行证明责任分配，甚至可能导致分配方向相左。实质性依据不可能是某个个别的标准，而应当是一个价值体系。这类似于中药的“配伍”，各个不同“原则”在具体情形中分别发挥着“主、使、兼、济”等不同功能。“处方”的开具者并非法官，而应当是深思熟虑的立法者。立法者针对不同情形，在统筹各个立法目的与宗旨及具体利益平衡的基础上，予以综合考量。法官考量的只是个案事实与具体情境下的妥适性，而无权改变法律经反复博弈的价值取向选择。“修正规范说”对证明责任分配的实质依据有深入系统

〔1〕 参见［德］汉斯·普维庭：《现代证明责任问题》，吴越译，法律出版社2006年版，第356页。

〔2〕 ［德］汉斯·普维庭：《现代证明责任问题》，吴越译，法律出版社2006年版，第356页。对于我国将证明责任配置裁量权授予法官的批判，参见霍海红：《证明责任配置裁量权之反思》，载《法学研究》2010年第1期。

〔3〕 ［德］汉斯·普维庭：《现代证明责任问题》，吴越译，法律出版社2006年版，第379页。

〔4〕 参见［美］P. S. 阿蒂亚、R. S. 萨默斯：《英美法中的形式与实质——法律推理、法律理论和法律制度的比较研究》，金敏等译，中国政法大学出版社2005年版，第2页。

的分析与揭示。[1]

首先,依“进攻者原则”分配,是证明责任分配的中心原则。这一原则的背后考虑,包括保护占有、权利安定性、社会秩序保护、对现状的维护及禁止私力救济等这些现代“法治国”的基本原则,还可由其他实质性依据对其进行必要的限制。这些原则表达的其实就是案件事实真伪不明时所有法律的一般性价值取向,代表了法律作为稳定人们行为期待的一般立场。但应注意,这种一般性价值取向区别于具体实体法规范对于相冲突价值的倾向性选择。进攻者原则的基础性与中心地位也能很好地解释为什么“谁主张,谁举证”作为证明责任的分配原则,似乎永远具有正确性。[2]

其次,在进攻者原则之外,抽象意义上的公平、公正、诚信、目的性等原则也是证明责任分配的实质性依据。诸如证明危机、诉讼预防和诉讼威慑、当事人武器平等、证明手段获得与保护、一般交易保护和交易促进、权利均衡、预防思想、事物的危险性、危险增加、避免消极性证明、抽象盖然性衡量、证明接近、社会保护等,也都属于“有待承认的实质性依据”。这些原则与上述中心原则的区别在于,这些是维护和加强各实体法立法目的的实质性依据。实际上,证明责任分配的实质性依据是无法穷尽的,而且这些依据的概念并不精确,相互之间难免交叉。如果对实质性依据可以用一个公式表达,那就是“遇疑问时有利于立法目的”。

最后,具体情形下的公平、公正性属于与个案相关的具体情境性因素,包括诸如当事人地位、当事人举证能力、具体盖然性、举证妨

---

〔1〕 参见[德]汉斯·普维庭:《现代证明责任问题》,吴越译,法律出版社 2006 年版,第 338 页以下。

〔2〕 “谁主张,谁举证”作为现代证明责任分配的原则,严格来说并不具有正确性和实际可操作性。相关批判参见胡学军:《证明责任“规范说”理论重述》,载《法学家》2017 年第 1 期。但如从实质依据角度出发,并加以某些限定,则其仍可与现代证明责任分配通说相通。参见胡东海:《“谁主张谁举证”规则的历史变迁与现代运用》,载《法学研究》2017 年第 3 期。

碍、经验法则、法官裁量等因素，属于举证困难时转换具体举证责任的依据，如果误将其当成证明责任分配的实质性依据，则属于在这一问题上的不当考量。

而且，不同实质性“原则”在对证明责任分配的“作用力”方向上并不总是一致的，实践中如单纯偏重于某一个实质原则，就可能导致丧失对“公正”的平衡把握。特定原则在不同时代或不同社会思潮下，也可能有不同侧重。如医疗侵权中因果关系与过错、环境法中因果关系等要件的证明责任分配、消费者法中消费者的认定及惩罚性赔偿的适用，如果从特定社会思潮（如医疗促进、消费者运动、环保主义）的立场来看，则总不外乎在“保守”与“激进”之间游移，而通过证明责任分配的技术可实现法律对社会意识形态相对稳定的贯彻。

“规范说”并非否认证明责任分配存在实质标准，但仍坚持形式标准，其好处显而易见：实质标准可以作为决定形式标准的依据，在立法论层面上加以探讨，是学术研究的对象；形式标准是司法层面上法律适用的可操作性规则，有利于法律适用的统一与提升司法效率。“规范说”之所以成为我国通说，主要在于其所坚持的形式标准对于我国现阶段的司法实践具有重要的应用价值与现实意义。在观念上不应总是将形式与实质对立起来，二者实际上是可以统一的。

在形式标准与实质标准能够较好地契合统一时，证明责任分配在司法过程中一般不需要特别讨论，只需进行“识别”。在形式标准反对或违背实质标准时，证明责任分配的探讨就属于典型的法律问题，并成为由法律实践引发法律议论，从而推动法律成长、变动的契机。例如，侵权法归责原则之从过错责任到过错推定及严格责任（无过错责任）的发展，就是通过实体规范上对构成要件的调整这一立法技术实现法律的发展。过错责任到过错推定，是通过立法层面“过错”要件的证明责任“倒置”实现的，而到严格责任则是通过从正面规定“过错”要件到反面规定“免责事由”这一权利妨碍要件，实现放弃将加害人的心理状态作为构成要件，摆脱对这一疑难事实的证明与认定，从而实现法律价值取向的悄然调整。

总之，按照证明责任分配之形式与实质标准的统一，立法时充分考量实质标准并依此安排法律规范之要件表述及规范构造，以为司法提供相对清晰的指引；司法时通过形式标准理解和贯彻或反思法律之实质价值取向选择。

如果抛开实体法规范形式与证明责任分配“公式”，人们可以采用一种更简单的“验算”方法把握证明责任规范的本质：在证明责任分配存疑时，随时回到证明责任分配问题的出发点。此种方法也就是通过对案件具体事实情形设立假想的“无知之幕”，[1]再通过提问案件裁判“此时应倾向于谁”，来检验证明责任分配的正当性。由于个案特定情境性因素完全被屏蔽，此时的考量就更能体现分配的本质。

（二）证明责任分配规范的本质

只有在对证明责任方法论及证明责任分配形式与实质依据之关系的正确认识的基础上，才能更深刻地理解德国学者关于证明责任规范本质的论述。普氏明确阐明：“客观证明责任的本质就是通过法律拟制将实体法扩大适用于真伪不明领域。”[2]拟制的具体途径是通过证明责任规范将某个陷于认定困境的要件事实拟制为“不存在”或例外情形下拟制为“存在”。证明责任规范的本质就是在要件事实真伪不明的情况下对待适用法律规范的补充规范。证明责任规范与这些实体法规范紧密相连并且从中而来，这就是对它的实体评价和衡

---

〔1〕“无知之幕”（Veil of ignorance）本是美国政治哲学家约翰·罗尔斯（John Rawls）在《正义论》中提出的一个著名的思想实验。本书借用这一理论，意在说明证明责任分配时如果屏蔽所有个案情境性因素，则更能体现证明责任分配的实质性依据。参见［美］约翰·罗尔斯：《正义论》，何怀宏、何包钢、廖申白等译，中国社会科学出版社 2009 年版，第 105 页以下。

〔2〕［德］汉斯·普维庭：《现代证明责任问题》，吴越译，法律出版社 2006 年版，第 237 页。

量。[1] 如果继续追问为何要在真伪不明时将实体法规范扩张适用，则答案就是在遇有事实真伪不明情形时，现代司法不允许拒绝裁判，因此必须依实体法的价值取向解决法律未明确规范的情形，也就是依立法者的价值权衡来处理事实真伪不明的案件。因此，证明责任制度其实为疑难案件架起了一座从事实到法律、从技术到价值的桥梁。从这个角度才能真正理解和把握现代证明责任制度的本质。

从本质上看，证明责任规范不外乎就是实体法规范的事实构成要件。[2] 这也可支持通说认为的证明责任“乃是关于法律适用问题”这个命题。这同时表明，证明责任系“在真伪不明时不适用法律规范”这个命题已经走到了尽头。[3] 客观证明责任的本质就是通过拟制将实体法扩大适用于真伪不明领域，证明责任规范就是一个法律要件的补充规则。证明责任规范是辅助规范，是不完整的法律规范，因为它不能单独适用。只有将实体法规范要件中的一个真伪不明的生活事实与证明责任规范结合起来，才能从完整的法律规范中得出司法上的法律后果。[4] 证明责任规范对当事人也间接地具有实体法的意义，因而构成了一种次要的实体法归属规范，并也以此辅助性地包含了当事人的行为规范。[5]

当然，证明责任规范的行为规范功能只是作为本质上的法官裁判规范的反射，但又不能将证明责任规范理解为独立的“判决规范”，以为证明责任规范能使法官消灭真伪不明，从而使判决成为可能。

---

〔1〕 参见[德]汉斯·普维庭:《现代证明责任问题》，吴越译，法律出版社 2006 年版，第 244 页。

〔2〕 参见[德]罗森贝克、施瓦布、戈特瓦尔德:《德国民事诉讼法》，李大雪译，中国法制出版社 2007 年版，第 855 页。

〔3〕 参见[德]汉斯·普维庭:《现代证明责任问题》，吴越译，法律出版社 2006 年版，第 237 页。

〔4〕 参见[德]汉斯·普维庭:《现代证明责任问题》，吴越译，法律出版社 2006 年版，第 237 页。

〔5〕 参见[德]罗森贝克、施瓦布、戈特瓦尔德:《德国民事诉讼法》，李大雪译，中国法制出版社 2007 年版，第 855 页。

克服真伪不明的方法不属于证明责任规范的内容,它的本质是一种“操作规则”。所有证明责任规范只包含证明责任的分配而永远不可能包含方法论问题。〔1〕从这一视角来说,《民诉法解释》第108条并不属于证明责任规范,〔2〕况且该条规定本身也是值得商榷的,因为并不能总是将真伪不明的案件事实一律视为“不存在”。按照具体证明责任分配的不同,有时是肯定的虚拟,有时是否定的虚拟。〔3〕如在善意取得案件中事实真伪不明时,法官就应对善意要件作积极肯定的虚拟。〔4〕

“修正规范说”的基本观点就是法官必须对真伪不明的要件事实按照法律规范的目的进行修补。证明责任的分配源于实体法,应当将证明责任规范视为实体法规范的必要补充,或者说证明责任的分配是一个实体法规范的一个特别法律要件。因此,证明责任在诉讼过程中根本不可能发生“倒置”或“转换”,因为证明责任分配的改变也就意味着实体法的改变。

在证明责任规范的本质问题上,必须将证明责任规范归入事实真伪不明所联系的要件事实的法律所属的法律领域。证明责任规范决定了法官评价的实质内容,而不是决定了判决的“程序”。〔5〕在实体法的要件事实真伪不明时,通过证明责任判决的风险分配只能来

---

〔1〕参见[德]汉斯·普维庭:《现代证明责任问题》,吴越译,法律出版社2006年版,第234页。

〔2〕《民诉法解释》第108条第1、2款规定:“对负有举证证明责任的当事人提供的证据,人民法院经审查并结合相关事实,确信待证事实的存在具有高度可能性的,应当认定该事实存在。对一方当事人为反驳负有举证证明责任的当事人所主张事实而提供的证据,人民法院经审查并结合相关事实,认为待证事实真伪不明的,应当认定该事实不存在。”

〔3〕参见[德]汉斯·普维庭:《现代证明责任问题》,吴越译,法律出版社2006年版,第231页。

〔4〕参见[德]汉斯·普维庭:《现代证明责任问题》,吴越译,法律出版社2006年版,第232页。对我国善意取得案件证明责任分配的分析,也可以得出同样的结论。参见吴泽勇:《论善意取得制度中善意要件的证明》,载《中国法学》2012年第4期。

〔5〕参见[德]汉斯·普维庭:《现代证明责任问题》,吴越译,法律出版社2006年版,第244页。

自实体法,它与诉讼法的“服务功能”完全不一样。证明责任判决不是直接来自实体法的推理,而是来自实体法及作为实体法补充与附属规范之所谓“证明责任法”,证明责任判决的本质是与事实状况完全分离的风险判决。〔1〕

由此也可以看出,我国的证明责任研究可能长期存在一种“场域错误”:讨论证明责任分配的方式不应是在个案中(事实认定疑难案件)。在个案中谈论证明责任分配,由于失去“无知之幕”的屏蔽,总是容易被各种特定情境因素干扰。甚至也不应是基于类案,而应该更为抽象地谈论实体法律规范构造及其规范表达方式。也许恰当的方式就是“法律评注”(从法条出发的抽象层面),可喜的是,我国学界已经开始这么做了。近年来的法律评注中,证明责任分配都是实体法规范评注中比较固定的一个问题。〔2〕

证明责任分配是实现个案公正与相关法律规范发展的核心议题,是在法律实践过程中,彰显或反思法律价值取向与立法技术的“后视镜”,从而调整法律的方向,使其更好地成长。从这个意义来看,证明责任分配的讨论不仅是法律适用的一部分,也是法律成长的一部分,证明责任在法律理论研究中长期焕发其魅力,并值得成为法学研究的永恒论题。

四、证明责任制度的生成与功能

(一)司法对疑难案件处置办法之比较

证明责任制度既不是自古有之,也并非放之四海而皆准。具有

〔1〕 参见[德]汉斯·普维庭:《现代证明责任问题》,吴越译,法律出版社 2006 年版,第 243 页。

〔2〕《法学家》杂志从 2016 年开始至今发表了多篇针对物权法、合同法具体条文的评注类文章,在此类文章中,“举证责任”是针对条文分析评注的一个固定内容。代表性文章参见朱庆育:《〈合同法〉第 52 条第 5 项评注》,载《法学家》2016 年第 3 期。

绝对性与普适性的是司法中事实认定困境与法律规范的抽象性导致个案中的法律适用困境。不同时代、不同地区文化背景下对此的处置方法各异。近年来,比较法研究领域有一种日益明显的趋势,比较法研究的重点不应是法律规则,而应是法律话语、法律人对待法律的方式以及采用的推理方法。[1] 只有透过概念术语的迷雾,从制度功能的实质来把握这些制度与理论的本质,才能看到不同时代、不同民族司法制度的不同做法在比较法意义上的差异与实质相通之处。虽然我国古代直到晚清变法修律引入西方现代法制之前,从未有类似于证明责任的相关概念,但不能说证明责任理论在这里没有生存的土壤。无论古今中外,案件证据短缺、事实难以认定都是司法中一定会遇到的实际困难,对于历史或现实中种种有关"克服真伪不明的道路"或"真伪不明的处置办法",[2] 如借用韦伯的"理念类型"分析方法,可以宏观地比较其间的路径差异。[3]

首先,在韦伯界定的"形式非理性"时期的古代,其司法裁判方法包括"神明裁判"和"决斗"。这种方式下的案件事实认定与法律适用尚未得到清楚界分,事实真伪不明并未获得独立地位与法律意义。

---

〔1〕 参见[比]马克·范·胡克、马克·沃林顿:《法律文化、法律范式与法律学说》,载[比]马克·范·胡克:《比较法的认识论与方法论》,魏磊杰、朱志昊译,法律出版社 2012 年版,第 93 页。

〔2〕 学界对于各种有关"克服真伪不明的道路"或"真伪不明的处置办法"的考察,可参见[德]汉斯·普维庭:《现代证明责任问题》,吴越译,法律出版社 2006 年版,第 177 页以下;李浩:《事实真伪不明处置办法之比较》,载《法商研究》2005 年第 3 期;张永泉:《论诉讼上之真伪不明及其克服》,载《法学评论》2005 年第 2 期;张其山:《真伪不明时的法律适用》,载《法学论坛》2011 年第 3 期。

〔3〕 韦伯语境中"形式"和"实质"的含义比较丰富,且随语境多有微妙变化。此处借用这对概念,主要将"形式"(formality)理解为裁判"使用内在于法律体系的决断标准",而"实质"则是裁判依据不仅限于法律,也考虑法律之外的其他社会规范与价值。而"理性"与"非理性",则涉及合理性(rationality)的有无及程度大小。合理性是指法律规范能够普遍与广泛地应用到涉及的人与事之程度。参见洪镰德:《法律社会学》,台北,扬智文化出版社 2001 年版,第 186 页以下。

这是一种所谓“程序形式主义”的做法,[1]显然不受人类的理性支配,[2]将之归于“形式非理性”的方法,当无异议。

其次,现代法治产生之前的各种文化中均存在多种“实质非理性”的处理方法。罗马法上,对案件事实出现争议的,往往根据当事人的品格证据加以判断。[3] 作为英国普通法主要程序特征的现代陪审制度,由作为法律外行的陪审团根据常识对案件事实作出统一的判断,并且确立了所谓“陪审团得藐视现行法律”(Jury Nullification)的原则,[4]也体现出其“实质非理性”的特征。

古代中国虽然没有产生过类似“证明责任”的概念,也不存在“当事人主义”诉讼模式,但作为古代司法化解事实困境智慧经验的“海瑞定理”,与现代客观证明责任制度在功能方面却有实质相通之处。[5] 海瑞作为洞察生活精英的“清官”,并不拘泥于当时的实定法,以其模糊感知的“强劲的经济学逻辑”化解事实认定困境,显然是一种“实质”的方法。科举制的官员选任程序加之对精英政治的美德要求就是审慎、缜密、分寸感有时甚至就是保守,[6]这或许也会促进在处理案件时形成相对统一的司法尺度(而非明文规范)。如果将

---

〔1〕 参见[美]伯尔曼:《法律与宗教》,梁治平译,中国政法大学出版社 2003 年版,第 27 页。

〔2〕 参见[日]棚濑孝雄:《纠纷的解决与审判制度》,王亚新译,中国政法大学出版社 2004 年版,第 15 页。

〔3〕 罗马法上的“举证责任”制度并非解决事实真伪不明的制度方法,而是解决法律规范不完备的制度。See Alfredo MordechaiRabello, *Non Liquet: From Modern Law to Roman Law*, 10Annual Survey of International & Comparative Law 1 (2004).

〔4〕 参见刘为:《为什么是英国?——有限政府的起源》,浙江大学出版社 2019 年版,第 76 页。

〔5〕 作为中国古代司法官员的代表,明代地方行政官员海瑞对其司法裁判经验的概括有这样一段话:“窃谓凡讼之可疑者,与其屈兄,宁屈其弟;与其屈叔伯,宁屈其侄;与其屈贫民,宁屈富民;与其屈愚直,宁屈刁顽。事在争产业,与其屈小民,宁屈乡宦,以救弊也。事在争言貌,与其屈乡宦,宁屈小民,以存体也。”苏力教授将之概括为“海瑞定理”。对该定理的代表性分析,参见苏力:《“海瑞定理”的经济学解读》,载《中国社会科学》2006 年第 6 期;桑本谦:《疑案判决的经济学原则分析》,载《中国社会科学》2008 年第 4 期。

〔6〕 参见苏力:《大国宪制——历史中国的制度构成》,北京大学出版社 2018 年版,第 421 页。

"海瑞定理"放在精英政治/司法为中国宪制共识的语境下,也许算得上带有一定的理性色彩。但此种过分依赖裁判者品行与感觉的司法根本不具有可普遍性,极容易滑入实质非理性的轨道。〔1〕

再次,形式理性的处理机制有一个发展过程。在不同的处理方式下,"理性"的表现形式或等级不同。如认识到案件事实在当前无法认定从而采取"搁置判决"(包括作出无实质既判力的判决)的方法,相对于之前的神明裁判等完全排除真伪不明情形的处理方法来说,体现了初级的理性;而通过法律规范的特殊安排化解真伪不明的困境,则体现了"有限形式理性"。这种特殊规范既包括程序法律制度上的强制性证明规则,也包括实体法规范上的法律推定、法律拟制或将真伪不明纳入法律要件。即使在现代证明责任理论产生之后,诸多证明责任视野之外的"替代办法",虽均可归为"形式理性"的方法,但此诸多方法的适用条件往往难以精确界定,各种方法之间互相竞争本身也使得这些方法在"形式理性"上是有限的,因为这些规范不太可能具有普遍性或普适性。〔2〕

相较之下,能够作为真伪不明情形下的一般性克服方法的是现代证明责任理论,但不同证明责任学说对此的解释在合理性上仍有重要区别。莱昂哈特的"证明说"和罗森贝克的"不适用规范说"显然是完全"形式"的,但仍属一种"不完全理性"的方法,因为理性的核心是逻辑,这种对于真伪不明情形下可以不借助特殊的辅助手段来裁

〔1〕 中国古代司法判决的结构与风格并不像西方裁判一样比较清晰地区分事实与法律、重裁判理由的论述与裁判结论的逻辑论证,而往往是从大的伦理或法律原则出发,对当事人进行说教。参见贺卫方:《中国古代司法判决的风格与精神——以宋代判决为基本依据兼与英国比较》,载《中国社会科学》1990 年第 6 期。

〔2〕 这些"替代办法"具体包括法官依经验强制对案件事实予以认定、课以某方当事人事案解明义务、由当事人分摊风险、法官估价、降低证明度、对法律的选择性认定、吸收要件、分级关系处理等。[德]汉斯·普维庭:《现代证明责任问题》,吴越译,法律出版社 2006 年版,第 189 页以下。其实,从产生的时间顺序来看,毋宁说证明责任是之前的诸种方法的统一替代制度。

判的方法论解释其实仍然存在逻辑欠缺。[1] 在作为现代大陆法系证明责任理论通说的“规范说”下,对于真伪不明的处理方式及其解释方法完全符合“形式理性”的特征。“规范说”的形式理性不仅表现在其以“完美无缺”的成文法典为其适用的基础,而且其在方法论上填补了真伪不明情形下法律规范存在的司法漏洞。

最后,对“规范说”过分“形式性”的批判,使证明责任理论引入了注重“实质性”的诸种学说,可统称为“反规范说”的证明责任理论,其在方法上的共同点在于主张依据某一个或多个“实质”性原则分配败诉风险。这些学说包括依法官裁判分配证明责任的“司法裁量说”、依危险领域分配证明责任的“危险领域说”、依事物盖然性分配证明责任的“盖然性说”等。此类“实质理性”的方法所遵循的分配败诉风险标准,不属于法律体系本身,而是吸纳了其他社会规范体系的考量。虽然人们确实可以从这些非法律本身的标准出发较合理地理解这些处理方法,但这种合理理解的程度有限。把体系外的概念转换成法律体系内的规则,常常不易准确掌握,其间的变化与差错可能很大,尤其在非“同质化”的现代社会,更可能失去司法的统一性与可预测性。

综上所述,证明责任制度是近代法律形式理性化的产物与典型体现。案件事实模糊与法律不完备是任何历史时期皆存在的问题,对这个问题的处置办法最能体现不同时代司法的特质。世界上的不同民族在历史上都曾采取形式非理性或实质理性的处理方式,而形式理性的证明责任制度相较而言是最符合现代工商业社会与现代司法规律的。这一制度与理论的发展过程,也就是从拒绝承认真伪不明到对真伪不明的承认、从不承认证明责任规范的存在到承认证明责任规范、从证明责任规范的形式依据遵循到证明责任规范的实质

---

〔1〕 对这两种方法的批判,参见[德]汉斯·普维庭:《现代证明责任问题》,吴越译,法律出版社2006年版,第200页以下。

依据探寻的过程。

(二)证明责任制度的实质功能

正如李浩教授所言，客观证明责任很难通过法律条文进行规定，因为本质与现象或表象相比，原本就更抽象、更深奥，也更难用文字表达。[1] 相较于本质而言，现象或表象可通过经验感知，但是情境依赖的。虽然之前有学者从诸多功能角度认识证明责任制度，但证明责任的"行为指引"功能、"效率促进"功能、"制度与观念批判"功能，[2] 以及"民事案件裁判方法"功能，[3] 皆只是我国学者在特定时期对现代证明责任制度所能发挥的某方面效用的认识的体现。事物本质则是"场域永恒"的，更值得我们不断追问与求索。虽然我国此前的证明责任研究者在一定程度上揭示了证明责任制度的本质，但证明责任理论与实践在当今中国仍在不断发展之中，对证明责任制度本质的探讨也不应止步。

无论采取何种学说，可以说证明责任制度的本质就是诉讼的风险负担规则，风险的本质是事物的不确定性，证明责任的风险属性包括对案件事实事后认识的不确定性与法律规范调整社会生活的非周延性。证明责任制度解决的是不确定性风险下的确定裁判问题，其方法是以法律的价值取向弥补认知困境与规范漏洞，是通过规范理

---

〔1〕 参见李浩：《证明责任的概念——实务与理论的背离》，载《当代法学》2017 年第 5 期。

〔2〕 有学者认为"证明责任的功能，远比我们认识的多"。但其本质只能是其中之一，其他均为派生功能。参见霍海红：《证明责任的法理与技术》，北京大学出版社 2018 年版，第 1 页。

〔3〕 参见肖建华、王德新：《证明责任判决的裁判方法论意义——兼评传统证明责任观之谬误》，载《北京科技大学学报（社会科学版）》2005 年第 2 期；周成泓：《证明责任的本质：事实真伪不明时的裁判方法论——以民事诉讼为分析对象》，载《学术论坛》2008 年第 8 期。

性挤压此前不合理的自由裁量，以“实质司法权”统一裁判规则，[1]是现代精致化司法的最精巧的设计。证明责任的本质反映了现代法治国家极力强调的法的安定性、法的可预测性及司法信赖性原则。[2]证明责任与法治的这种天然联系可能在相当程度上解释了为什么证明责任直到现代才被人们认识并开始取得独立地位。[3]

本质主义的思维方式就是注重理性、注重规律。[4] 在“规范说”理论下，证明责任制度的本质即通过立法解释权来挤压司法裁量权，是介乎立法与司法权之间的所谓“实质司法权”。通过预定的证明责任分配以统一法律适用，可促进疑案的类型化统一处理。可以说，“规范说”下证明责任制度最深层的本质就是以法律价值权衡化解事实认知模糊状态，化消极无解之事实判断为积极的法律价值引导，从而为社会树立法律的精神引领，彰显或强化法律对社会的抽象规范功能（“教化”功能）。西方近代产生的这一理论与我国差不多同时期出现的“海瑞定理”所体现的根据规范的价值取向来决断事实模糊不清的处理方案殊途同归。从这一角度来看，证明责任确实可理解为普维庭所谓“在任何诉讼、任何诉讼种类，并且在任何国家的法律体系中都可能面临的一个基本问题”。[5]

证明责任的复杂性在于其多重“跨界”性，既处于“事实”与“规

---

〔1〕“实质司法权”（Materielles Justizrecht）是德国学者 J. 戈尔德施密特提出的一种理论，该理论认为国家司法提供的权利保护既不是私法的一部分，也不是诉讼法的一部分，而是介于二者之间的一种司法权。也就是说，司法权依据的是一种观念设想中的特别规范，借助于这个特别规范，法官就可以把仅在个体间有效的实体私法作为公法上的国家权力应用。只要实体私法规定了公民的义务，那么，法官根据此种司法权就可以帮助公民自动作出与私法上的义务相应的判决。实体司法权的一个重要组成部分就是对私法上有关事实的认定要求，因此关于证明责任的规范就具备了裁判法的本质。参见［德］汉斯·普维庭：《现代证明责任问题》，吴越译，法律出版社 2006 年版，第 225 页。

〔2〕参见陈刚：《证明责任法研究》，中国人民大学出版社 2000 年版，第 9 页。

〔3〕参见霍海红：《证明责任的法理与技术》，北京大学出版社 2018 年版，第 1 页。

〔4〕参见易小明：《本质的生成与生成的本质——本质主义思维方式与生成主义思维方式比较探究》，载《社会科学战线》2005 年第 4 期。

〔5〕［德］汉斯·普维庭：《现代证明责任问题》，吴越译，法律出版社 2006 年版，第 1 页。

范”之间,也处于“立法”与“司法”之间,还可以处于“程序”与“实体”之间。对其的进一步准确定位需要对这些“二元”对立领域的进一步细分。在德国学者看来,作为典型私法的民法是调整民事主体之间关系的行为规范体系,而私法作为裁判规范的功能不过是其“不成文的镜像”,由此法官可对当事人的行为进行判断,这就是戈尔德施密特与基普所谓的“实质司法权”。作为私法伴生现象的裁判法,规定了法官判断的内容。而证明责任正可归于此种“裁判法”。[1] 在此种观念下,裁判法就是“调整个人与负有权利保护义务的国家之间的关系的法律规则的总称”,其性质由此“脱私入公”。[2] 国家的权利保护既不是私法的一部分,也不是诉讼法的一部分,而是介于二者之间的一种司法权。实质司法权的一个重要组成部分就是对私法上的有关事实的证明要求,因此证明责任规范也就具备了“裁判法”的本质。[3] 我国近期有学者提倡复兴由萨维尼提出的“实质诉讼法”理论,在此种法律规范细分的视野下,证明责任属于实质诉讼法规定的诉讼责任,证明责任规范属于实质诉讼法规范。[4]

---

〔1〕 参见[德]莱奥·罗森贝克:《证明责任论》(第5版),庄敬华译,中国法制出版社2018年版,第101~102页。Justizrecht可译为“司法权”,在该书将中译为“裁判法”。

〔2〕 参见陈刚:《实质诉讼法的“脱私入公”过程及其复兴意义——以温德沙伊德〈当代法意识下的罗马私法之诉〉的解读为主线》,载《法律科学(西北政法大学学报)》2020年第1期。

〔3〕 参见[德]汉斯·普维庭:《现代证明责任问题》,吴越译,法律出版社2006年版,第225页。

〔4〕 参见陈刚:《民事实质诉讼法论》,载《法学研究》2018年第6期。

下篇　证明责任制度的本土重构

第十七章　我国证明责任学说与制度简史：理论与规范的协同演进及其趋势

引　言

我国不同时期关于证明责任的数部法律与司法解释规范密度大、更新速度快，新旧规范的差异表述甚至相互矛盾亦不在少数，从而使我国证明责任规范体系显得错综复杂。正确理解和适用这些规范，既不能仅从静态的文本字面进行孤立分析，也不能仅以国外相关理论学说为圭臬加以简单比附解读。应当认识到，每个现今的规范文本都与我国此前相关法律与司法解释之间具有非常密切的关系，既是对此前一系列相关规范与实践做法的总体继承与局部纠错，也是对我国该领域学术研究观点的积极吸纳与及时回应的产物。因此唯有理解我国相关证明责任规范的历史及其与本土学术理论研究之间的互动关系，才能正确把握现行规范的意义。基于此，笔者试以我国

1982 年颁布第一部《民诉法(试行)》至今 40 年关于证明责任法律与司法解释规范的变迁并结合其背后理论学说的转向描述我国证明责任理论与制度的发展轨迹。

在德、日等国民事诉讼理论界,现代证明责任被誉为“民事诉讼的脊梁”。[1] 证明责任理论在我国也一直是民事诉讼法学研究上的一个重要核心问题。我国《民事诉讼法》中关于证明责任的表述一直以来从未曾改变。即“当事人对自己提出的主张,有责任提供证据”。[2] 这在《民诉法(试行)》中本是关于职权主义诉讼模式下当事人一般性提供证据义务的规定,但自从在学理上被概括为“谁主张,谁举证”这一广为流传的口号,即长期被有意无意地当成证明责任分配的一般规则,[3] 但实际上却只是因相关概念混淆导致的众多“迷思概念”中的一个典型。

---

〔1〕 德国和日本都有将证明责任理论称为“民事诉讼的脊梁/脊椎”的说法。在德国,由于分配证明责任的规范具有非常重大的意义,人们有理由将它们称为“民事诉讼的脊梁”。参见[德]莱奥·罗森贝克:《证明责任论》(第 5 版),庄敬华译,中国法制出版社,2018 年版,第 76 页;[德]罗森贝克、施瓦布、戈特瓦尔德:《德国民事诉讼法》,李大雪译,中国法制出版社 2007 年版,第 858 页。在日本,也有很多学者认为证明责任的作用不仅表现在诉讼最终事实真伪不明时指引法官作出裁判,而是在审理之初就以间接的形式产生影响。证明责任的这种事前作用使其被称为民事诉讼的脊梁(backbone)。参见[日]松本博之:《证明责任之分配》(新版),信山社,平成 8 年,第 9 页;[日]村上博已:《民事裁判中的证明责任》,判例时代社,昭和 55 年,第 201 页以下;[日]松冈义正:《民事证据论》(上册),张知本译,中国政法大学出版社 2004 年版,第 30 页;[日]高桥宏志:《民事诉讼法:制度与理论的深层分析》,林剑锋译,法律出版社 2003 年版,第 421 页。

〔2〕 “行为责任说”的具体法律规范表述为:“当事人对自己提出的主张,有责任提供证据。”这一规范作为证明责任分配规范则被简称为“谁主张,谁举证”。见 1982 年《民诉法(试行)》第 56 条、1991 年《民事诉讼法》第 64 条、2012 年修正后的《民事诉讼法》第 64 条等。

〔3〕 “谁主张,谁举证”从罗森贝克“规范说”的理论角度来看是错误的,是对规范说分配证明责任的误识。罗森贝克“规范说”的基础是实体法规范的分类,而我国的这一说法根本未能体现作为规范说核心方法论的实体规范分类方法。对此的批判参见张卫平:《民事诉讼:关键词展开》,中国人民大学出版社 2005 年版,第 263 页。

其实我国《民事诉讼法》从未对证明责任分配作出过明文规定,[1]其直接原因部分在于证明责任在我国其实一直仅停留于理论研讨,并未成为司法实务操作上的突出问题。即便在理论界,也似乎尚未形成较一致的观点学说。深层原因则在于证明责任作为舶来品似乎尚未被我国真正接纳。司法实践中民事案件的裁判往往宣称"以事实为依据,以法律为准绳",如将此处"事实"理解为客观事实,"法律"理解为实体法规范,则证明责任方法与此有明显区别。因证明责任适用的前提就是案件事实真伪不明,此种情形下的法律适用并非直接适用实体法规范,而是通过拟制或借助辅助性规范才能完成。故可以说证明责任作为民事案件裁判思维与裁判方法的功能长期并未被清楚意识到。在固守客观事实认定基础上的法律适用模式下,未达到证明标准的案件事实通常被等同于事实不存在,[2]因此,真正的证明责任判决在我国司法实践中确实是值得怀疑的。

与我国立法在证明责任问题上的沉默相映成趣的是,自20世纪末民事审判方式改革以来,司法实践中探索诉讼新模式、寻求裁判新方法的努力在法院系统或法律共同体内形成一股自发的力量,推动着证明责任理论与司法解释规则的不断演进。20世纪80年代末开始的民事"审判方式改革"即以强化当事人"举证责任"为突破口,目前新一轮的"以审判为中心"的司法改革,以及与之相伴的法官职业化与司法专业化目标仍将深化证明责任作为民事裁判方法。可以说,我国民事诉讼模式转型或司法的现代化仍远未完成,与传统诉讼模式相配套的如经验型法官队伍、行政化司法、职权主义诉讼模式、事实出发型审理方法、民众偏重实体正义的观念等制度环境背景均是当前司法改革的对象,因此,作为现代"民事诉讼脊梁"的证明责任

---

〔1〕 我国对证明责任分配的明文规定多表现在实体法上,如较早的《专利法》《产品质量法》《消费者权益保护法》,后来的《侵权责任法》,直至2020年《民法典》,都有对于特定法律关系中证明责任分配的明文规定。

〔2〕 参见曹志勋:《"真伪不明"在我国民事证明制度中确实存在么?》,载《法学家》2013年第2期。

理论仍可作为重构现代诉讼理论与裁判方法的突破口。

根据笔者的观察,我国证明责任理论研讨与司法解释规范以证明责任这一词语所包含的举证行为责任与败诉风险负担两种含义的纠葛为线索,以各重要法律规范的颁行为节点,大致可分为各经10年的4个时期。(见表17.1)

表17.1 我国法律与司法解释中证明责任相关规范的变迁

法律/司法解释	证明责任概念内涵侧重	证明责任分配规则表述
1982年《民诉法(试行)》	行为责任说	"谁主张,谁举证"(1.0版)
1991年《民事诉讼法》	行为责任说	"谁主张,谁举证"(1.0版)
1992年《民诉法意见》	行为责任说	"谁主张,谁举证"(1.0版)+ "举证责任倒置"(1.0版)
1998年《审改规定》	一元论的双重含义说	"举证责任转换"
2001年《民事证据规定》	双重含义说	"谁主张,谁举证"(2.0版)+ "举证责任倒置"(2.0版)+ "法官分配举证责任"
2012年《民事诉讼法》	行为责任说	"谁主张,谁举证"(1.0版)
2015年《民诉法解释》	双重涵义说	"谁主张,谁举证"(2.0版) "规范说"
2019年《民事证据规定》	未规定〔1〕	未规定

〔1〕 新《民事证据规定》完全删除了原《民事证据规定》对证明责任及其分配规范的条文。可认为是因为此前2015年《民诉法解释》对证明责任及其分配规范已有规定,新司法解释无必要重复规定。另一方面原因也可认为是现今已认识到证明责任及其分配问题主要是实体法领域的问题,不宜在主要规范证据证明与事实认定的证据法中加以规定。

一、传统举证责任概念主导时期(1982～1991年)

1982年《民诉法(试行)》颁布之前，我国既无民事诉讼法，也无关于举证责任的理论探讨。理论上对证据问题的研讨基本围绕着诸如证据的性质与证明标准等哲学层次上的较为抽象的意识形态化的论题展开。证明责任这一专业技术性的问题尚未进入我国学者的理论视野。

在当时特定的意识形态背景下，《民诉法(试行)》几乎完全照搬苏联的民事诉讼理论与制度。由于理论上坚持"客观真实"的证明标准与所谓"实事求是"的证据制度，诉讼中在"事实探知的绝对化"理念下，[1]完全排斥以事实真伪不明认知为理论前提的现代证明责任理论。因此当时所谓的举证责任概念其实就是指当事人配合法院提供证据的行为义务，这与西方国家的现代证明责任理论本是可以清楚划界的。因为现代证明责任所基于的"事实真伪不明"状态在辩证唯物主义意识形态下作为"不可知论"的体现是被强行屏蔽了的。正如当时有学者论述的，"不管怎样，大陆法国家也好，英美法国家也好，其诉讼证明只要求达到一定的盖然性，是哲学上不可知论的反映，为法官的主观随意性开了方便之门，理论上是错误的，实践中是有害的"。[2] 此一时期的举证责任应当解释为提供证据的责任，其功能在于服务于法院查明事实的职责，与案件事实真伪不明时的风险分配并无关系。

然而，在我国此前的"超职权主义"诉讼模式下，即便是行为意义上的举证责任也难以实施。在职权探知主义下，人民法院在民事诉

---

〔1〕 参见张卫平：《事实探知：绝对化倾向及其消解——对一种民事审判理念的自省》，载《法学研究》2001年第4期。

〔2〕 陈一云主编：《证据学》，中国人民大学出版社1991年版，第116页。

讼活动中处于主导地位,实际上包揽了证据调查。体现司法消极被动特性的“坐堂问案”被当成“官僚主义”予以批判的办案方式。审判实务界过分强调人民法院全面收集证据的职能,以致取代了当事人的举证责任,使当事人双方的诉讼活动实际上变成了法院一方的审判活动,影响了当事人举证积极性的发挥(当时的俗语有“当事人动动嘴,法官跑断腿”)。这就使法律规定的当事人举证义务未能发挥应有的实效。“举证难”问题曾一度成为各级人民法院面临的突出问题。后来,由于改革开放实行市场经济,社会关系调整范围的扩大对法律的需要增加,导致案件的激增迫使法院不得不采取能够相对提高办案效率的工作方式。此时的审判方式改革即以强化举证责任作为改变办案方式、提高诉讼效率的突破口,并希望以此带动传统职权主义诉讼模式向当事人主义诉讼模式的转型。“强调当事人的举证责任已成为人民法院民事审判工作改革的一项重要内容。”[1]在这一背景下,1992年《民诉法意见》强调当事人的提供证据责任,并首次规定了法院指定举证期限制度,而且,从此时开始的司法解释中,明确当事人的举证责任往往是与限缩法院的调查取证范围同步规定的。

理论研究上,20世纪80年代末期,我国学者引进现代证明责任理论时选择了固有的“举证责任”一词来指称作为要件事实真伪不明时的败诉风险这一现代证明责任内涵。这本是一种“旧瓶装新酒”的做法,这样的移植策略固然具有便于提高对这一外来理论概念接纳度的好处,但也成为之后“举证责任”与“证明责任”概念内涵长期聚讼不定的根源。

总体来说,将举证责任理解为当事人向法院提供证据的做法在我国审判实务界达成了共识。这一时期民事诉讼法教材对这一概念的表述一般是:“民事诉讼中的举证责任,是指当事人对自己提出的

---

〔1〕 吴彤章、陈国华:《“举证难”难在何处?》,载《人民司法》1989年第9期。

主张提供证据加以证明的责任。”这一从行为责任的角度诠释证明责任的做法,其实偏离了现代证明责任的本质。从本土规范中生成的这一概念与后来引进移植的证明责任概念其实是两种不同体系中的产物,但因语词的近似而注定从此长期纠结在一起难以区分,并造成无数的误解。总体来说,这一阶段我国实务界对证明责任的理解未能与事实真伪不明状态下的法律适用问题相联系,未能探及证明责任对审判实务真正的功能。

概念实质内涵与表述语词错位的这种问题不独我国,在德国也曾令人伤透脑筋,现代证明责任理论是民事诉讼制度现代化的产物,这一矛盾只有在时间的长河中逐步被接受。德、日等国如今的证明责任概念就是指真伪不明时的败诉风险负担这一内涵,在理论语境中,证明责任与当事人的举证行为没有丝毫联系,证明责任分配也与谁有提出证据的义务没有关系。遗憾的是我国未能基于“后发优势”更好地享受这一理论发展的最新成果,而是不得不经历同样的曲折过程。

二、证明责任“双重含义说”确立时期(1992~2001年)

学界对证明责任的研究一开始就基于对德国、日本、我国台湾地区证明责任理论资源的引介,并意图以此改造我国实践中字面含义上的“举证责任”概念。[1] 这一时期的学者多以第二手材料为依据引介德、日等国的现代证明责任理论,重在在理论层面对证明责任的

---

〔1〕 参见柴发邦、李浩:《两种含义举证责任之比较》,载《中国法学》1993年第4期。文章批判了我国民诉理论界在相当长的一段时期内将举证责任简单地理解为当事人向人民法院提供证据的责任,首次提出这一概念可包含双重含义。

概念内涵、证明责任的性质、证明责任的分配规则进行探讨。[1] 意图将大陆法系的经典证明责任理论与制度移植到我国民事司法实践，建立我国的证明责任分配体系。[2] 在此还必须提到的是陈刚教授这一时期的证明责任研究。应当说，基于外语能力及资料检索的优势，陈刚教授澄清了国外证明责任概念的内涵。其于 1997 年基于第一手资料最早辨析了证明责任的概念。发表这一成名作后，[3] 陈刚教授进一步致力于通过“证明责任法”这一独创的概念阐明证明责任的方法论意义，对证明责任法的性质以及证明责任分配方法展开了深度的探讨。陈刚教授较好地解释了大陆法系理论通说的证明责任的本质与基本分配方法，[4] 并希望在我国通过对司法解释中某些词语的限制解释以迂回的策略引入规范说的要旨，并从程序法与实体法相结合的角度对司法实践中主要类型案件的证明责任分配问题进行了阐述。[5] 尤其是陈刚教授对作为证明责任分配形式依据的“抗辩”的界定，对我国司法实践适用证明责任具有重要的现实参考意义。[6] 在这一过程中，虽也有少数学者致力于介绍英美国家证明责任理论或大陆法系国外其他竞争性学说，但总体来看，“规范说”在我国证明责任理论的引介过程中一枝独秀，几乎从未遇到真正的对手。

但最早并最具有影响力的当属李浩教授的举证责任研究。可以

---

〔1〕 参见张卫平：《证明责任概念解析》，载《郑州大学学报（社会科学版）》2000 年第 6 期；张卫平：《证明责任倒置辨析》，载《人民司法》2001 年第 8 期。最具代表性的作品参见李浩：《民事举证责任研究》，中国政法大学出版社 1993 年版；陈刚：《证明责任法研究》，中国人民大学出版社 2000 年版。

〔2〕 代表性的成果参见毕玉谦：《举证责任分配体系之构建》，载《法学研究》1999 年第 2 期。

〔3〕 参见陈刚：《证明责任概念辨析》，载《现代法学》1997 年第 2 期。

〔4〕 参见陈刚：《证明责任法与实定法秩序的维护——合同法上的证明责任问题研究》，载《现代法学》2001 年第 4 期。

〔5〕 参见陈刚：《证明责任法与实定法秩序的维护——合同法上的证明责任问题研究》，载《现代法学》2001 年第 4 期。

〔6〕 代表性观点参见陈刚：《抗辩与否认在证明责任法学领域中的意义》，载《政法论坛》2001 年第 3 期。

说,李浩教授提出的证明责任的"双重含义说"终结了国内学界一直以来将证明责任解释为当事人向法院提供证据这一行为责任的历史。[1] 相较于其他学者对国外理论的单纯引介不同,李浩教授特别注重法学理论对本土实践与当时改革需求的关注。其主张应从行为和结果两个方面解释证明责任,即证明责任具有双重含义——行为意义上的证明责任和结果意义上的证明责任。行为意义上的证明责任是指当事人对所主张的事实负有提供证据证明的责任;结果意义上的证明责任是指在事实处于真伪不明的状态时,主张该事实的当事人所承担的不利诉讼结果。这种不利的诉讼结果既表现为实体法上的权利主张得不到人民法院的确认和保护,也通常表现为因败诉而负担诉讼费用。李浩教授认为,无论是"行为责任说"还是"结果责任说"都具有片面性,虽然与"行为责任说"相比,"结果责任说"更接近证明责任的本质,但完全抛开当事人的举证活动,又不能不使这种解释带有一定的片面性。李浩教授提出,证明责任的概念具有丰富的内涵,仅用提供证据的责任,不能够正确地说明它所包含的全部内容。提供证据的责任,只是证明责任的外在表现形式,它不能等同于证明责任本身。但就其实质而言,证明责任具有双重含义——行为意义上的证明责任和结果意义上的证明责任。

虽然李浩教授完全理解并且强调"客观的证明责任才是证明责任制度的本质",但基于其对我国司法实践的现实关怀,其主张证明责任双重含义说"并不是要有意贬低表现为提供证据的必要这种'主观意义上的证明责任'在诉讼中的意义和作用。事实上,任何忽略、排斥当事人在诉讼中提供证据责任的做法都会使证明责任理论的完整性受到破坏,也会使诉讼中的很多现象难以得到正确的解释,忽略提供证据的责任是一种片面性认识"。李浩教授努力将行为意义上

---

〔1〕 关于证明责任"双重含义说",参见李浩:《民事举证责任研究》,中国政法大学出版社 1993 年版。

的证明责任和结果意义上的证明责任共置于证明责任这一概念之下，使二者成为证明责任的有机组成部分。李浩教授显然意识到“提供证据责任本身具有独立性，并非证明责任完全能够包容”，并在其著作中列举了两种责任的10个方面的区别，但仍从提供证据责任在民事诉讼程序中不可缺少的角度肯定了行为意义上的证明责任在证明责任含义中的地位。如此考虑的首要原因就是：“我国民事诉讼法和最高人民法院的司法解释明文规定了这一责任。”〔1〕李浩教授关于证明责任的理论建构在很长一段时间是我国司法解释与实务操作中的理论依据，在我国民事诉讼法学理论上，大概很少有其他法学理论能和李浩教授的“双重含义说”一样产生如此深广的实际影响力。

李浩教授的“双重含义说”基于与德国早期格尔查首次建构现代证明责任理论同样的考虑。采取双重含义的表述有其历史合理性。但正确理解这一学说需要特别注意两种含义的侧重。客观证明责任显然应当是证明责任的实质与重心，但我国理论和实践中“提供证据一元论的双重含义说”很有市场。在我国普遍误解为证明责任一词有两种含义，这两种含义其实性质不同，因此理论运用的诸多方面（如分配、转移、履行）不同。但由于共享同一概念用语表述，就不可避免地造成误解。遗憾的是，这种概念的内涵和外延含混不清，理论模糊的“中国逻辑”在我国存在了很长一段期间。

司法实践上，根据“谁主张，谁举证”分配举证行为负担及最终败诉风险似乎也没有太大的问题，司法解释也将当事人举证不能的败诉后果理解为未尽行为负担的不利结果，这种实践逻辑即“一元论的

〔1〕 参见李浩：《民事举证责任研究》，中国政法大学出版社1993年版，第78页。

双重含义说”。[1] 在特殊侵权诉讼中，权利主张方常常遇到难以举证的情形，从而产生了“举证责任倒置”的认识，并在 1998 年《审改规定》中加以特别规定。但此时尚未认识到证明责任分配的对象是特定的，并且仅针对法律构成要件。对笼统的“侵权行为”一律“倒置”证明责任也造成了实践中的不公正结果。如要求交通事故中对送伤者就医的救济者证明自己没有实施交通肇事的“侵权行为”，此类案例典型地反映出这类规范的错误认识。[2]

司法上的另一个典型例证就是《审改规定》第 11 条显然是关于本证和反证的互动转换的自然表述，[3] 却引发了“举证责任转换”一说长期的聚讼纷纭。显然，证明责任的负担是在诉讼过程中固定于当事人一方的，不可发生转换。所谓的转换，不过是当事人双方对于待证事实举证的互动，但在举证责任与证明责任含义混淆的这一时期，也引发争论不休。当然，通过学术争论基本达成证明责任不可转

---

〔1〕 1998 年《审改规定》第 2 条规定，人民法院在送达受理案件通知书和应诉通知书时，应当告知当事人围绕自己的主张提供证据。第 3 条规定，证据经人民法院调查，未能收集到的，仍由负有举证责任的当事人承担举证不能的后果。该规范将当事人负担不利后果的原因归为当事人未能收集到(充分)证据，显然是从行为责任的角度解释证明责任，而不是将证明责任的本质解释为诉讼本身附带的风险，因此，实质上是仅从行为责任方面解释所谓的“双重含义”，这就与现代经典证明责任理论强调证明责任的客观性实质不同，有学者因此称之为“一元论的双重含义说”。对此的分析，参见陈刚：《证明责任法研究》，中国人民大学出版社 2000 年版，第 41 页。

〔2〕 “举证责任倒置”在我国的最初条文见 1992 年《民诉法意见》第 74 条规定，在诉讼中，当事人对自己提出的主张，有责任提供证据。但在下列侵权诉讼中，对原告提出的侵权事实，被告否认的，由被告负责举证：(1)因产品制造方法发明专利引起的专利侵权诉讼；(2)高度危险作业致人损害的侵权诉讼；(3)因环境污染引起的损害赔偿诉讼；(4)建筑物或者其他设施以及建筑物上的搁置物、悬挂物发生倒塌、脱落、坠落致人损害的侵权诉讼；(5)饲养动物致人损害的侵权诉讼；(6)有关法律规定由被告承担举证责任的。该司法解释规定“对原告提出的侵权事实，被告否认的，由被告负举证责任”使得司法实践中可能由被告对所有双方有争议的事实负担证明责任，这是完全错误的。

〔3〕 1998 年《审改规定》第 11 条规定，案件的同一事实，除举证责任倒置外，由提出主张的一方当事人首先举证，然后由另一方当事人举证。另一方当事人不能提出足以推翻前一事实的证据的，对这一事实可以认定；提出足以推翻前一事实的证据的，再转由提出主张的当事人继续举证。

换的共识,算是从行为上的责任向实质现代证明责任理论前进了一步。[1]

总之,这一时期李浩、陈刚等学者对现代证明责任理论前后相继的引介努力契合我国审判方式改革所提出的对诉讼事实认定规则理论建构的需要,符合司法现代化的要求。两位学者也因其著述的高引证率而成为证明责任研究的权威学者,很长一段时间内后来的证明责任研究都难以突破其理论框架与影响力。

三、现代证明责任理论的深入探索时期(2002~2011年)

原《民事证据规定》的颁布施行既是对前一阶段审判方式改革成果的固定,也推动了理论研究与改革实践的继续前行。该司法解释明确表述了举证责任的两层含义。[2] 第2条规定可认为是"谁主张,谁举证"的升级版(2.0版的"谁主张,谁举证")。该条文更细致合理地规定了诉讼双方当事人证明对象的划分。在证明责任分配方面,原《民事证据规定》确立的证明责任分配的"原则规定(第2条)—例外列举(第4条)[3]—特殊情形(第7条)[4]"的规范配置格局更是

[1] 参见温雪斌:《论举证责任的不可转换性》,载《南京师大学报(社会科学版)》2002年第1期。

[2] 原《民事证据规定》第2条规定,当事人对自己提出的诉讼请求所依据的事实或者反驳对方诉讼请求所依据的事实有责任提供证据加以证明。没有证据或者证据不足以证明当事人的事实主张的,由负有举证责任的当事人承担不利后果。2015年《民诉法解释》第90条与此基本相同。

[3] 原《民事证据规定》第4条特殊侵权诉讼中的举证责任分配。相较于此前《民诉法意见》第74条的粗疏规定,一是改变了按当事人原被告地位分配证明责任的规定,二是不再笼统规定此类案件中的所有"侵权事实"的举证倒置,而是针对明确列举的特定要件事实。因此是证明责任倒置的升级规范。

[4] 原《民事证据规定》第7条规定,在法律没有具体规定,依本规定及其他司法解释无法确定举证责任承担时,人民法院可以根据公平原则和诚实信用原则,综合当事人举证能力等因素确定举证责任的承担。

对李浩教授所代表的学界研究成果的总结。该司法解释的出台使证明责任理论与制度迎来司法实践的检验,经历“犹豫、徘徊和反复”的成长过程。〔1〕

一批年青学者在李浩等前辈学者学说的阴影下,转入对证明责任理论的实践关注及这一基本框架下的细节问题的研究。如对于善意取得、不当得利、无因管理等特定类型案件中证明责任问题,由于此类案件所涉及的消极事实的证明难往往与证明责任分配的抽象性混合在一起,因此吸引了较多学者的关注。〔2〕

李浩教授在证明责任领域继续耕耘,2003 年,其修订出版《民事证明责任研究》,值得注意的是,作者已将原来习惯使用的“举证责任”表述改为“证明责任”,他明确表示证明责任的本质是诉讼中的“败诉风险”。李浩教授在本书中对证明责任的含义、证明责任的法律性质与功能、提供证明责任的理论与实践、证明责任的倒置、推定与证明责任、证明要求与证明责任、证明责任分配的类型化等进行了系统阐述,正式确立了证明责任“双重含义说”的正统地位,也因此确立了作者作为中国民诉学界“证明责任通”的地位。在原《民事证据规定》正式施行后,李浩教授即指出应当明确以“法律要件分类说”的理论框架来理解原《民事证据规定》第 2 条,并将之作为我国证明责任分配的一般原则,应进一步明确“要件事实”在证明责任理论中的

〔1〕关于该司法解释在多方面问题上存在的犹豫、徘徊和反复表现,参见任重:《改革开放 40 年:民事审判程序的变迁》,载《河北法学》2018 年第 12 期。

〔2〕关于善意取得证明责任的研究参见郑金玉:《善意取得证明责任分配规则研究》,载《现代法学》2009 年第 6 期;徐涤宇、胡东海:《证明责任视野下善意取得之善意要件的制度设计——〈物权法〉第 106 条之批评》,载《比较法研究》2009 年第 4 期;吴泽勇:《论善意取得制度中善意要件的证明》,载《中国法学》2012 年第 4 期。关于不当得利证明责任的研究参见张江莉:《不当得利中“无法律上原因”之证明》,载《政法论坛》2010 年第 2 期;张江莉、亓培冰:《非给付型不当得利证明责任辨析》,载《法学杂志》2010 年第 4 期;张心恬、王文军、陈蔚如:《不当得利“没有合法根据”要件的证明责任分配》,载《政治与法律》2011 年第 6 期等。

地位,并对证明责任分配问题上的司法裁量权持谨慎态度。[1] 该专著之后其继续推广罗森贝克证明责任分配理论,并认为罗氏学说在我国司法实践中实际上已得到较好遵行,在评估原《民事证据规定》在实践中的施行效果时基本予以积极肯定。[2]

叶自强教授是这一时期少数对"双重含义说"和"规范说"分配方法提出质疑的学者,2005 年其出版了《举证责任及其分配标准》一书。该书比较了国外多种证明责任学说的利弊和最近的发展现状,进一步探讨了举证责任的性质、分配标准和分配方法,并对举证责任与事实认定中其他相关理论的关系进行了研究,尤其是对特殊诉讼形态下举证责任的倒置与分割等问题的研究具有较强的现实指导意义,但可惜的是其却未能提出不同于主流观点的理论建构。[3]

2007 年毕玉谦出版了《民事证明责任研究》,该书从民事证明责任的基础、历史渊源、客观证明责任、主观证明责任、证明责任的分配与转换、表见证明责任、推定证明责任、特殊侵权证明责任等方面对民事证明责任及其分配规则的相关问题进行了系统而全面的全景式介绍研究。由于作者具有最高司法机关法官的身份,相较于李浩教授的同名著作,该书更多地关注证明责任理论的实践运用。

总之,证明责任在这一时期理论界逐渐成为民事诉讼法学领域的"显学",理论上的集中研讨也促进实务界将证明责任理论成果运用于司法实践之中,形成了一些制度化做法。但证明责任裁判扩大化适用倾向与我国民众观念中对实质正义的追求之间的冲突也逐渐显现,从而引发了学者对证明责任理论的反思,有些学者开始注意到

---

〔1〕 参见李浩:《民事证据的若干问题——兼评最高人民法院〈关于民事诉讼证据的司法解释〉》,载《法学研究》2002 年第 3 期。

〔2〕 参见李浩:《民事判决中的举证责任分配——以〈公报〉案例为样本的分析》,载《清华法学》2008 年第 6 期。

〔3〕 参见叶自强:《举证责任及其分配标准》,法律出版社 2005 年版。

证明责任"双重含义"内部的矛盾并较早提出了质疑。[1] 双重含义概念内涵的混乱使证明责任分配标准含混不清，因此导致分配规则多样化。这种观点往往将如证据所持、举证能力、举证成本、当事人态度、当事人相对地位、举证期待可能性等程序上的情境性因素混入证明责任分配的考虑因素之中，从而导致分配规则的混乱。在一些证据短缺导致案件事实判断疑难的影响性民事案件的讨论中，总是会出现呼唤"证明责任"的出场的声音。典型的如"水晶球案"引发的证明责任如何分配的广泛探讨，却不能形成较为一致清晰的观点。[2] "彭宇案"引发的关于证明责任还是其他证明与事实认定方法的争议也是长期不绝如缕。[3] 个案之外，对于由"举证难"引发的特殊类型侵权案件，尤其是环境侵权、医疗侵权等，证明责任的特殊分配似乎也成为解决诉讼举证与事实认定问题的"万能钥匙"。但理论与实践的背离在此一阶段已基本显现：一方面，将证明责任作为解决事实疑难判断的捷径似乎在学者间也难以得到一致的标准答案；另一方面，司法实践中法官对该理论方案似乎也并不买账，裁判时也并非总是依照学界推崇的证明责任理论，而是遵循实践中的另一套裁判逻辑与方法。

实践中关于证明责任倒置与证明责任的司法裁量问题突出，吸引了众多的关注与研究，但关于分配一般规则却未能清晰界定。很

---

〔1〕 参见霍海红：《证明责任概念的分立论——基于中国语境的考察》，载《社会科学》2009 年第 6 期；霍海红：《主观证明责任逻辑的中国解释》，载《北大法律评论》2010 年第 2 辑。

〔2〕 如针对著名的"水晶球案"，不同知名学者的分析结论亦多有矛盾，这体现出证明责任理论本身存在问题，依此理论分配证明责任所得出的结论并非总是简明清晰。参见胡学军：《证明责任泛化理论批判——以"物"之争议的举证证明为中心》，载《河北法学》2021 年第 3 期。

〔3〕 针对"彭宇案"，在证明责任与事实认定方法上的争议观点，参见张卫平：《司法公正的法律技术与政策——对"彭宇案"的程序法思考》，载《法学》2008 年第 8 期；郑世保：《事实推定与证明责任——从"彭宇案"切入》，载《法律科学（西北政法大学学报）》2010 年第 3 期；吴泽勇：《证明疑难案件的处理之道——从"彭宇案"切入》，载《西部法学评论》2011 年第 5 期等。

多学者仍满足于“谁主张，谁举证”此类迷思概念中，未能充分把握“证明责任倒置”“证明责任司法裁量”之类迷思概念与证明责任分配的一般规则之间的关系。证明责任分配表面上的体系化其实是存在内在矛盾的“混搭”。诉讼法学研究与实体法的脱节使诉讼法学者未能更好地理解证明责任分配的一般规则与实体规则之间的关系。概念内涵界定的模糊不清与理论构造的相互矛盾这种“中国式逻辑”使初显“水土不服”的证明责任理论越来越面临质疑。

四、本土化证明责任建构时期(2012 年至今)

2012 年《民事诉讼法》经第二次修正，在修正讨论过程中对于作为“民事诉讼的脊梁”的证明责任及其分配进行了较充分的讨论。多个学者建议稿均主张增设证明责任及其分配的条文。虽然该法最终并未对证明责任及其分配规范作出新的表述，但证明责任及其分配在司法实践中早已成为一个不可回避的问题，学界的意见建议在随后出台的司法解释中得到了比较系统的体现。2015 年《民诉法解释》创立了“举证证明责任”这一概念表述，〔1〕并新设了分配的条文。〔2〕但在条文上并未改变之前的表述，而是继续沿用双重含义的概念表述。

我国司法解释中对于证明责任理论的矛盾态度正如近期一篇文

---

〔1〕 采纳“举证证明责任”这一新概念用语，一方面是为回应学界确立“证明责任”的呼吁，另一方面又表明不能舍弃“举证”这一行为内涵的体现。权威性解读仍认为“举证证明责任”就是“证明责任”。这种摇摆态度反映了理论与实践的矛盾，其实也成为推进理论研究深入的动力。参见最高人民法院修改后民事诉讼法贯彻实施工作领导小组编著：《最高人民法院民事诉讼法司法解释理解与适用》(上)，人民法院出版社 2015 年版，第 312 页。

〔2〕 2015 年《民诉法解释》第 91 条规定：“人民法院应当依照下列原则确定举证证明责任的承担，但法律另有规定的除外：(一)主张法律关系存在的当事人，应当对产生该法律关系的基本事实承担举证证明责任；(二)主张法律关系变更、消灭或者权利受到妨害的当事人，应当对该法律关系变更、消灭或者权利受到妨害的基本事实承担举证证明责任。”

章标题所谓:[1]证明责任概念所指一直徘徊在行为责任与结果责任之间。民事诉讼法一直规定的只是提供证据加以证明的行为责任,现代证明责任作为裁判方法其实在大陆法系也很少由立法直接规定,而多是作为法律共同体内部的一种理论共识。新创"举证证明责任"一词意在涵盖行为责任与现代证明责任概念的内涵,是证明责任制度本土化努力的体现,但也不可避免存在前一阶段移植理论存在的矛盾问题。

其实,30 年来的学说发展至此,我国证明责任问题的理论症结应该可以看得很清楚:根据案件性质分配的一般抽象的败诉风险与案件具体情境下提供证据证明的行为负担这两种内涵所指纠葛不清,从而使证明责任的性质及其分配问题根本不可能有唯一标准答案。证明责任中隐含很多相对独立的概念,这些概念的模糊性影响了证明责任的长足发展。[2] 性质不同的两种内涵必须"分道扬镳",最好分别以"证明责任"和"举证责任"来指称。证明责任是抽象的,不因具体诉讼、具体情境、特定当事人态度的不同而不同,证明责任与当事人之间的行为没有关系;举证责任只能是具体的,是因具体案件情境、当事人行为态度、特定事实的性质不同而不同的具体证明行为负担。

2015 年《民诉法解释》颁行之后,理论研究上并未纠缠于这一新概念表述,[3]而是更倾向于对之前不够精致的证明责任理论进行反思及完善配套制度的建构。与前辈学者更加关照我国本土实际与从实践需要出发不同,新一代学者较少具有实践经验,但更具语言优势且多有海外学术背景,更倾向于从国外经典文本出发,对证明责任理

〔1〕 参见周成泓:《证明责任:徘徊在行为责任与结果责任之间——以民事诉讼为视角》,载《河南财经政法大学学报》2015 年第 1 期。

〔2〕 参见白迎春:《证明责任内涵的重新定位》,载《河北法学》2015 年第 6 期。

〔3〕 我国学界仍习惯于使用"证明责任"一词,但极少有使用"举证证明责任"的表述。2019 年修订的新《民事证据规定》及 2020 年通过的《民法典》均仍使用"举证责任"这一表述,表明这一概念的创设与倡导并未获得预期的普及的效果。

论进行更深入的研究，对于本土理论与德日经典学说的差异更加敏感。[1] 但这一时期的比较研究并非仅为了完成之前并未完成的“抄作业”，而是有了更多结合本土实践的细致具体的分析研究。众多学者通过对“要件事实”理论、[2]“真伪不明”概念、[3]、证明责任分配规则[4]和对分配规则的解释方法[5]等理论核心要素进行反思与重述。这一波研究在使证明责任回归大陆法系经典理论的同时，对证明责任功能的重新定位，也使证明责任与诉讼行为上的举证责任彻底区别开来。在证明责任分配问题上，实体法与程序法学者的共同参与、相互商榷使这方面研究快速向前推进，也为证明责任分配固定方案下如何最大化证明的方式方法的研究开辟了可能的空间。[6] 证明责

〔1〕 参见任重：《论中国“现代”证明责任问题——兼评德国理论新进展》，载《当代法学》2017 年第 5 期；任重：《罗森贝克证明责任论的再认识——兼论〈民诉法解释〉第 90 条、第 91 条和第 108 条》，载《法律适用》2017 年第 15 期。

〔2〕 相关将要件事实论与证明责任方法论联系起来的代表性作品参见段文波：《裁判逻辑与实定法秩序之维护——要件事实论纲》，载《西南政法大学学报》2005 年第 3 期；章恒筑、夏瑛：《日本要件事实论纲—— 一种民事诉讼思维的展开》，载《法学家》2005 年第 3 期；段文波：《民事要件事实与民事证明责任分配》，载《学海》2006 年第 5 期；程丽庄：《要件事实论与日本法律人培养》，载《学海》2007 年第 1 期；[日]小林正弘：《民事裁判理论的改进与要件事实论》，载张卫平、齐树洁主编：《司法改革论评》（第 15 辑），厦门大学出版社 2012 年版，第 173 页；其中集大成者当属许可：《民事审判方法：要件事实引论》，法律出版社 2009 年版。

〔3〕 参见曹志勋：《“真伪不明”在我国民事证明制度中确实存在么？》，载《法学家》2013 年第 2 期。

〔4〕 参见袁中华：《规范说之本质缺陷及其克服——以侵权责任法第 79 条为线索》，载《法学研究》2014 年第 6 期；韩艳：《我国民事证明责任分配规则之正本清源——以“规范说”为理论基础》，载《政法与法律》2014 年第 1 期。

〔5〕 证明责任分配作为实体法问题也逐渐引起实体法学界的关注。代表性作品如徐涤宇：《民事证明责任分配之解释基准——以物权法第 106 条为分析文本》，载《法学研究》2016 年第 2 期。

〔6〕 如徐涤宇、胡东海：《证明责任视野下善意取得之善意要件的制度设计——〈物权法〉第 106 条之批评》，载《比较法研究》2009 年第 4 期；陈维君：《类型化基础法律关系视角下的不当得利“没有法律依据”要件之证明责任分配》，载《河北法学》2019 年第 7 期；郑金玉：《善意取得证明责任分配规则研究》，载《现代法学》2009 年第 6 期；吴泽勇：《论善意取得制度中善意要件的证明》，载《中国法学》2012 年第 4 期；徐涤宇：《民事证明责任分配之解释基准——以物权法第 106 条为分析文本》，载《法学研究》2016 年第 2 期。

任裁判的局限性被越来越清楚地认识到,越来越多的学者指出,证明责任的功能应是促进案件事实的查明,绝不是为了作出以真伪不明事实认定为前提的"证明责任裁判"。我国公认的"证明责任通"李浩教授近期也已将学术关注的重心转移到证明手段的利用等证明行为场域上来。[1] 这种研究领域的限缩趋势一方面可能使证明责任及其分配理论正本清源,另一方面这也使得原来处在证明责任理论"阴影"覆盖范围之下的证据提供和事实证明与认定的领域独立、凸显出来,从而使这一领域引介相关配套理论成为可能。

在对证明责任分配理论更深入探索的基础上,新一代民诉法学者试图融合外来理论与本土资源之间的裂缝,意图通过对"谁主张,谁举证"这一术语予以若干限定而赋予其新的解读,使其重新被诠释为证明责任分配一般规则的简洁表述。[2] 这与前辈民诉法学者普遍反对将其作为证明责任分配规则的态度相映成趣,[3] 这其实可看作对学术问题研究深化后的"螺旋式回归"。

证明责任分配作为法律适用与裁判方法问题得以澄清之后,其在不同案件类型中的分配自然应被视为实体法问题,对此,程序法上的"闭门造车"被意识到是没有出路的。因此,在我国程序法与实体法研究学科区隔较为明显的当前,程序法学者逐步退出这一领域,而由实体法学者予以接管当是大势所趋。因为证明责任分配问题总是与实体法的目的宗旨与价值取向密切相关,在实体法视野下,证明责任无须作为一个专门论题予以研究,而是宜作为实体法解释与适用

〔1〕 参见李浩:《论民事诉讼当事人的申请调查取证权》,载《法学家》2010年第3期;李浩:《民事诉讼当事人的自我责任》,载《法学研究》2010年第3期;李浩:《回归民事诉讼法——法院依职权调查取证的再改革》,载《法学家》2011年第3期。

〔2〕 参见胡东海:《"谁主张谁举证"规则的历史变迁与现代运用》,载《法学研究》2017年第3期;胡东海:《"谁主张谁举证"规则的法律适用》,载《法学》2019年第3期;段文波:《民事证明责任分配规范的法教义学新释》,载《政法论坛》2020年第3期。

〔3〕 参见张卫平:《民事诉讼:关键词展开》,中国人民大学出版社2005年版,第263页;陈刚:《证明责任问题散论》,载《法商研究(中南政法学院学报)》1999年第5期;陈刚:《证明责任理论中若干误区之反思》,载《中央政法管理干部学院学报》2000年第2期。

问题中的一个方面，尤其适宜在相关实体法条文的“法律评注”中予以分析。程序法学者则可在证明责任分配规则的前提下专注探讨具体案件情形下如何具体化、清晰化证据提供的规则，以促进案件事实的查明。这就提供了我们对此前影响性案件完全不一样的分析视角。[1]

在此也应注意到证明责任研究大潮中的一股潜流，即认为证明责任作为现代西方国家的理论并不适合于中国的司法实践。一些年经学者对作为现代证明责任基础命题的案件事实“真伪不明”命题提出怀疑，并意图因此动摇证明责任理论。[2] 但也有学者对此进行了批判回应，维护了证明责任的基础理论地位。[3] 能真正基于对本土现实的观察与思考对国外经典理论提出质疑，这其实是促进学术发展的必经关口与重要机遇，对此的反思与回应可夯实理论本土化的根基。

从社会效果上看，司法实践中单纯或过分倚重通过最终的证明责任分配来解决真伪不明事实认定的案件尤为不符合中国人追求实质正义的正义观，因此，不通过证明责任裁判而通过在特定情境中强化当事人的行为责任以认定事实的手段与方法受到越来越多的关注。德、日等国为缓解证明责任非此即彼分配弊端的“证明责任减

〔1〕 如胡学军对“水晶球案”的分析，曹志勋对“彭宇案”的分析。参见胡学军：《证明责任泛化理论批判——以“物”之争议的举证证明为中心》，载《河北法学》2021 年第 3 期；曹志勋：《经验法则适用的两类模式——自对彭宇案判决说理的反思再出发》，载《法学家》2019 年第 5 期。

〔2〕 主要代表性文献包括季桥龙：《民事举证责任概念研究》，中国政法大学出版社 2011 年版；许尚豪：《证明责任理论的证据语境批判》，载《政治与法律》2016 年第 11 期；欧元捷：《论“事实真伪不明”命题的抛弃》，载《政治与法律》2016 年第 11 期。

〔3〕 参见任重：《罗森贝克证明责任论的再认识——兼论〈民诉法解释〉第 90 条、第 91 条和第 108 条》，载《法律适用》2017 年第 15 期；任重：《论中国“现代”证明责任问题——兼评德国理论新进展》，载《当代法学》2017 年第 5 期。

轻”理论得以在此一时段集中引介。近年来一批年青学者(包括周翠、[1]占善刚、[2]吴泽勇、[3]陈杭平、[4]纪格非、[5]包冰锋[6]等)对于表见证明、摸索证明、事实推定、事案解明义务、举证妨碍等制度为主要论题的研究皆可归于这一趋势的体现。

基于我国尚处法治建设初期阶段的基本判断,实体法的健全完善与体系化是正在进行并将继续前行的一段历程。在这一背景下,严格适用实体法规范,重塑以权利保护说为内核的民事诉讼目的论,贯彻实体法的目的与宗旨也是司法的必然逻辑。[7]证明责任规范说相较于其他学说的显著优势就是能更好地贯彻形式正义。基于路径依赖,我国必将在很长的一段时期继续坚持依“规范说”分配证明责任。此前由于我国实体规范的缺失,在这方面,司法解释在一段时期内发挥了及时补充实体法的欠缺与漏洞的重要作用,(典型的如《民诉法意见》第74条、原《民事证据规定》第4条等)并引领了实体法的成长。如“高空抛物”与“共同危险行为”等规范的形成就是由实践中疑难案件引发问题、经由理论思考与争议、再总结经验上升为立法的。《侵权责任法》中我国对证明责任问题特别重视,其中有大量的

---

〔1〕 参见周翠:《侵权责任法体系下的证明责任倒置与减轻规范——与德国法比较》,载《中外法学》2010年第5期;周翠:《从事实推定走向表见证明》,载《现代法学》2014年第6期。

〔2〕 参见占善刚:《证据协力义务之比较法分析》,载《法学研究》2008年第5期;占善刚:《证明妨害论——以德国法为中心的考察》,载《中国法学》2010年第3期。

〔3〕 参见吴泽勇:《不负证明责任当事人的事案解明义务》,载《中外法学》2018年第5期。

〔4〕 参见陈杭平:《“事案解明义务”一般化之辩——以美国“事证开示义务”为视角》,载《现代法学》2018年第5期。

〔5〕 参见纪格非:《我国民事诉讼中当事人真实陈述义务之重构》,载《法律科学(西北政法大学学报)》2016年第1期;纪格非:《〈民事诉讼证据规定〉中的推定问题》,载《证据科学》2020年第3期。

〔6〕 参见包冰锋:《多元化适用:证明妨碍法律效果的选择路径》,载《现代法学》2011年第5期;包冰锋:《间接反证的理论观照与适用机理》,载《政法论坛》2020年第4期。

〔7〕 参见任重:《民法典的实施与民事诉讼目的之重塑》,载《河北法学》2021年第10期。

程序法上的“操作规则”。如今,随着《民法典》的颁行,以实体法规范体系为基础的“规范说”的适用就有了更为坚实的基础,证明责任分配的任务在请求权基础的检索过程中即可同步完成。证明责任及其分配作为实体法问题的定位也使民事证据法得以从这一问题中脱离,专注于解决案件事实证明与认定领域的问题,从而使配套证明规则得以开始建立并逐步趋向完善。

总之,我国证明责任理论与司法解释发展的方向是向大陆法系经典理论通说“规范说”靠拢,坚持将实体法立法目的与宗旨作为证明责任分配的实质标准,以维护法律的统一适用,限制法官的自由裁量权,贯彻同等对待原则,提升司法公正。我国证明责任理论的演进从某种意义上看就是从“迷思概念”到成熟学说、从程序法上的“谁主张,谁举证”到实体上的“依法分配证明责任”的过程。对于在“双重含义说”中一直难以割舍的诉讼具体情境下当事人提供证据的行为责任内涵,也必须放到合适的位置,在这一问题上,“分立论”可能是大势所趋。在现代证明责任概念基本确定之后,行为意义上的举证责任概念宜在证据法语境下回归,笔者的观点是确立独立的新概念——具体举证责任。[1] 新《民事证据规定》不再对证明责任及其分配予以规定,对属于举证行为责任范畴的如申请鉴定责任、举证妨碍的规制、当事人文书提出义务、事实阐明义务、真实完整陈述义务、法官的事实推定、自由心证等配套证据提出与事实认定制度的具体细致规定,可谓回归民事证据法的正途。

我国证明责任研究长期在德、日理论框架下以引介为主的研究范式可能正在发生“本土化”的改变。德、日理论界偏重逻辑清晰的理性思辨,以证明责任及其分配为民事证据法理论中心。即便是当今注重具体情形下证据提供与事实认定的领域也以“证明责任减轻”

---

〔1〕 关于“具体举证责任”概念与证明责任之间的关系,参见胡学军:《具体举证责任论》,法律出版社2015年版。

的名义隐藏于证明责任理论之下。在我国更注重直观体验文化的背景下，具体的举证责任一直也仍将继续占据重要地位，证明责任理论其实宜作为该理论的背景框架。实际上，我国司法实践中影响性案件涉及的问题几乎都是这一领域的问题而非真正客观证明责任分配问题。与大陆法系国家证明责任研究往往针对某一法域或某类案件不同的是，我国实践中的证明责任问题往往是因证据短缺导致事实难以判断的问题，这其实超出了证明责任的“法律适用本质”，而属“事实证明与认定”领域的问题。因此，清晰界定证明责任理论核心及周边概念、真正厘清证明责任分配理论的细节、清楚区分实践中证明难题所属的“问题域”，仍将是可以预见的一段时期内民事证据法学研究的理论任务。

第十八章　我国证明责任概念重述:举证证明责任的内部分立与制度协调

引　言

在我国,“举证责任”或“证明责任”用语分歧由来已久,此前理论界基本形成“举证责任”侧重指向当事人在诉讼中提供证据对待证事实进行证明的行为责任,而“证明责任”指向要件事实真伪不明时败诉风险负担这一结果责任的基本共识。[1] 2015 年我国颁布的《民诉法解释》新创立了“举证证明责任”一词,意图涵盖并统一我国学术与司法实践中各自惯

---

〔1〕 我国理论界为了把事实真伪不明时承担不利的裁判结果的结果意义上的责任与为避免承担败诉后果而有举证必要的行为意义上的责任区别开来,把前者称为“证明责任”,把后者称为“举证责任”。参见李浩:《民事判决中的举证责任分配——以〈公报〉案例为样本的分析》,载《清华法学》2008 年第 6 期。我国的立法和司法解释及司法实务中使用这一术语时并未作区分,往往称“举证责任”,而现行司法解释统称为“举证证明责任”。

用的“证明责任”与“举证责任”的表述，[1]这可看作对证明责任理论本土化的一种努力。但在统一概念用语下是否仍然存在，以及是否有必要区分两层含义的内部区别，则是需要在我国当今司法实践中细致考察并在理论上认真考虑的问题。无论是称“举证责任”还是“证明责任”，如何在当事人之间分配这种“责任”一直被认为是这一理论的重中之重，[2]《民诉法解释》第 91 条被解释为证明责任分配的新规定。但此前我国学界与司法实务上多将 2001 年的原《民事证据规定》第 2 条理解为证明责任分配的一般规定，[3]这一规定在新的司法解释中得以完整保留（《民诉法解释》第 90 条）。那么，如何理解目前在同一文本中并存的这两条规定的关系呢？如果都被解释为证明责任分配的规范则二者必然存在竞争关系或者排斥关系。如何理解才能使其“和平共处”？第 90 条与第 91 条哪一条才是证明责任分配规范？或者说举证证明责任到底应当如何分配？

一、举证责任与证明责任的概念渊源

举证责任概念产生于我国民事审判实践，是指当事人对诉讼中的待证事实有提供证明加以证明的必要，这一理论服务于诉讼中案件事实的查明。“责任”一词尽管在学术上有多种理解，但一般通俗的意义上即指不履行义务所产生的不利后果。在民事诉讼中，当事

---

〔1〕 参见最高人民法院修改后民事诉讼法贯彻实施工作领导小组编著：《最高人民法院民事诉讼法司法解释理解与适用》（上），人民法院出版社 2015 年版，第 312 页。

〔2〕 参见程春华：《举证责任分配、举证责任倒置与举证责任转移——以民事诉讼为考察范围》，载《现代法学》2008 年第 2 期。

〔3〕 理论界代表性的观点，参见翁晓斌：《论我国民事诉讼证明责任分配的一般原则》，载《现代法学》2003 年第 8 期；实务界代表性的观点，参见最高人民法院民事审判第一庭编：《民事诉讼证据司法解释的理解与适用》，中国法制出版社 2002 年版，第 23 页；李国光主编：《最高人民法院〈关于民事诉讼证据的若干规定〉的理解和适用》，中国法制出版社 2002 年版，第 45 页。

人被要求对特定待证事实提供可能的证据，如果其拒不提供其能够提供的证据，确实会导致一定的不利后果。此种不利后果其实包括两种性质的结果：一是在案件事实认定上的不利结果，这种结果包括法官可以不依据该证据而在已获得证实的事实基础上对待证事实予以推定、降低该事实的证明标准与证明要求、将当事人拒绝配合提供证据这一行为考虑在内而由法官自由心证、直接拟制对方当事人主张的证据为真实或该证据证明的事实为真实等办法；二是产生超出案件事实认定本身的结果，即产生法院对当事人拒绝提供证据甚至妨碍对方举证行为的程序采取制裁措施。

举证责任作为我国民事诉讼中传统上就存在的一种行为责任，来源于诉讼中当事人对事实查明上的协助义务与一般举证义务。我国诉讼法规定，任何知道案件情况的人都有如实作证的义务，因此不但证人有作证义务，作为最清楚案件真实情况的当事人，更不能因为其与案件有利害关系就因此免除了作证的义务。但由于与案件裁判结果的直接利害关系，当事人可能并不会如实作证，甚至难免会反向采取隐匿、毁灭证据的行为，因此就需要通过一定的制度手段促使当事人如实提供证据，而不是因为难就免除其提供证据义务。我国1982年制定的第一部《民事诉讼法》对于举证责任的规定（所谓“谁主张，谁举证”）就是在这种意义上的概念，从历史解释上看，受苏联法制的影响比较大，而与罗马法上的举证责任规则没有丝毫关系。[1]但与当事人对事实查明的义务相联系的这种举证责任概念并非我国特例，这种区别于现代证明责任理论的制度建构在当今的西方国家也越来越受到关注。比较法上大陆法系国家民事诉讼法上的如实陈述义务、不得妨碍对方举证义务、事案解明义务、文书提出义务等都

---

〔1〕 近期有学者主张“谁主张，谁举证”规则渊源于罗马法上的举证责任分配规则，这是不符合历史解释方法的。法律的历史解释方法应当是考察该法律制定当时的本国历史文献，而不是相关理论的国外学说史。参见胡东海：《“谁主张谁举证”规则的历史变迁与现代运用》，载《法学研究》2017年第3期。

是对此产生的理论建构或法律规范。

证明责任这一概念是我国理论上引进的“舶来品”,学界公认是李浩教授在20世纪末期审判方式改革及相伴随的观念更新背景下最早引入这一概念,并在后来随着对德国经典证明责任著作的译介与广泛传播而被逐渐接受。

作为败诉风险的“证明责任”并不是传统意义上的这种法律“责任”。德国学者也曾一度纠结于“证明责任”这一概念用语的选择,并一再感慨这一用语的选择是“如此的不幸”。[1] 因为,首先客观的证明责任与“证明”行为无关。因为证明责任与证据调查和证明评价的应用领域是严格分开的,客观证明责任概念与当事人的举证证明活动没有丝毫联系。[2] 因此,罗森贝克曾尝试用“证实责任”或“确定责任”来取代,但没有得到认同。普维庭则认为,罗森贝克的这种用法仍是将“确定责任”错误地理解为当事人的责任。其次,证明责任也根本不是通常意义上的法律“责任”。德国学者严格区分义务与责任的概念,违反义务就是违法,并且产生相应的制裁,而违反责任并不等于违法,不履行责任的后果不能超出具体的诉讼程序之目的,即并不产生除此之外的制裁。证明责任其实独立于当事人的要求,而且独立于当事人的活动,因此并不是当事人的“责任”,证明责任只针对法院。从这一角度来说,证明责任概念的表述“绝对需要改善”,德国很多学者也曾提出可以考虑用“确定之风险”“确定的危险”“争议风险”“证明之危险”“真伪不明的风险”等词语来指称,[3]但由于概念用语的惯性力量,学者们的这些努力并没有成功。

---

〔1〕 参见[德]汉斯·普维庭:《现代证明责任问题》,吴越译,法律出版社2006年版,第9、25、50页。

〔2〕 参见[德]汉斯·普维庭:《现代证明责任问题》,吴越译,法律出版社2006年版,第25页。

〔3〕 参见[德]汉斯·普维庭:《现代证明责任问题》,吴越译,法律出版社2006年版,第50页。

现代证明责任作为民事案件的裁判方法，[1]解决的是疑难案件的实体法的适用问题。这一概念在20世纪末期是通过扩展原有的“举证责任”概念内涵的方式被引入我国的，这种“旧瓶装新酒”的策略固然有便于我国理论界与实务界接受的考虑。但“双重含义说”的倡导者李浩教授其实一开始就意识到两个概念的重要区别。[2] 将本质不同的两种含义糅合在一个概念表述之中，因此造成无数混乱。虽然我国当前司法解释上选择“举证证明责任”一词也难以说合理，但正如德国学者对概念使用不再纠结一样，我们也没有必要纠缠在术语选择上，似乎在这一问题上，令人满意的最佳方案是不存在的。我们可能应当接纳“举证证明责任”这一概念，但在这一概念内部，我们仍有必要对其内部的两种可能含义及其相互区别有足够清醒的认识。

我国传统的职权主义背景下证明责任的“双重含义说”与德国现代证明责任的“双重含义说”并不相同。作为民事诉讼基石的辩论主义，大陆法系理论普遍遵循法院对事实判断及其基于的信息来源应受当事人主张的约束，因此对当事人一般性提供证据义务或在特定类型证据提供问题上的配合义务都是在所谓“协同主义”诉讼模式下小心翼翼地探索推进的。在中国传统固有的国家权力本位和当事人义务本位的观念下，诉讼中当事人要负担普遍的举证义务与举证责任负担几乎不会遇到什么观念障碍。当事人不但对于自己持有或可能收集的证据有提出义务，而且只要“卷入”诉讼就自然负有提供证据信息的一般性义务。

在法院行使国家纠纷解决权，当事人义务本位的诉讼观念下，诉讼中提供证据的义务具有自然的正当性，由此种普遍性举证义务派

---

〔1〕 参见肖建国、包建华：《证明责任：事实判断的辅助方法》，北京大学出版社2012年版，序；胡学军：《论证明责任作为民事裁判的基本方法——兼就“人狗猫大战”案裁判与杨立新教授商榷》，载《政法论坛》2017年第3期。

〔2〕 其著作中也曾列出了这两层含义有10个方面的不同。参见李浩：《民事举证责任研究》，中国政法大学出版社1993年版，第58页以下。

生出本土自生的“举证责任”。依据责任即义务不履行的后果这一逻辑,案件事实不能查明,原因就是当事人不履行或不能完全履行举证证明这一行为义务,自应由当事人承担事实认定或程序制裁意义上的不利后果。因此,在我国的举证责任“双重含义说”中,行为责任始终处于主导地位,证明责任则被看作不履行行为责任所附带的“结果责任”,只体现在诉讼终局阶段,只是事实真伪不明时的裁判方法。其分配完全根据当事人请求的形态(是主张还是反驳)或特定的程序性情境因素(如举证能力、事实的盖然性、当事人的社会地位等),而与实体法规范没有关系。这就完全颠覆了德国的主、客观两分的“双重含义说”关于二者的地位与关系的界定。

德国理论上认为客观证明责任才是证明责任的本质,而主观证明责任是从主体视角看待和理解证明责任,只是证明责任在具体诉讼中的“投影”或“反射”。因此,客观证明责任是实在的,而主观证明责任是虚幻的。在我国职权主义背景下的本土化理论是将具体情境下事实模糊不清时应由哪方当事人提供证据或继续提供证据的问题当成证明责任分配,以及在不能证明时判决该方当事人负担败诉结果的情形当成证明责任应用的常态。这种理论逻辑与德国理论将证明责任作为与当事人证明行为毫无关系的客观上事实真伪不明风险负担的学说绝对不能画等号。

总之,举证责任是指具体的、在特定诉讼情境下当事人对案件争议事实提供证据予以证明的必要性;证明责任是现代诉讼中客观存在的一种抽象的风险负担,这种风险负担在行为上的反映就是当事人的抽象的主观证明责任。此种主观证明责任与客观证明责任仍是同一性质的,而与动态的具体的举证责任完全异质。我国以往理论在此二者针对对象、制度功能、分配规则上均存在错位理解。在《民诉法解释》保留了“谁主张,谁举证”的传统举证行为责任规范,并增设依实体规范分类分配证明责任规范的契机下，[1]仍有必要在学术与法条解释上继续推进对举证责任与证明责任相区别的深化认识。

二、举证责任与证明责任的对象区别

日本学者根据诉讼目的或诉讼出发点和审理重点的不同，将两大法系民事诉讼类型划分为事实出发型诉讼与法律出发型诉讼。[2]我国处于法治建设初期阶段，当今诉讼模式应当从事实出发型向法律出发型转换。我国传统审判遵循事实出发型的诉讼逻辑，以纠纷解决为民事诉讼制度目的，审判聚焦于争议具体案件事实（争点），在遇到证据短缺事实难以裁断时往往希望通过"证明责任分配"化解，促使当事人补充提供证据，并在不能继续举证时判决其败诉。这其实是对证明责任及其分配规则的错位理解与运用。因为证明责任根本不解决事实模糊不清问题，也不是在诉讼过程中根据具体情境裁量分配的，在法律出发型诉讼模式下，是由立法者依据特定价值权衡而预置性的统一分配。

举证责任针对的对象是具体生活事实的"模糊不清"，在事实出发型诉讼下，通过举证责任的承担决定事实判断的不利结果由哪一方承担，从而使裁判能够接近事实；而证明责任针对的是作为裁判前提条件的法律构成要件"真伪不明"，是法律出发型诉讼下构成要件疑难判断时的关于裁判方法的理论建构。"模糊不清"与"真伪不明"

---

〔1〕 一般认为《民诉法解释》第90条仍是民事诉讼法早已规定的提供证据责任分配原则（"谁主张，谁举证"）的具体展开。参见李国光主编：《最高人民法院〈关于民事诉讼证据的若干规定〉的理解和适用》，中国法制出版社2002年版，第46页；第91条目前公认是证明责任分配的原则规定。参见最高人民法院修改后民事诉讼法贯彻实施工作领导小组编著：《最高人民法院民事诉讼法司法解释理解与适用》（上），人民法院出版社2015年版，第313页。

〔2〕 参见陈刚：《日本中村民事诉讼理论之研究——以民事诉讼制度目的论为主线》，载《西南政法大学学报》2000年第2期。

这二者的区别绝不仅是表达不同的“文字游戏”,而是两种情形的处理方法根本不同。在事实模糊不清时通过进一步证据信息的供给或所谓“证据拼图”的完整化使案件事实尽可能变得更加清晰。但由于证据的提供需要举证的当事人负担一定的经济成本或者权利成本(如放弃部分隐私权),因此,由哪一方当事人继续举证的问题需要考虑证据所持、举证能力、所主张事实版本的盖然性高低等多方面因素。要件事实真伪不明的风险是不是能够通过诉讼程序中的行为“化解”。应对此种客观性风险的办法一是在法律关系发生当时采取事先防范性措施,此即所谓证明责任的“预置功能”;在诉讼程序最后阶段真伪不明成为现实时就只能作为所谓“事实不可解释的风险”,但由于法官不得拒绝裁判,因此只能通过将案件事实拟制为符合或不符合法律构成要件,再依据司法三段论适用法律作出裁判。

我国长期以来司法实践对“案件事实”这一概念范畴缺乏必要的分解与分析,将全部案件事实当成一个整体,并当成证明责任分配的对象。[1] 在实体法规范规制的视野下,“案件事实”可以分解为不同的构成要件,不同的构成要件产生不同的法效果。一个完整的法律规范由“假定”与“处理”两部分构成,构成要件即“假定”部分,法效果则是“处理”部分。如果产生特定法律效果的必要条件不完全具备,而无法判定产生该法律效果,那么规定产生该法效果的规范即不能适用,此种“法律不适用”的逻辑解释虽然在当代德国理论界备受批判,但在我国移植证明责任理论与制度时仍因其逻辑清晰易于理解而具有理论传播的优势。在具体诉讼中,法律构成要件对应具体生活事实,这种具体生活事实在诉讼中如果在当事人之间发生争议,则成为具体的“争点”,从而成为待证事实,需要通过当事人的举证活

〔1〕 一个典型的例子是:1992 年《民诉法意见》第 74 条将被告负举证责任的情形理解为举证责任倒置,而无论被告是要对案件事实的哪一个方面负举证责任。此种理解是机械教条的,也是不正确的。对此的分析,参见李国光主编:《最高人民法院〈关于民事诉讼证据的若干规定〉的理解和适用》,中国法制出版社 2002 年版,第 74 页。

动加以证明与认定。但构成要件的抽象规范性与案件生活事实的具体性如何对应或“连接”，在法学方法论上则有主要强调逻辑推理结果的“涵摄论”与注重“目光往返流转”过程的“比较论”两种不同的解释。〔1〕

“真伪不明”在西方法学理论中是一个专有概念，其最初的含义就是指案件拟适用的法律规范“不清楚”，而不是指案件证据不足、事实不清。〔2〕在近代大陆法系国家法典编纂运动之后，实体法缺位的情况大大缓解，明显的法律漏洞的情况不太常见了，但仍存在法律规范和本案事实能否对应，也即抽象法律规范可否适用于当前案件具体情境的问题，此即证明责任所欲回答的实质问题。至此，“真伪不明”概念转而开始与当事人的案件事实主张联系起来。在当代德国学者的著作中，“真伪不明”可以是指生活事实因证据短缺而无法认定，也可以是指要件事实存在无法克服的不可解释性。〔3〕但从裁判方法上看，归根结底，证明责任针对的应当是要件事实，当然，由于生活事实的认定是事实判断的第一阶段，因此生活事实无法认定往往是导致要件事实无法认定的原因。但两种意义上的事实概念仍不可等同，从两种情形中就可看出其区别：首先，在要件事实可以认定时，生活事实的细节可能就不需要继续证明了。例如，在某个医疗侵权案件中，虽然不清楚医院到底是消毒不合格还是未遵循注射的通常程序，但只要可以确认医方的过错就可以了；反之，在生活事实清楚时，也可能存在要件事实判断的困难。如虽然“被告长期固定喂养流浪动物”的事实被证明，但其是否构成“动物饲养人”并因此承担饲养

〔1〕 参见王利明：《法学方法论》，中国人民大学出版社 2012 年版，第 219、252 页。

〔2〕 Rabello, Alfredo Mordechai (2004), "*Non Liquet*: *From Modern Law to Roman Law*," Annual Survey of International & ComparativeLaw: Vol. 10.

〔3〕 参见［德］汉斯·普维庭：《现代证明责任问题》，吴越译，法律出版社 2006 年版，第 157 页。

动物致人损害的侵权责任仍值得争论。〔1〕

德国学者罗森贝克和普维庭都曾提醒过诉讼证明过程中的“模糊不清”与证明结束时的“真伪不明”应当严格区别开来。〔2〕 如“过错”是法律上一般构成要件,而过错在案件中的证明则是首先要举证证明被评价为过错的生活事实,其次才是对该生活事实进行评价。我国实务上一直存在将诉讼过程中待证事实的模糊不清当成“真伪不明”的误解,从而希望在诉讼过程中明确证明责任以化解事实判断疑难的这种误解。将“真伪不明”当成诉讼过程中处于证据短缺困境时通过证明责任分配化解的问题,这是完全错误的。理论上应当明确:证明责任的功能永远不可能是帮助法官形成对某个事实的心证,相反,它是以证明的失败与要件事实判断的放弃为前提,证明责任与谁必须提供证据没有丝毫联系。

三、举证责任与证明责任的功能分工

理想状态的诉讼证明是案件事实通过当事人的充分举证最终达到证明标准,法官对客观案件事实予以认定,从而“还原”案件真相,再适用实体法作出裁判。但现实中的诉讼往往由于证据的有限性及当事人的利益对抗性而经常难以达到理想状态。如果将案件事实证据短缺的状态比喻为诉讼中事实方面的“病态”,则致病的原因大致可分为两种情形:一是案件产生时即缺少证据,也即法律行为或法律关系发生时即未制造、保存或保全相关证据信息;二是在纠纷产生后

---

〔1〕 关于此种观点分歧,参见“人狗猫大战”案一、二审判决书的分析。北京市丰台区人民法院(2012)丰民初字第16654号民事判决书;北京市第二中级人民法院(2012)二中民终字第16207号民事判决书。

〔2〕 参见[德]汉斯·普维庭:《现代证明责任问题》,吴越译,法律出版社2006年版,第23页;[德]莱奥·罗森贝克:《证明责任论》(第5版),庄敬华译,中国法制出版社,2018年版,第217页以下。

至诉讼程序中当事人不提供证据甚至是伪造、毁灭相关证据信息。针对上述“病症”，如果可以说举证责任的功能是“治已病”，那么证明责任就是“治未病”“治欲病”。

调整证明行为的具体举证责任，其性质是一种诉讼程序上的责任。此种责任基于诉讼中当事人在事实查明方面所负的义务，如事案阐明义务、文书提出义务、如实陈述义务、反证提出义务等。举证责任的“治欲病”功能在于促使当事人尽可能提供证据信息，使案情得以在尽可能完整的信息披露基础上作出事实认定。当事人在特定情形下负有举证责任而不积极举证的，其后果是在事实认定层面上对其的不利处置：如根据间接证据进行事实推定、降低该事实的证明标准、对具体情形进行自由心证，甚至直接认定某种事实的存在。这些后果均是在事实认定这一范畴之内采取的某种不利处置。[1]

证明责任裁判则以真伪不明的出现为前提，证明责任判决始终是“最后的救济”或者说是“最后一招”。[2] 在诉讼最终阶段，举证活动结束和法官自由心证用尽时，此前所谓事实真伪不明的风险负担兑现为现实的败诉结果，证明责任为法官对案件的裁判提供方法与指引。证明责任的后果是法律适用上的不利，由于法律适用关系到对当事人主张的最终答复，不适用法律也就是不能支持当事人所欲主张适用的权利效果的发生，结论也就是败诉。此即法谚所谓“证明责任之所在，即败诉风险之所归”。按照罗森贝克“规范说”的理论，事实真伪不明时依“不适用法律”方法进行裁判，这是演绎推理的结果，而不是法官裁量处置的后果。司法三段论大前提（实体法规定）为最终的结论提供正当性。但逻辑在我们的理论中仅具有形式上的

---

〔1〕 当然，如果拒不提供证据的行为构成诉讼妨碍，还可能招致程序上的处罚后果，如采取妨碍民事诉讼的强制措施，但这并非举证责任对案件事实认定本身的后果。

〔2〕 参见［德］汉斯·普维庭：《现代证明责任问题》，吴越译，法律出版社 2006 年版，第 27 页。

意义,它不能解释或说明证明责任分配的根据。[1] “规范说”分配证明责任的实质依据是实体法目的宗旨所体现的价值取向选择。证明责任裁判是在案件事实认定失败时的法律适用方法,它以事实真伪不明为前提,是在事实认定结束后的裁判。证明责任的功能不体现在诉讼程序过程中,证明责任分配不能对证据短缺事实模糊这一“病症”起到治疗作用。如果当事人能够继续提供证据,即证明行为与证明评价就还没有结束,而证明责任是以证明行为与证明评价的结束为前提的。证明责任与诉讼程序中的证明行为之间没有任何关系。证明责任理论解决的不是事实问题,而是法律适用问题,本质上属实体法问题。我国理论界多将证明责任当成“事实判断的辅助方法”,这其实是一种误解。证明责任不是事实判断的方法,而是在事实判断结束后裁判的方法。事实“真伪不明”本身就是对案件事实的一种判断结果,在肯定这一判断结果的前提下,解决案件如何适用法律的问题就是证明责任的方法论。

但这种方法不仅针对真伪不明认识,而且会对一般民事案件的裁判产生辐射作用。毕竟在任何诉讼开始之前,案件事实不可解释性与法律没有直接对应的规范都是一种风险。也就是说,证明责任并非仅在诉讼结束时才有意义,证明责任有一种“预置性”功能:证明责任的分配在诉讼发生之前体现为一种风险分配,由这种固定的风险负担使当事人为防范风险变成现实的不利而进行积极行动,这种行动的具体表现,更多的是指证据的制作、保存、保全;能够使各种法律关系中的特定当事人由于负担潜在的风险而注意制作、保存相关证据,以防范将来纠纷引起的诉讼中可能出现的举证困难。也即证明责任的自觉负担意识培养了民事主体的“证据意识”,从而能起到“防御性医疗(保健)”这种“治未病”功能。

---

〔1〕 参见[德]莱奥·罗森贝克:《证明责任论》(第5版),庄敬华译,中国法制出版社2018年版,第118页。

因此,举证责任与证明责任的调整规制功能是无缝对接的:转换的开关就是证明评价。证明责任规范的是诉讼尚未形成的最初阶段及诉讼程序已进行完毕的最终阶段,而举证责任调整的是整个诉讼过程之中的证据提供活动。证明评价结束,举证责任用尽,证明责任登场。举证责任是具体的、情境依赖的,而证明责任则具有超越具体诉讼程序过程的普遍意义。

四、举证责任与证明责任的分配规则

《民诉法解释》第91条在我国第一次明确采纳了"规范说"对实体法关于权利效果的分类方法,根据一方提出法律关系主张和另一方可能提出的权利妨碍或法律关系的变更、消灭分配双方的证明责任。这可看作学界长期呼吁采用德国"规范说"理论的成果。〔1〕

依"规范说",证明责任的分配结果必然是非此即彼的,即特定要件事实的证明责任只能由一方当事人负担,在诉讼过程中不会发生倒置或转移,也不能由法官裁量分配,更不会有加重、减轻与缓和的证明责任。〔2〕"证明责任减轻"这一概念表达的是通过督促当事人举证或法院替代性事实认定的手段化解证据短缺时的事实认定困境的制度手段,这个集合性概念,包括诸如表见证明、摸索证明、事案阐明义务、文书提出命令、举证妨碍的处理、降低证明标准等方法与正式或非正式制度,〔3〕典型的如通过具体情形下课以不负证明责任方当事人提供证据的义务来达到认定案件事实的目的,从而避免证明

〔1〕 在证明责任分配规范上字面上的差别是,德国理论上惯用"权利"表述,而我国理论上惯用"法律关系"表述,但指向是同样的。参见袁中华:《证明责任分配的一般原则及其适用——〈民事诉讼法〉司法解释第91条之述评》,载《法律适用》2015年第8期。

〔2〕 参见胡学军:《证明责任"规范说"理论重述》,载《法学家》2017年第1期。

〔3〕 对此类制度的介绍,参见胡学军:《具体举证责任论》,法律出版社2015年版,第176页以下。

责任裁判的适用。这一概念曾是针对实践中证明责任裁判的扩大化适用而提出的，对防范我国法院滥用证明责任裁判有很大的借鉴意义。但从理论上来说，在特定案件中证明责任是固定于一方当事人的，不存在“多一点”或“少一点”的证明责任。减轻或缓和都是就制度适用的总体效果上而言的。

实体立法上的规范体现冲突价值时的权衡与选择，证明责任分配要依据实体法的目的与宗旨进行，也就是说法官分配证明责任是在具体案件裁判过程中确认、实现实体法。证明责任分配是一道“客观题”，由于存在分配的“标准答案”，法官并不享有裁量权。正如罗森贝克所言：“（证明责任）分配原则不能从公正性中推导出来……如果法官想将具体的诉讼之船根据公正性来操纵，那么，他将会在波涛汹涌的大海里翻船。”〔1〕

《民诉法解释》第 90 条应理解为具体举证责任承担的一般性规定。这一规定与第 91 条关于证明责任分配的一般原则规定区别明显。我国此前由于证明责任分配原则规范的缺位，理论上希望通过对当事人主张与反驳加以限缩解释，从而将“谁主张，谁举证”这一行为责任的宣示性规定解释为证明责任分配的规范性规定。类似观点的主张在理论发展历史上不绝如缕。〔2〕但据此分配败诉风险比较含混，难免有隔靴搔痒之感。由于反驳责任界定具有不准确性，使得依此分配证明责任难免存在多样化理解或发生重复分配（双方当事人对实际上的同一事实承担责任）的问题。虽然这一规范在形成我国证明责任分配理论的理解过程中确实发挥了积极的过渡性作用，但是现在，这一规定已完成其历史使命。故当前对第 90 条的解释应当

〔1〕参见[德]莱奥·罗森贝克：《证明责任论》（第 5 版），庄敬华译，中国法制出版社 2018 年版，第 109 页。

〔2〕较早观点参见陈刚：《抗辩与否认在证明责任法学领域中的意义》，载《政法论坛》2001 年第 3 期；宋春雨：《〈关于民事诉讼证据的若干规定〉的理解与适用》，载《人民司法》2002 年第 2 期；最近观点参见袁琳：《证明责任视角下的抗辩与否认界别》，载《现代法学》2016 年第 6 期。

恢复其本来意义,即举证行为责任承担的一般性、宣示性的规定。也就是说,为了实现查明案件事实这一目的,当事人无论是主张还是反驳某一事实,都负有提供证据的一般性义务。具体举证责任问题不存在非此即彼的分配,基于解明案件事实的目的,其常态是在当事人之间共同承担、交互进行。当然,一般来说,证明责任作为风险负担的预置功能将使负担证明责任的当事人总是首先背负证明压力,总是处于攻击状态,而不负证明责任方则处于防御状态,极力阻止案件事实的查明,希望将事实拉回到“真伪不明”的状态。这种“本证—反证”的交替进行一般无须法官介入提示也会在当事人之间自动进行。在“当事人因疏漏、误解和对法律理解不当等原因,而对相关案件事实未予证明”的情形下,则需要法官行使释明权,[1]提示当事人继续补充证据或提出反证,并裁量决定具体的不利后果形态。这方面的司法裁判经验总结,在《民诉法解释》也有多条特别规定。[2]

总之,举证责任承担的是一道“主观题”,裁判者须结合具体场合,具体情形,具体证据情况判断。举证责任承担的依据包括证据所持、与证据的距离、举证可能性(或继续举证的不可能)、举证成本、举证态度、事实存在的盖然性等。案件事实的查明一般应通过对立当事人之间的交互举证行为而推动,举证责任本就是可以转换的,正所谓“事实越辩越明”。举证责任在当事人之间的轮转交替承担,是以法官的证明评价为转换界点的,因此并不是完全“自动”进行的,往往需要法官不时予以指示、释明甚至是强制命令。法律对当事人举证的规范是证明与事实认定活动的经验总结,此类规范可以指导法官解决证据短缺或判断疑难时的事实认定。举证责任的承担需要考虑具体情境与各种事实的细节,根据事实认定的亲历性要求,必须由裁判者在直接言辞原则的基础上进行判断,学者在没有亲自接触案件

〔1〕 参见杨小利、于四伟:《法律释明权的正当行使》,载《人民司法(应用)》2016 年第 16 期。

〔2〕 包括《民诉法解释》第 92、93、110、111、112、113、114 条等。

证据的情况下是很难对此进行评价的。

举证责任和证明责任范畴的区分不仅具有理论上的意义，在实践中尤其是审级监督的范围与对象界定问题上还具有现实意义。具体举证责任的承担是情境依赖性的，是以裁判者的临时心证为转移的，因此应基于裁判者的亲历性的基础上来判断。一般来说，在未能遵循直接言词原则对案件证据进行具体审查的主体不宜对裁判者的判断进行任意品评，甚至上级法院的法官也应当充分尊重初审法官的证据评价与事实判断。除非基于逻辑与经验法则的理由，否则不能否定裁判者的自由心证。证明责任实质上属于实体法问题，在具体诉讼中证明责任由哪一方负担是法律适用问题，法律问题应由上级法院进行审查，无须当事人在上诉时提出。法律适用错误可以由二审法院在不开庭审理的情形下直接改判。对于证明责任分配这一法律问题，学界可根据案件性质或案件类型进行讨论，无须考察案件的具体细节。因为同一性质或同一类型的案件，证明责任分配就应是相同的，不会因具体诉讼中当事人证据持有或证据提供情况的不同而相异，也不会因当事人对待举证活动的态度而有别。

五、本章小结

自20世纪民事审判方式改革以来，举证责任“双重含义说”出现开始，将“行为责任”与“败诉风险”两层含义糅合在一个概念表述之中可以说已构成我国司法上的“现代传统”。我国应理解与尊重这一实践逻辑与惯性。但在《民诉法解释》的理解与运用上，既要看到“举证证明责任”概念两层含义各自功能在民事司法上的协调统一，也要充分注意在不同语境中概念内部的侧重区分。第90条是侧重行为意义上的举证责任承担的总体性规定，从其作为行为规范这一方面来说，这一条文主要是“说给当事人听的”，意在使当事人明确其举证负担,尽可能提供证据,从而使案件事实判断建立在较充分的证据信息基础上。当然法院也可据此对举证事项尽释明义务,督促当事人尽可能举证,从而使裁判尽可能"接近事实",达到实体公正。从字面上来看,该条是从诉讼中当事人主张的具体形态出发,即分别依据当事人诉讼"请求原因"和"反驳理由"分配双方当事人各自应当承担的举证行为责任。此种举证证明行为负担的明确使法院得以从繁重的依职权调查取证中解脱出来,对当事人实质程序参与权保障及审判效率的提升都有积极的促进意义。

第 91 条才是证明责任——最终败诉风险分配的原则规定。该条是从实体法规范分类出发,依当事人主张的法律关系的效果分配最终的败诉风险,直观上是作为诉讼最终事实陷于"真伪不明"状态时的败诉风险负担这种结果责任。其解决的是疑难案件的裁判方法——事实证明失败时的法律适用问题。该规范可能对当事人来说比较复杂、难以理解与把握,但它本来就不是诉讼行为规范,而是裁判规范。这一规范是"写给法官看的",[1]法官本来就被预设是法律问题专家,也应当在不断的审判实践中学习、修炼、提升对证明责任分配的运用能力。在此种理解下,"依主张分配"的举证责任和"依法分配"的证明责任这两条规范相辅相成。证明责任预先固定分配制度与诉讼中具体举证责任动态负担制度互相配合,协同作用,正如当代医学上的中西医结合一样,共同发挥举证证明责任在解决证据短缺事实疑难问题上的"治未病、治欲病、治已病"的功能。

---

〔1〕 参见李浩:《〈民事诉讼法〉修订中的举证责任问题》,载《清华法学》2011 年第 3 期。

第十九章　我国证明责任分配制度重构：回归“规范说”

引　言

2012 年修订的《民事诉讼法》对证据制度修改的条文从数量上看并不多。在此之前，最高人民法院 2001 年制定的原《民事证据规定》作为我国民事审判方式改革与证据制度探索的重要成果，一直是司法实践中遵循的证据与证明的主要制度规范。原《民事证据规定》确立的证明责任分配的“原则规定（第 2 条）——例外列举（第 4 条）——特殊情形（第 7 条）”的规范配置格局业已成为我国教科书的标准内容。[1] 民事诉讼法修订之后，尤其是 2015 年《民诉法解释》的出台，不仅新创了“举证证明责任”这一概念表述，而且对其分配作出了重新表述。那么，原《民事证据规定》确立的证

〔1〕 代表性教材参见张卫平：《民事诉讼法》（第 2 版），法律出版社 2010 年版，第 210～211 页；江伟主编：《民事诉讼法》，中国人民大学出版社 2000 年版，第 212 页；谭兵、李浩：《民事诉讼法学》，法律出版社 2009 年版，第 199 页，等等。

明责任分配规范体系是否仍然可以继续适用,就成为当前必须明确的一个紧迫问题。笔者在本书中将在对证明责任概念及其分配规则进行宏观比较考察的基础上尝试予以回答。笔者认为,我国证明责任分配理论的纷争不定根本上源于证明责任概念范畴界定的模糊不清,当前有必要在对相关司法解释加以梳理的基础上对证明责任及其分配进行重述,以期推动我国民事证明责任的理论更新。

一、合久必分:具体举证责任与抽象证明责任的概念解读

无论中外,传统诉讼中案件事实认定只承认非真即伪的"两分"结果状态,现代诉讼法理论在真、伪两分的状态之外界定了一种"真伪不明"的中间状态而使其成为"三分"。这一中间状态的肯定是对法官具备超强事实认定能力假定的怀疑,既反映了现代司法的理性,也推动了司法领域中事实认定与法律适用理论的深化与精细化。证明责任理论就是解决案件事实真伪不明时如何裁判的问题。现代世界各国的民事诉讼制度均基本肯定证明责任机制的作用,而不论证明责任概念是否在其实定法上予以了明文规定。我国自 20 世纪 80 年代民事审判方式改革以来,关于证明责任及其分配在学界的研究成果汗牛充栋,在司法实务上亦耳熟能详。原《民事证据规定》的制定就是这种成果及其运用的表现之一,在 2015 年的《民诉法解释》中,进一步吸收了审判实践经验与学界研究成果,对证明责任的规定既沿袭了原《民事证据规定》的相关内容,也对证明责任分配作了进一步明确的解释。我国的民事审判方式改革肇始于通过强化当事人提供证据的责任来提升司法的效率,作为此后"显学"的举证责任理论也是侧重于当事人提供证据加以证明这一行为责任方面含义而发展的。

因此,我国证明责任理论研究与实践运用之间一直存在内在的

紧张与隐形的矛盾。理论界长期聚焦于抽象证明责任及其分配的“经院式”研究,实践中盛行的却是意在化解事实认定困境的所谓“主观证明责任逻辑”,[1]由此造成众多的误解。在一般意义上,“举证责任”与“证明责任”这两个概念在此之前的含义完全相同,但主观具体行为责任与客观抽象风险分配的方枘圆凿也早被学界关注,并有学者因此提出概念分立的呼吁。[2] 笔者近年来在此基础上尝试提出具体举证责任论,[3]意图确立具体举证责任与抽象证明责任概念分立的二元机制,以形成对诉讼证明活动的双层调控,共同解决疑难案件的事实证明与法律适用问题。具体举证责任是促进案件事实查明与认定的机制,以便在实际诉讼程序中最大化案件事实查明,证明责任是解决事实真伪不明时的法律适用机制,以便在实际证明落空时严格司法裁判中对法律价值选择的贯彻。在具体举证责任与抽象证明责任的二元概念结构下,二者相辅相成、相互衔接,共同作用于提升司法公正。但从理论的逻辑解释与实践运用的可操作性来看,两个概念不宜混同。以往的证明责任“双重含义说”意图以一个笼统的概念包容这两种不同性质的内涵,故在理论与实践中均不可避免地造成了一定的混乱。

首先,混淆了具体举证责任所针对的生活事实模糊不清与证明责任所欲解决的法律要件事实真伪不明情形。在实务上,一旦出现事实模糊的难办案件,证明责任分配似乎总被当能成理论上的首选方案及实务上的化解捷径。我国理论上其实并未深入探讨过事实真伪不明时的裁判方法论,证明责任的方法论意义未得到充分重视。

---

〔1〕 有关我国司法实践中处于支配地位的“主观证明责任逻辑”及其原因分析,参见霍海红:《主观证明责任逻辑的中国解释》,载《北大法律评论》2010 年第 2 辑。

〔2〕 参见霍海红:《证明责任概念的分立论——基于中国语境的考察》,载《社会科学》2009 年第 6 期。

〔3〕 参见胡学军:《从“抽象证明责任”到“具体举证责任”——德、日民事证据法研究的实践转向及其对我国的启示》,载《法学家》2012 年第 2 期。更详细论证可参见胡学军:《具体举证责任论》,法律出版社 2015 年版。

笔者倾向于认为证明责任分配作为民事案件的基本裁判方法在我国司法实践中并未真正确立。应当明确的是，证明过程中的"事实模糊"与穷尽一切证明手段之后的事实"真伪不明"是有重要区别的。案件争议事实模糊不清可以说在诉讼中是一种常态，因为在一个运行良好的纠纷解决机制系统下，事实清楚而分明的纠纷往往在诉前就被其他替代性纠纷解决机制过滤，几乎不太会真正进入法院。我国在诉讼过程中，对于事实模糊的案件，法官总希望通过程序机制促使当事人尽可能举证证明，法官也应当利用直接听审获取的信息尽可能依据自由心证对案件事实作出判断。只有在自由心证用尽的情况下，证明责任机制的适用才具有正当性。但在我国长期的民事审判实践中，作为证明责任理论核心概念的"真伪不明"未被视为诉讼证明活动最终认识的结果，而被混同于诉讼过程中的事实模糊不清，并意图通过证明责任的分配对当事人所产生的压力机制逼近事实。也即证明责任及其分配在某种程度上作为法官为查明事实而加诸当事人的一种真正"责任"，[1]此种责任的分配依据也就自然更多地考虑的是个案中的具体程序因素，且以不利裁判后果的归属为促使当事人尽力举证的外在压力。这其实是对证明责任的不当理解与运用。不独我国，证明责任这一概念用语的不幸选择所造成的错位在大陆法系国家也是由来已久，但在当代德国已基本被拨乱反正。证明责任及其分配的实质是法律适用问题，[2]而非事实查明与证明问题，客观证明责任概念与当事人的证明行为之间没有丝毫联系，[3]可

---

〔1〕 证明责任一词中的"责任"含义并非一般意义上的作为违反法律义务的制裁后果的法律"责任"，因此引起了众多德国诉讼法学者对"我们选择证明责任这一术语是如此不幸"的感慨。德国学者包括穆兹拉克、马森、施梅林、瓦亨多夫等对此达成共识，尤其是汉斯·普维庭在其著作中对此有多次的反复感慨。参见[德]汉斯·普维庭：《现代证明责任问题》，吴越译，法律出版社2006年版，第9、26、53页。

〔2〕 [德]莱奥·罗森贝克：《证明责任论》（第5版），庄敬华译，中国法制出版社2018年版，第14页。

〔3〕 [德]汉斯·普维庭：《现代证明责任问题》，吴越译，法律出版社2006年版，第26页。

能承担调整规范当事人证明行为功能的其实是具体举证责任。在证明责任“双重含义说”下,司法实践中一方面将证明责任作为事实模糊时对当事人的外在压力机制,以促使当事人尽可能提供证据信息以促进事实的查明;另一方面又将证明责任分配的归属作为案件事实真伪不明情形下的裁判依据,而没有清醒地意识到这两种机制的运作原理是有重大差异的。

其次,混同了客观证明责任与具体举证责任各自所发挥的调整当事人举证证明行为的功能。确实,抽象证明责任的前置作用会促使负担此种不利判断风险的当事人在诉讼程序中积极举证证明,以尽可能避免理论上的风险成为最终败诉的现实后果。但绝不能将所有调整规范当事人举证证明行为的功能全部归功于抽象证明责任。在特定情境下,谁应当继续提供证据必须考虑如证据所持、举证能力、举证成本、当事人对举证的态度、当事人相对地位、举证期待可能性等程序上的因素,而这些因素是不可能全部被证明责任非此即彼的分配规则所能涵盖的(能涵盖这些情境性因素的就是具体举证责任)。具体举证责任的承担需要在长期的审判实践中归纳证据提出及事实证明与认定的规律。此种具体举证责任与抽象证明责任中的主观(抽象)证明责任能够形成事实发现的合力机制,共同致力于案件信息的最大化提出。但具体举证责任机制与抽象证明责任机制仍是不同的。这就如同刑法的威慑力也能促使社会公众为免遭刑罚而谨慎行事,但作为行为规范而调整公众交往行为的主要仍是民法规范而非刑法本身。民法规范能够更具体细致地指导民事主体从事社会活动而不致越轨以致遭受惩罚。与此同理,客观证明责任主要是法官的裁判规则,其对当事人举证行为的调整功能是附带的,并且在这方面主要是从防范真伪不明出现的角度消极规制的。唯有具体举证责任机制才能积极引导当事人的举证与证明活动,并尽可能促成案件事实的真实查明。

最后,模糊了具体举证责任承担依据与抽象证明责任分配标准的根本区别。诉讼证明过程中的具体举证责任承担需要考虑的是个案中的具体的程序内因素,因此具体举证责任的分配是可以由法官根据具体情形裁量的。但证明责任的实质不是事实问题,而是法律适用问题,证明责任的分配应当遵循的是实体法的价值取向选择。混淆这两个方面造成作为混合体的证明责任性格的分裂并会导致分配规则的混乱,使具体举证责任及抽象证明责任均不能真正发挥其应有功能,并在实践中导致不能确立相对统一的分配标准与规则。其实即使在“双重含义说”下,所谓的证明责任分配问题也只能是关涉客观证明责任,因为作为在诉讼过程中可以交替承担的主观具体举证责任是不存在统一的规范性分配规则的。按照大陆法系国家的理论通说,证明责任分配的标准只能是实质上的价值衡量,客观证明责任的分配是二值的(非此即彼)、抽象的,因此封闭了利用客观证明责任解决个案中情境性因素考虑的可能,而将这一空间留给了具体举证责任。证明责任负担的不利后果也是固定的,即当事人的诉讼请求不能得到法院的支持,也即案件败诉的最终结果。具体举证责任的承担是情境性的,不存在抽象统一的分配标准,因此能够最大限度地容纳个案诉讼中的程序因素考虑,并能根据具体情境因素配置从宽到严的多样化(德国理论多概括为“从不利事实认定到证明责任倒置”)不利后果,因此最能够使案件的事实判断接近真相接近正义。

虽然行为意义上的具体举证责任在诉讼证明过程中表现更为直观明显,但实际上,客观证明责任才是现代诉讼证明责任的本质,也只有这一范畴才是我国民事诉讼法学的知识传统。但不容忽视的是,主观证明责任才是我国司法中的实践理性与现实逻辑。现代证明责任理论以肯定案件事实的真伪不明状态的存在为理论前设,在法律要件事实真伪不明时法官将根据证明责任分配规则作出负担证明责任的一方当事人败诉的判决。正因如此,证明责任在诉讼一开始就作为一种败诉的风险存在于特定的当事人一方,引导当事人提出要件事实主张,并提供当事人双方交替举证证明的内在动力。正是因为证明责任分配的前置作用及其对诉讼当事人双方互动结构的形塑功能,证明责任被称为“民事诉讼的脊梁”,对民事诉讼制度具有特别的重要性。以证明责任调控诉讼证明活动的整个过程的观点流行了一个多世纪,很少有人对其创建的逻辑框架提出质疑。一般所谓证明责任分配就是指客观证明责任的分配,这是证明责任理论的重中之重。客观证明责任是实际证明陷入困境也即事实判断不能时的法律适用方案,其性质是一种风险,与当事人在诉讼过程中提供证据的行为责任是不同的,这是在我国民事诉讼法学界已基本达成的共识。客观证明责任决定了主观证明责任的存在及意义,但这并非表明在诉讼过程中客观证明责任的适用就比主观证明责任更频繁。如果将客观证明责任定位于只是在实际诉讼最终事实真伪不明时的裁判依据,则证明责任就不可能担当民事诉讼的“脊梁”,而将蜕化成了诉讼的“尾骨”。实际上,在任何国家的司法裁判实践中,作为客观证明责任裁判基础的事实真伪不明状态的出现总是低概率的,而具体举证行为责任在当事人之间的转换承担才是诉讼事实证明的常态。通常情况下,由当事人具体举证责任的交替承担而使案件事实的证明达到证明标准,便可实现案件事实查明,事实真伪不明的认定要求法官必须已穷尽一切可能证据调查的手段,仍然无法根据自由心证对案件事实进行判断。这就要求对各种证据的审查运用及其证明力的判断进行经验总结,在尽可能利用具体举证责任进行调整的基础上证成裁判三段论的小前提。穷尽一切手段最终仍不能达到证明标准的事实认定方才落入所谓的真伪不明区域,此时才能将证明责任裁判作为最后的裁判手段。

证明责任与具体举证责任的区别在我国司法解释中从未被真正厘清。原《民事证据规定》颁行之后的主流观点认为证明责任分配的一般原则就是该规定的第 2 条,《民诉法解释》第 90 条实为对该内容的重申。[1] 这种解释正是在证明责任"双重含义说"即主观证明责任与客观证明责任统一下的分配规则,但从文义解释来看,该条应说更倾向于是对当事人举证加以证明的这种行为责任的表述。这种责任的要求是"提供证据加以证明",承担责任的原因是当事人"未能提供证据或者证据不足以证明其事实主张",而且承担责任的时间点是"在作出判决前",责任的后果则是"承担不利后果"。在我国理论语境下,尤其是司法实践中,注重的是程序进行中举证证明行为意义上的"举证责任",而非作为事实真伪不明情形下法律适用问题的客观证明责任,因此与德、日等国现代证明责任理论不能完全通约。这在最新司法解释中对"举证证明责任"这一概念的选择中仍比较清晰地反映出来。选择"举证证明责任"这一术语的主要目的是想"强调当事人在诉讼中负有提供证据的行为意义上的责任",[2]引导与规范当事人诉讼证明行为正是主观证明责任的功能。在大陆法系现代证明责任理论中,客观证明责任是指法律要件事实真伪不明时的败诉风险负担,客观证明责任分配决定了主观(抽象)证明责任的承担。在我国,主观证明责任仍居主导地位,客观证明责任反被置于主观证明责任之附庸,被理解为主观行为责任不履行所附带的后果。因为主观证明责任所产生的后果可以是多样化的,其中也包括客观证明责任的后果即直接的败诉。也就是说,当事人承担不利后果的原因被理解为是"当事人未能提供证据"或者虽然尽力提供了证据,但"证据不足以证明其事实主张"。这种对客观证明责任与主观证明责任逻辑联系的表述与经典证明责任理论南辕北辙,甚至司法解释对真伪

---

[1] 《民诉法解释》第 90 条规定,当事人对自己提出的诉讼请求所依据的事实或者反驳对方诉讼请求所依据的事实,应当提供证据加以证明,但法律另有规定的除外。在作出判决前,当事人未能提供证据或者证据不足以证明其事实主张的,由负有举证证明责任的当事人承担不利的后果。

[2] 最高人民法院修改后民事诉讼法贯彻实施工作领导小组编著:《最高人民法院民事诉讼法司法解释理解与适用》(上),人民法院出版社 2015 年版,第 312 页。

不明情形的处理方法的解释也与经典证明责任理论相悖，[1]但却正是当今中国流行的“主观证明责任逻辑”的一个注脚。其实，此前所谓的“举证责任倒置”、“举证责任转换”及“举证责任分配的司法裁量”都是对主观具体举证责任承担规则的错位理解。

二、追本溯源：证明责任分配一般原则的深度追问

大陆法系国家民事诉讼理论上对证明责任分配问题的学说观点非常复杂，正如所谓“整个理论空间成了各种学说争论的战场”。[2]但纷繁复杂的各种学说大致可从两个向度加以类型化识别。一是从分配的标准来看，该学说主张的证明责任分配标准是形式的还是实质的；二是从分配的结果来看，依据特定标准是形成统一的分配规则还是并不存在统一的分配规则而多少需要借助于法官的司法裁量。由这两个向度的排列组合在逻辑上存在 4 种分配理论的“理想类型”，见表 19.1。

---

〔1〕《民诉法解释》第 108 条规定，对负有举证证明责任的当事人提供的证据，人民法院经审查并结合相关事实，确信待证事实的存在具有高度可能性的，应当认定该事实存在。对一方当事人为反驳负有举证证明责任的当事人所主张事实而提供的证据，人民法院经审查并结合相关事实，认为待证事实真伪不明的，应当认定该事实不存在。因此，法官对于案件事实认定的结果仍只承认事实存在与事实不存在两种情形，真伪不明并未被当作一种独立情形来对待。虽然这在解释证明责任分配的结果时似乎逻辑更简单清晰，但却是与现代证明责任理论相悖的。这也印证了我国学者关于我国司法实践中可能根本不承认“真伪不明”状态的判断。参见曹志勋：《“真伪不明”在我国民事证明制度中确实存在么？》，载《法学家》2013 年第 2 期。

〔2〕张卫平：《证明责任分配的基本法理》，载何家弘主编：《证据学论坛》（2000 年第 1 卷），中国检察出版社 2000 年版，第 279 页。

表 19.1 证明责任分配理论类型划分

分配标准 分配结果	形式	实质
裁量	形式裁量	实质裁量
统一	形式统一	实质统一

应当注意的是,特定分配标准与分配结果之间其实存在非常密切的关联。一方面,如果主张依形式标准分配证明责任,则依据这种形式标准往往能够形成相对确定的权威规则,从而能够在诉讼实践中形成统一的分配结果。相反,如果按照实质分配标准进行操作,则往往由于对实质标准的多样化理解而导致分配结果实际上难以预测,难以统一,而多少需要借助于法官裁量。另一方面,特定分配标准与分配结果之间也可能存在紧张关系。如某种形式标准在实际适用时却存在划分的困难,这就会丧失标准统一的优势,反过来对此类理论的成立产生致命影响。例如,根据待证事实的性质分类以分配证明责任,往往因为某种事实的分类的困难而导致该学说理论的破产。[1] 采取多元的实体标准时由于存在这些不同标准在分配时各自所占比重或如何排序的难题,导致分配的结果几乎难以统一,这也是该类学说的根本问题。即使是按照某个单一的实质标准也可能存在难以在实际案件具体情形中加以界定的问题,如危险领域说所界定的"危险领域",盖然性说下的"盖然性"等。也就是说,坚持实质标准似乎就不可避免走向支持司法裁量。因此,在不同学说博弈后,西方国家最后形成的主流的证明责任分配理论就是形式统一分配理论与实质裁量分配理论的对立的理论格局。

---

〔1〕 如待证事实分类说中的"消极事实说"与"内界事实说"均意图根据事实的性质对待证事实进行分类以分配证明责任。但事实的性质不是绝对确定的,往往取决于对事实的表述,表述用语变化则性质跟着发生变化,因此导致该种证明责任分配方法的破产。参见张卫平:《证明责任分配的基本法理》,载何家弘主编:《证据学论坛》(2000 年第 1 卷),中国检察出版社 2000 年版,第 281 页。

实质裁量观点认为,民事诉讼中证明责任的分配错综复杂,情况各异,因而事先很难制定一套分配证明责任的统一标准,而只能针对案件事实的具体情况由个案法官裁量分配证明责任。在确定具体事实的证明责任应当由哪一方当事人负担时,法官应综合考虑各种相关因素。美国学者总结后认为,进行证明责任分配的主要要素有:政策、公平、证据所持或证据距离、方便、盖然性、经验规则、请求变更现状的当事人理应承担的证明责任等。〔1〕这种理论由于与英美法系国家的陪审团制度、遵循先例制度、法官造法等观念与制度背景相契合,因而成为美国证明责任分配理论的主流。在大陆法系国家,各种理论学说致力于寻求统一的分配规则,依据一个或多个实质性原则分配证明责任的观点因此日渐式微。由于大陆法系国家体系化的实体法传统,在学说竞争中,依形式标准分配证明责任的学说占据了主流。这种学说认为,尽管证明责任分配问题极其复杂,但仍有规律可循,确定分配证明责任的统一规则不仅是必要的,也是可能的。德、日两国学者多持这种观点。

大陆法系各国的证明责任通说是所谓“法律要件分类说”。法律要件分类说中影响最大者当属德国学者罗森贝克所首倡的“规范说”。罗氏从实体法规范构造与文字表述上发掘了证明责任分配的规则,其主张各当事人对有利于自己的规范要件事实承担证明责任,但具体分配时要根据实体法规范结构之间的相互关系把握证明责任分配的规则。因此,其提出的学说被称为“规范说”。罗森贝克不赞成把分配证明责任的权力交给每一个审理案件的法官,他担心这样做会导致因法官对法律理解的差异而致使法律适用不一致。罗森贝克的“规范说”在德国现代民事证明责任分配问题上占据绝对的支配地位,尽管晚近有人主张用“危险领域说”“盖然性说”“损害归属说”等新标准取代“规范说”,但这些学说带来的问题比其所解决的问题

〔1〕参见常怡主编:《比较民事诉讼法》,中国政法大学出版社2002年版,第428页。

还要多，新学说对“规范说”仅起到了部分修正的效果，根本未能动摇其通说的地位。规范说在德国、日本、韩国等大陆法系国家和我国台湾地区经受了长时期的实践检验，也被司法实践证明具有一般的妥当性。罗氏的再传弟子普维庭后来提出的“修正规范说”，虽肯定证明责任分配具有众多的实质性依据，但反对将其直接作为一般性的分配原则，而主张这些实质性依据的意义在于对法定的证明责任分配的解释及在法律漏洞出现时作为法官法律续造的起点。[1] 按规范说分配证明责任从表面上看确实具有形式化的色彩，但却绝非形式主义，规范说只是将证明责任分配的权力授予立法者，认为“证明责任分配问题不是正确的实质性依据问题，而是一个立法者抉择取舍的问题”。[2] 证明责任基本规则的背后其实隐藏着“成打的实质性目的和价值”。[3]

但形式标准一旦确立后毕竟就不同于未被整合进实定法当中的某个实质标准，依形式标准能产生一种权威的规范依据。这种依据通常排斥、无视或至少是弱化出现在判决或行动过程中的、与之相对抗的实质性依据。[4] 坚持形式标准的规范说对我国当前司法实践具有重要的应用价值与现实意义。其最重要的比较优势就是可操作性强，只要对拟适用的实体规范进行结构分析与文义解释就可方便地推演出证明责任分配的结果。[5] 在我国民事审判方式改革过程中证明责任理论的兴起，尤其是“法律要件分类说”的引入带动了要件事

---

〔1〕 参见[德]汉斯·普维庭：《现代证明责任问题》，吴越译，法律出版社 2000 年版，第 379 页。

〔2〕 [德]汉斯·普维庭：《现代证明责任问题》，吴越译，法律出版社 2000 年版，第 379 页。

〔3〕 [德]汉斯·普维庭：《现代证明责任问题》，吴越译，法律出版社 2000 年版，第 403 页。

〔4〕 参见[美]P. S. 阿蒂亚、R. S. 萨默斯：《英美法中的形式与实质——法律推理、法律理论和法律制度的比较研究》，金敏等译，中国政法大学出版社 2005 年版，第 2 页。

〔5〕 我国理论界一般认为规范说具有较好的可操作性，但也有少数学者认为其晦涩难懂。代表性意见如叶自强：《中国民事诉讼法》，法律出版社 2004 年版，第 174 页。

实理论的研究与实践,产生了以“要件审判九步法”为典型代表的审判方法的实践,〔1〕对实体规范中的要件事实的分解与证明责任的预先分配逐渐成了法官民事审判的基本方法。〔2〕 李浩教授通过对我国原《民事证据规定》实施之后《最高人民法院公报》公布的众多代表性案例的实证研究,也得出了“规范说作为证明责任分配一般理论在我国得到法官自觉或不自觉地遵循”的基本结论。〔3〕 笔者近年的实证调研也支持罗氏规范说在我国司法实践中具有良好的接受基础,并在审判实际中具有一般普适性的基本判断。但在一些复杂疑难案件中,由于法官普遍缺乏对证明责任作为方法论的清醒自觉,仍不免跟着主观的公正感觉走,在特定情形下“倒置”证明责任与法官裁量转换证明责任正是这种模糊意识的体现。

可以说规范说应当作为证明责任分配的一般规则在我国学界已基本达成共识,但其内容是否应当在立法或司法解释中加以明文规定呢? 1888 年《德国民法典》第一草案第 193 条曾明文规定了证明责任分配的一般规则,虽然后来这一条文并未成为正式立法中的条文。德国学者汉斯·普维庭在分析了众多国家证明责任分配基本规则后,指出《德国民法典》第一草案第 193 条的基本规则已经明确或默认地为所有的法律秩序所承认,属于所谓的“世界习惯法”,〔4〕毫无

---

〔1〕 “要件审判九步法”是上海长宁法院根据审判实践经验总结的一种从法律规范出发提出的法律适用方法,代表了我国法院对于专业性审判方法的探索。有关这一方法的内容,参见邹碧华:《“要件审判九步法”解析》,载《中国审判》2010 年第 2 期;邹碧华:《要件审判九步法》,法律出版社 2010 年版。

〔2〕 有关要件事实与证明责任的联系,可参见段文波:《民事要件事实与民事证明责任分配》,载《学海》2006 年第 5 期;许可:《要件事实论的实体法基础:证明责任理论》,载张卫平主编:《民事程序法研究》(第 4 辑),厦门大学出版社 2008 年版,第 42 页。

〔3〕 李浩教授认为,通行于德、日等国的“当事人对有利于自己的法律要件事实负证明责任”的原则同样为我国法院采用,在我国审判实务中,法官们能够自觉地通过对实体法的分析,抽象出相关的法律要件,按照这一原则在当事人之间分配证明责任。参见李浩:《民事判决中的举证责任分配——以〈公报〉案例为样本的分析》,载《清华法学》2008 年第 6 期。

〔4〕 参见[德]汉斯·普维庭:《现代证明责任问题》,吴越译,法律出版社 2000 年版,第 390 ~ 401 页。

疑问这条基本规则在世界范围内是有效的,只是基于“常识不立法”的原因而无须加以特别规定。但目前对于我国来说,明文规定证明责任分配的一般原则仍有重要的积极意义。虽然规范说在我国学界基本形成共识,但实务界对这一理论并没有清醒的认识。正是基于证明责任不同性质的“双重含义”的混同,多数法官还是在“谁主张,谁举证”这一迷思概念下根据一般公正的感觉进行证明责任的分配。因此,将规范说的主要内容作为具有正式效力的规范加以规定,有利于司法实践中民事诉讼证明责任的精确化分配,并将带动对这一理论的继续深入研究。

如上所述,我国此前一直将主观举证责任的表述(原《民事证据规定》第2条或《民诉法解释》第90条)当成证明责任分配的表述,这是对证明责任分配规则的粗浅理解。当然这也部分是因为学界希望通过对某些词语的限制解释以迂回的策略引入规范说的要旨。[1] 本次《民诉法解释》第90条在承袭原有规定之外,在吸收我国学界对于证明责任理论研究成果的基础上,另立一条(第91条)进一步明确肯定罗森贝克的规范说,是首次对证明责任分配一般原则的完整表述。[2] 从“谁主张,谁举证”,到原《民事证据规定》第2条,再到本条规定,我国对于证明责任分配的理论表述逐渐明晰,反映了我国对于证明责任及其分配理论的认识深化。[3]

虽然是同一司法解释中前后相连的两个条文,但第90条与第91条内涵却有着本质区别:如前所述,第90条从此前的“谁主张,谁举

---

〔1〕 代表性观点参见陈刚:《抗辩与否认在证明责任法学领域中的意义》,载《政法论坛》2001年第3期。

〔2〕 《民诉法解释》第91条规定:“人民法院应当依照下列原则确定举证证明责任的承担,但法律另有规定的除外:(一)主张法律关系存在的当事人,应当对产生该法律关系的基本事实承担举证证明责任;(二)主张法律关系变更、消灭或者权利受到妨害的当事人,应当对该法律关系变更、消灭或者权利受到妨害的基本事实承担举证证明责任。”

〔3〕 有学者认为该条规范与罗氏理论的区别在于我国司法解释是从“法律关系”入手,罗氏是从“权利”入手。参见袁中华:《证明责任分配的一般原则及其适用——〈民事诉讼法〉司法解释第91条之述评》,载《法律适用》2015年第8期。

证”而来，与所谓的主观证明责任逻辑一脉相承；而第 91 条明显意在宣示客观证明分配的明确规则。虽然从字面上看，仍可以说证明责任的分配是根据基本事实分类，但要注意的是，这种分类与作为大陆法系国家近代早期证明责任理论中的“待证事实分类说”有根本的区别。“待证事实分类说”主张根据诉讼中需要证明的生活事实的性质与特征加以分类并据此分配证明责任，而该条中的“基本事实”（与“次要事实”或“辅助事实”相对）的区分并非根据争点事实在诉讼证明过程中作为裁判根据的重要性而言的，而是根据案件所系的实体法规范而言的。这里的基本事实与要件事实同义，[1]要件事实是经实体法律规范的法律概念。这种分类在实体法中采取的是层次化的分级规定，也即普氏笔下的要件事实分级。罗氏的“规范分类”与普氏的“要件分级”其实并非不同的证明责任分配方法，而是对同一方法的不同解释。在我国实体法体系化尚未完成时，按照普氏的修正规范说所主张的对法律规范进行体系解释确实更有利于识别证明责任分配的根据，而在我国以民法典编纂为标志的实体法体系化完成之后，按罗氏规范说分配证明责任将使法律适用更为统一。

在当今我国引入证明责任分配的“规范说”理论还将带动民事案件裁判方法转型。笔者认为这种转换首先体现为从“依主张分配”到“依法分配”。如果单从《民诉法解释》第 91 条的字面来看，仍是依主张分配证明责任，但与此前规范不同的是，此处的“主张”不再是具体的系争事实主张，而是法律规范的要件事实主张。这意味着当事人在诉讼中提出的主张与抗辩均需依照实体法秩序进行，证明责任决定了当事人在具体诉讼中的主张责任。因此，虽然从实际过程来看，似乎是先有当事人的诉讼主张，然后根据当事人的主张产生对要件事实的证明责任，但归根结底，是本案诉讼标的涉及的法律规范决定

---

〔1〕 参见最高人民法院修改后民事诉讼法贯彻实施工作领导小组编著：《最高人民法院民事诉讼法司法解释理解与适用》（上），人民法院出版社 2015 年版，第 317 页。

了证明责任的分配。显然,当事人的主张如不被实体法律规范所支持,就根本不成其为证明责任分配的对象。

树立依“规范说”分配证明责任的做法将进一步潜移默化地带动我国民事诉讼从之前的“事实出发型”向“规范出发型”转换,[1]从而使一系列的制度能更加协调地发展。此前流行的做法是根据双方的事实主张形成争点,在证据不足以作出判断时根据主张方的不同分配举证责任。相应地,此种分配会较为关注举证行为的程序因素,如证据所持、举证能力、待证事实发生的抽象盖然性或具体盖然性等。此种裁判方法遵循从事实到法律、从具体到抽象的路径;大陆法系的证明责任理论之所以被称为“民事诉讼的脊梁”,是因为证明责任能够内在规制当事人的主张责任与证明活动,能够充当诉讼促进的内在动力机制。此种裁判的路径是从法律到事实、从抽象到具体。诉讼证明行为就是使当事人围绕规范对法官进行说服论证的作业,而证据只是当事人在进行辩论与说服时所运用的材料。至于证据材料的提供责任,在原辩论主义下是当事人各自承担,在当代修正辩论主义下更倾向于要求双方协力提供,以致力于尽可能解明案件事实真相。如此一来,抽象证明责任分配与案件事实及特定证据上的具体举证责任承担也就可能被割断了必然联系。

三、分道扬镳:“举证责任倒置”的意义嬗变

既然我国明确确立了依罗森贝克的“规范说”分配证明责任,依据体系解释,也就意味着此前原《民事证据规定》确立的证明责任分

---

〔1〕“事实出发型”与“规范出发型”诉讼是日本中村民事诉讼理论对两种不同诉讼模式与理念的划分,诉讼模式不同,导致一系列的具体制度安排也截然不同。大陆法系属规范出发型诉讼,应以此种理念作为现行制度解释、运作的指导理念。参见陈刚:《日本中村民事诉讼理论之研究——以民事诉讼制度目的论为主线》,载《西南政法大学学报》2000年第2期。

配的“原则规定—例外列举—特殊情形”的规范配置格局被打破。因此,原《民事证据规定》第4条关于特殊侵权案件的举证责任分配(一般也被称为“举证责任倒置”)的规定因被刷新而归于无效。特殊侵权案件的证明责任分配不再在司法解释中规定的原因在于证明责任分配在本质上属实体法,尤其是我国2010年施行的《侵权责任法》已对各种侵权案件类型作出了集中规定,因此相关案件的证明责任分配也就有了明确规范依据,并且其中多个条文修正了原《民事证据规定》中的不合理分配。[1] 实体法既已作出明确规范,诉讼法及其司法解释已无重申此类规范的必要。更重要的是,特殊侵权诉讼中的证明责任分配并非违背证明责任分配原则的例外,而是证明责任分配一般原则在特殊侵权类型中的表现。[2] 依据规范说,证明责任的分配具有法定性,原则上不能由法官来斟酌,因此不存在方法论意义上的倒置或例外情形。法官在证明责任分配问题上只是适用法律,只是通过对实体法规范的分析发现法律隐含的证明责任分配规则,而非创造证明责任分配规则。[3]

从历史上来看,在大陆法系国家,举证责任倒置是社会发展导致新的法律关系冲击传统法律秩序的突破口,往往也是新的归责原则与新的权利类型的生长点。在形成新的法律关系类型之前,通过程序上的证明责任分配的逆转(“倒置”)修正按一般规则形成的证明责任分配,这种类型化的修正对以后的同类案件具有类似判例效力。但在成文法国家,证明责任分配上的这种停留在判例阶段的效力往往比较短暂,最后终将通过立法修改来固定。一旦实体法作出特别

---

〔1〕 分别见《专利法》等61条、《产品质量法》第41条、《侵权责任法》第12、54、66、73、78、85条。相关实体法规范既有要件事实的重新规定,如动物致害案件中加害人的减免责事由由“过错”调整为“重大过错”等;也有证明责任分配的重新调整,如医疗侵权案件过错与因果关系并未作出特别规定,因此应当按照一般侵权应由受害人承担证明责任。

〔2〕 参见胡学军:《证明责任倒置理论批判》,载《法制与社会发展》2013年第1期。

〔3〕 参见最高人民法院修改后民事诉讼法贯彻实施工作领导小组编著:《最高人民法院民事诉讼法司法解释理解与适用》(上),人民法院出版社2015年版,第317页。

规定,此类案件的证明责任分配就又将回归到以实体法规范作为根据,从方法上看,也即重新落入“规范说”的领域。从德国证明责任理论的发展历史来看,“证明责任倒置”是相对于证明责任分配的一般原则而言的,如侵权行为的构成要件的证明按照证明责任分配的一般原则应当由受害人负担,而如果特定侵权行为的某一构成要件的证明,因特殊情况而需转由可能的加害人承担,此即所谓“证明责任倒置”。从侵权责任法上来看,一般涉及所谓倒置的要件多为“过错”与“因果关系”。

我国所谓“举证责任倒置”的案件类型,集中在原《民事证据规定》第4条所特别列举的8类侵权诉讼。从这些规定所涉及的各特定要件事实来看,又可分为两大类:一类是作为“无过错责任”类型案件专属的“免责事由”;另一类是作为一般侵权行为构成要件中的某个特定要件。这8类案件的证明责任分配在实际结果上确实与一般侵权案件有区别。因为首先,一般侵权案件中不存在“免责事由”;其次,一般侵权行为的4个构成要件全部应由受害人承担,缺一不可。而在这8类案件中,则是由可能的加害人承担上述要件事实的证明责任。因此所谓的“举证责任倒置”就是从证明责任分配的结果来说的,也即特殊侵权诉讼中证明责任分配的结果与一般侵权诉讼的区别。从分配规则来看,如果承认依“规范说”分配证明责任就是证明责任分配的一般原则,那么这8类侵权诉讼的证明责任分配其实是完全遵循证明责任分配的一般原则的。很明显,第一,“免责事由”的规定从权利效果上看应当属于“权利消灭规范”,只可能由加害人加以主张,也应由其负证明责任,这完全遵循“规范说”的基本规则;第二,作为侵权行为构成要件的某个特定要件不由受害人承担而由可能加害人承担,这从表面上看起来确实好像是“倒置”了,但如果从“规范说”来看,是否“倒置”应取决于实体法规范对此特定要件的规定,即看其到底是作为权利发生规范加以规定还是作为权利妨碍规范加以规定的。从构成要件与法律效果相联系的文字表述来看,确实,“一个法规范既能表达为权利形成规范(T→R),也能表达为权利妨碍规范(非 T→非 R),这两种规范表达形式之间似乎无法进行实质区分。”[1]但立法选择作正面还是反面表述并非是随机而定的,而是隐含着立法者对要件的分层设置与倾向性价值选择,在证明责任分配问题上恰恰就需要发掘并体现这种意义。从我国相关实体法规范来看,原《民事证据规定》第 4 条所列举的特殊侵权类型大多都有实体法加以特殊规定,共同危险行为及医疗侵权行为似乎属于仅有的两种例外。应当承认,在我国实体法没有对共同危险行为加以规定的时候,原《民事证据规定》的相关条文确实具有漏洞补充的作用,并且通过证明责任的特别分配规则确立了实体秩序,而医疗侵权的规定则是根据司法实践经验总结,实现了证明责任的倒置。但随着《侵权责任法》的颁布施行,原《民事证据规定》中关于共同危险行为与医疗侵权的规定也完成了其短暂的使命(如上所述,医疗侵权是唯一真正从分配方法上的“倒置”,但后来颁行的《侵权责任法》对医疗侵权的过错与因果关系要件并未作出特别规定,因此按照“规范说”确立的证明责任分配一般规则,应由患者承担,原《民事证据规定》的该条内容如从证明责任分配角度来理解理当失效)。

当然,我们可以说约定俗成的所谓“举证责任倒置”是证明责任分配的一种特殊情形。但应当注意的是,在实体法上有了特殊侵权与一般侵权在构成要件方面的差异化规范之后,举证责任倒置就只是实体法上的“特殊”,而不能归之为程序意义上的“例外”了,即其不是或不再是证明责任分配在方法论或分配标准上的区别,只是对分配结果的事实性描述。这种规范的特殊之处完全可以由实体法加以解决,无须在证明责任分配规则上作出特殊安排。即使在民事诉讼法中加以重申,也不过是一种所谓“无害条款”,并无多大的实际意义。如果考虑到特殊类型法律关系中证明责任的分配与按规范说对

---

〔1〕[德]齐佩利乌斯:《法学方法论》,金振豹译,法律出版社 2009 年版,第 139 页。

一般侵权诉讼在证明责任分配结果上的不同，当然也不妨在证明责任分配规范表述中（正如《民诉法解释》第 91 条的实际规定）增加一句："但法律另有规定的除外。"

虽然从证明责任分配的理论上说，"倒置"的提法可能根本上就是一个伪命题，但这一约定俗成的用语在我国司法实践中似乎暂时还难以完全抛弃。原因就在于"倒置"或"转换"这一词语在我国司法实践中还存在另一种意义指涉，即将具体举证责任误当成证明责任的错位理解，用于描述诉讼进程中具体举证责任承担的情形。不同于证明责任分配的法定性规则的是，具体举证责任因其情境依赖性并不存在统一的分配法则，因此当然是可变的。在历史早期的事实出发型诉讼中，提出争议事实的一方当事人总是需要首先提出支持其主张的初步证据，即所谓"谁主张，谁举证"。具体举证责任意义上的"倒置"即是指有别于这一证明活动的"自然规则"的情形。

一般情况下，抽象证明责任的分配使得负证明责任方当事人首先从事实毫无证据的空白状态下（或者法官心证处为绝对中间状态）开始举证证明，但如果在案件事实与可能证据的掌握上存在"信息不对称"的典型情形，即需要由掌握信息优势的一方对该事实的阐明负担更多具体举证责任。当然，例外情况下，提出主张方在证据偏在时可以只提出或多或少整体上的主张，并因此迫使对方当事人因其更接近案情提出证实性的争辩，这就是作为缓解一方当事人证明困难的摸索证明。[1] 对于过错及因果关系等难以用证据直接证明的要件事实，以及依据典型行为模式无须具体证明的事实，可借助于生活中反复出现的典型现象归纳出的经验基本原则而进行的简捷说服被称为表见证明。[2] 这些所谓摸索证明、表见证明情形也都可归为"谁主

---

〔1〕 参见［德］奥特马·尧厄尼希：《民事诉讼法》（第 27 版），周翠译，法律出版社 2003 年版，第 277 页。

〔2〕 ［德］汉斯－约阿希姆·穆泽拉克：《德国民事诉讼法基础教程》，周翠译，中国政法大学出版社 2005 年版，第 272 页。

张,谁举证”的例外情形。“举证责任转换”及作为其转换结果的“举证责任倒置”有时就是从这一角度用作对诉讼证明互动活动的描述。典型的如医疗侵权诉讼案件,由于医患双方在相关知识及证据的掌握方面存在巨大反差,负担证明责任的患者一方往往无从对医疗侵权诉讼中的过错与因果关系事实进行举证证明,而只能倒置举证这一行为责任。如果不从具体举证责任角度来理解,几乎就无法解释在证明责任规范两次180度大转弯的情况下,何以在实际司法过程中此类案件的实际处理并无本质变化。也只有从具体举证责任的意义上理解,才可以说原《民事证据规定》第4条与《民诉法解释》的证明责任分配规范并不相冲突而仍可继续适用。当然,如果作为一个对具体举证责任承担的描述性概念,也就根本没有必要由规范性文件加以规定。

综上所述,“举证责任倒置”一词的一种含义是指特定法律要件事实的特别规定导致的有别于一般案件的证明责任分配结果;另一种情形是指导致具体举证责任承担有别于通常情形的特定情势。这两种“倒置”情形可能存在重合,但仍是可以区分的并具有不同意义的。如在方法发明专利侵权案件中,由于被控侵权人对其生产场所的控制使这一领域成为典型的“危险领域”,导致专利权人对制造同样产品的可能侵权人所使用的方法就比较难以取证。因此,方法发明专利侵权案件皆由被控侵权人首先负担具体举证责任,即开示其产品生产方法有关的信息与证据。在“新产品”方法发明专利侵权案件中,同时也存在对这一“侵权行为”要件的特定规定,即由可能的侵权人负担摆脱侵权嫌疑的证明责任,否则,其制造同样产品的方法可能被判侵权。〔1〕但在“已知产品”的方法发明专利侵权案件中,由于不存在实体法上的特别规定,因此在“侵权行为”事实真伪不明时,法

〔1〕《专利法》第61条规定,专利侵权纠纷涉及新产品制造方法的发明专利的,制造同样产品的单位或者个人应当提供其产品制造方法不同于专利方法的证明。

官的裁判将不支持原告提出的侵权主张。因为在具体举证责任的承担上，两种情形中的原告同样都面临着难以取证的情况。[1] 故证明责任分配结果上的这种差异就只能从实体法旨在更加严格保护“新产品”方法发明专利，以鼓励创新的目的与宗旨上来理解。同样的情形还有涉及教育机构的责任中，对于涉及无民事行为能力人与限制民事行为能力人的不同情形也有不同的规定。[2] 证明责任分配结果的差异只能从实体法的价值取向选择上加以考虑，相关立法解释在这方面往往会作出清晰的阐述。

总之，在“规范说”理论下，应当根本否定客观证明责任分配方法意义上的“倒置”。特定类型案件的证明责任分配与证明责任分配的基本原则并不矛盾，其特殊性只能从法律要件的特别规定角度来理解，即虽然存在证明责任分配的特殊“规范”，但不存在证明责任分配的特别规则。应当承认不同类型案件存在不同的分配结果，但并不能承认证明责任分配的特殊或例外方法。这种特定分配结果的原因就在于实体法规范的特别规定，尤其是实质法律推定，典型的就是侵权行为中的过错推定或因果关系推定。在将“规范说”作为统一的证明责任分配原则之后，我国司法实践中所谓“举证责任倒置”所描述的其实就只是具体举证责任承担的特定情形。

四、时移势迁：证明责任司法裁量的存废之争

从前述分配理论的理想类型划分来看，形式统一学说与实质裁量学说分处对立的两极。罗氏的规范说作为形式统一学说的典型代表，是绝对排斥法官对证明责任分配的自由裁量的。我国此前教科

---

〔1〕 参见张丽霞：《方法发明专利侵权诉讼举证责任分配探析》，载《知识产权》2014年第1期。

〔2〕 原《侵权责任法》第38、39条。

书上的主流理论一方面普遍主张采纳规范说作为我国正统分配学说，另一方面又或明或暗地对法官裁量分配证明责任的理论予以热情拥抱，这种理论“混搭”也给司法实务操作提供了模糊的空间并造成了一定的混乱。我国原《民事证据规定》第 7 条对于法律及司法解释无明文规范情形下如何分配举证责任的问题，赋予了法院自由裁量的权力，也即通常所谓“法官分配举证责任”情形。[1] 但对此种特殊情形究竟应作何解释则往往语焉不详。

笔者认为此前我国理论与实践中“举证责任的司法裁量”指涉的其实也可分为两类迥异情形：一是针对某种当时法无明文规定的案件类型，因规范说在此情况下无从适用，故只能由法官斟酌分配客观证明责任，典型的如“高空抛物”导致的侵权损害责任案件；二是针对特定案件诉讼中当事人的证明困境，由法官决定哪方当事人应继续提供证据或负担败诉的结果。笔者对后一类“法官分配举证责任”的情形此前也曾作过专门考察。[2] 经过考察发现司法实践中此类情形的案件性质往往并不特殊，甚至也并非针对“过错”或“因果关系”之类特殊要件事实（所谓“举证责任倒置”的案件类型中倒置的要件），而多为一般侵权行为中的通常要件事实（如侵权行为事实或损害后果事实）。只不过由于案件的特定情境造成了受害人对此事实的举证与证明发生困难，案件事实认定因此陷入窘境。如前所述，这类情形中法官分配的其实根本不是客观证明责任，而是具体举证责任。

罗森贝克也早就注意到人们容易混淆抽象的证明责任与特定的证明评价这两个王国的界限，并提醒人们：“无论如何，证明责任的功

---

〔1〕 原《民事证据规定》第 7 条规定，在法律没有具体规定，依本规定及其他司法解释无法确定举证责任承担时，人民法院可以根据公平原则和诚实信用原则，综合当事人举证能力等因素确定举证责任的承担。

〔2〕 参见胡学军：《法官分配证明责任——一个法学迷思概念的分析》，载《清华法学》2010 年第 4 期。

能永远不可能是去帮助法官形成某个生活事实的心证。"[1]在案件事实陷入证明窘境时不可能期待证明责任作为澄清事实的利器，其不过是提供了如何适用法律的裁判方法。证明责任作为"民事诉讼脊梁"的功能在于其对所有案件都有裁判方法论意义，并且重在对诉讼的前置作用。在实际诉讼进程中事实认定陷入窘境时，与其说是通过法官分配证明责任解决困境，毋宁说是法官直接决定事实认定不利结果的承担。根据程序中的多种因素（如特定事物的盖然性、经验法则、当事人态度、证据所持、举证能力，等等）决定这种多样化不利结果的归属，正是具体举证责任的功能。因此，作为化解诉讼进程中证明困境的"法官分配举证责任"其实就是法官裁量决定具体举证责任由哪方当事人承担。此种情形下所谓"证明责任分配的司法裁量"因此是一个伪命题。

但笔者认为理论上还是应当承认存在另一种与规范说并行不悖的证明责任司法裁量的方法。规范说能够成为证明责任分配理论的前提是作为分配根据的实体"规范"的存在。罗氏理论之所以否定法官分配证明责任，是基于当时普遍信奉的实体法"完美无缺"的观念。但"完美无缺"的实体法其实从来都只是一种幻象。依规范说的核心思想，证明责任的一般分配取决于法律规范，因此证明责任的例外也只能是法律规范未及，即法律漏洞的存在，在法律漏洞存在时必须进行法律续造。法律续造也就是法官裁量分配证明责任的情形。法律续造的存在在理论上无须论证，但这种情形在实践中无疑是非常少见的。我国正处于社会经济快速发展的现代转型时期，因此，不能为既有法律规范涵盖的新型法律关系或所谓"新兴权利"的不时出现是可以预期的，[2]但也应注意到，另一方面，有几种因素可能中和"证明责任司法裁量"出场的概率。

---

〔1〕［德］汉斯·普维庭：《现代证明责任问题》，吴越译，法律出版社2000年版，第90页。

〔2〕参见姚建宗：《新兴权利论纲》，载《法制与社会发展》2010年第2期。

一是作为我国立法总体特征的“粗疏”，使法律常借助一般性条款以涵盖比较宽泛的生活范围，因此往往借助于法律解释即可解决规范缺失问题；二是我国法制发展的后发优势，在立法时往往以西方发达国家法律为蓝本，因此不但常常能够一定程度上避免立法的滞后性，相反却使法律具有一定的超前性。这种特定的法制环境决定了在我国法律续造必然是非常特殊与极为少见的情形。身处其中，我们很难预测将会出现哪类新型案件（如果能够预测，则可能已经立法），只有真正面对法无明文规定的疑难案件，才能切实感觉法律漏洞的存在，从而去发现与论证合理的证明责任分配方案。原《侵权责任法》颁行之前，仅有高空抛物致害与共同危险行为致损可以说是此种法律续造的例子，而这些少量漏洞最终及时由新修订的法律规范加以固定。尚需注意的是，并非任何新型案件就一定导致需要证明责任分配的裁量，新型案件如果只是对要件事实的重新界定，那么证明责任分配就仍可以类比传统案件的一般规定，仅通过要件事实的替换来更新处理，而无须导致分配方向的倒转。只有在新型案件可能需要导致归责原则出现新的变化，实质上也即法律所反映其背后的特定社会价值取向选择的逆转时，才可能发生证明责任分配的倒置。

“规范说”的核心要义即证明责任的分配应遵循实体法规范，也即尊重立法者当时的价值选择。规范说的这种保守性利于维护法的价值共识，保守性也是法律制度的必然归途。[1] 但实体法及其价值取向毕竟不可能万世不易，罗氏的再传弟子普氏为反击对规范说的众多批判而提出修正规范说，虽然坚持罗氏从实体规范分配证明责任的核心思想，但也提出证明责任分配时不应拘泥于法律规范的文义，而应允许对实体法作目的性解释。在修正规范说下，仍坚持排斥法官司法过程中的证明责任分配裁量权。但毕竟法律解释也有其限

---

〔1〕 参见郭忠：《论法的保守性》，载《法制与社会发展》2004 年第 4 期。

度,在社会的发展导致仅凭一般法律解释仍不足以使法律涵摄现实生活时,就需要广义的法律解释——规范漏洞填补,并且这种发展可说仍是在规范说的延长线上——证明责任分配由实体规范决定,因此也应当并且只能由实体法修改所改变。实体法的改变既包括立法程序上的法律修订也包括法官法上的"法律续造"。不同的修改方法也受到相应的程序控制。最严格的程序控制当然是立法机关的法律修改,法律续造一般也应当通过最高司法机关的终审裁决,而不是由个案法官在个案中自由裁量。个案具体情境中,法官可通过司法裁量决定的只能是具体举证责任。

此前理论支持证明责任司法裁量的实质理由就是证明责任分配的一般原则无法解决特殊情形下具体个案情形中的公平问题,或者说如果严格遵循规范说所确立的形式标准,而忽略具体情形下的公平、特定事实发生的盖然性、当事人态度及举证能力的差异,则可能导致个案裁判结果有失公正。[1] 这显然也是源于对证明责任与具体举证责任内涵的混同所导致的误解。证明责任的实质即法律适用,法律上的公正关注的只能是一般情形,对具体情境下的处理是视而不见的。但达致司法裁判并非仅有证明责任这一种方法与工具,对诉讼证明行为调整的主要是具体举证责任。这一概念本来就是基于对举证证明行为调整的需要而提出,具体举证责任的承担本来就应考虑程序进行中的多种情境性因素。由当事人双方交替举证证明,并由法官在此基础上作出事实认定是公正裁判的基础,事实最终真伪不明时才需要根据证明责任分配适用法律作出裁判。证明责任法定的、始终如一的分配正是对实体法价值选择的司法确认,并能够借此保证法律适用的统一。

虽然新司法解释未再对法官分配证明责任作出授权性的规定,

---

〔1〕 参见李国光主编:《最高人民法院〈关于民事诉讼证据的若干规定〉的理解和适用》,中国法制出版社2002年版,第114页。

但基于法官不得拒绝裁判的原则,法律漏洞情形下的证明责任自然仍应由法官裁量分配。法官在裁量此类案件时也是应当“想立法者之所想,做立法者所欲作”。在面对某类新型案件时,立法的逻辑是假想此类案件在事实真伪不明情形下如何作价值权衡,故法官在面对此类有关新兴权利的新型案件时也应当是抽象地考虑双方当事人各自所代表的利益群体,从而决定哪方所代表的利益更值得法律予以保护。可以说,此时考量的标准是抽象的“分配正义”,而不是个案中具体的“矫正正义”。此前原《民事证据规定》第 7 条所述的法官分配举证责任依据的“公平、诚实信用与举证能力”往往是从个案具体情形加以考虑,将证明责任在个案中的裁量分配作为解决证明困境的途径。

规范说下证明责任分配的非此即彼根本排斥了法官的司法裁量,但在实体法上出现规整漏洞时法官不得不进行漏洞填补性质的法律续造,并因此也通过司法裁量创设证明责任分配规范。在具体证明过程中,具体举证责任的承担由于情境依赖从某种意义上来说则正是法官裁量权作用的领域。由于具体举证责任负担导致的多样化效果,与其说是法官决定具体情境下当事人具体举证责任的负担归属,不如说是法官对这种责任的多样化效果的裁量适用。两种意义上的法官裁量权针对的情形根本不同,但均无须法律作出对于法官的授权性规定。总之,法官裁量决定具体情境下当事人具体举证责任的承担本就是作为事实裁判权的内容,在常规案件中,以“法官分配举证责任”为名进行证明责任分配司法裁量的做法应当彻底抛弃;真正需要进行证明责任司法裁量的情形是实体规范出现漏洞的极端新型案件,且需在程序上予以严格规制。

五、本章小结

随着对证明责任研究与实践的深化,我们应当从具体举证责任与抽象证明责任分立的理论视角出发理解与运用我国证明责任及其分配的司法解释,以形成对诉讼证明的双重调控机制。近期张卫平教授也呼吁对《民事诉解释》的理解与运用宜区分举证责任与证明责任的概念用语。[1] 从具体举证责任承担的角度上看,诉讼证明过程直观地反映了当事人双方举证证明的交互对抗,即从诉讼中争议的具体生活事实出发,一般情形下"谁主张,谁举证",但在具体证明情境下也可能因"法官分配举证责任"而形成"举证责任转换"与"举证责任倒置"。这些表述很大程度上源于我国向来侧重于主观行为含义的证明责任理论,更为符合概念分立语境下对具体举证责任运行的描述;在抽象证明责任分配层面,则应依照"规范说",从案件拟适用的实体法规范出发,依"要件事实的一般规定"、"法律要件的特别规定"及在法律空白处的"法律续造"形成证明责任分配不同层面的规范根据。证明责任分配的理论更新就是应当将此前证明责任围绕证据的、以争点事实为对象的"依主张分配"转换为围绕法律观点、以要件事实为核心的"依法分配"。

---

〔1〕 参见张卫平:《为新民事诉讼法司法解释点赞》,载《民事程序法研究》(第13辑),厦门大学出版社2015年版,第5页。

索 引

参考文献

一、中文书籍

1. [比]马克·范·胡克:《比较法的认识论与方法论》,魏磊杰、朱志昊译,法律出版社2012年版。

2. [德]奥特马·尧厄尼希:《民事诉讼法》(第27版),周翠译,法律出版社2003年版。

3. [德]汉斯·普维庭:《现代证明责任问题》,吴越译,法律出版社2006年版。

4. [德]汉斯-约阿希姆·穆泽拉克:《德国民事诉讼法基础教程》(第27版),周翠译,中国政法大学出版社2005年版。

5. [德]卡尔·恩吉施:《法律思维导论》,郑永流译,法律出版社2004年版。

6. [德]卡尔·拉伦茨:《法学方法论》,陈爱娥译,商务印书馆2005年版。

7. [德]克雷斯蒂安·冯·巴尔:《欧洲比较侵权行为法》(下卷),焦美华译,法律出版社 2001 年版。

8. [德]莱奥·罗森贝克:《证明责任论》(第 5 版),庄敬华译,中国法制出版社 2018 年版。

9. [德]罗伯特·阿列克西:《法律论证理论——作为法律证立理论的理性论辩理论》,舒国滢译,中国法制出版社 2002 年版。

10. [德]罗森贝克、施瓦布、戈特瓦尔德:《德国民事诉讼法》,李大雪译,中国法制出版社 2007 年版。

11. [德]米夏埃尔·施蒂尔纳:《德国民事诉讼法学文萃》,赵秀举译,中国政法大学出版社 2005 年版。

12. [德]尼克拉斯·卢曼:《风险社会学》,孙一洲译,广西人民出版社 2020 年版。

13. [德]齐佩利乌斯:《法学方法论》,金振豹译,法律出版社 2009 年版。

14. [德]乌尔里希·贝克:《风险社会:新的现代性之路》,张文杰、何博闻译,译林出版社 2018 年版。

15. [法]孟德斯鸠:《论法的精神》,张雁深译,商务印书馆 1976 年版。

16. [荷]阿尔诺·R. 洛德:《对话法律——法律证成和论证的对话模型》,魏斌译,中国政法大学出版社 2016 年版。

17. [荷]伊芙琳·T. 菲特丽丝:《法律论证原理——司法裁决之证立理论概览》,张其山译,商务印书馆 2005 年版。

18. [美]P. S. 阿蒂亚、R. S. 萨默斯:《英美法中的形式与实质——法律推理、法律理论和法律制度的比较研究》,金敏等译,中国政法大学出版社 2005 年版。

19. [美]伯尔曼:《法律与宗教》,梁治平译,中国政法大学出版社 2003 年版。

20. [美]理查德·A. 波斯纳:《证据法的经济分析》,徐昕、徐昀译,中国法制出版社 2001 年版。

21. [美]米尔健·R. 达马斯卡:《比较法视野中的证据制度》,吴宏耀、魏晓娜等译,中国公安大学出版社 2006 年版。

22. [美]史书美:《现代的诱惑——书写半殖民地中国的现代主义(1917—1937)》,何恬译,江苏人民出版社 2007 年版。

23. [美]约翰·罗尔斯:《正义论》,何怀宏、何包钢、廖申白译,中国社会科学出版社 2009 年版。

24. [日]村上博已:《民事裁判中的证明责任》,判例时代社昭和 55 年。

25. [日]高桥宏志:《民事诉讼法:制度与理论的深层分析》,林剑锋译,法律出版社 2003 年版。

26. [日]兼子一、竹下守夫:《民事诉讼法》,白绿铉译,法律出版社 1995 年版。

27. [日]棚濑孝雄:《纠纷的解决与审判制度》,王亚新译,中国政法大学出版社 2004 年版。

28. [日]松冈义正:《民事证据论》,张知本译,中国政法大学出版社 2004 年版。

29. [日]小林正弘:《民事裁判理论的改进与要件事实论》,载张卫平、齐树洁主编:《司法改革论评》(第 15 辑),厦门大学出版社 2012 年版。

30. [日]新堂幸司:《新民事诉讼法》,林剑锋译,法律出版社 2008 年版。

31. [日]伊藤真:《民事诉讼法》(第 4 版修补版),曹云吉译,北京大学出版社 2019 年版。

32. [日]伊藤滋夫:《日本要件事实的思考方法》,载崔建远主编:《民法九人行》(第 8 卷),法律出版社 2016 年版。

33. [日]中野贞一郎:《过失的推认》(增补版),弘文堂 1987 年版。

34. [英]安东尼·吉登斯:《现代性与自我认同——现代晚期的自

我与社会》,赵旭东、方文译,生活·读书·新知三联书店 1998 年版。

35. [英]安东尼·吉登斯:《失控的世界——全球化如何重塑我们的生活》,周红云译,江西人民出版社 2001 年版。

36. [英]巴鲁克·费斯科霍夫等:《人类可接受风险》,王红漫译,北京大学出版社 2009 年版。

37. [英]丹宁勋爵:《法律的训诫》,杨百揆、刘庸安、丁键译,法律出版社 2001 年版。

38. [英]哈特:《法律的概念》,张文显等译,中国大百科全书出版社 2003 年版。

39. [英]拉尔夫·达仁道夫:《现代社会冲突》,林荣远译,中国社会科学出版社 2000 年版。

40. [英]萨达卡特·卡德里:《审判为什么不公正》,杨雄译,新星出版社 2014 年版。

41.《德国民事诉讼法》,丁启明译,厦门大学出版社 2016 年版。

42.《日本民事诉讼法典》,曹云吉译,厦门大学出版社 2017 年版。

43. 毕玉谦:《民事证据法及其程序功能》,法律出版社 1997 年版。

44. 毕玉谦主编:《〈最高人民法院关于民事诉讼证据的若干规定〉解释与运用》,中国民主法制出版社 2002 年版。

45. 常怡主编:《比较民事诉讼法》,中国政法大学出版社 2002 年版。

46. 常怡主编:《民事诉讼法学》,中国政法大学出版社 2005 年版。

47. 陈刚:《证明责任法研究》,中国人民大学出版社 2000 年版。

48. 陈刚主编:《自律型社会与正义的综合体系——小岛武司先生七十华诞纪念文集》,陈刚、林剑锋、段文波等译,中国法制出版社 2006 年版。

49. 陈一云主编:《证据学》,中国人民大学出版社 1991 年版。

50. 段厚省:《证明评价影响因素分析》,法律出版社 2009 年版。

51. 葛洪义:《法律方法讲义》,人民大学出版社 2009 年版。

52. 龚赛红:《医疗损害赔偿立法研究》,法律出版社 2001 年版。

53. 何家弘、刘品新:《证据法学》(第 4 版),法律出版社 2011 年版。

54. 洪镰德:《法律社会学》,台北,扬智文化出版社 2001 年版。

55. 胡学军:《具体举证责任论》,法律出版社 2015 年版。

56. 黄国昌:《民事诉讼理论之新开展》,北京大学出版社 2008 年版。

57. 黄国昌:《民事诉讼理论之新开展》,台北,元照出版社 2005 年版。

58. 黄茂荣:《法学方法与现代民法》,中国政法大学出版社 2001 年版。

59. 霍海红:《证明责任的法理与技术》,北京大学出版社 2018 年版。

60. 季桥龙:《民事举证责任概念研究》,中国政法大学出版社 2011 年版。

61. 江伟、肖建国主编:《民事诉讼法》,中国人民大学出版社 2000 年版。

62. 江伟主编:《民事诉讼法》(第 3 版),高等教育出版社 2007 年版。

63. 江伟主编:《民事诉讼法学》,复旦大学出版社 2002 年版。

64. 姜世明:《举证责任与真实义务》,台北,新学林出版股份有限公司 2006 年版。

65. 姜世明:《新民事证据法》,台北,学林出版社 2003 年版。

66. 雷万来:《民事证据法论》,台北,瑞兴图书股份有限公司 1997 年版。

67. 李国光主编:《最高人民法院〈关于民事诉讼证据的若干规

定〉的理解与适用》,中国法制出版社 2002 年版。

68. 李浩:《民事举证责任研究》,中国政法大学出版社 1993 年版。

69. 李浩:《民事诉讼法学》(第 2 版),法律出版社 2014 年版。

70. 李浩:《民事证明责任研究》,法律出版社 2003 年版。

71. 李学灯:《证据法比较研究》,台北,五南图书出版有限公司 1992 年版。

72. 刘家兴、潘剑锋主编:《民事诉讼法学教程》(第 4 版),北京大学出版社 2013 年版。

73. 刘为:《为什么是英国?——有限政府的起源》,浙江大学出版社 2019 年版。

74. 欧洲侵权法小组编著:《欧洲侵权法原则:文本与评注》,于敏、谢鸿飞译,法律出版社 2009 年版。

75. 沈达明:《比较民事诉讼法初论》(上册),中信出版社 1991 年版。

76. 最高人民法院修改后民事诉讼法贯彻实施工作领导小组编著:《最高人民法院民事诉讼法司法解释理解与适用》,人民法院出版社 2015 年版。

77. 沈冠伶:《证明妨碍法理在医疗民事责任诉讼之适用》,载《台大法学论丛》2009 年第 1 期。

78. 舒国滢等:《法学方法论问题研究》,中国政法大学出版社 2007 年版。

79. 宋朝武主编:《民事诉讼法学》(第 4 版),中国政法大学出版社 2015 年版。

80. 宋文质、孙东东主编:《卫生法学》,北京大学医学出版社 2002 年版。

81. 苏力:《大国宪制——历史中国的制度构成》,北京大学出版社 2018 年版。

82. 谭兵、李浩:《民事诉讼法学》(第 2 版),法律出版社 2013 年版。

83. 王利明:《法学方法论》,中国人民大学出版社 2012 年版。

84. 王利明:《民法总则研究》(第 2 版),中国人民大学出版社 2012 年版。

85. 王亚新:《对抗与判定:日本民事诉讼的基本结构》,清华大学出版社 2002 年版。

86. 王泽鉴:《法律思维与民法实例:请求权基础理论体系》,中国政法大学出版社 2001 年版。

87. 王泽鉴:《民法思维:请求权基础理论体系》,北京大学出版社 2009 年版。

88. 王泽鉴:《侵权行为法》(第 2 册),台北,三民书局 2006 年版。

89. 王泽鉴:《侵权责任法》(第 1 册),中国政法大学出版社 2001 年版。

90. 吴香香:《民法典请求权基础检索手册》,中国法制出版社 2021 年版。

91. 肖建国、包建华:《证明责任:事实判断的辅助方法》,北京大学出版社 2012 年版。

92. 许可:《民事审判方法:要件事实引论》,法律出版社 2009 年版。

93. 许可:《侵权责任法要件事实分析》,人民法院出版社 2018 年版。

94. 许士宦:《新民事诉讼法》,北京大学出版社 2013 年版。

95. 许士宦:《证据搜集与纷争解决》,台北,新学林出版股份有限公司 2005 年版。

96. 杨仁寿:《法学方法论》,中国政法大学出版社 1999 年版。

97. 杨中洁:《民事诉讼实务 思维·策略·技巧》,法律出版社 2020 年版。

98. 叶自强:《举证责任》,法律出版社 2011 年版。

99. 叶自强:《举证责任及其分配标准》,法律出版社 2005 年版。

100. 叶自强:《民事诉讼制度的变革》,法律出版社 2001 年版。

101. 叶自强:《中国民事诉讼法》,法律出版社 2004 年版。

102. 尹新天:《专利权的保护》,专利文献出版社 1998 年版。

103. 雍琦:《法律逻辑学》,法律出版社 2004 年版。

104. 于敏:《日本侵权行为法》,法律出版社 1998 年版。

105. 袁中华:《法教义学视野下的证明责任问题》,法律出版社 2021 年版。

106. 张海燕:《实体与程序双重视角下的民事推定》,法律出版社 2020 年版。

107. 张卫平:《民事诉讼:关键词展开》,中国人民大学出版社 2005 年版。

108. 张卫平:《民事诉讼法》(第 3 版),法律出版社 2013 年版。

109. 张卫平:《民事诉讼法》(第 3 版),法律出版社 2016 年版。

110. 张卫平:《诉讼构架与程式——民事诉讼的法理分析》,清华大学出版社 2000 年版。

111. 张新宝:《中国侵权行为法》,中国社会科学出版社 1995 年版。

112. 张玉敏、张今、张平:《知识产权法》,中国人民大学出版社 2009 年版。

113. 邹碧华:《要件审判九步法》,法律出版社 2010 年版。

114. 最高人民法院民事审判第一庭编著:《民事诉讼证据司法解释的理解与适用》,中国法制出版社 2002 年版。

115. 最高人民法院民事审判第一庭编著:《民事诉讼证据司法解释及相关法律规范》,人民法院出版社 2002 年版。

116. 最高人民法院民事审判第一庭编著:《最高人民法院新民事诉讼证据规定理解与适用》,人民法院出版社 2020 年版。

117. 国家知识产权局条法司:《新专利法详解》,知识产权出版社 2001 年版。

二、中文论文

1.《串井小等诉贾计生返还出借的名画案》,载最高人民法院中国应用法学研究所编:《人民法院案例选》(2000 年第 2 辑),人民法院出版社 2000 年版。

2.《水晶球案件孰是孰非》,载《北京青年报》2001 年 3 月 13 日。

3. 白迎春:《证明责任内涵的重新定位》,载《河北法学》2015 年第 6 期。

4. 包冰锋:《多元化适用:证明妨碍法律效果的选择路径》,载《现代法学》2011 年第 5 期。

5. 包冰锋:《间接反证的理论观照与适用机理》,载《政法论坛》2020 年第 4 期。

6. 毕玉谦:《关于民事证明上事实真伪不明状态的基本界定与认知》,载《证据科学》2008 年第 6 期。

7. 毕玉谦:《关于主观证明责任的界定与基本范畴研究》,载《西南政法大学学报》2008 年第 3 期。

8. 毕玉谦:《举证责任分配体系之构建》,载《法学研究》1999 年第 2 期。

9. 曹建军:《论书证提出命令的制度扩张与要件重构》,载《当代法学》2021 年第 1 期。

10. 曹志勋:《"真伪不明"在我国民事证明制度中确实存在么?》,载《法学家》2013 年第 2 期。

11. 曹志勋:《经验法则适用的两类模式——自对彭宇案判决说理的反思再出发》,载《法学家》2019 年第 5 期。

12. 曹志勋:《民事诉讼中的双重相关事实——“初步证据”向“假定为真”的转变》,载《环球法律评论》2021 年第 1 期。

13. 曹志勋:《文书真伪认定的中国路径》,载《法学研究》2019 年第 6 期。

14. 柴发邦、李浩:《两种含义举证责任之比较》,载《中国法学》1993 年第 4 期。

15. 陈刚:《抗辩与否认在证明责任法学领域中的意义》,载《政法论坛》2001 年第 3 期。

16. 陈刚:《民事实质诉讼法论》,载《法学研究》2018 年第 6 期。

17. 陈刚:《日本中村民事诉讼理论之研究——以民事诉讼制度目的论为主线》,载《西南政法大学学报》2000 年第 2 期。

18. 陈刚:《实质诉讼法的“脱私入公”过程及其复兴意义——以温德沙伊德〈当代法意识下的罗马私法之诉〉的解读为主线》,载《法律科学(西北政法大学学报)》2020 年第 1 期。

19. 陈刚:《证明责任法与实定法秩序的维护——合同法上的证明责任问题研究》,载《现代法学》2001 年第 4 期。

20. 陈刚:《证明责任概念辨析》,载《现代法学》1997 年第 2 期。

21. 陈杭平:《“事案解明义务”一般化之辩——以美国“事证开示义务”为视角》,载《现代法学》2018 年第 5 期。

22. 陈科:《经验与逻辑共存:事实认定困境中法官的裁判思维》,载《法律适用》2012 年第 2 期。

23. 陈荣宗:《举证责任之分配》,载《举证责任分配与民事程序法》,台北,三民书局 1979 年版。

24. 程春华:《举证责任分配、举证责任倒置与举证责任转移——以民事诉讼为考察范围》,载《现代法学》2008 年第 2 期。

25. 程丽庄:《要件事实论与日本法律人培养》,载《学海》2007 年第 1 期。

26. 丛玉红:《法官运用自由裁量权分配举证责任之我见——水

晶球案例分析》,载《北京市政法管理干部学院学报》2002 年第 4 期。

27. 单云涛:《举证责任的免除、举证命题的变更与举证责任的不可转移性》,载《法学研究》1991 年第 5 期。

28. 段钧:《发回重审的司法考察与立法检讨》,载《法学杂志》2004 年第 2 期。

29. 段文波:《裁判逻辑与实定法秩序之维护——要件事实论纲》,载《西南政法大学学报》2005 年第 3 期。

30. 段文波:《民事要件事实与民事证明责任分配》,载《学海》2006 年第 5 期。

31. 段文波:《民事证明责任分配规范的法教义学新释》,载《政法论坛》2020 年第 3 期。

32. 符启林、宋敏:《方法专利侵权举证责任倒置适用条件之研究——谏言〈专利法〉第 57 条第 2 款的修改》,载《电子知识产权》2008 年第 4 期。

33. 干红华、潘云鹤:《一种基于事件的因果关系的结构分析方法》,载《模式识别与人工智能》2003 年第 1 期。

34. 高敏:《美国环境侵权诉讼》,载《世界环境》2002 年第 6 期。

35. 郭忠:《论法的保守性》,载《法制与社会发展》2004 年第 4 期。

36. 韩艳:《我国民事证明责任分配规则之正本清源——以"规范说"为理论基础》,载《政法与法律》2014 年第 1 期。

37. 胡东海:《"谁主张谁举证"规则的法律适用》,载《法学》2019 年第 3 期。

38. 胡东海:《"谁主张谁举证"规则的历史变迁与现代运用》,载《法学研究》2017 年第 3 期。

39. 胡东海:《民事证明责任分配的实质性原则》,载《中国法学》2016 年第 4 期。

40. 胡学军:《表见证明理论批判》,载《法律科学(西北政法大学学报)》2014 年第 4 期。

41. 胡学军:《从“抽象证明责任”到“具体举证责任”——德、日民事证据法研究的实践转向及其对我国的启示》,载《法学家》2012 年第 2 期。

42. 胡学军:《法官分配证明责任——一个法学迷思概念的分析》,载《清华法学》2010 年第 4 期。

43. 胡学军:《论证明责任作为民事裁判的基本方法——兼就“人狗猫大战”案裁判与杨立新教授商榷》,载《政法论坛》2017 年第 3 期。

44. 胡学军:《民法典“动态系统论”对传统民事裁判方法的冲击》,载《法学》2021 年第 10 期。

45. 胡学军:《推导作为诉讼证明的逻辑》,载《法学研究》2011 年第 6 期。

46. 胡学军:《为“事实真伪不明”命题辩护》,载《法商研究》2018 年第 2 期。

47. 胡学军:《拥抱抑或拒斥:摸索证明论的中国境遇》,载《东方法学》2014 年第 5 期。

48. 胡学军:《在“生活事实”与“法律要件”之间:证明责任分配对象的误识与回归》,载《中国法学》2019 年第 2 期。

49. 胡学军:《证明责任“规范说”理论重述》,载《法学家》2017 年第 1 期。

50. 胡学军:《证明责任虚无主义及其弊害分析——对我国司法实践中证明责任运用情况的实证考察》,载《前沿》2006 年第 5 期。

51. 胡学军:《证明责任制度本质重述》,载《法学研究》2020 年第 5 期。

52. 胡学军:《证明责任转换探析》,载《法治论丛(上海政法学院学报)》2006 年第 3 期。

53. 华长江:《防御性医疗行为的分类和管理》,载《中国医院》

2005年第2期。

54. 黄宗智:《走出二元对立的语境》,载《中国改革》2005年第1期。

55. 霍海红:《民事诉讼法理论的中国表达》,载《法制与社会发展》2013年第4期。

56. 霍海红:《证明责任:一个“功能”的分析》,载《华东政法学院学报》2003年第5期。

57. 霍海红:《证明责任概念的分立论——基于中国语境的考察》,载《社会科学》2009年第6期。

58. 霍海红:《证明责任配置裁量权之反思》,载《法学研究》2010年第1期。

59. 霍海红:《主观证明责任逻辑的中国解释》,载《北大法律评论》2010年第2辑。

60. 纪格非:《〈民事诉讼证据规定〉中的推定问题》,载《证据科学》2020年第3期。

61. 纪格非:《论法律推定的界域与效力——以买受人检验通知义务为视角的研究》,载《现代法学》2020年第6期。

62. 纪格非:《我国民事诉讼中当事人真实陈述义务之重构》,载《法律科学(西北政法大学学报)》2016年第1期。

63. 姜涛:《认真对待法学通说》,载《中外法学》2011年第5期。

64. 蒋志培:《知识产权诉讼证据问题研究》,载《人民法院报》2006年7月14日,第4版。

65. 柯阳友:《证明权与当事人收集证据制度》,载《法学杂志》2007年第2期。

66. 雷磊:《法律方法、法的安定性与法治》,载《法学家》2015年第4期。

67. 李彩虹:《环境污染诉讼:原告无法完成的举证——一起村民诉化工厂污染案的田野调查》,载《法学杂志》2010年第10期。

68. 李浩:《〈民事诉讼法〉修订中的举证责任问题》,载《清华法学》2011 年第 3 期。

69. 李浩:《回归民事诉讼法——法院依职权调查取证的再改革》,载《法学家》2011 年第 3 期。

70. 李浩:《论民事诉讼当事人的申请调查取证权》,载《法学家》2010 年第 3 期。

71. 李浩:《民事行为能力的证明责任——对一个法律漏洞的分析》,载《中外法学》2008 年第 4 期。

72. 李浩:《民事判决中的举证责任分配——以〈公报〉案例为样本的分析》,载《清华法学》2008 年第 6 期。

73. 李浩:《民事诉讼当事人的自我责任》,载《法学研究》2010 年第 3 期。

74. 李浩:《民事诉讼法适用中的证明责任》,载《中国法学》2018 年第 1 期。

75. 李浩:《民事证据的若干问题——兼评最高人民法院〈关于民事诉讼证据的司法解释〉》,载《法学研究》2002 年第 3 期。

76. 李浩:《民事证明责任本质的再认识——以〈民事诉讼法〉第 112 条为分析对象》,载《法律科学(西北政法大学学报)》2018 年第 4 期。

77. 李浩:《删而未除的“管辖错误”再审——基于 2013 年以来最高人民法院裁定书的分析》,载《法学研究》2015 年第 2 期。

78. 李浩:《事实真伪不明处置办法之比较》,载《法商研究》2005 年第 3 期。

79. 李浩:《我国民事诉讼中举证责任含义新探》,载《法律科学(西北政法学院学报)》1986 年第 3 期。

80. 李浩:《证明责任的概念——实务与理论的背离》,载《当代法学》2017 年第 5 期。

81. 李浩:《证明责任与“不适用规范说”——罗森贝克的学说及

其意义》,载《现代法学》2003 年第 4 期。

82. 李雁冰、刁彭成:《科学教育中“迷思概念”初探》,载《全球教育展望》2006 年第 5 期。

83. 林琳:《透视专利权不侵权确认之诉》,载《电子知识产权》2009 年第 6 期。

84. 刘红兵、卢山:《方法专利侵权诉讼的举证责任分配》,载《知识产权》2007 年第 5 期。

85. 刘永富:《本质与现象新论》,载《河北学刊》2008 年第 6 期。

86. 刘哲玮:《论美国法上的证明责任——以诉讼程序为视角》,载《当代法学》2010 年第 3 期。

87. 卢山:《论方法专利侵权诉讼中举证责任分配》,载《电子知识产权》2005 年第 2 期。

88. 卢申玲:《对民事诉讼证明责任分配的实证分析》,载《政治与法律》2005 年第 1 期。

89. 骆永家:《证明妨碍》,载《月旦法学杂志》2001 年第 2 期。

90. 吕忠梅、张忠民、熊晓青:《中国环境司法现状调查——以千份环境裁判文书为样本》,载《法学》2011 年第 4 期。

91. 马东晓、张耀:《专利法修改若干问题之管见——关于专利法第三次修改(送审稿)的理论思考》,载《知识产权》2007 年第 4 期。

92. 欧元捷:《论“事实真伪不明”命题的抛弃》,载《政治与法律》2016 年第 11 期。

93. 潘剑锋:《民事证明责任论纲——对民事证明责任基本问题的认识》,载《政治与法律》2016 年第 11 期。

94. 任重:《改革开放 40 年:民事审判程序的变迁》,载《河北法学》2018 年第 12 期。

95. 任重:《论中国“现代”证明责任问题——兼评德国理论新进展》,载《当代法学》2017 年第 5 期。

96. 任重:《罗森贝克证明责任论的再认识——兼论〈民诉法解

释〉第90条、第91条和第108条》,载《法律适用》2017年第15期。

97. 任重:《民法典的实施与民事诉讼目的之重塑》,载《河北法学》2021年第10期。

98. 桑本谦:《疑案判决的经济原则分析》,载《中国社会科学》2008年第4期。

99. 时建中、袁晓磊:《我国反垄断民事诉讼证据开示制度的构建:理据与路径》,载《法学杂志》2021年第1期。

100. 宋春雨:《〈关于民事诉讼证据的若干规定〉的理解与适用》,载《人民司法》2002年第2期。

101. 宋敏:《方法专利侵权诉讼亟需诉前证据保全制度》,载《电子知识产权》2008年第5期。

102. 宋平:《我国医疗侵权举证责任分配之反思与重构》,载《河北法学》2010年第6期。

103. 苏力:《"海瑞定理"的经济学解读》,载《中国社会科学》2006年第6期。

104. 苏力:《纠缠于事实与法律之中》,载《法律科学(西北政法大学学报)》2000年第3期。

105. 滕耒江、俞华权:《举证责任的分配与适用》,载《山东审判》2002年第1期。

106. 田方林:《论客观性》,载《四川大学学报(哲学社会科学版)》2012年第4期。

107. 王利明:《〈民法典〉人格权编的立法亮点特色与适用》,载《法律适用》2020年第17期。

108. 王利明:《论共同危险行为中的加害人不明》,载《政治与法律》2010年第4期。

109. 王利明:《民事证据规则司法解释若干问题研究》,载《法学》2004年第1期。

110. 王学棉:《"具体"的诉讼请求》,载《国家检察官学院学报》

2016 年第 2 期。

111. 王学棉:《推定能否转移证明责任之辨析》,载《求实》2004 年第 S4 期。

112. 翁晓斌:《论我国民事诉讼证明责任分配的一般原则》,载《现代法学》2003 年第 4 期。

113. 吴彤章、陈国华:《"举证难"难在何处?》,载《人民司法》1989 年第 9 期。

114. 吴英姿:《诉讼标的理论"内卷化"批判》,载《中国法学》2011 年第 2 期。

115. 吴英姿:《证明责任的程序法理》,载《南大法学》2020 年第 2 期。

116. 吴泽勇:《不负证明责任当事人的事案解明义务》,载《中外法学》2018 年第 5 期。

117. 吴泽勇:《第三人撤销之诉的原告适格》,载《法学研究》2014 年第 4 期。

118. 吴泽勇:《论善意取得制度中善意要件的证明》,载《中国法学》2012 年第 3 期。

119. 吴泽勇:《民间借贷诉讼中的证明责任问题》,载《中国法学》2017 年第 5 期。

120. 奚玮、杨锦炎:《民事证明权的多维视角》,载《法律科学(西北政法大学学报)》2009 年第 5 期。

121. 肖建华、王德新:《证明责任判决的裁判方法论意义——兼评传统证明责任观之谬误》,载《北京科技大学学报(社会科学版)》2005 年第 2 期。

122. 肖建华:《民事诉讼案件事实发现的路径:评〈关于民事诉讼证据的若干规定〉》,载《证据科学》2020 年第 3 期。

123. 徐涤宇、胡东海:《证明责任视野下善意取得之善意要件的制度设计——〈物权法〉第 106 条之批评》,载《比较法研究》2009 年第 4 期。

124. 徐涤宇:《民事证明责任分配之解释基准——以物权法第 106 条为分析文本》,载《法学研究》2016 年第 2 期。

125. 徐盛桓:《充分条件的语用嬗变——语言运用视角下的逻辑关系》,载《外国语(上海外国语大学学报)》2004 年第 3 期。

126. 徐昕、卢荣荣:《暴力与不信任——转型中国的医疗暴力研究:2000～2006》,载《法制与社会发展》2008 年第 1 期。

127. 许可:《要件事实论的实体法基础:证明责任理论》,载张卫平主编:《民事程序法研究》(第 4 辑),厦门大学出版社 2008 年版。

128. 许尚豪:《证明责任理论的证据语境批判》,载《政治与法律》2016 年第 11 期。

129. 许尚豪:《作为裁判规范的证明责任》,载《当代法学》2017 年第 5 期。

130. 许士宦:《证明妨碍》,载《月旦法学杂志》2001 年第 9 期。

131. 杨帆:《"侵权责任法 · 医疗损害责任"研讨会综述》,载《证据科学》2010 年第 4 期。

132. 杨建成、黎炽森、穆健、冯岚:《知识产权民事诉讼中举证责任的分配》,载《人民司法》2007 年第 9 期。

133. 杨立新:《饲养动物损害责任一般条款的理解与适用》,载《法学》2013 年第 7 期。

134. 杨素娟:《论环境侵权诉讼中的因果关系推定》,载《法学评论》2003 年第 4 期。

135. 杨小利、于四伟:《法律释明权的正当行使》,载《人民司法(应用)》2016 年第 16 期。

136. 杨晓林等:《医疗侵权证明责任分配与风险分担》,载《河北法学》2005 年第 8 期。

137. 姚建宗:《新兴权利论纲》,载《法制与社会发展》2010 年第 2 期。

138. 姚诠、章滨云、王丽红:《当前医疗纠纷对医务人员态度行为影响的调查分析》,载《中国医院管理》1999 年第 2 期。

139. 叶锋:《动物致害责任研究——以〈侵权责任法〉第 78 条的解释适用为中心》,载《华东政法大学学报》2014 年第 6 期。

140. 叶金强:《相当因果关系理论的展开》,载《中国法学》2008 年第 1 期。

141. 叶名怡:《医疗侵权责任中因果关系的认定》,载《中外法学》2012 年第 1 期。

142. 叶明、吴太轩:《试论环境侵权因果关系的认定》,载《广西政法管理干部学院学报》2001 年第 4 期。

143. 叶自强:《举证责任的倒置与分割》,载《中国法学》2004 年第 5 期。

144. 易小明:《本质的生成与生成的本质——本质主义思维方式与生成主义思维方式比较探究》,载《社会科学战线》2005 年第 4 期。

145. 袁琳:《证明责任视角下的抗辩与否认界别》,载《现代法学》2016 年第 6 期。

146. 袁中华:《规范说之本质缺陷及其克服——以侵权责任法第 79 条为线索》,载《法学研究》2014 年第 6 期。

147. 袁中华:《劳动争议证明责任倒置说之批判》,载《环球法律评论》2017 年第 3 期。

148. 袁中华:《瑕疵给付要件之证明责任分配——以异类物交付瑕疵问题为核心》,载《民事程序法研讨(二)》,厦门大学出版社 2019 年版。

149. 袁中华:《证明责任分配的一般原则及其适用——〈民事诉讼法〉司法解释第 91 条之述评》,载《法律适用》2015 年第 8 期。

150. 占善刚:《证据协力义务之比较法分析》,载《法学研究》2008 年第 5 期。

151. 占善刚:《证明妨害论——以德国法为中心的考察》,载《中国法学》2010 年第 3 期。

152. 张成敏:《推定与相反推理以及相互强度关系》,载《政法论丛》2008 年第 1 期。

153. 张海燕:《民事推定法律效果之思考——以当事人诉讼权利的变动为视角》,载《法学家》2014 年第 5 期。

154. 张海燕:《推定:事实真伪不明困境克服之优位选择》,载《山东大学学报(哲学社会科学版)》2012 年第 2 期。

155. 张江莉、丌培冰:《非给付型不当得利证明责任辨析》,载《法学杂志》2010 年第 4 期。

156. 张江莉:《不当得利中"无法律上原因"之证明》,载《政法论坛》2010 年第 2 期。

157. 张丽霞:《方法发明专利侵权诉讼举证责任分配探析》,载《知识产权》2014 年第 1 期。

158. 张其山:《真伪不明时的法律适用》,载《法学论坛》2011 年第 3 期。

159. 张榕:《事实认定中的法官自由裁量权》,载《法律科学(西北政法大学学报)》2009 年第 4 期。

160. 张卫平:《当事人文书提出义务的制度建构》,载《法学家》2017 年第 3 期。

161. 张卫平:《民法典的实施与民事诉讼法的协调和对接》,载《中外法学》2020 年第 4 期。

162. 张卫平:《民事诉讼法理论前沿问题》,载《国家检察官学院学报》2006 年第 5 期。

163. 张卫平:《起诉条件与实体判决要件》,载《法学研究》2004 年第 6 期。

164. 张卫平:《事实探知:绝对化倾向及其消解——对一种民事审判理念的自省》,载《法学研究》2001 年第 4 期。

165. 张卫平:《为新民事诉讼法司法解释点赞》,载张卫平主编:

《民事程序法研究》(第13辑),厦门大学出版社2015年版。

166. 张卫平:《证明标准建构的乌托邦》,载《法学研究》2003年第4期。

167. 张卫平:《证明责任倒置辨析》,载《人民司法》2001年第8期。

168. 张卫平:《证明责任分配的基本法理》,载何家弘主编:《证据学论坛》(2000年第1卷),中国检察出版社2000年版。

169. 张卫平:《证明责任概念解析》,载《郑州大学学报(社会科学版)》2000年第6期。

170. 张卫平主编:《最新民事诉讼法司法解释要点解读》,法律出版社2016年版。

171. 张文显:《关于权利和义务的思考》,载《当代法学》1988年第3期。

172. 张小天:《因果关系在相关关系上的表现:一个基于其含义的分析》,载《浙江大学学报(社会科学版)》1994年第2期。

173. 张心恬、王文军、陈蔚如:《不当得利"没有合法根据"要件的证明责任分配》,载《政治与法律》2011年第6期。

174. 张永泉:《论诉讼上之真伪不明及其克服》,载《法学评论》2005年第2期。

175. 章恒筑、夏瑛:《日本要件事实论纲——一种民事诉讼思维的展开》,载《法学家》2005年第3期。

176. 赵心树:《因果关系的类型和概率分布》,载《中国海洋大学学报(社会科学版)》2007年第1期。

177. 赵阳等:《医疗诉讼"举证责任倒置"对医患关系的潜在影响分析》,载《中国卫生事业管理》2002年第12期。

178. 郑金玉:《善意取得证明责任分配规则研究》,载《现代法学》2009年第6期。

179. 郑金玉:《我国第三人撤销之诉的实践运行研究》,载《中国法学》2015 年第 6 期。

180. 周成泓:《论医疗责任事实因果关系的诉讼证明》,载《广东商学院学报》2009 年第 4 期。

181. 周成泓:《证明责任:徘徊在行为责任与结果责任之间——以民事诉讼为视角》,载《河南财经政法大学学报》2015 年第 1 期。

182. 周成泓:《证明责任的本质:事实真伪不明时的裁判方法论——以民事诉讼为分析对象》,载《学术论坛》2008 年第 8 期。

183. 周翠:《〈侵权责任法〉体系下的证明责任倒置与减轻规范——与德国法的比较》,载《中外法学》2010 年第 5 期。

184. 周翠:《从事实推定走向表见证明》,载《现代法学》2014 年第 6 期。

185. 周翠:《现代民事诉讼义务体系的构建——以法官与当事人在事实阐明上的责任承担为中心》,载《法学家》2012 年第 3 期。

186. 周洪波:《客观—主观证明责任概念体系解构》,载《法学家》2021 年第 1 期。

187. 周洪波:《证明责任分类的体系重构》,载《法制与社会发展》2020 年第 3 期。

188. 周友军:《我国动物致害责任的解释论》,载《政治与法律》2010 年第 5 期。

189. 周友军:《我国共同侵权制度的再探讨》,载《社会科学》2010 年第 1 期。

190. 朱广友:《医疗纠纷鉴定:因果关系判定的基本原则》,载《法医学杂志》2003 年第 4 期。

191. 朱虎:《规制性规范违反与过错判定》,载《中外法学》2011 年第 6 期。

192. 朱丽亚:《医疗纠纷成十倍增长,人大代表呼吁暂停举证倒置》,载《中国青年报》2003 年 3 月 14 日,第 12 版。

193. 朱庆育:《〈合同法〉第 52 条第 5 项评注》,载《法学家》2016

年第 3 期。

194. 朱伟一:《专利诉讼之大仗、恶仗与乱仗》,载《检察日报》2011 年 9 月 8 日,第 8 版。

195. 朱炎苗:《正确理解和对待医疗行为举证责任倒置的证据规定,维护医患双方的正当权益》,载《上海医学》2005 年第 8 期。

196. 邹碧华:《“要件审判九步法”解析》,载《中国审判》2010 年第 2 期。

三、外文资料

1. AlexStein, Allocating the Burden of Proof in Sales Litigation: TheLaw, ItsRationale, a New Theory, and Its Failure, 50U. MiamiL. Rev. 1995.

2. Alfredo Mordechai Rabello, NonLiquet: From Modern Law to Roman Law, 10 Annual Survey of International & Comparative Law. 1 (2004).

3. FranzBydlinski, Juristische Methodenle hreundRehts begriff, Wien New York 1982.

4. PeterBell, Toxic Tortsand Materialsinstallment, Syracuse University College of Law, First Edition 1991.

5. Prütting, Beweislast undBeweismaß: DerEinflussLeoRosenbergsund Karl Heinz Schwab saufdie Entwick lungeines modernen Beweisrechts, ZZP123(2010).

6. William Bojczuk, Evidence Textbook 7edition, HLT Publications. 1995. Chapter 3. Burden and Standard of Proof & Adrian Keane, The Modern Law of Evidence (7edition) Oxford University Press 2008. Chapter 4. Burden and Standard of Proof.

四、典型案例

最高人民法院(2002)民三终字第 8 号民事裁定书。

最高人民法院(2009)民提字第 84 号民事判决书。

最高人民法院(2006)民二提字第 5 号民事判决书。

最高人民法院(2014)民提字第 31 号民事判决书。

最高人民法院(2014)民提字第 26 号民事判决书。

嘉兴市中级人民法院(1998)嘉民再终字第 2 号民事判决书。

北京市第二中级人民法院(2012)二中民终字第 16207 号民事判决书。

北京市丰台区人民法院(2012)丰民初字第 16654 号民事判决书。

吉首市人民法院(2002)吉民初字第 298 号民事判决书。

浙江省高级人民法院(2000)浙法告申民再抗字第 17 号民事判决书。

浙江省平湖市人民法院(1996)平民初字第 23 号民事判决书。

湘西土家族苗族自治州中级人民法院(2002)州民终字第 383 号民事判决书。

湘西土家族苗族自治州中级人民法院(2004)州民再终字第 13 号民事判决书。

甘肃省高级人民法院(2013)民三终字第 101 号民事判决书。

云南省高级人民法院(2015)民三终字第 44 号民事判决书。

致　谢

2013 年本人申报的“民事证明责任的实证考察与制度重构”获得当年国家社科基金一般项目立项（编号 13BFX069），后历经 6 年之久的研究，至 2018 年年底课题顺利结题，又 4 年之后，本书系在该课题结题成果的基础上修订而成。

本书大部分章节曾先后以独立单篇文章的形式在一些法学刊物上发表，包括：《证明责任制度本质重述》，载《法学研究》2020 年第 5 期；《在“生活事实”与“法律要件”之间——证明责任分配对象的误识与回归》，载《中国法学》2019 年第 2 期；《环境侵权中的因果关系及其证明问题评析》，载《中国法学》2013 年第 5 期；《证明责任“规范说”理论重述》，载《法学家》2017 年第 1 期；《中国式举证责任制度的内在逻辑》，载《法学家》2018 年第 5 期；《证明责任中国适用的限缩——对“程序法上证明责任”在本土适用性的质疑》，载《法学家》2022 年第 2 期；《证明责任转换探析》，载《法治论丛》2006 年第 3 期；《证明责任虚无主义及其弊害分析》，载《前沿》2006 年第 5 期；《论消费欺诈诉讼案件证明难题的化解路径——以一个〈最高人民法院公报〉案例为样本的分析》，载《证据科学》2010 年第 5 期；《解读无人领会的语言——医疗侵权诉讼举证责任分配规则评析》，载《法律科学》2011 年第 3 期；《分合之道：两种方法发明专利侵权举证责任的规则变迁评析》，载《当代法学》2014 年第 1 期；《我国民事证明责任分配理论重述》，载《法学》2016 年第 5 期；《论证明责任作为民事裁判的基本方法——兼就"人狗猫大战"案裁判与杨立新教授商榷》，载《政法论坛》2017 年第 3 期；《举证证明责任的内部分立与制度协调》，载《法律适用》2017 年第 15 期；《为"事实真伪不明"命题辩护》，载《法商研究》2018 年第 2 期；《证明责任泛化理论批判——以"物"之争议的举证证明为中心》，载《河北法学》2021 年第 3 期；《四十不惑：我国证明责任理论与规范的协同演进史综述》，载《河北法学》2022 年第 4 期；《现代证明责任"风险"性质重述》，载《法制与社会发展》2022 年第 2 期。在论文的发表过程中，上述刊物编辑及匿名审稿人的宝贵意见大部分已体现在最终成稿中，本书因此得以减少许多错误与矛盾之处。为此我要特别感谢以下刊物及编审人士：《中国法学》及陈贻健、《法学研究》及冯珏、《法学家》及肖建国、《法律科学》及刘克毅、《法制与社会发展》及乔楠、《法学》及洪玉、《法商研究》及谭冰霖、《政法论坛》及寇丽、《证据科学》及李训虎、《河北法学》及冯兆惠、《当代法学》及霍海红等。

本人也曾先后以本书中篇中内容以论文形式提交并获邀参加多次学术论坛与学术会议，受到有关老师及学友的批评指正与鼓励。包括 2015 年 7 月参加第四届紫荆民事诉讼法学青年论坛，作主题报告："我国民事证明责任分配理论重述"；2016 年 7 月参加"首届海峡两岸民事诉讼法学论坛"，作主题报告："中国大陆民事证明责任的理论发展与规范演进"；2017 年 7 月 29 日参加吉林大学法学院主办的"民诉法学研究的实体之维"青年论坛，作主题报告："论证明责任作为民事裁判的基本方法——兼就“人狗猫大战”案裁判与杨立新教授商榷”;2018 年 5 月 6 日参加“构建中国特色法学知识体系和话语体系”学术研讨会,作主题报告:“中国式举证责任制度的内在逻辑——以最高人民法院指导案例为中心的分析”;2021 年 5 月参加“构建中国特色法学知识体系和话语体系”学术研讨会,作主题报告:“证明责任中国适用的限缩——对‘程序法上证明责任’在本土适用性的质疑”。在上述论坛上受到李浩教授、姜世明教授、王亚新教授、傅郁林教授、肖建国教授、熊跃敏教授、纪格非教授、任重教授、林剑锋教授、许可教授、张海燕教授等的指点与批判,在此对所有曾给予我帮助、批判与鼓励的老师及学友表示感谢!

当然,还要感谢我的博士生导师张卫平教授,本课题可以说是我博士论文研究主题“具体举证责任论”的继续与深化,老师对我学术上的指导并未随博士毕业而结束。老师在指导本书所基于的国家社科基金课题开题时,即高屋建瓴地为我指明课题应按照“实证考察—理论重述—制度重构”三个层次展开,我确实也是完全按照老师的指点展开研究的。

最后,还要感谢我的家人、爱人胡燕女士、女儿沐恩,谢谢你们一直陪伴在我的身边,为我日常平淡的学术生活增添了色彩,你们永远是我努力的动力与保障。

胡学军

2023 年 2 月于上海华政园

后　记

此刻，2021年12月30日晚10时。今晚是我定下完成这篇一再拖延的后记的deadline，这既是为我这本拖延了3年出版的书完成最后的结尾，也是为我2021年的工作画上一个句号。大概率也将是顺便给我的证明责任研究正式画上一个休止符。

现在我正在上海长宁区定西路上的一间出租屋内伏案疾书，楼下美食街的喧闹正慢慢消退，车流的声音也渐渐趋于平缓，这偶尔会让我恍惚听到小时家门前小河的潺潺流水。女儿今晚难得睡得早，临睡前也叮嘱要我早点睡。现在我正好可以静静地写完这篇后记，趁机梳理回顾一下这几年的工作与生活感受。

如果按农历算，今年是我的本命年，这一年果然很倒霉。7月，一向坚韧乐观的父亲还是没有熬过疾病的折磨，在一次化疗之后病情急转直下，一个月之后离世。虽然自从三年前他被查出癌症晚期以来我们对此也有一定的心理准备，但他一向的乐观坚强一度让我觉得他能挺过更长的时间，这样或许我就可以将这本书送到他的面前。料理完父亲的后事回到南昌，我突然因急性肠梗阻住院一周。回到上海后，10 月底因不小心跌倒在家门前摔断左臂，现在还只能吊着一只手写字。

伤病让我感受到生活的痛楚，大半年时间没有动笔的兴趣，也一度丧失了做学问写文章的热情，本应早早交稿的日子也一拖再拖。

我从 2006 年写下第一篇关于证明责任的文章，至今已 15 年了。之所以在一开始几乎就将学术热情完全投入这一领域，可能是年少轻狂时的自不量力，“要做就做最难的”。我的博导张卫平教授在著作中将证明责任分配问题称为民事诉讼法上的“猜想级”问题，我特别敬佩的李浩教授最重要的学术贡献是在 20 世纪末将证明责任理论重新引入中国。随后，一批中青年学者共同发力，曾使证明责任在世纪之交成为当时民诉学界最重要的议题，民事诉讼法学研究也曾一度呈现百花齐放、百家争鸣的局面。正是前辈学者的引领激发了我对这一主题浓厚的兴趣，从此“入坑”。

在本书开篇，我将 15 年前发表的两篇相关论文几乎未作改动地也收入进来。虽然从现在来看，这两篇文章的观点与论证都显得很稚嫩，但文章表达的基本观点与反映出来的问题意识尚与这 15 年来的思考基本一致，或许表明自己从开始“做学问”，就是真诚记录自己的点滴思考。

我在 2015 年出版的《具体举证责任论》是我的博士学位论文，该书严格来说重点并非“证明责任”，而是我主张在内涵与规则上应与现代证明责任概念严格区分的“具体举证责任”。这一立论当然是建立在对客观证明责任概念及制度边界的清晰界定基础上的。故从理论逻辑上来说，现在这本《证明责任重述》实际上倒可能是《具体举证责任论》的“前传”。之所以先完成《具体举证责任论》的写作，主要是基于博士学位论文想立足于“创新”。当时考虑证明责任问题在我国由于经过众多前辈学者的深耕，是不太可能有很多创新余地的。故当时便想从学者较少关注的，可以说一直隐藏在证明责任制度之下，或作为证明责任分配制度的配套或补充制度手段的具体诉讼过程中提供证据责任入手，并倡导“具体举证责任”这一在当时尚显陌生的概念表述。虽然这一表述在近年学界并未被完全接纳，但这一概念所涵涉的众多更具体的概念与制度如事案解明义务、文书提出义务、举证妨碍制度、摸索证明、间接反证等，均在近年获得了更深入具体的展开。而在客观证明责任这一现代民事诉讼理论的“主战场”，由于我国诉讼制度及更基本的法律观念文化的差异，在实践中的理解一向是比较混乱的，故从更深入、更具体的层面来对客观证明责任予以研究是我一直以来的学术计划。正如维特根斯坦所言：凡能说的，就能说清楚，凡不能说的，就保持沉默。我觉得现代证明责任作为大陆法系法教义学上的一个概念应该是有其清晰界定的内涵与内在的逻辑及外在的明确规则的，以德国法学学说的严谨细密性，不可能留下一个模糊不清的“通说”。

当然，证明责任概念的界定问题，早在2000年陈刚教授发表其成名作时几乎就彻底弄清楚了，但概念的清晰界定与相关制度的建构尤其是实践中的准确运用还有很大的距离。我也期望自己在多年以来“照着讲”之后，还能“接着讲”。

在本书中，我对学界一些学者的观点也提出了质疑与商榷。除了证明责任概念上的众多分歧之外，如针对真伪不明命题的否定、针对证明责任对象的泛化、针对证明责任分配的依据是形式上还是实质上的、针对证明责任分配规则是否存在倒置及司法裁量等问题，我也提出了自己的观点。相互批判与商榷是学者在学界谋生存的常态，我在本书中有所批判的学者大多数是我认识多年的好友，甚至是我长期景仰的前辈。在本书出版之后，我也会第一时间送给他/她们并请批评指正，以为学界提供进一步批判分析的靶子。如果书中尚有能获得认同并作为进一步研究路上的铺路石，则就是我微薄的贡献了。

写作，就是学者的日常生活。写作是思考的记录与证明，思考是学者的社会价值,思考的价值在于独立与自由,学者是社会上会思考的一个群体,是不容易被魅惑的人。

年少时读到"为天地立心、为生民立命、为往圣继绝学"之语,不禁热血上涌,心向往之。觉得只有为这些"高大上"的目标而大声疾呼甚至献出生命才是值得的。长大后逐渐认识到"为天地、为生民"的目标对于读书人来说是遥远的,所谓"百无一用是书生"。但仍旧焦虑于自己研究的"学问"竟只是如此小的一个问题,并对其是否有价值不无怀疑。也许对于关注与研究证明责任这一专业领域的学者来说,证明责任是一个特别重要和特别宏大的问题,而对于专业领域之外的人来说,这只是一个无聊和特别渺小的问题。我就从未试图向我的亲友们解释这些年以来我是在研究一个什么问题。

证明责任是一个法教义学的问题,是一个技术性的问题,甚至其与公平正义之类的价值的联系也不是非常直接与直观的。例如,对于证明责任分配,如主张依据"公正"来分配证明责任是否就代表我们遵从了"公正"这一法律的根本价值呢?罗森贝克对此的分析是冷静而清醒的:"证明责任分配原则不可能从公正性中推导出来,虽然没有比公正更高的指路明灯。如果法官想将具体的诉讼之船根据公正性来操纵,那么,他将会在波涛汹涌的大海里翻船。诉讼的本质将会从根本上受到破坏。根据公正性自由裁量的法官,是根据其感情而不是依据什么原则来裁量的。每一种法安全性将会消失得无影无踪。因为每个人对公正均有不同的认识。在当事人看来,如此赢得的判决如同专制一样。"本书对这段话有多处引证,因为正是在学习德国学者的这种冷静分析方法中,我体悟到了学术本身需要遵循的客观、冷静态度,学术的力量就在于这种逻辑的分析与推导,在于平和而公允、全面的辩证的论证。学者也不必过于担心自己观点的错误与偏颇,因为在一个学术自由的环境下,一种学说的公开发表会导致学术共同体的关注与批判。观点的谬误会引起共同体批判的兴趣,而且可能论者越是权威与有影响力,与之商榷的文章也就越有市场。学术的权威不是由谁颁发的称号,而是在学术讨论的环境中慢慢自然形成的。共同体遵循的是学术界一致的立场与态度。学者应当客观、中立、冷静,致力于追求真理。无论其从事的是哪个学科的哪个领域的哪个小问题,都是整个学术体系中的一部分。因此,其在自己所研究领域的任何进步,都是推动整个学术前进的一小步。对任何问题秉承这样一种学术思考的态度就是学术精神,是求真、向善、审美,就是对社会作出了学术人的贡献。因此,我越来越相信,对于证明责任如何分配的研究及具体举证责任由谁承担及其转换规律的研究,当然是促进诉讼中案件事实查明与法律准确适用的大问题,是有利于司法现代化及国家法治进步的重要问题,我的研究因此获得了意义。民事诉讼的很多基本理论问题在我国仍有待更深入的研究,证明责任理论其实可作为民事诉讼基本理论的研究的样板。我们首先需要彻底弄清这些基本概念及其学说沿革,继而考虑如何借鉴、如何规范,再是探讨该如何发展、如何本土化。

本书也是相关课题研究的成果。近年司法政策上也常提出一些响亮的口号,紧密联系此类口号或对其进行解释与论证往往能获得更多的学术资源与支持。但这种迎合政策的研究就可能在研究的自由度上受到一定的限制。在研究的主题、观点、方法上都不可避免地受到制约。“证明责任—具体举证责任”的研究是我完全根据自己兴趣的选择,因此在研究过程中并未期待能获得额外的支持。在课题申报方面,我也一直是从这一主题方面考虑的。幸运的是,我前后获得两个相关国家课题立项。本书就是在第一个国家课题结题材料基础上继续推进研究所形成的成果。这两个课题均不是当年国家课题指南上的“指导性选题”,而是完全的自选课题。由于课题的立项是由学界共同体以申报书为根据进行的挑选,故课题的立项某种意义上也是学界的认同与支持,从这一方面来看,我的这一研究与民诉学界的认同与支持是分不开的。

与课题立项相比更重要的是学术的发表。国外学界早有“不发表就出局”的说法，学者更重视的也是学术的发表。毕竟，课题立项还只是对学术研究过程的支持，而发表则代表研究成果与结果。而在我国当前学术界，论文发表似乎比专著的出版更为重要。在学术评价体系中，权威刊物的论文可能比一本专著更有分量。部分的原因在于论文的发表往往要经过更多的审查与反复修改，达到观点上充分论证、表达上字斟句酌。而前些年著作出版上的审查相对宽松，在作者支付一定出版经费后就可安心等待带着墨香的新书了。当然，最“合算”的就是能够先以论文发表，后来将同一主题的文章结集出版，如此便能一举两得，既完成了学术考核任务又得以体系性的发表。

本书的几乎所有文字也都先在法学期刊上以单篇论文的形式发表过。论文发表的过程当然充满艰难，有时还包括未知的变数。但在这一过程中，也使自己的思考经受了专业编辑和审稿专家的质疑与指点，使文章的结构安排、观点论证及语言表达上获得了提升。因此在结集出版时少了很多文字上的修饰与校勘工作。论文写作更为注重观点与论证上的新颖性，得以发表的文章在一定程度上保证了本书的创新性，而专著更为注重的是对某一问题论述上的体系性，是思路与观点前后一致的融贯性，是对问题分析的渐进性，是最终对问题论述上的全面、深入。在这方面，一般的论文集与专著会有重要的区别。本书的写作由于是在课题申报与研究计划的基础上展开的，故尚能保持研究的相对集中与融贯。虽然在作为文章发表时各标题的表述亦力求新颖，而在本书中作为各部分展开时，我更多注重的是各部分之间的内在关联性，故各章标题的表述基本回归到朴实直观的体现结构关系的语词上。

上述的表述可能会被误解为我对本书存在问题的预先辩护，甚至是自我肯定与表扬，而其实，我对本书中的缺憾、漏洞与问题也是非常清醒的。但由于多方面原因，却难以完全弥补这些已知的缺憾。本书中的文章写作持续 15 年，因此前后观点的龃龉之处或在所难免；

行文表达风格的变化现在亦难以协调统一;某个问题上的重复论述亦不在少数,但由于各部分的相对独立,又难以一删了之。故在本书中仍维持各部分相对完整的现状。最重要的是,我对有些问题的认识从当时到现在仍不够深入,虽然艰难地表达与初步论证了自己的观点,但对其正确性仍不够自信,甚至有时又觉得相反的观点也可能是有道理的;对于某些问题上的实践状况欠缺更深入地了解与把握,对某些实践做法可能存在基于自己的猜测甚至一厢情愿的自以为是。正是对于这些问题的担忧,本书出版合同签订之后被拖延至今仍未交稿,而且越是拖延就越觉得自己的研究还有很多方面应当展开而未展开,时不时蹦出“还要增加一个章节”的冲动。但现在想来,毕竟自己不是追求完美的处女座,于是决定一定要在今年完成向出版社交稿的任务。

时钟已快指向零点了,“今年”就快转换成“明年”了。明天,就是2022年“元旦”。“一元复始,万象更新”,历史上对农历新年的表达如今普遍用于西历的“元旦”,并毫无违和感。就像证明责任制度这一来自大陆法系民事诉讼法上的基本理论,在如今我国理论与实践中也被如此普遍地使用着。客观证明责任作为事实真伪不明时的败诉风险这一思想观念或制度方法在我国传统民事诉讼中其实是不存在、不成立也不需要的,但在民事诉讼模式转型的背景下被引入我国,借助于民事诉讼法上“谁主张,谁举证”的习惯表述与字面上对“举证责任”的牵强解释,竟成了推进民事司法改革的突破口。但这一现象也并非完全偶然,德国现代证明责任理论的提出也不过是对源自更古老的罗马法上“举证责任”概念的再造。如果能够完整清晰地厘清现代证明责任制度的全部内涵、功能与规则,怕也是在这一小问题上的一项“穷天人之际、通古今之变、成一家之言”的功绩吧。

夜已深,我的思绪已渐渐混乱了,在学术问题上的思考已不可继续了。有时我觉得自己对证明责任问题已基本弄清了,但有时又觉得其实仍是混沌的。庄子说:“吾生也有涯,而知也无涯”,这固然可衍生出“学海无涯苦作舟”的志气,但庄子随后的话却是:“以有涯随无涯,殆已”的消极感慨。

这本小书,当其出版之即,对作者本人或许可能产生满足其虚荣心与一时“成就感”的安慰,但在旁人看来,是否也不过是“以有涯随无涯”的浪费生命的无意义努力呢?有时我也自问这对诉讼、对司法、对法治、对社会有何意义,并觉得这意义自然是很渺茫的。但对个人而言,代表了我对这一专业问题的认真的思考过程。“我思故我在”,倘若思考作为世间的真实存在永不停歇,则或许后人再次翻看本书时会理解我们当下的努力,则在我们隐入尘烟后,这一思考过程与结果仍是有存在的意义的。

夜已更深,再转入哲学思考显然更不适宜了。不管意义如何,明天也就是明年,我大概率还是要努力做个好老师。对我这种“患有社交恐惧症,害怕外面雷电风雨声”的人来说,继续思考、继续写作或许也是个不错的选择。现在就可以筹划下一部著作了,或许该是“证明责任反思”吧,等等,刚才开始时我是否说过不再在“证明责任”领域研究了呢?哎,殆就殆吧,还是孔子的解释更符合积极的人生观:学而不思则罔,思而不学才殆呢。子又曰:苦思无益,不如学也!

“学”是我的名字,似乎也注定了我的一生。从江西师范大学到中国政法大学,再到南昌大学、清华大学,现在转到华东政法大学也已经整整一年了。这一年除了倒霉之外,也还是有意义的。女儿已经适应了上海高中的学习并取得了一定的进步,我学会了与女儿更和谐的朝夕相处,华政校方对我另眼相待,法律学院领导与同事对我关怀备至,民诉学科全体老师对我照顾有加。我自己心态更加淡定从容,工作也按部就班,写作与发表也还算顺利,我的学生大多勤奋好学且都有成长,家人虽然相隔遥远但时时关心叮嘱。在解除了考核的压力后,我希望自己能实现从“发文章”到“做学问”的目标调整,以更踏实而不那么功利的心态来对待学术。

手臂受伤的这一段时间,好在教学的任务已经完成,既然不能写作,便在参加会议打打酱油之余不务正业地做了一些自己感兴趣的事。我自己设计了"华政民诉"的标志,设计了一次会议的海报,还设计了我的研究生读书组织"学研社"上海分社的徽标。这一设计所包涵的意义或许正可表达我此一时期的心境:自在充盈、寻求突破,学海无垠、与子同行。

听说唱音乐也是我这一时段的消遣,我发现说唱可能是一种比摇滚更能反映个体声音,因此甚至允许以方言表达自己喜怒哀乐的艺术形式。在这最深的夜,我仿佛看见有人在学术的地下舞台在freestyle在疯狂输出:

把每个黑夜都摁进白昼
每篇论文都让人看得呆住
我们的学术　靠纸笔杀出一条血路
"大家都在元宇宙
你还在玩old-school?"
呸,真正的学者　从来不屑于邯郸学步
学术只管真理追求
如果tmd变成了人情世故
my bro,就让我当场宣布退休!

胡学军

2021年12月30日夜于上海静庐